제3권
조선 100대 명당 간산기
朝鮮百大名堂 看山記

앞머리글

1. 제3권의 내용

제1, 2권은 풍수의 근본문제와 생지에 관한 간산기임에 대하여 제3권인 조선 100대 명당은 이미 쓰여 있는 100대 음양택 명당에 대한 간산기이다. 풍수들은 생지(生地)와 기사용지(旣使用地)를 구별하지 않고 탐사하지만, 간산기는 2개의 부류로 나눈다. 이 책은 두 부류를 모두 포함하는 것이다.

2. 간산에서 느낀 생각

강산(江山)을 다녀보면 자연은 숨을 쉬고 우리에게 무언가를 말하는 듯 느껴진다. 자연을 사랑하고 존경해야 하는 이유이다.

풍수적 측면에서 묘지의 남발과 무연묘의 방치, 그리고 불실한 이장을 문제로 지적할 수 있다. 원래 부모 유골을 평안한 곳에 모시면 혼령이 편안하고 그 부수적 효과로 후손이 복을 받는다는 생각에서 명당을 찾았다. 그런데 지금은 부모를 명당에 모셔서 자신이 명당음덕을 받겠다는 생각이 앞서고 효심은 뒷전이다. 명당이 있다고 소문난 산에는 무수히 묘를 쓰고 발복이 없으면 그냥 내버린다. 당(唐)의 일행선사(一行禪師)가 우리나라 산야를 더럽혀 인물나는 것을 막으려고 하나의 산에는 수많은 명혈이 맺혀 있다는 잡(雜)오행설을 전파하였다는 말이 실감 난다.

요즈음은 高지대 묘를 아래로 이장하여 집장지로 조성하는 풍토가 유행인데 인부들에게 작업을 위임하는 바람에 대충 유골만 수습하고 석물을 방치하기도 하고 아예 옛 묘는 그대로 방치하고 위패만 모시는 사례도 있다. 발복의 원리가 동기감응이든 혼령감응이든 선조의 유골을 흉물로 방치한다면 복은커녕 화를 입을 것이다.

조선 100대 명당 간산기
朝鮮百大名堂 看山記

저 자 **하남촌장**
보조자 **의산**

제3권

목차

앞머리글 · 2
후기와 추기 · 646

제1장. 조선 100대 명당 ·························· 11

1. 조선 100대 명당 목록
- 조선 100대 명당 목록 · 13

2. 각 성씨의 시조 묘(46)
- 한국의 성씨(姓氏)에 관하여 · 23
- 강원 강릉시 강릉김씨 시조 김주원의 묘 풍수 · 25
- 강원 삼척시 준경 묘와 영경 묘 · 27
- 강원 춘천시 평산신씨 시조 신숭겸 묘 · 30
- 경기 남양주시 풍양조씨 시조 조맹의 묘와 성릉 · 34
- 경기 이천시(이천읍) 이천서씨 시조 서신일 묘 · 36
- 경남 고성군 봉동리 고성이씨 시조단 · 39
- 경남 의령군 의령남씨 시조 묘 · 41
- 경남 창녕군 창녕성씨와 초계정씨 시조 묘 · 43
- 경남 창원시 김해김씨 판도판서공파 시조 김관 묘 · 44
- 경남 함안군 강주리 함안조씨 중시조 조려의 묘 · 50
- 경남 함안군 칠원윤씨 시조와 선조 묘 · 56
- 경남 합천군 초계변씨 시조 묘 · 59
- 경남 합천군 합천이씨 시조 묘 · 61
- 경북 경주시 건천읍 밀양손씨 시조 묘 · 63
- 경북 경주시 김유신 장군 묘 · 67
- 경북 경주시 내남면 우리나라 정씨의 원시조 묘 · 73
- 경북 경주시 안강읍 수원백씨 시조 묘 · 76
- 경북 경주시 안강읍 창녕조씨 시조묘 · 79

- 경북 경주시 오릉과 배동 삼릉 · 82
- 경북 고령군 만대산 고령신씨 시조묘 · 90
- 경북 성주군 벽진이씨 시조 묘 · 94
- 경북 영천시 도유리 광주이씨 이당 묘 · 96
- 경북 의성군 의성김씨 첨사공파 시조 김용비 묘 · 101
- 경북 청도군 김해김씨 삼현파 시조 김극일 묘 · 105
- 경북 청송읍 청송심씨 시조 묘 · 108
- 경북 포항시 곡강 최씨 시조 최호 묘 · 110
- 경북 포항시 기계면 신태사 묘 · 112
- 경북 포항시 기계면 파평윤씨 시조 묘 · 114
- 경북 포항시 기계유씨 시조 묘 · 117
- 전남 나주시 반남박씨 시조 묘 · 120
- 전남 순천시 주암리 산32 순천김씨 시조 김총 묘 · 123
- 전남 함평군 함평이씨와 함풍이씨의 시조 묘 · 124
- 전남 화순군 능성구씨 구민첨 묘 · 129
- 전남 화순군 주자 묘와 신안주씨 시조 주잠의 묘 · 132
- 전북 완주군 전주최씨 문성공계 시조 최아 묘 · 134
- 전북 완주군 간중리 밀산박씨 묘 · 137
- 전북 익산시 여산송씨 시조 송유익 묘 · 140
- 전북 임실군 영천이씨 시조 이능간의 묘 · 142
- 충남 공주시 금강나루 뱃사공 이석재 묘와 세종시 전의이씨 시조 이도 묘 · 143
- 충남 당진시 양유리 복씨 시조 복지겸 단소 · 154
- 충남 대전시 판암동 은진송씨 송유, 송갑조 묘 · 155
- 충남 서천군 한산이씨 시조 묘 · 157
- 충남 예산군 대구서씨 시조 묘 · 161
- 충북 제천시 청풍김씨 시조 김대유 묘 · 165
- 충북 청주시 청주한씨 시조 묘 · 171

3. 강원·경기(19)

- 강릉시 금산리 강릉최씨 전주계 중시조 최입지 묘 · 179
- 춘천시 경춘공원묘 한동훈 가족 묘 · 182
- 가평군 연인이씨 이정구 · 187
- 고양시 서오릉 중 명릉 · 192

- 남양주시 김번, 김생해, 김달행 묘 · 197
- 성남시 하대원동 이지직 외 · 205
- 성남시 하대원동 이집의 묘 · 207
- 안성시 해주오씨 오정방 묘역과 고택 · 209
- 양평군 목왕리 한음 이덕형 묘 풍수 · 213
- 양평군 덕수이씨 이식 묘역 · 214
- 여주시 능서면 세종대왕릉 · 217
- 여주시 북내면 장암리 원두표 묘와 원유남 묘 · 222
- 용인시 동림리 연안이씨 이만상 묘 · 226
- 용인시 정몽주와 이석형 묘 · 230
- 용인시 추탄공 오윤겸 묘역 · 232
- 의왕시 안동권씨 묘 · 237
- 이천시 김좌근 고택 · 240
- 파주시 금승리 황희 묘 · 241
- 포천시 서성 묘 · 243

4. 충북·충남(21)

- 괴산군 정인지 묘 · 245
- 괴산군 이연경 묘역 · 248
- 괴산군 청천리 송시열 묘 · 253
- 보은군 장안면 우당고택 · 258
- 생극면 권근 정승3대 묘 · 266
- 청주시 묵방리 한산이씨 이덕수 묘역 · 270
- 청주시 옥산면 국사리 강감찬 묘 · 271
- 공주시 김갑순과 발복처 · 277
- 공주시 만수리 연안이씨 이귀 묘 · 292
- 논산시 고정리 김장생 · 297
- 논산시 교총리 명재 윤증 고택과 노산향교 · 301
- 논산시 파평윤씨 윤돈 묘역 · 305
- 당진시 능성구씨 구예의 묘 · 308
- 당진시 도문리 덕수이씨 이의무 묘역 · 310
- 대전시 전민동 김반 묘 · 315
- 보령시 토정선생의 가족묘 · 318

- 부여군 인산 부원군 홍윤성 묘 · 325
- 아산시 외암리 외암마을 · 330
- 예산군 방산리 이산해 묘 · 333
- 예산군 남연군 묘 · 340

5. 전북·전남·광주(24)
- 남원시 풍산리 황희정승 조부묘 · 346
- 순창군 유등면 조원길 묘 · 351
- 순창군 인계면 마흘리 김극뉴 묘 · 353
- 익산시 용화리 진주소씨 소자파와 소세양 묘 · 355
- 고흥군 도천리 잉어꼬리 고흥고씨 · 361
- 고흥군 화산리 송영길 생가와 11대 조모 묘 · 362
- 광양시 옥룡면 옥룡사지 · 366
- 담양군 불태산 아래 광산김씨 유허비자리는 비봉포란인가 · 367
- 담양군 용연리 담양국씨 묘 · 369
- 담양군 월산면 용암리 황앵탁목 · 376
- 보성군 광주이씨 입향조 이수완 · 379
- 보성군 박실마을 · 383
- 보성군 박팔만 부자가 속발 속패한 풍수적 원인 · 388
- 보성군 5대 양택마을 중 3곳 · 499
- 보성군 오봉리 강골마을 · 401
- 보성군 일이승 2혈 · 406
- 보성군 장익호 2혈 · 409
- 보성군 주봉리 산58 호근곤 정세 묘 · 411
- 순천시 주암리 옥천 조씨 5세손 조유의 묘 · 412
- 장흥군 녹양리 산1 남평문씨 묘 · 413
- 화순군 운주사 · 415
- 광주시 용진산 아래 선인단좌 청안이씨 이광경 · 421

6. 경북·대구(23)
- 경산시 곡란리 난포고택 · 426
- 경주시 최부자와 발복처 · 429
- 김천시 상원리 이말정 묘 · 438

- 상주시 안동권씨 권민수 묘와 권찬 묘 외 · 444
- 상주시 진주정씨 우복 정경세 묘 · 448
- 상주시 취은고택과 송공 묘 · 452
- 상주시 개운동 황영웅 선생 소점지 · 456
- 성주시 월곡리 명곡 완정고택 · 459
- 성주시 성주이씨 중시조 이장경 묘와 도은 이숭인 묘 · 465
- 성주시 세종왕자 태실 · 467
- 성주시 청주정씨 정구 묘 · 468
- 안동시 물한리 이정 묘 · 468
- 안동시 풍산읍 양소당과 김계권 묘 · 470
- 안동시 서후면 금계리 학봉 김성일 종택 · 473
- 영덕군 괴시리 외 2개 마을 · 475
- 예전군 도장리 정사 묘 · 476
- 울진군 근남면 수곡리 남사고 부친묘 · 482
- 의성군 단양우씨 이연리마을과 음택 · 484
- 청도군 금천면 고택 2혈 · 487
- 청도군 삼족당 김대유 묘 · 489
- 청도군 유등리 고성이씨 묘 · 492
- 청도읍 박씨 고택 · 495
- 청송군 덕천리176 청송심씨 송소 고택 · 498
- 포항시 이언적 묘 · 502

7. 경남·부산(21)
- 거창군 동계 정온 고택 · 510
- 거창군 황산리 황산마을 · 514
- 밀양시 양택 5혈 · 518
- 사천시 복시면장혈 · 519
- 사천시 세종과 단종 태실지 · 522
- 산청군 신안면 문익점 외 2혈 · 528
- 양산시 영축산 통도사 · 528
- 울산시 웅촌면 석천리 석천이씨 고택 · 531
- 울주군 롯데그룹 명혈들 · 531
- 울주군 신격호 회장 묘 · 539

- 울주군 신격호 묘의 안산 · 549
- 의령군 비학등공과 비학하전 · 557
- 의령군 유곡면 이병철 회장 조모 묘 · 561
- 진주시 지수면 엘지 구인회 조부모(개젖형) · 561
- 진해시 주천자 묘 · 562
- 창녕군 대지면 석리 성씨 저택 · 566
- 창녕군 벽진이씨 이장곤과 이승언 묘 · 566
- 함양군 이은리 고령박씨 박선 묘 · 570
- 함양군 안의면 거창신씨 신인도 묘 · 571
- 합천군 건태리 탁계 전치원 묘 · 575
- 합천군 야로면 반남박씨 박소 묘 · 576

제2장. 대통령 생가와 선영 ·················583

- 역대 대통령의 선영과 생가에 관한 소감 · 585
- 경북 구미시 박대통령 조모묘 · 585
- 머무른 적이 없는 양택에서도 발복을 받는가 · 599
- 경북 구미시 박정희 대통령 조부 박영규 파묘지 · 603
- 경남 합천군 전두환 대통령 생가 · 608
- 경남 합천군 전인 전영수 전상우 묘 · 610
- 대구시 동구 신용동 노태우생가 · 618
- 경남 거제시 김영삼 대통령 생가 · 619
- 전남 신안군 하의면 김대중 대통령 생가 · 623
- 경남 김해시 노무현 대통령 생가 · 626
- 경북 포항시 이명박대통령 성장지 · 629
- 국립 현충원 대통령 묘에 관한 풍수 논쟁 · 635
- 국립현충원은 망우리공동묘와 다르다. · 644

제1권. 『풍수의 근본문제와 생지백대명혈 간산기』

제1장. 풍수의 근본문제

제2장. 생지백대명혈 간산기

   1. 경기 (2)
   2. 충북 (9)
   3. 충남·대전 (17)
   4. 전북 (24)
   5. 전남·광주 (25)
   6. 경북·대구 (8)
   7. 경남·부산 (12)

제2권. 『결록지 350선 간산기』

제1장. 결록지 350선

   1. 경기·강원 (7)
   2. 충북 (34)
   3. 충남·대전 (60)
   4. 전북 (45)
   5. 전남·광주 (93)
   6. 경북·대구 (30)
   7. 경남·부산 (90)

제2장. 장익호 재혈

제 1 장

조선 100대 명당
朝鮮百大名堂

조선 100대 명당 목록

1. 조선 100대 명당이란?

주로 고려부터 조선까지의 기간에 사용된 음택 중 상위등급에 속하는 100개(개별 순위를 매긴 것이 아니다)의 대혈을 조선 100대 명당(名堂과 名穴은 같은 말이다)이라 하고 풍수들이 최근에 작성한 목록이 있다. 현존하는 가장 오래된 묘는 경주에 있는 정씨 도시조 지백호 묘(紀元前 50년경)이고 이조 때 집중적으로 쓰여졌으나 현대에 와서 쓴 명묘도 있다. 그런데 풍수는 개성이 강한 탓으로 각자의 목록 내용이 다소 다르다.

2. 선정 기준

발복(행복을 가져다 주는 것)과 명당의 구조(용혈사수향)가 상위 백개의 음택에 해당할 정도로 뛰어나느냐 여부가 선정기준이 된다.

우선, 최근에는 선호하는 발복 내용이 문장과 권세에서 부(富)와 웰빙으로 순위가 변하고 있음에 따라 목록 내용도 변하게 될 것이다. 명당을 추구하는 목적이 후손이 잘 되게 하기 위함 즉 종족보존의 본능에 연유하므로 후손의 숫자(孫勢)를 우선 순위에 두어야 할 것이다. 절손된다면 명당은 무슨 소용이 있겠는가?

다음으로, 명당의 구조인데 감평자의 주관에 따라 평가가 달라지므로 100대 명당의 목록에 큰 차이가 생기게 되는 것이다.

이러한 요인을 고려하면 풍수에 따라 30% 정도의 목록 교체가 있을 수 있고, 8대 명당이니 20대 명당이니 하는 개별순위 매김은 의미가 없다고 본다. 필자는 김수로왕릉과 김유신 장군 묘를 서열 1. 2위로 정하고 나머지는 개별 서열을 정하지 않고 뭉뚱그려 본다. 100대 명당을 선정하고 보니 필자가 매긴 등급에서 중등상급 이상의 등급이 선정되었더라.

3. 조선 8대 명당

*조선 8대 명당 또한 사람마다 지적지가 다르다. 간산자가 판단할 몫이다. 보통 ①청주한씨 한란 ②영천 광주이씨 이당 ③나주 반남박씨 박응주 ④고령신씨 신성용 ⑤춘천 평산신씨 신순겸 ⑥부산 동래정씨 정문도 ⑦순창 광산김씨 김극뉴 ⑧남양주 신(新)안동김씨 김번을 들고 있는데 ⑦과 ⑧을 제외하고는 전부 시조 묘이다.

*요즈음 굶어 죽는 사람이 없고 학문과 권세가 큰 매력이 없음에 대하여 인구의 소멸시대를 걱정해야 되는 세상이므로 손세(孫勢)를 제일의 덕목으로 쳐야된다. 450만 명의 인구를 자랑하는 김해김씨에 대하여 인구 4~5만에 불과한 신 안동김씨가 정승 19명 당상관 140여명을 배출하였다고 자랑하는 것은 초라하기 짝이 없다. 밀양손씨는 인구가 27만 명으로 서열 29위이지만 경북 건천에 있는 시조 손순 묘는 풍수적으로 명당은 아니고 7세손 광리군 손긍훈이 중시조로 번성의 기틀이 되었다. 발복과 명당 구조라는 2개의 요건을 다 갖추지 못하면 상등급의 명당이 아니다.

*이런 관점에서 본다면 김수로왕릉은 금구몰니형의 명당으로 후손들이 국민들의 1할을 차지하고 있으니 당연히 한국 최고의 명당이다. 김유신 묘는 봉정형(鳳頂形)의 명당이고 손세도 김해김씨의 절반을 차지하므로 서열 2위로 보아야 됨에도 불구하고 누구도 서열 1. 2위를 8대 명당으로 거론하는 사람이 없으니 이상한 일이다. 김극뉴와 김번은 광산김씨와 신

안동 김씨의 대표적 가계이지만, 시조 묘를 우선시해야 하므로 최상위 그룹에서 제외한다.

　* 한산이씨 시조 이윤경 묘(서천, 鳳舞形), 이천서씨 서신일(연화도수), 함안조씨 조려(女根形), 창녕조씨 조계룡(경주 노학하전형, 인구 34만, 23位), 전주최씨 문성공계 시조 최아(완주 비룡상천형, 인구 15만명, 53位)의 묘 또한 우열을 가릴 수 없어서 8대 명당에 버금간다고 말할 수 있다.

4. 목록과 간산기

　양택도 음택 못지않게 중요하지만 양택은 주소지를 이전해야 된다는 현실적 어려움이 있으므로 100대 명당 목록은 음택에 한정되어 왔다. 여기서는 필자의 시각에서 작성한 100대 음택목록을 게재하였으나, 제3책(『조선백대 명당 간산기』)에서는 목록 선정에 참고가 될만한 음택 대혈 또는 풍수공부에 참고가 될 곳 그리고 양택 명당 10여 곳을 합쳐 160여 개의 간산기를 게재하였다.

　* 양택으로 경주최씨 이조리와 교동(행주형), 안동 양소당(蓮實), 아산 외암마을, 보은 우당고택(행주형)을 최상위 그룹에 올려 둔다.

　* 여러 풍수들이 꼽는 조선 8대 명당은 빨간색 글자로 표시하고 파란색 번호는 다수가 중복하여 선정한 100대 명당을 표시한다.

[서울지역]

1. 경주정씨 양경공 정희계 묘 : 양천구 신정동 산 150-9
2. 광평대군 묘 : 강남구 수서동 산10-1 왕실묘역
3. 벽진이씨 이상길묘 : 노원구 하계동 산 16-1
4. 순흥안씨 묘 : 금천구 시흥등 산126-1 시흥초교옆, 안경공 외 5기
5. 함양여씨 시조묘 : 구로구 고척동 산6-3

6. 정선전씨 시조 섭의묘 : 동대문구 이문동 산15
7. **동래정씨 정유길 묘** : 동작구 사당동 산32-83, 벌명당, 9대 정승 배출
8. 국립서울현충원 : 동작구 동작동 215-5(창빈안씨 묘와 전직 대통령)
 * 덕수이씨(낙성대역 인근)를 포함하는 견해, 서울·경기 북부지역은 답사하지 못했다.

[경기지역]

9. **신 안동김씨 김번 묘** : 남양주 와부읍 덕소리 산5. 세도정치의 발원
10. **안동권씨 묘** : 의왕시 고천동 산31, 청풍김씨 김인백의 처
11. **파평윤씨 윤관 묘** : 파주 광탄면 분수리 산4-1, 조선 왕비 4명 배출
12. 대구서씨 서성 묘 : 포천시 설운동 산1-14(대구서씨 중흥조, 3대 대제학, 3대 상신, 3대 문장, 123명 급제, 父서해 묘)
13. 풍양조씨 시조와 성묘 : 남양주시 진검읍 송능리 산53-4
14. 정몽주, 이석형 묘 : 용인 모현면 능원리 산3(이석형 - 연안이씨 중흥조, 대제학 8명)
15. 청풍김씨 문의공파 묘역 : 남양주시 삼패동 산29-1, 김식 이후 100년 세도
16. 최영장군 묘 : 고양시 덕양구 대자동 산70-2 성령대군 묘 옆 산중턱
17. 청송심씨 안효공 심온 묘 : 수원시 영통구 이의동13-10, 왕비 3명
18. 양주조씨 조말생 : 남양주시 미음나루
19. 연안이씨 이정구 묘 : 가평군 상면 태봉리 산115-1, 3대 대제학
20. 의령남씨 남재묘역 : 남양주 별내면 화접리 282-7, 이성계와 자리바꿈, 남이 선조
21. 동래정씨 정난종 묘 : 군포시 속달동 산3-1, 정사의 자

22. 청주한씨 한확 묘 : 남양주시 능내리 산69-5, 인수대비부, 모란반개형
23. 밀양박씨 박사경 묘 : 고양시 덕양구 주교동 산17-2 추원재
24. 영릉(세종대왕, 소현왕후) : 여주군 능서면 왕대리 901-3
25. 덕수이씨 택품당 이식 묘 : 양평군 양동면 상학리285(정승3, 급제 100, 이이, 이순신)
  * 12, 13은 중등중급, 순흥안씨(안성 오흥리산32-1, 심온 처) 장수황씨 황희(파주 금승리산1) 신립 묘(광주 신대리산1-1) 오정방(안성 덕봉리산47-1)을 포함하는 견해, 오정방보다는 오윤겸(용인 오산리), 성남 하대원동 이지직 묘 추가.

[강원지역]

26. 평산신씨 시조 신숭겸 묘 : 춘천시 서면 방동리 821
27. 준경 이양무 묘 : 삼척시 활기리 92, 이성계 5대조
28. 영경 묘 : 삼척시 미로면 하사전리 산53(준경 묘 인근)
29. 강릉김씨 시조 김주원 묘 : 강릉시 보관리 680
30. 강릉최씨 최입지 묘 : 강릉시 성산면 금산리 467
31. 원천석 묘 : 원주시 행구동 343-2, 이방원 스승, 무학대사 소점
32. 한산이씨 이기 묘 : 원주시 지정면 능골(간현리 694-1)
33. 문정공 조충 지석 : 횡성군 횡성읍 정암리 513-2 세덕사
34. 단종 묘 : 영월군 영흥리 1090-1 장릉
35. 정선(영월)전씨 시조묘 : 정선군 남면 낙동리 산120-7, 서운사
  * 33 조충의 묘는 1948년 이장한 것이므로 제외할 것. 영경묘 단종묘는 제외, 김우명 묘(춘천 안보리 155-1 숙종 친필 묘비) 고형산(횡성읍 정암 3리)를 포함하는 견해도 있다.

[충북지역]

36. 한란 묘 : 청원군 남일면 가산리 산18, 청주한씨 시조
37. 안동권씨 권근, 권제, 권람 : 음성군 생극면 방축리 산7
38. 송시열 묘 : 괴산군 청천면 청천리 101
39. 김석 묘 : 괴산군 괴산읍 능촌리 산21
40. 하동정씨 정인지 묘 : 괴산군 불정면 외령리 산44
41. 은진송씨 송세량 묘 : 청원군 남일면 화당리 산2-8, 송시열 고조부
42. 송귀수 묘 : 청원군 남이면 문동리 산114-2(송시열 증조부, 옥녀직금)
* 반윤림(음성군 상당리 582 반기문)을 포함하는 견해,
   필자는 37,38,40,42 제외.

[충남지역]

43. 남연군 묘 : 예산군 덕산면 상가리 산5-28, 고종,순종
44. 대구서씨 시조 서한 묘 : 예산 대흥면 하탄방리
45. 해평윤씨 윤득실 : 아산시 음봉면 동천리, 윤보선 대통령 선영.
46. 전의이씨 시조 이도 묘 : 세종 전의면 유천리 산3-1
47. 전의이씨 선조 이석재 묘 : 공주시 금강변
48. 광산김씨 김장생 묘 : 논산시 고정리 산7-4, 양천허씨, 김철산
49. 김장생 묘소 일원 : 고정리 293, 김계휘(김장생 부), 김호묘(조부),
    김종윤(증조부)
50. 한산이씨 토정 이지함 가족 묘 : 보령군 주교면 고정리 산27-3
51. 고흥 유씨 묘 : 대전시 동구 마산동 96, 은진송씨 송유 모친
52. 송유, 송갑조 묘 : 대전 동구 판암동 529, 송시열 父
53. 송순년(송시열 6대조) : 대전 동구 사성동 30(마을지번임)

54. 김반 묘(김장생 3자) : 대전 유성구 전민동 산18-17 금오탁시, 7명 대제학.

* 43은 발복이 비참. 47, 48, 52는 제외?

[전북지역]

55. 광산김씨 김극뉴 묘 : 순창군 인계면 마흘리, 말명당, 김장생 배출, 대제학 7명, 왕비 1명
56. 밀양박씨 부인 밀산박씨 묘 : 완주군 덕진면 간중리 산2
57. 여산송씨 시조 송유익 묘 : 익산시 여산면 호산리 73
58. 전주이씨 시조 이한 조경단 : 전주시 덕진동 산28, 이성계 21대조
59. 황균비 묘 : 남원시 대강면 풍산리, 황희 조부, 나옹선사 소점
60. 영천이씨 시조 이능간 묘 : 임실군 지사면 영천리 708
61. 영일정씨 묘 : 고창군 아산면 반암리, 김성수 조모, 선인취와형
62. 함양박씨 박기림 묘소 : 전북 임실군 강진면 갈담1길12 잉어명당
63. 밀양박씨 박침 묘 : 전북 완주군 간중리 산2, 박침은 56의 남편으로 제단이 있다.(묘는 개성) 오류로 삭제 要함.
64. 전주김씨 시조 김태서의 묘 : 전북 완주군 구이면 모악산하(김일성 선조)
65. 옥천조씨 중시조 조원길 묘 : 순창군 유등면 건곡리, 무학대사 소점
66. 전추최씨 시조 최아 묘 : 완주군 소양면 죽절리 산198

* 60, 62, 65 제외? 63은 착오, 김성수의 증조부 김명환(변산해수욕장 뒤), 김성수의 증조모 전의이씨(순창군 시산리 보평마을), 낙안 오씨(고산 운암산 선인독서) 동래정씨(부안 장군탈망진형)를 포함

[전남지역]

67. 반남박씨 시조 박응주 : 영암군 반남면 흥덕리, 벌명당
68. 능성구씨(綾城具氏) 구민첨의 묘 : 화순군 한천면 정리
69. 옥천조씨 조유 묘 : 순천시 주암면 창촌리, 나옹선사 소점, 지네명당,
70. 청주한씨 한광윤의 묘 : 영광군 영광읍 신장리 한광윤(韓光胤) 묘
71. 여흥민씨 묘 : 장성군 북이면 명정리, 김인후 5대 조모(울산김씨 발복지)
72. 함평이씨 시조 : 함평군 함평읍 성남리 산793-3, 선학하전형
73. 주자 묘 : 화순군 능주면 천덕리 337
74. 광산김씨 시조단 : 담양군 평장리 204-1(평장사)
75. 광주노씨(노만) 중시조 묘 : 광주 오치동 109-2 삼능단 (대통령 두 명 배출)
76. 주원장의 묘 : 중국 명나라 황제(전남 영광군 고성 산하), 천자지지
77. 봉미산 옥룡자 결록(일이승 결) : 장흥군 장평면 봉미 산하

* 70은 의리장이고 정혈은 장익호 유산록에 있는 다른 곳, 68, 73, 76(헛소문), 77은 제외, 광주 용진산 청안이씨 호남파 시조 이광경, 화순 운주사 포함

[경북지역]

78. 광주이씨 시조 이당 묘 : 영천시 도유리 126
79. 고령신씨 시조묘 : 고령군 쌍림면 산주리 만대산
80. 동래정씨 정사 묘 : 예천군 지보면 도장리 371
81. 선산공 이정 묘 : 안동시 물한리 96-1, 퇴계 이황의 증조부.
82. 김계권 묘 : 안동 풍산읍 소산리 201, 김번 조부, 창평부수형

83. 안동권씨 권민수 묘 : 상주시 공검면 율곡 2리 잉어명당

84. 김유신 묘 : 경주시 흥무로 71(충효동 산 7-10)

85. 파평윤씨 시조 묘 : 포항시 북구 기계면 봉계리 522

86. 정씨 도시조 지백호 묘 : 경주시 내남면 노곡리 산 193

87. 기계유씨 시조묘 : 포항시 북구 기계면 미현리 281, 부운재

88. 흥해(곡강)최씨 시조묘 : 포항시 북구 흥해읍 남송리 664

89. 의성김씨 김용비 묘 : 의성군 사곡면 토현리 602, 오토제 뒷산

90. 세조태봉 : 성주군 월항면 인촌리 산8, 세종 17명 왕자

91. 무열왕릉(경주 서악동)

 * 창령 曺氏시조묘(경주 안강), 박정희 조모 묘(구미), 고성이씨 청도 입향조 이육 묘(청도 유등리) 경주 배동 3릉, 성주이씨 중흥조 이장경묘(성주 옥화리 산2), 성주 벽진이씨 시조 묘, 김해김씨 삼현파 시조 김극일(청도 각북 명대리 산50), 안동 풍상읍 양소당(신안동김씨 종가)을 포함시켜야 된다. 81(小혈), 88(비혈지)을 제외.

[부산 및 경남지역]

92. 동래정씨 시조 정문도 묘 : 부산진구 양정동 469

93. 박소 묘 : 합천군 묘산면 화양리 241-1, 반남박씨 중흥조, 조선후기 발복처(문과 급제 127명)

94. 완산전씨 전인 묘 : 합천군 율곡면 내천리 천혈. 전두환 대통령 생가터.

95. 거창신씨 신인도 묘 : 함양군 안의면 초동리 341 벌명당

96. 초계변씨 시조 변정실 묘 : 합첩군 율곡면 갑산리 523

97. 초계정씨 시조 묘 : 합천군 쌍책면 성산리 산 9(옥전서원)

98. 의령 남씨 시조 남군보 묘 : 의령군 의령읍 서동리 400
99. 경주 최부자 1대 최진집 묘 : 울주군 언양읍 반연리 산157
100. 창령성씨 성인보 시조 묘 : 창령군 모산리 대지면사무소뒤, 성씨 고택(석리322)

* 94 전인 묘는 혈이 아니고, 전영수, 전두환 부모 묘와 생가가 명혈. 95는 소혈, 김수로왕릉(김해 서상동), 롯데 신격호(울산), 신격호 조부모(울산), 종남산 비봉포란(교동손씨), 이병철 조모(의령 유곡면 마무리), 엘지 구씨 조부모(진주 지수면), 함안조씨 조려(함안), 진주강씨 박사공파 묘역(의령)을 추가.

각 성씨의 시조 묘(47)

한국의 성씨(姓氏)와 시조 묘에 관하여

* 성씨는 모계사회에서 부계사회로 전환되면서 부(父)의 성을 따르는 성씨 제도가 확립되었다. 같은 성씨라 하여도 모두 같은 혈족 즉 같은 시조의 후손인 것은 아니고 본(本)이 같아야 같은 혈족이다. 다만 동일한 본에서 본을 분할한 경우(예컨대 영산신씨와 영월신씨)에는 본이 달라도(同姓異本) 같은 혈족이다.

* 우리나라 성씨는 신라 6촌에서 비롯되었고 신라와 고려에서는 성을 왕으로부터 하사받는 경우가 많았다. 이조 중기까지는 백성의 절반 가까운 천민은 성이 없었다가 1909년 민적법 시행으로 전국민이 성을 가지게 되었는데 그때까지 성이 없던 천민들은 대성(大姓)을 선호하여 대성에 투탁하는 경우가 많았다. 신안동김씨와 같은 세도가는 투탁을 하는 자를 엄벌하기도 하고 족보편찬 시에 진골을 엄격히 심사하는 성씨도 있으나 임란과 호란으로 절후되거나 상계를 실전한 경우가 많았으므로 투탁과 가탁이 가능하였다.

* 세종실록과 1980년도 조사시에 성씨는 250개이었고(그 중 40%가 귀화 성) 2천 년 인구조사시에 728개(약 430개는 해방 후 귀화인의 성)이었다가 최근 주민등록상 성씨는 5천 여 개이고 한자 없는 성씨가 4천 개 이

상으로 파악된다(다문화 가정이 많아져서 귀화인이 2백만 명을 넘어선 영향이다). 전통적인 성씨 약 290개 중 40%는 인구가 1천 명가량이고 하위 42개 성은 백 명 가량이라 한다. 고려 무신 척(拓)준경처럼 후손이 없어서 사라진 성씨를 亡姓이라고 부른다.

* 현행법상 부모가 합의하면 모(母)의 성을 따를 수 있고, 동성동본 금혼은 우생학적으로 좋은 제도로서 고려 말부터 엄격히 시행되었는데 2005년 폐지되었고, 이름은 성을 제외하고 5자까지 허용된다.

* 풍수들은 성씨(姓氏)라고 하면 시조가 누구이고 그 분의 묘는 어디에 있는가를 떠올리게 된다. 왜란(倭亂)과 호란(胡亂) 그리고 사화로 인하여 후손들이 뿔뿔이 흩어지거나 선조 묘의 비석을 파묻고 도망다닌 탓으로 시조 묘는 대부분 수백 년 내지 천 년 가까이 실전되었다. 끝내 찾지 못하면 단소를 차려 봉행한다.

* 인구가 많은 대성(大姓)과 인구가 적은 희성(希姓)의 차이는 번식력이 강한 유전자를 물려 받았는가의 여부가 관건이겠으나 각 성씨의 시조 묘를 간산해본 결과 의외로 대성의 시조 내지 중시조 묘 가운데 조선 백대 명당 중 상위에 속하는 묘가 많았다.(2024.5.)

강원 강릉시 강릉김씨 시조 김주원의 묘 풍수
(枯木生花의 기혈)

1. 강릉김씨

* 강릉김씨의 시조는 신라 혜공왕 때(777년) 시중(侍中)을 지낸 김주원(金周元)이다. 인구는 18만 명(2015년). 김주원은 태종무열왕 김춘추의 6세손(代數로 하면 5대손)으로 선덕여왕이 후계없이 죽자 화백회의에서 왕으로 추대되었으나 홍수 때문에 입궐이 늦어진 바람에 화백회의 의장이던 김경신이 하늘의 뜻이라 핑계를 대고 제38대 원성왕으로 취임하였다.

권세에 밀린 김주원은 명주(현재의 강릉)로 쫓겨갔는데 2년 뒤(785년) 원성왕은 김주원을 달래기 위하여 명주와 울진을 식읍으로 주고 명주군(溟州郡)왕(王)으로 봉하였다. 후손들이 번성함에 따라 김주원을 시조로 하는 강릉김씨를 표방하였고, 명주 일대는 대대로 자치적 권한을 행사하여 왔다. 지금도 강릉 일대는 강릉김씨와 강릉최씨가 압도적 다수를 차지하고 있다.

2. 답사

* 이 묘는 오랫동안 실전되어 오던 중 조선 선조 때 후손인 강릉부사 김첨경이 선조 묘를 찾으라는 꿈을 꾸고 수소문 끝에 이 곳을 찾아내어 발굴한 바 4각의 돌층계와 백사 유골항아리가 출토되었다. 수백 년 이상 실전되었던 것인데 유골항아리가 출토되었다는 것은 화장을 하였다는 뜻인가? 경주 배동 삼릉에서 신덕왕과 경명왕을 화장하였다는 삼국유사의 기록이 있는 점으로 보아 비슷한 시기에 있었던 김주원 또한 화장하였을 가능성도 있다. 화장납골 묘이라면 동기감응론자들에게는 의미가 없을 것이다.

* 오대산 비로봉에서 출발한 용은 상왕봉을 거쳐 두로봉-동대산-노인

봉-대궁산을 거쳐 혈처에 이르렀다. 간룡에서 가늘게 한 가지가 분리되어 나와서 혈처를 만들고 간룡은 청룡이 되었다. 고목생화(枯木生花)형의 기혈(奇穴)이다. 윗뫼는 왕비 묘이고 아래는 왕의 묘이다. 분지(分枝)되는 곳에 가서 보니 왕의 묘를 청룡쪽으로 두 걸음 옮기는 곳이 정확할 듯 보였으나 현장에 가서 보고 천기룡으로 측정해보니 현재의 자리가 정확했다. 도선국사가 태어나기 2백 년전에 이런 기혈을 찾아서 정확하게 재혈한 것은 신비롭다. 척박한 강원도 산골로 쫓겨나서도 희망의 꽃을 피워 후손이 성씨(姓氏)순위 47위를 차지하고 있는 것은 대단하다. 고목생화란 꽃피기 어려운 고목에서 몇 송이 꽃이 생생하게 피었다는 뜻인데 명주군왕의 처지에 잘 맞는다. 중등상급 백대혈이다.(2024.3.)

* 고목생화의 지형

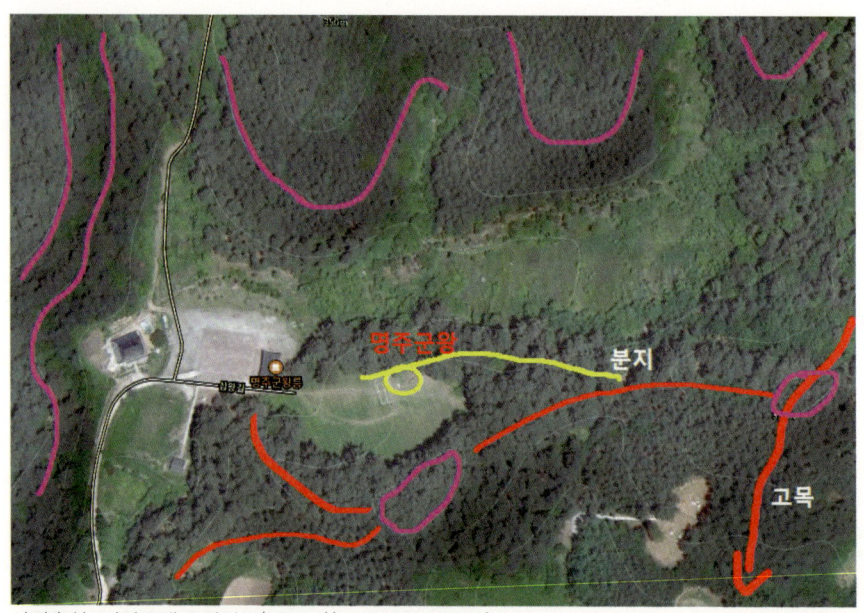

사진출처 : 카카오맵 스카이뷰(https://map.kakao.com)

* 묘에서 본 앞 모습

강원 삼척시 준경 묘와 영경 묘

1. 준경 묘와 영경 묘

　*이성계의 4대조 이안사(李安社, 시조 이한의 18세손, 목조로 추증)는 전주지방 토호이었는데 전주감사와 다툼이 생겨 1231년경(고려 고종18년) 권세에 밀려 부산을 거쳐 처가(외가?)가 있는 삼척 활기리로 피신하였다. 당시 부모와 따르는 백성 170여호가 동행하였다고 한다. 부친 이양무 장군(17세손, 이성계의 5대조)은 이듬해에 졸(卒)하고 어머니 삼척이씨도 그 무렵 졸하였다고 추측된다. 이안사는 그 후 함경도 덕원으로 이주함에 따라 수백 년 간 실묘하였다. 조선 초기부터 노동과 동산에 있는 고총이 이양무 부부묘라는 주장이 있었으나 확실한 증거가 없는 탓에 인정받지 못한 채 관(官)의 보호를 받아오다가 1899년(광무3년) 준경(이안사) 묘와 영경(삼척 이씨) 묘로 인정받았다.

2. 준경 묘(삼척 활기리 산149)

　*목조가 부친장지를 구하려 다니다가 도승으로부터 이 자리를 소점받고 백마리 소를 잡아 제사 지내고 시신을 금관에 넣어 장사지내면 5대 후 새로운 나라를 건국하는 임금이 탄생할 것이라는 말을 들었다. 궁리 끝에 흰 소(白牛) 한 마리를 잡고 귀리에 시신을 감아서 묻었다. 이 묘의 발복으로 태조 이성계가 이조를 건국하였다. 소위 백우금관(百牛金棺)설화이다.

　*주차장(활기리 151-4)에서 왕복1시간 20분이 걸린다. 첩첩 산중 골짜기 끝에 작은 분지가 있고 용이 내려와 물 마시는 형상이다. 비룡음수형이고 辛좌을향이다. 맹호출림형이라는 견해도 있으나 혈앞 분지는 둥글고 테두리에 따라 맑은 개울물이 흐르고 파구 쪽은 온통 습지이다. 맹호가 습지로 내려올 리 없다. 혈신은 단단하고 전순도 잘 발달하였다. 백호 쪽에 목성이 하늘을 찌를 듯 솟았고(揷千) 천룡쪽은 토성으로 대칭을 이루었다. 이 혈은 임금을 배출할 명당이라는 특수성 때문에 일반인에게는 무용지물이라 등급을 논할 수 없다.

　*준경 묘와 영경 묘의 지도

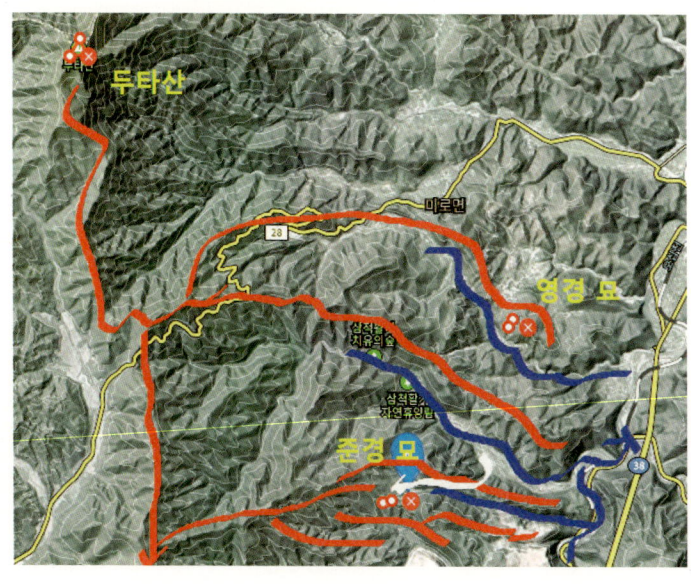

사진출처 :
카카오맵 스카이뷰
(https://map.kakao.com)

* 준경 묘

* 준경 묘의 백호방

3. 영경 묘(삼척 하사전리 산53)

　* 도로에서 재각까지 100m, 거기서 묘소까지 150m거리이다. 묘소는 골짜기 끝에 있는데 급한 경사에 멈춘 곳이 없고 2단의 석축을 만들어 올려 받쳤다. 과룡처의 일종으로 흉지에 가깝다. 안내문에는 풍수상 의미가 있다고 적었으나 해설사의 말에 의하면 명당이 아니라는 사람이 절반이라

한다.(2024.3.)

＊영경 묘-- 묘좌유향

강원 춘천시 평산신씨 시조 신숭겸 묘
(조선 8대 명당)

1. 풍수적 시각으로 보다

＊신숭겸의 묘(춘천시 서면 방동리 821)를 인터넷에서 검색하면 관광적 기행문이 수백 개 뜨고 풍수적 간산문은 몇 개에 불과하다. 이 묘에 관하여 ①명혈인가 ②왜 봉분이 3개인가 ③어느 묘가 진혈인가 ④목없는 무덤도 발복하는가 ⑤어느 좌향이 맞는가, 하는 풍수적 관점을 중심으로 하여 살펴본다.

2. 평산신씨와 시조 묘의 내력

＊평산신씨는 고려 개국공신 장절공(壯節公) 신숭겸을 시조로 하고 15세손에서 19개 파로 분파하였으며 50만 명(2011년 14위, 행안부고시)이다.
＊신숭겸은 전남 곡성에서 성장하여 춘천으로 이주하고 궁예의 부하 장

수가 되었다가, 918년 배현경 홍윤 복지겸과 함께 궁예를 쫓아내고 왕건을 왕으로 추대함으로써 고려개국 벽상공신이 되었다. 황해도 평산에서 왕건과 사냥하던 중 날아가는 기러기를 화살로 쏘아 맞히는 무예실력을 보여서, 감탄한 왕건으로부터 신숭겸이란 성명을 하사 받았다.(당시는 성명없는 사람이 많았다) 왕건이 927년 견훤과의 팔공산 전투에서 포위되어 목숨이 위태롭게 되자 신숭겸은 왕건의 갑옷을 바꾸어 입고 왕건인 양 행세하여 적을 유인하고 그 틈에 왕건은 병사로 가장하여 달아났으나 신숭겸은 전사했다. 왕건이 전주 본거지로 물러간 뒤 신숭겸의 시신을 수습해보니 몸체는 찾았으나 머리를 찾을 수 없어서 금으로 머리를 만들어 붙이고 도선국사가 왕건의 신후지로 소점한 이 곳에 안장했다. 그런데 금으로 만든 머리를 도굴당할 것을 염려하여 봉분을 세 개 만들었다. 뒤에 도굴꾼이 출몰하였으나 도깨비가 도둑의 발목을 잡아 못 움직이게 하여 보호를 하였다. 곡성 태안사에도 장군의 애마가 머리를 물고 와서 절 뒤에 목무덤을 만들었고 팔공산에도 제단이 있다.

3. 풍수적 문제

1) 다수는 이 묘가 조선의 8大 명혈에 속한다고 하나 일부 이기론자는 미미한 혈이라고 평하기도 한다. 평산신씨라는 후손발복은 차치하더라도 국이 넓고 사격이 장중하다. 봉황의 집이라는 설이 있으나 상제봉조형이 아닐까.

2) 세 개의 봉분을 조성한 것은 황금 머리를 도굴당하지 않으려는 의도라는 견해와 장군의 부인묘라는 견해가 있고, 신도비에는 어느 말이 사실인가 알 수 없다고 적혀 있다. 도굴을 방지하려면 봉분을 크게 만들고 돌을 많이 사용하는 편이 효과적일 것이다. 애당초 황금머리를 붙였다는 것도 믿기 어렵다. 적어도 도굴방지용은 아니라고 본다. 어느 묘가 진짜일

까? 청룡쪽이 진혈이라는 주장은 소수이고 다수는 중앙묘라고 한다(백호쪽 묘가 허혈이라는 점에는 이론이 없다). 현장에서 보니 청룡쪽은 기운이 약하고 중앙묘는 생기가 넘쳤다. 진혈에 들었기에 大姓의 시조가 되었을 것이다.

 * 지도

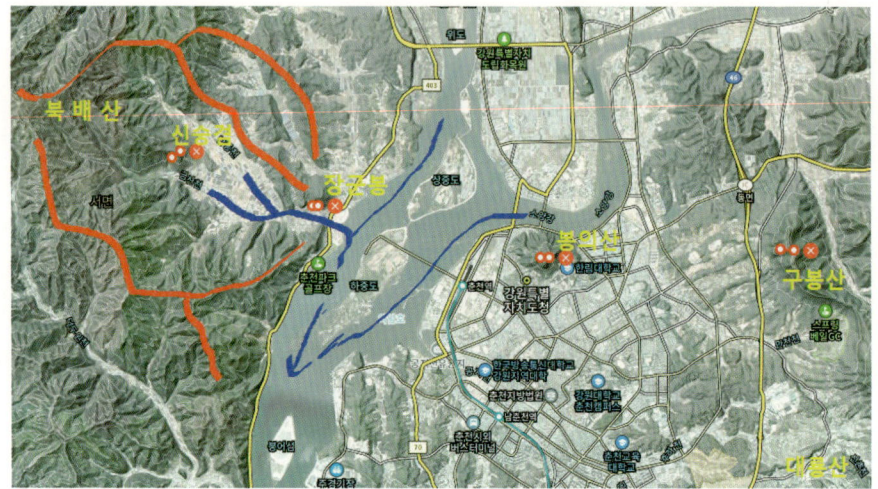

사진출처 : 카카오맵 스카이뷰(https://map.kakao.com)

 * 세개의 봉분-- 장례시(927년)에 도선국사는 죽고(898년) 없었다.

＊신장군은 머리없이 몸체만을 묻었다. 이를 두고 초혼장이라 생각하여 초혼장도 효력이 있다는 사례로 든다. 그러나 몸체만 묻어도 의리장이나 초혼장은 아니고 상당한 효력이 있다고 보아야 된다. 이 문제는 발복의 작동원리에 관한 문제로 풀어야 될 것이다.

＊술좌로 썼는데 건좌손향이 맞다는 견해와 신좌을향이 맞다는 견해가 있다. 장군봉 여의산 구룡산으로 연결되어 혈처로 향하여 오는 몇 개의 좋은 사격이 있다. 어떤 이는 이 방향을 안산으로 잡아야 된다고 주장한다. 그러나 달(月)도 차면 기울어지는 법이다. 혈처의 여력이 굽어지는 끝을 본다면 그 방향은 큰일 날 방향이다(88향법에 따르면 어떻게 되는지 모르겠다) (2023.8.)

＊좌향-- 정룡 끝을 안산을 했는데 백호 끝을 보아야 된다는 견해도 유력하다.

경기 남양주시 풍양조씨 시조 조맹의 묘와 성릉
(조선 8대 혈? 왕실 지관의 솜씨)

1. 풍양조씨와 성릉(공빈 김씨)

＊풍양조씨는 후삼국 시대인(時代人) 조맹(趙孟)을 도시조로 하고 인구 12만명(2015년)이다. 조맹은 풍양현(豊壤縣, 지금의 남양주시 진건읍 일대)에서 태어나 70세에 고려 왕건의 참모가 되어 삼한 개국공신 3등에 오르고 조맹이란 성명(姓名)을 하사받았다. 조맹 이후의 세계(世系)를 실전하고 조선 세종 무렵부터 조맹을 도시조로 하고 각자 확인되는 선조를 기세조로 하여 3개파(전직공파, 평장사공파, 상장군파)로 분할되었다. 조선시대 과거급제자 181명, 정승7명, 대제학4명을 배출하였고 안동김씨와 세도 다툼을 하였다.

＊공빈김씨(1553~1577)는 선조의 후궁으로 임해군과 광해군을 낳고 광해군을 출산한 지 2년 만에 산후병으로 사망하였는데 임해군은 성격이 난폭 방탕한 탓으로 동생인 광해군이 왕이 되었다.

2. 두 묘의 명암

＊조맹의 묘는 남양주 진건읍 송능리 산53-4에 있고 그 위로 약20미터 거리(송능리 318-2)에 공빈 김씨 묘(왕후로 추서되었을 때는 성릉이라 하고 후궁일 때는 成墓라 한다)가 있다.

＊공빈이 죽자 왕실지관은 조맹의 묘위에 자리를 정하였고 이에 따라 주변 묘는 이장해야 하는데 후궁이라는 이유로 선조가 그냥 두어도 좋다고 하였다. 광해군이 즉위하자(1608년) 능으로 격상시키게 되어 이장해야 될 처지이었는데 조정에서 이장하지 않더라도 봉분을 없애고 나무를 심어라고 했다. 이에 조씨들은 봉분을 없앴는데 인조반정(1623년)으로 광해군이

쫓겨나고 성릉에서 성묘로 강등됨에 따라 후손들이 인조8년(1603년) 상소를 하여 봉분을 복원하였다.

3. 간산

*다음 지도로 보면 중국이 협소하고 너절하여 혈이 될 것 같지 않았으나 묘역에 올라가서 보니 높은 곳에 있는 덕택에 원경이 보이고 나무 틈새로 보이는 안산 쪽이 좋았다. 성묘는 과룡에 얹혀 있어 혈이 되지 않았다. 이조 왕실지관의 실력이 이 정도 밖에 안되는가 실망스러웠다. 조맹의 묘는 월아 뒤에서 굼틀거리며 기를 응축하였다가 내려가는 기세가 대단했다. 조맹 묘는 이것이 장점이다. 사람들은 비룡승천형으로 조선8대혈이라 한다. 그러나 대혈이 되려면 기상이 깨끗하고 국세가 원국(垣局)으로 빙둘러 짜여야 된다. 중등중급이다(2023.8.)

*조맹 묘와 성묘의 지도

사진출처 : 카카오맵 스카이뷰(https://map.kakao.com)

*공빈 묘와 조맹 묘의 뒤

*조맹 묘의 사성 뒤

경기 이천시 이천서씨 시조 서신일 묘
(산 위에 연꽃이 만발하다, 조선 8대 혈)

1. 이천서씨

이천서씨는 고려초 이천(利川) 일대의 호족(豪族) 서선일(徐神逸)이고, 인구는 20만 명(2015년)이다. 고려 초기부터 대대로 15재상을 배출한 고려의 대표적 명문가이다. 이천서씨는 고려 후기에 판도판서 서진(徐晉)을 시조(서선일을 도시조)로 하는 달성서씨(鄕派)와 군기소윤 서한(徐閈)을 시조로 한 대구서씨(京派)로 분할되었다.

2. 시조 묘

이천시 부발읍 산촌리 329와 산19에 있다.

＊효양산 래룡-- 속리산-말티재-국사봉-좌구산-보광산-소속리산을 거쳐 아래 도면과 같이 주산 효양산으로 행룡했다.

＊당국-- 위의 지도와 당국을 합쳐 보면 효양산은 연꽃이고 혈처는 화심이다. 당처에 가보면 혈처는 산 위에 있는 연화도수형이다. 산 위에 연(蓮)밭이 있는 경우는 드물고 귀(貴)하다.

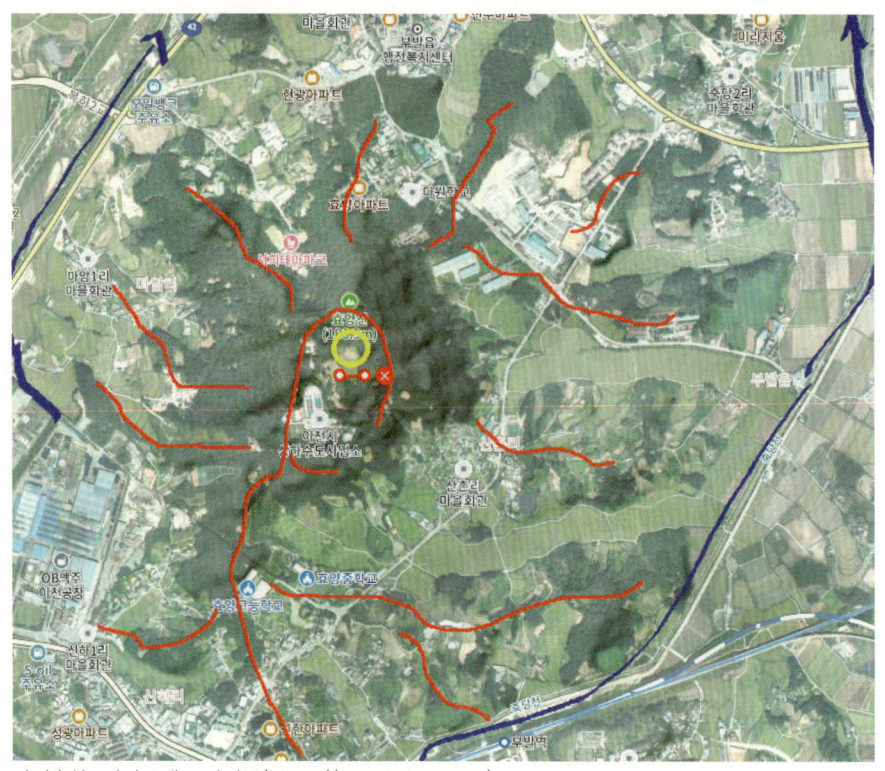

사진출처 : 카카오맵 스카이뷰(https://map.kakao.com)

 *묘역-- 묘 뒤로 한줄기 산등이 내려오고 횡으로 과협쳐서(결인 속기로 보기보다 과협이다) 혈장이 산등에 붙어 있다. 우리는 비온 다음날 탐방하였는데 묘역은 온통 물이 스며 질퍽거렸다. 그 중에서도 물이 마른 곳이 봉분의 백호 쪽에 있었다. 재혈이 매우 어렵다.

* 묘앞 연꽃 밭

3. 산 높은 곳에 있는 연화도수

국(局)을 넓게 크게 보면 연꽃이 수십리를 길게 굽이쳐 내려왔다. 당국(堂局)에서 보면 산중의 연밭에 피어 있는 연화도수형(蓮花倒水形)이다. 어떤 풍수는 천 년이 지난 지금도 유골이 잘 보존되어 발음이 계속된다고 하는데 거기까지는 모르겠으나 알아보기 힘든 상등초급대혈이다. 조선 8대 혈이다.(2023.8.)

경남 고성군 봉동리 고성이씨 시조단
(윗 대의 발복처는?)

1. 고성이씨

* 고성이씨는 8만 8천, 철성이씨는 1만 6천 합계 10만 명(2015년)이고 고성은 고려 때 철성이었다. 대종회는 철성이씨의 분파를 인정하지 않지만 인구가 1만 6천 명이나 되는 만큼 本을 같이 하는 支派로 보아야 할 것 같다.

* 원시조는 노자(본명은 李耳)이고 비조는 이반(李槃)으로 한무제 때(BC 156~87년) 조선으로 정벌와서 정착하였다. 이후 가계를 실전하고 24세손(천백 년이 지난 때이므로 42세손이 아닐까?) 이황(李璜)이 고려 덕종(재위 1031~1034년) 때 거란을 물리친 공으로 철령군에 봉해지고 호부상서를 역임하자 이황을 시조(기세조)로 모시게 된다.

* 시조 이황부터 5세손까지는 묘를 실전하고 6세부터 8세까지 묘가 있는 고성군 봉동리 산207에 시조단과 금봉재를 설치하였다. 고성 동해면 외곡리를 비롯한 이 일대에 고성이씨 집성촌이 많이 있다.

2. 번성과 발복처

고성 이씨들은 8~11대까지 사이에 10개파로 분파되었는데 그중에서 11세손 이원(李原)의 일곱 아들이 7개파의 파시조가 되었다. 그렇다면 이원과 그의 아들이 크게 발복하였으므로 그분들의 발복처가 곧 고성이씨들의 중흥 발복처가 되겠다. 1대부터 5대까지는 실전하였고 6~8대까지는 시조단 위쪽에 있으나 겨우 길지급이다. 실전된 1세~5세손의 묘 가운데 명묘가 있을 수 있지만 아무래도 9~11세손의 부부묘에 11~12세손의 발복처가 있을 가능성이 많지 않을까?

3. 기타

9세손 이암(1297~1364)은 단군세기를 저술하였고 11세손 이원(1368~1429)은 세종의 스승, 영의정, 청백리였다. 이괄(1587~1624)은 인조반정(1623)에 공을 세운 무신인데 반정공훈에서 2등급으로 밀리자 불만을 품고 난을 일으켰다가 한달만에 실패하였다. 이괄의 할아버지 묘가 고성 천황산에 있었는데 반란 실패 후 파묘되었다는 설화가 있지만 현장을 확인할 수 없다.(2023.7.)

경남 의령군 의령남씨 시조 묘

* 의령남씨(宜寧 南氏)는 인구 16만 명(남씨 전체 인구는 25만 명 30위)이고 元(都)始祖는 남민(南敏)이다. 당나라 때 김충(金忠)이 755년 사신으로 일본에 갔다가 귀국하던 중 풍랑을 만나 영덕에 표류하고 신라에 귀화하였다. 당시 신라 경덕왕은 남씨(南氏)성을 사성(賜姓)하고, 김충은 성명을 남민(南敏)으로 고쳤다. 도시조 남민 묘는 실묘하고 경북 영덕군 축산항에 정착한 유허비가 있다. 그의 장남은 김씨 성을 유지하는 바람에 영양김씨의 시조가 되었다.

* 남민의 7세 후손 남진용은 고려 충렬왕(1274~1308) 때 大장군으로 세 아들을 두었는데 장남 남홍보는 영양군, 2남 남군보는 의령군, 3남 남광보는 고성군을 각기의 본관으로 하여 분파하였으므로 이들이 각(各) 본관의 起世祖가 되었다.(다만 영양남씨 중 일부는 의령남씨와 같이 군보의 후손이라고 주장한다) 남이 장군이 의령남씨이고 남사고는 영양남씨이다.

* 의령남씨 시조 묘는 경남 의령군 의령읍 중동리 205에 있는데 都시조(元始祖)는 남민임을 인정하고 여기는 貫祖라고 비석에 새겼다. 이 묘도 상당기간 실묘하였다.

* 혈처는 한우산의 말락지이고 앞쪽은 자굴산에서 내려와서 안산이 되었다. 청룡이 약하지만 읍성있는 곳에 낮은 산줄기가 내청룡이 되면서 가까이에서 보완하였다. 향교 있는 배경산이 두텁고 힘차다. 자좌로 정확히 재혈하였다. 飛鳳行雲形, 중등상급.(2023.4.)

* 남군보 묘의 지도

사진출처 :
카카오맵 스카이뷰
(https://map.kakao.com)

* 남군보 묘-- 빨간 줄은 내청룡

경남 창녕군 창녕성씨, 초계정씨 시조 묘
(과연 名墓이다)

*창녕성씨 시조 고려 중기 토호 성인보-- 인구 18만 명, 창녕 대지면 모산리 503. 비슬산, 천왕산, 왕령산 래맥이다. 호랑이가 잠자던 곳에 썼다는 설화가 있다. 유어농파형이라 한다. 시조 묘답게 대혈이고 잘 관리되고 있다.

*초계정씨 시조 정배걸(1017년)-- 인구 10만 명, 합천 쌍책 성산리 산 9, 也字형 대혈, 3첩 안산이 화려하다.

사진출처 : 카카오맵 스카이뷰(https://map.kakao.com)

*정묘 전경

* 2基의 시조묘는 중등상급에 가깝다(2023.3.)

창원시 김해김씨 판도판서공파 시조 김관 묘
(파시조는 누구인가, 시조묘의 역량은?)

1. 원 시조와 종파 시조
* 김해김씨는 450만명, 8개종파, 148개파로 구성된 우리나라 최대의 대성(大姓)이다. 판도판서공파는 김해김씨의 8개 종파중 하나이자 김유신의 직계종파 3개(김령군파, 사군파, 삼현파)중 하나이고 흔히 삼현파(三賢派, 또는 삼현공파)라고 불리운다.
* 김해김씨의 시조(원시조)는 김수로왕(42~199, 향년158세)이고 13세손 김유신을 거쳐 49세손 김관이 판도판서공파의 기세조(1世) 卽 파시조이다.

2. 의문점
이상은 일반인이 알고 있는 사실인데 파시조 묘를 답사하면서 삼현파는 판도판서공파와 동일한 종파인가? 大派시조묘는 으레 대명당일 것이라 생각하는데 판도판서 김관의 묘가 너무 허술하므로 지금의 묘소는 진실된 김관의 묘일까? 시조 묘의 發福기간과 역량은 어느 정도될까? 하는 의문이 생겼다.

3. 청도 삼현(三賢)파의 상계(上系)

* 김관(金管, 1250~1348, 김수로왕의 49세손)은 김해 병동리 어병마을(왕으로부터 병풍을 하사받았다 하여 어병마을이라 한다)에서 출생하였고 고려 판도판서(版圖判書, 고려말 육조의 으뜸)를 역임하고 유학진흥에 공을 세웠다. 96세로 卒하여 김해 대산(현재, 창원 대산면 유등리374-4) 저소산(지금의 저산)에 辛坐로 부인과 합장하였다.(김종직이 쓴 김극일 정려비 참조)

* 김관(1세)-김문숙(2세)-김항(3세)-김서(4세)-김극일(5세)의 順으로 내려오다가 6세때 김건(金健)등 6형제가 태어나 勢를 불리게 되어 6개 支派로 분파되었고 그 밖에 김극일의 방계인 군수공익(益)파와 동덕랑무(武)파가 있다.

3세손 김항은 판관, 4세손 김서는 의흥현감을 지냈다. 청도 출신인 5세손 극일, 7세손 일손, 8세손 대유가 정조(正祖)때 효성이 지극한 학자로서 청도 삼현(三賢)으로 불리운 까닭에 그 후손들을 삼현파라고 통칭하게 된다.

* 족보를 보면 김관의 아들 김문숙, 손자 김항, 증손 김서까지는 외동 또는 절손되고 김극일 代에 두 형제가 있었는데 동생은 절가되고 형인 김극일은 아들 6형제를 두었고 그들이 번성하여 6개 지파를 이루었다.

* 5세손 극일(1382~1456, 청도 각북면 명대리 나축산에 영모재와 묘)은 시묘할 때 호랑이도 감동하여 지켜준 효자라고 한다. 조부(김항)와 서조모를 극진히 모셨고 1416년 조모를 풍각현 경계에 장사지내고 4년후 조부

를 합장했다(김종직이 쓴 정려비 참조). 7세손 탁영 김일손(6세손 맹의 아들, 청도 화양읍 백곡1길1-5, 종택)은 무오사화 때(1498년) 김종직의 제자로서 스승을 두둔하였다는 이유로 참형당하였고(양자로 승계), 8세손 삼족당 김대유는 호남에 유배되었다가 중종반정으로 풀려나 잠시 관직에 있은 뒤 청도에서 제자를 가르치는 삼족당을 짓고 은거하였다. 무오사화로 일가들이 분산되고 왜란때 문적이 소실되는 바람에 선조묘를 봉행치 못하다가 1518년 자계서원(紫溪書院, 청도 이서면 서원길62-2)을 창건하고 김극일을 봉행하다가 1661년 사액(賜額)을 받고 삼현을 봉안하였다.

4. 분파

윗 선조에 대한 내력을 밝히기 어려운 상황에서 1685년 종손 김성율이 문정공 판도판서 김관을 派祖로 정하고 삼현파를 분파하고 숙종때 병인보를 발간하였다. 김관과 자손의 묘는 낙동강 저소산에 있다는 전설이 있으나 찾지 못하던 중 1921년 지석을 찾아 묘소를 개축하고 묘소 인근에 1955년 저산서원(창원 대산면 유등리333-5)를 준공하고 대동보를 발간하였다.(족보와 묘비명 참조)

5. 누구를 파시조로 할 것인가?

* 이상을 종합해보면 김관, 아들, 손자중 절가된 김저는 김해 병동리에 살았고 김해 대산 저산에 묻혔다. 4세손 김서는 청도로 이사하고 부모 김항(김관의 손자)을 모셔왔고 그의 아들 김극일은 조부와 庶조모를 극진히 모신 덕에 국가로부터 효자로 공인받았다.

* 파시조가 될 수 있는 요건은 특정 혈족무리에 대하여 공통되는 직계선조 중에서 다른 계열의 후손이 없는 선조이다. 門中은 派人중에서 성년남자(지금은 성년 여자를 포함한다. 즉 문중은 미성년자를 제외한 파인의 모

임이다)를 말한다.

* 문제는 족보를 볼 때 김극일에게 태일(군수공)이라는 형제와 경일(통덕랑)이 라는 사촌형제가 있다. 이들은 청도 삼현의 후손이 아니다. 그러므로 삼현파가 곧 판도공파라는 말이 성립되지 않는다. 방계를 포함하는 공통선조는 김항, 김문숙, 김관이다. 파시조 자격이 있는 선조가 상하로 여러분이 있다면 이런 경우 보통 제일 가까운 선조(삼현파의 경우 김극일)또는 세거지 입향조를 파조로 모신다. 실상은 김극일의 방계가 있기 때문에 1685년 삼현파의 종손이 파조 적격자 중 最上位 선조(김관)까지 추급하여 파조를 모셨다고 추측된다. 꼭 삼현파를 내세운다면 파시조를 김극일로 좁게 잡아야 될 것이다.

* 삼현파 상계도

판도판서문정공정성헌휘관파 版圖判書文貞公靖醒軒諱管派						
1세	2세	3세	4세	5세		6세
관管 版圖判 書	문숙文 淑	항伉	서湑	극일克 一		건健 郡守公
						맹孟 參 判公
						용勇 翰 林公
						순順 進 士公
						인靭 修 士公
						현鉉 進 義公
				태일욱 一		익昷 郡守公
			위渭	경일敬 一		무武通德 郞公
			저佇			

＊요컨대 삼현파는 판도판서공파 아래의 지파(支派)로서 판도판서 김관을 기세조(파시조)로 하고 김극일을 중시조(또는 支派시조)로 한다고 보아야 맞다.

6. 시조 묘

＊김관의 묘가 있다는 저소산은 현재 창원 대산면 유등리 333-5 저산서원 일원이다. 서원에 위패를 모셨고 유등리 352-6에 묘가 있다. 시조 김관의 묘는 상석은 있으나 비석은 없고 그 아래 묘는 족보로 보아 아들 부부와 손자(김저) 묘인데 상석조차 없다. 일반 평민의 묘처럼 초라하기 짝이 없다. 보통 종파시조 묘쯤 되면 명혈이고 엄청 치장을 하는데 여기 묘는 주먹만한 동산의 정상에 바람을 맞고 있고 누구의 묘인지 알기도 어렵다. 일행 5인이 모두 결혈처는 아니라 했다. 이 묘소는 경주 밀양손씨 시조묘와 생김새가 흡사하다.

＊저소산 대국

사진출처 :
카카오맵 스카이뷰
(https://map.kakao.com)

* 창원 저소산 김관 묘

사진출처 :
카카오맵 스카이뷰
(https://map.kakao.com)

7. 시조의 역량(力量)은 어느 정도일까?

* 우리의 관습은 4대까지는 기제사를 지내고 그 윗대는 시제를 지낸다. 조상의 혼령은 4대까지 후손의 집에 머문다는 생각 때문이다. 墓이장업자들은 백 년이 지나면 보통은 유골은 삭아 없어진다고 한다. 비결록을 보면 만대영화지지 등의 大名堂이라고 기재된 혈처가 있으나 발복이 과장된 것이다. 시조묘는 대명당인 경우가 많이 있으나 백골이 흙으로 돌아간 천년 전의 묘가 후손의 길흉에 관여한다고 생각되지 않는다. 보통의 묘처럼 3대 길어도 10대(대명당인 경우) 정도까지 영향력이 있다고 생각해야 된다. 그 이상은 후손의 하기 나름이고 길흉화복의 요인은 음택에 한정된 것도 아니다.

* 후손의 숫자가 수천 명에 이르러면 시조 혼령이 후손 개개인의 길흉화복에 관여할 수 있는 역량을 벗어난다고 보아야된다.

* 시조는 건강한 유전자를 물려줄 수 있으면 되고 음양택은 몇 대에 걸친 번성에 보완적 요소가 될 뿐이다. 그러므로 김관의 묘가 명혈이 아니라 하더라도 종파의 시조가 될 수 있고 후손들이 뿌리를 찾아 경배(敬拜)하는 것은 당연하다. DNA를 분석하면 主人姓氏를 추측할 수 있을 정도로 과학이 발전하였다. 뿌리를 찾는 것은 자기를 되돌아본다는 의미가 있는 것이다. 김극일은 지극한 효자이니 혼령의 음덕으로 또 다른 명당을 얻을 수도 있을 것이다.(2023.4)

경남 함안군 함안조씨 중시조 조려의 묘
(물형과 발복을 다시 보다)

1. 어계(漁溪) 조려(趙旅) 선생

선생(1420~1489)은 생육신의 한 사람으로 단종의 시신을 거두어 준 충신(忠臣)이다. 조(趙)씨는 각기 시조를 달리하는 총 68개 본관이 있는데 총인구는 100만쯤 되고 한양, 함안, 풍양의 3개 문중이 인구수가 많고 그 중 함안 조씨는 2015년 통계로 28만 명쯤 된다. 대부분이 선생의 후손이라고 하니 선생은 함안 조씨의 중시조라 할 수 있다. 함안 조씨의 시조는 조정(趙鼎)인데 후(後)당인(唐人)으로 신라말 귀화하여 고려건국에 공이 있다고 하며 함안 군북면 원북마을에 터를 잡았고 어계선생 이후에 번성하여 집성촌이 되었다. 선생은 시조의 10대손이라고 하나 시조의 5백년 후세손이므로 계대(係代)가 모호하다. 선생의 생가는 원북마을에 있고 낚시를 하며 지냈다고 하여 어계란 호를 지었다. 마을에는 숙종이 선생을 위하여 현판을 내린 서산서원이 유명하다. 선생의 묘소는 함안군 법수면 강주리 산53에 있다.

2. 대국과 중국

* 행룡-- 지리산에서 고성 천황산을 거쳐 태조 함안 여항산(770m)으로 온 뒤 여항산 미봉산에서 북으로 20리를 행룡하여 삼봉산을 세웠고 깊은 과협후 소조산 천제산을 세웠다. 천제산에서 주산격인 철리고개 부근을 거쳐 석교천변(邊)까지 7km를 행룡하여 혈처를 만들었다. 여항산에서 삼봉산까지는 폭이 좁고 낮으며 직선으로 행룡한다. 그러나 낮은 산이 생기를 품고 수체형으로 나아가므로 생룡이다. 천제산으로부터 혈처까지는 굴곡과 기복이 변화무쌍하다.

* 대국-- 여항산에서 혈처까지 40리를 행룡하였는데 산이름 있는 크기

사진출처 :
카카오맵 스카이뷰
(https://map.kakao.com)

의 산은 삼봉산(272m)과 천제산(226m) 두 개뿐이다. 그러므로 이 묘의 후손중 정승에 오른 분은 찾기 힘들 것이다.

　*중국-- 소조 천제산에서 혈처까지는 변화가 많고 특히 현무 뒤의 결인은 한 주먹 크기만 하고 현무를 향하여 힘차게 올라가는 기세가 대단하다.

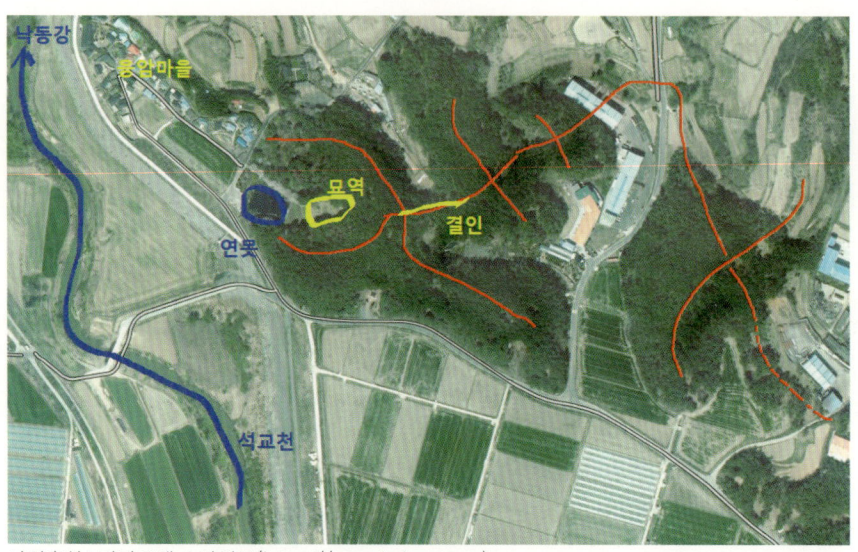

사진출처 : 카카오맵 스카이뷰(https://map.kakao.com)

　*소국-- 위로부터 부인 흥양이씨, 어계선생, 증손인 선전관 조정화 부부 순으로 묘를 썼다. 선생의 비석을 보면 후부(後附) 흥양이씨라고 적혀 있는데 부인이 10년 먼저 죽어서 위에 쓰고 선생은 정혈에 용사하였던 것이다. 다만 이조 중엽까지는 부인 묘를 남편 묘 윗자리에 쓰는 역장의 관습이 있었다. 함안조씨의 족보를 보면 선생이 신후지를 일찍 정암(鼎巖)강상(江上) 갑좌(甲坐)의 원(原)에 정하고 말씀하시기를, 정암강수가 없어져야 내 자손(子孫)이 끊어질 것이라 하였다.

　어떤 이는 부인의 윗자리 또는 그 아래가 정혈이라고 간산하였으나 쓸데없는 말이다. 지금 25만 이상의 후손이 배출되었는데 윗자리에 모셨으면 함안조씨 인구수가 50만 명이 되었을 것이라 장담할 수 있는가?

3. 물형

어계 선생은 이 자리를 소점하고는 "남강물이 마르지 않는 한 내 후손이 마르지 않을 것이라" 하였고 문중원들은 물형이 노서하전(老鼠下田; 늙은 쥐가 밭에 들어간다)이라 한다. 그러나 족보에 물형은 적혀 있지 않다. 쥐 형상에서 혈처는 보통 입에 와혈로 생기는데 이곳은 두 다리 사이에 듬실한 유(乳)로 생겼다. 무엇보다도 앞에 연못을 조성하였고 그 너머에는 석교천이 있고 남강도 있다. 쥐가 도강(渡江)하여 밭으로 가야 된다. 오죽하면 물에 빠진 생쥐 꼴이라는 말이 있겠는가. 노서하전 물형에서 바로 앞에 큰 강이 있는 혈처를 본 적이 없다.

또 어떤 이는 매바위와 응암마을이 앞에 있다는 점을 들고 있으나 실제 큰 바위는 없고 있다 하여도 백호 끝에 있다면 쥐가 매에게 바로 보여서 안된다.

이 혈은 여근(女根)이 분명한데 왜 노서하전이라 하였을까? 양반 체면 탓이다. 경북 청도 유등에 철성이씨 묘가 이 곳과 꼭 닮았다. 앞에 넓은 연못을 조성하고 길가에 정자를 지어 후손들이 길손에게 차를 대접해 왔다. 예전에 필자가 차(茶)대접을 받으며 위에 있는 선조 묘의 물형을 무엇이냐고 물었더니 문중 어른들이 봉황포란이라 한다는 것이다. 여근은 점잖은 양반이 입에 올리기가 부끄러워서 다른 물형을 둘러대는 것이다. 이곳은 아마도 제방을 쌓기 전에는 습지이던 곳에 연못을 조성하였을 터인데 무심히 일부씩 매립되고 있다. 이 연못이 매립되어 주차장으로 변하는 날이 온다면 어계선생의 후손들이 시들해지지 않을까? 쓸데없는 걱정을 해본다.

4. 좌향

안내판에 갑좌로 쓰여 있으나 실제는 묘좌이고 묘좌가 자연스럽다. 족보에서 갑좌 원이라 하였으니 묘좌도 가능할 것이다.

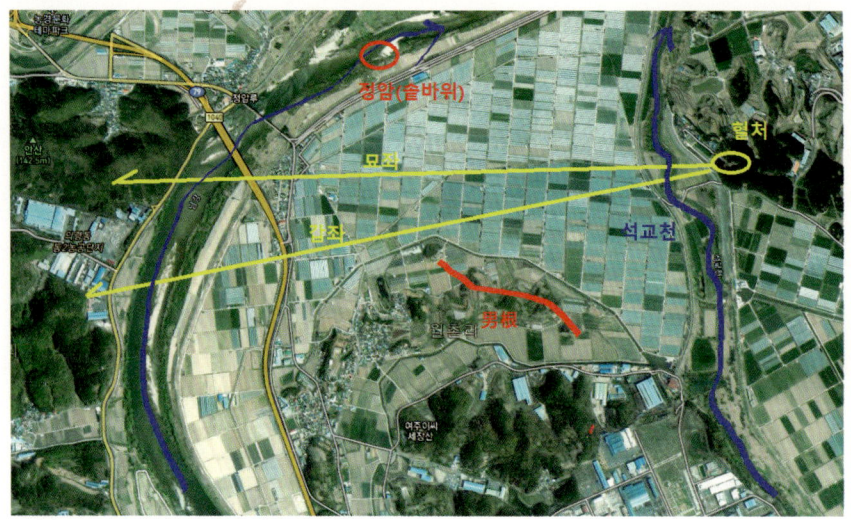

사진출처 : 카카오맵 스카이뷰(https://map.kakao.com)

5. 발복

＊함안조씨 28만 인구 중 대부분이 어계 후손이라 하니 많은 후손을 배출한다는 예언은 적중하였다. 후손중에 정승 지낸 분은 찾기 힘들겠지만 올망졸망한 후손들로 천자만손(千子萬孫)을 이루는 발복은 타의 추종을 불허한다.

＊요즈음은 10년 전보다 신생아가 절반 이하로 줄어드는 인구 절벽시대

이다. 딸 아들 구별말고 둘만 낳아 잘 기르라는 말은 악담(惡談)이라는 시대이다. 부귀와 권세보다 절손(絶孫)방지가 우선이다. 이름날린 선조 보다 후손을 많이 배출시키는 선조를 상석(上席)으로 모셔야 된다.

　＊청주한씨 시조 한란(853~916)은 고려 개국공신으로 후손이 75만 명이고 그의 묘는 청주 남일면 가산리에 있는데 우리나라 5대 명당이라 한다. 동래정씨는 2015년 현재 인구가 47만 명이고 조선시대에 재상 17명을 배출한 명문인데 사실상의 시조 정문도는 고려초기인으로 부산동래 화지산에 묘가 있고 그 묘(물형이 여근이라 한다)가 조선 8대 명당안에 든다. 경주이씨 익재공파 이제현(1287~1367)은 경주이씨 150만 인구 중 대문파의 시조이나 묘가 개성에 있어서 실전된 것과 같은 처지이다. 언양문중이 언양에 가묘를 모셨다. 한란이나 정문도 보다 어계가 5백 년 늦게 출발한 점을 고려한다면 함안조씨들의 후손 확장력은 더 우수하다고 말할 수 있다.
그렇다면 어계선생의 묘도 조선10대 명당으로 승격시켜 마땅하다.

　＊널리 회자되는 어계선생의 시(詩) 신추(新秋; 가을 맞이)의 일부를 인용하면서 선생님의 인품을 기려 본다.(2022.12.)

　　何恨居諸忽忽流 (하한거제홀홀류)
　　良辰美景在新秋 (양진미경재신추)
　　金風吹戶桐陰薄 (금풍취호동음박)
　　玉律傳商火傘收 (옥률전상화산수)

　　세월이 덧없이 빨리 흘러감을 한탄하랴
　　좋은 때 아름다운 경치가 새 가을에 있네
　　금풍이 불어오니 오동나무 그늘이 엷어지고
　　상성이 들려오니 따가운 햇볕 거두어지네.

경남 함안군 칠원윤씨 시조와 선조 묘
(양자 발복지가 있는가?)

1. 칠원윤씨

시조는 신라 태종무열왕 때(654~661) 태자태사를 역임한 윤시영(尹始榮)이고 2대 윤황 이후 (약 5백년간?) 계대를 실전하고 고려 호장을 지낸 윤거부(尹鉅富)를 기세조로 한다.

고려 공민왕 때(1330~1352) 재상을 지낸 17세손 윤길보의 다섯 아들이 현달하였는데 장남 18세손 윤환(尹桓 1386졸, 충효공파 파조)이 고려 충렬왕 때 문하시중을 지내고 칠원부원군에 책봉되었으며 칠원윤씨의 중심세력이다. 인구는 6만5천 명, 문과급제 27명. 함안윤씨와 혼동하기 쉬운데 함안윤씨는 남원윤씨 시조 윤위의 손자 윤돈을 시조로 본을 분리해 나온 씨족이고 인구는 7,600명이다.

2. 시조 윤시영 묘(함안 칠서면 계내리 623-1, 홍포서원)

*문중에서 상포선영이라 부르는데 시조 윤시영, 12세손(기세조 윤거부를 1세로 기산) 윤을부(상서공), 17세손 윤길보(충의공)의 순으로 일열종대로 쓰여 있다. 금반옥호형의 대명당이라고 알려져 있고 보기에 좋으나 이상하게도 시조 묘 밑의 2기는 기운이 미약했다. 귀가하여 지도를 챙겨보니 이 산의 행로는 함안 여항산에서 화개산 안국산을 거처 함안 부목리253-7에 이르러 과협을 하면서 간룡은 용화산으로 가고 지룡(枝龍)이 홍포서원으로 왔다. 그런 연유로 이 곳은 시조 묘가 미약한 생기를 머금고 하단의 묘2기는 무해무득지로 끝난 것이다. 즉 17세손 윤길보의 장남 윤환은 절손되고 양자 윤천효가 대를 이었는데 이는 명당이 아니라는 의미가 있다. 이 산줄기와 맥을 같이하는 주세붕의 묘역도 대혈이 생길 수 없다.

＊상포 선영

3. 기세조 윤거부 묘역(함안 칠북 검단리 산190)

＊이 묘역에는 윤거부를 비롯한 6기가 위에서 아래로 쓰여 있는데 비석이 없어서 어느 분의 묘인가 구별을 못한다고 한다. 문중은 검단선영이라 하고 선인취적형이라고 한다. 래룡(來龍)이 무미하고 당판이 거칠어 명당급은 아니고 동네 길지급.

＊윤거부 묘역

3. 윤환 묘역(함안 칠북면 유원리 산182-1)

* 이 묘역을 유원리선영이라 부르고 연화반개화라고 한다. 위에 18세손 충효공 윤환 묘(17세손 윤길보의 장남이다)가 있고 밑에 아들 19세손 대제학 윤천효 묘가 있다. 보기에 윤환의 묘가 조금 솟은 곳에 있고 사방의 경치가 시원하고 좋다. 일행은 윗 묘가 좋다고 하였지만 안산이 무릎 높이에 있고 허전하다. 아래에 있는 윤천효 묘가 안산과 균형이 맞고 좋다. 필자는 윤천환의 묘가 발복했을 것이라 말했다. 귀가하여 챙겨보니 윤환이 파시조로 되어 있는 충효공계열이 번성하였는데 윤환은 자식이 없어 동생의 아들 윤천환을 양자로 들였고 그의 아들 3형제가 현달하면서 번성의 시발이 되었다고 한다. 양자의 입장에서 보면 윤환은 혈연상 방계선조에 해당한다. 양자발복지가 있는가? 항상 의문이 있다.

이 묘는 연화반개화形이라 할 수 있고, 중등상급에 가까운 대명당이다.(2024.5.)

* 윤환의 묘역

경남 합천군 율곡면 초계변씨 시조 변정실 묘
(모두가 인정하는 명당)

1. 초계변씨(草溪卞氏)와 시조

초계변씨는 주문왕(周文王)의 후손 변원(卞源)이 신라 경덕왕 2년(743년) 귀화하여 동래에 정착함에 따라 원시조가 되었는데 이후 세계(世系)를 실전하고 고려 성종 때(재위981~997) 변정실(卞庭實)이 문하시중(국무총리格)을 역임하고 팔계군(초계의 옛 지명)에 봉해짐에 따라 시조가 되었다. 이후 차남 변요의 손자 변고적(卞高迪)이 밀양변씨로 분적하였다. 두 파가 통합하려는 움직임이 있다. 초계변씨가 6만, 밀양변씨가 1만 6천이다. 한편 변(邊)씨는 본관이 황주, 인구가 6만 명인 다른 성씨이다.

2. 간산(율곡면 갑산리 산29)

*당판이 확실하고, 청백이 견고하며, 안산이 분명하고, 조산이 잘 둘러 있다. 풍수들은 주관이 강하여 조선 8대 명혈에 대하여도 이론이 있으나 이 묘에 관해서는 이론없이 누구나 인정하는 명혈이다. 당국은 다소 좁으나 황강이 뒤를 두르고 조산이 울타리를 둘러서 중대국은 넓다. 이렇게 골짜기 속의 높은 곳에 맺힌 혈은 외부에서 행룡을 추적해서는 찾기 어렵다. 좀 더 넓게 보면 황매산이 도중에 다른 혈을 맺지 않고 80리를 달려와서 용덕산을 세우고 전두환 전대통령 마을과 이 곳 변씨 시조 묘를 만들었다. 현무봉 뒤에서 가느다란 속기를 만들고 크다란 금성을 만들었다. 비봉(飛鳳)형이다. 문열공 변정실은 985년 졸하여 고향땅에 묻힌 것 같다. 특이한 점은 문과급제 16명인데 무과는 43명이다. 다만 고려 말 시조라면 후손이 12만 명은 넘어야 하는데 7만 6천 명에 지나지 않아 손세(孫勢)발복이 약하여 아쉽다. 100대 명당 중 상위에 속하는 상등초급 명혈이다.(2023.9.)

* 중국의 지도

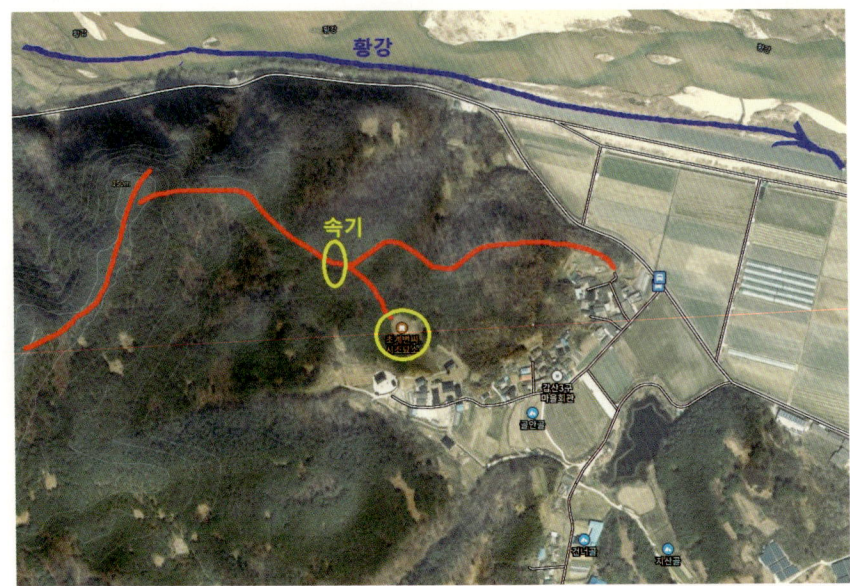

사진출처 : 카카오맵 스카이뷰(https://map.kakao.com)

* 봉분

＊조안산

경남 합천군 합천이씨 시조 묘

1. 합천 이씨

합천이씨 시조는 신라 이알평의 39세손 이개(李開)로 고려 태종 때 합천 호장(戶長)을 지내고 강양군(江陽君, 강양은 지금의 합천)에 봉해진 인물이다. 인구는 12만 명(2015년), 15개파, 문과급제 12명 무과급제 50여 명이다.

2. 간산

＊합천군 용주면 월평리 산2에 있고 아래에 부인 김씨 묘가 있다. 높은 곳에 있으나 차가 통행할 수 있는 임도가 있고 막다른 길이다.

＊이씨들은 주산은 망월산이고 조안산(朝案山)은 월화산으로 옥토망월형이라 하며 전해오는 산도를 보관하고 있다.

＊지도상 망월산 월화산은 표시되어 있지 않다. 현무로 내려올 때 기운이 내려가는 표시가 없어서 입수래용이 약하다는 단점이 있고 토끼가 바라

본다는 보름달도 뚜렷하지 않다. 그러나 당판, 청백, 수구, 조안산 등 앞에 펼쳐진 전경은 좋다. 전래하는 산도는 묘를 쓰고난 뒤 한참 지나서 자가발전한 것이 아닐까. 중등중급.(2023.10.)

3. 사진
* 지도

사진출처 : 카카오맵 스카이뷰(https://map.kakao.com)

* 시조 묘

경주시 건천읍 밀양손씨 시조 묘
(풍수상 명혈이 아니라도 훌륭한 시조 묘가 될 수 있다)

1. 밀양손씨 시조와 분파

* 밀양손씨는 인구 30만(2015년), 19개파, 25위의 大姓이고 시조는 孫順이다.

* 밀양손씨의 먼 시조(元祖, 都始祖)는 구례마(俱禮馬)로서 BC 57년 박혁거세를 임금으로 추대한 六村長중 한 명이다. 유리왕 때(AD 32년) 구례마의 손자 손직이 손씨성을 사성(賜姓)받았고 8백 년 간 세계(世系)가 불명하다가 원조의 31세손으로 알려진 손순이 경주 모랑리 출신으로 신라 흥덕왕(재위 826~836死)때 효자로 소문나서 문효공 월성군에 봉해지고 밀양손씨의 시조가 되었다. 그런데 동일한 시조 아래의 후손들은 본(本)을 같이 하는 것 즉 동성동본(同姓同本)이 통례인데도 손순의 후손들은 본을 달리하는 4계파(系派)를 형성하고 있는 특이한 사례이다.

* 손순에게는 2자가 있었는데 장남의 아들 셋(손순의 손자들)이 밀양(장손 손익함 계열), 평해, 경주를 본(本)으로 하는 3개파로 분파되고 차남의 아들이 청주파로 분파하였다. 현재 밀양손씨들은 손순을 기세조(起世祖;1세로 계산)로 한다. 4개의 本으로 나누어진 4系派는 모두 시조를 손순으로 한 一祖之血族(한 始祖에 다른 本)이다. 2017년 기준으로 밀양파는 27만명, 평해는 1만 6천명, 경주는 7만 8천, 청주는 1천 명인데 청주는 인구가 적어서 제외하고 손순의 후손은 3계파(系派)로 형성되어 있다고 말한다.

* 밀양손씨들은 손세(孫世)가 미미하던 중 손순의 7세손 손긍훈(孫兢訓, 생몰불명)은 밀양파 소속으로 고려 태조가 936년 후백제 견훤의 아들들이 점거한 경주를 평정할 때 선봉으로 공을 세워 광리군에 봉해지고 가세(家勢)를 크게 일으켜 中興祖(中始祖)가 되었다.

2. 시조 손순의 묘(천 년 간 실전된 묘)

* 손순은 아버지를 일찍 여의고 어려운 살림에 홀어머니를 모셨는데 어린 자식이 어머니 음식을 빼앗아 먹자 자식을 인근 취산에 묻기로 하였다. 부부가 땅을 파는데 석종이 나왔다. 기이하게 여겨 아기를 묻지 않고 돌아와 종을 치니 소리가 왕궁까지 들렸다. 흥덕왕이 종소리 내역을 듣고 집과 쌀을 하사하고 國孝라 부르고 월성군에 봉하였다. 손순은 종이 나온 곳에 弘孝寺를 짓고 종을 걸어 두었는데 후백제와의 전란 중 없어졌다.

* 후손들이 1970년 손순이 하사받아 살던 터에 손순 유허비(한곡면 소현리 623)를 세우고 1992년 손순의 부부를 모시는 문효사를 세웠다. 석종이 나온 곳에 대하여 남사리 삼층석탑(남사리234-2, 탑골, 보물907호)이라는 견해와 남사리 북 삼층석탑(남사리 313-4, 사저수지邊, 경북 문화재 7호)이라는 견해가 있다. 자식을 묻으려 취산에 갔다고 하니 탑골에 있는 석탑이라 생각된다.

* 손순의 묘는 오랜 동안 실전되었다가 1967년 경주 건천읍 모랑리 536-1에 있는 주인없는 효자묘가 손순 묘라고 판정하고 1986년 석물 치장을 하였다. 1,100년 간 실묘하였던 것이다. 밀양손씨들은 중시조 광리군묘(밀양 교동 산74-6)에 더 열성을 드린다.

3. 간산

* 손순의 묘는 단석산에서 들판 가운데로 내려와서 만든 작은 동산에 있다. 들판이 경지정리된 탓에 입수래룡을 알기 어렵다. 풍수 속담에 입수 일절(一節)만 확실하고 혈장이 잘 짜여있다면 어느 산에서 흘러 왔는지 따지지 마라고 하느니 만큼 입수래룡이 불명한 것은 흠이 아닐 수도 있다. 어떤이는 연화부수의 명혈이라고 감탄하지만 필자가 보기에는 평야에 외톨로 던져져 있고 생기가 없다. 큰 씨족의 시조묘가 맞는지 또는 제대로

찾았는지 의문이 들 수 있다.

　*통상 시조는 영웅 호걸 또는 고관대작이고 그분의 묘는 대혈일 것이라고 생각하기 쉽다. 그러나 ①자신의 선조를 미화하는 경향이 있고 ②명망 있는 인물이 아니라도 건장한 유전자를 가진 사람이면 많은 후손을 퍼프릴수 있으며 ③명혈이 아니라도 혼령발복 등 다른 요인으로 번성의 계기를 마련하였을 수 있다. ④각 성씨 시조묘는 천년을 경과하면서 육골은 흔적없이 삭아 없어졌을 터인데 지금도 후손의 흥망성쇠에 영향을 준다는 것은 근거가 없다고 생각한다. 시조는 후손을 퍼프릴 씨앗을 심을 뿐이고 5~6대 후부터는 후손들이 각자 번성할 터전을 마련해야 될 것이다. 눈덩이는 굴러가면서 커지는 것과 같다. 기세조는 기세조일 뿐이고 그 묘소는 경모하고 기념하는 장소가 되어야 한다. 지금도 발복에 관여하는 장소로 미화할 것은 아니다. 수십만 명의 후손에 대하여 길흉화복에 일일이 관여하려면 신(神)의 역량(力量)을 가져야 할 것이다.

　*밀양손씨와 유사한 경우로 김해김씨 삼현파의 기세조 김관의 묘도 상당기간 실묘되었다가 찾았으나 손순 묘와 같이 평지 동산이고 허술하다.(2023.4.)

　*손순묘 지도

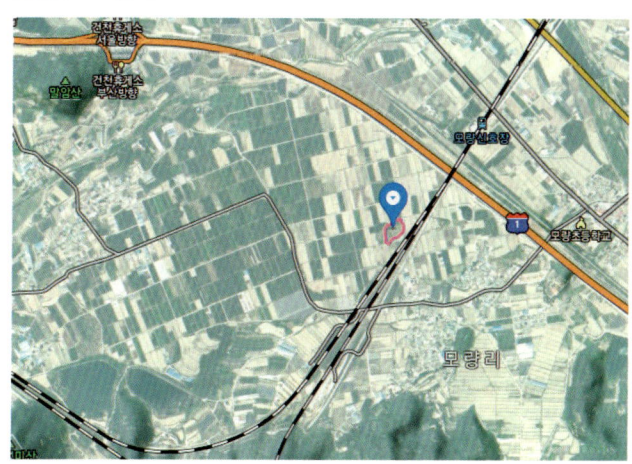

사진출처 :
카카오맵 스카이뷰
(https://map.kakao.com)

* 묘역-- 공동묘지 같다.

사진출처 : 카카오맵 스카이뷰(https://map.kakao.com)

* 손순의 묘-- 1967년 손순묘로 판단. 1986년 석물치장

경주시 김유신 장군 묘
(鳳頂穴, 天下大地)

1. 김유신은?

김유신(595~673)은 금강가야 마지막 왕인 구형왕의 증손자이고 진천에서 출생했다. 아버지는 김서현이고 어머니는 망명부인인데 어머니집에서 반대를 하자 야간 가출하여 결혼하였다. 나당연합군을 결성하여 김춘추(604~661)와 함께 660년 백제를 정벌하고 668년 고구려를 정벌하였다. 이를 바탕으로 하여 676년 문무왕 때 당나라를 축출함으로써 삼국통일을 완성하였다. 두 사람은 사실상 통일의 주역으로 고려와 조선을 거치면서 영토를 확장할 수 있었던 대단한 위업을 이루었다. 전투에서 백전백승하고 한번도 패한 적이 없다고 한다. 사후에는 민간 사이에서 산신 내지 호국신으로 추앙되어 위패를 모시는 사당이 전국에 10여 개 있다.

2. 파시조

* 김유신은 가문을 부흥시키려고 노력하였다. 천관녀와의 열정도 단칼에 자르고 어머니가 선덕여왕과 결혼하여 왕위를 노려보라고 하였으나 신분이 성골 이래인 진골이므로 2인자로 남아야 안전하다는 것을 알고 김춘추를 왕으로 옹립하였다. 김춘추는 654년 진덕여왕이 후계없이 사망하자 진골로서는 최초로 왕위에 올랐다.

* 김씨는 여러 系가 있고 모두 합치면 1천만 명에 이르렀는데 그중 가야계인 김해김씨(김수로왕이 시조, 450만명)와 신라계인 경주김씨(김알지가 시조, 180만명, 경순왕계가 140만명)가 다수를 차지한다. 本을 기준으로 하면 김해김씨 450만, 밀양박씨 310만, 전주이씨 260만의 순이다.

* 김유신은 김수로의 12대손(世孫으로 치면 13세손)인데 그때까지는

특별한 인물이 없었고 김유신의 후손이 3개 大派(경파, 사군파, 삼현파) 140여개 支派를 형성하면서 번성하여 김해김씨의 주종이 됨에 따라 김유신은 중시조로 대접받고 있다.

3. 김유신 묘(경주 충효동 산7-10)

∗ 삼국사기에 의하면, 김유신이 졸(卒)하자 문무왕(김춘추의 아들)은 장례에 곡식과 체백을 하사하고 군악대 100명을 보내면서 공적비를 세우고 관리인을 두어 무덤을 수호케했다. 160년 뒤에 흥덕왕 때 왕의 꿈에 김유신이 나타나 왕으로 대접하지 않는 것과 자식을 처형한 것을 불평했고 이에 흥무대왕(興武大王)으로 추봉하고 왕릉 대접을 하였다는 설화가 있다. 문화재로 등록된 명칭은 경주 김유신장군 묘이다. 김씨들은 왕릉으로 대우하여 4배를 한다. 무덤은 지름이 15.8M 높이가 5.6m로 김수로 왕릉에 버금가고 둘레석에는 12지장상을 새겼다. 조각의 우수함이나 규모의 크기가 신라왕릉 중 으뜸이라 한다.

∗ 그런데 이병도 박사는 12지상이 왕릉에 사용된 시기는 성덕왕(691~731) 때부터라는 이유로 신무왕(839死)의 무덤이고 진짜 묘는 서악왕릉군 밑에 있는 김인문(김춘추의 차남)의 묘라고 한다. 김인범, 신무왕, 진덕여왕의 무덤이 서로 바뀌었다는 학자도 있다. 어찌 되었던 전래되는 무덤의 주인을 바꾸어야 할 증거도 없다. 김인문 묘가 김유신 묘이라면 김인문의 진짜 묘는 어딘가? 하나를 바꾸면 줄줄이 바꾸어야 하니 그냥 두자고 양해가 된 상태이다. 조선 숙종 때(1710년) 경주부윤 남지운이 김유신 묘(墓)라는 비석을 세웠고 1934년 릉(陵)이란 비석을 세웠다.

4. 풍수적 간산

∗ 멀리 주왕산 래맥이고 선도산이 외백호로 뛰어났다. 옥녀봉에서 송화

산으로 행룡하고 속기, 기복, 가늘게 내려오면서 방향전환을 하였다. 송화산에서 입수 뒤 현무까지는 끈기있는 암석이 깔려 있어서 등산객이 많이 다녀도 등산길이 파이지 않는다. 현무로부터 입수까지는 용(龍)의 폭이 넓어지면서 파도처럼 내려와서 박환, 입수하였다. 동그란 당판을 만들고 내려가서 자기(自己)안산을 세웠고 멀리 조산이 보인다

* 중국

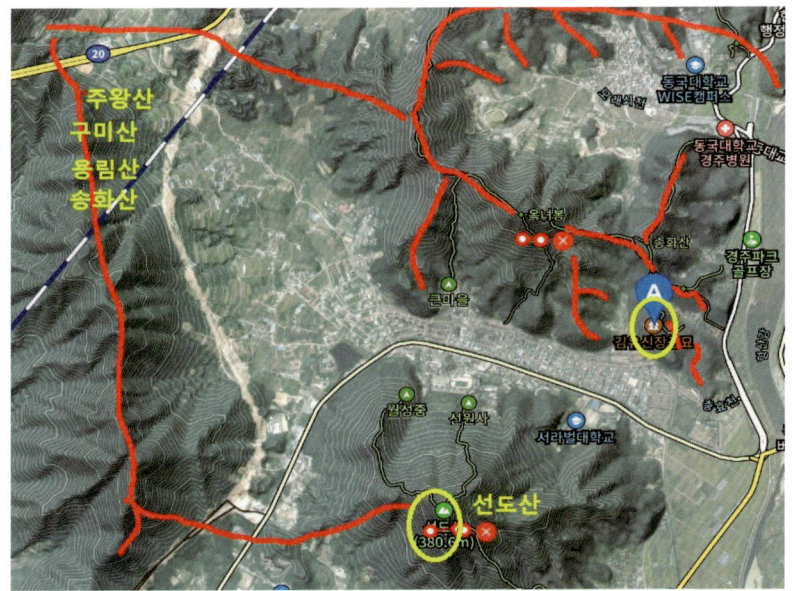

사진출처 : 카카오맵 스카이뷰(https://map.kakao.com)

* 과룡처(過龍處)로 보는 분도 있으나 여기는 전순으로 기맥은 끝나고 이후는 무기(無氣)로 자기안산을 만들었으므로 말락지로 보는 것이 옳을 것 같다. 기맥이 지나가다가 산등뼈에 혈을 맺은 것을 기룡혈(騎龍穴)이라 하고 기맥이 그냥 지나가면 과룡처이다. 기룡혈도 혈증이 있어야 되지만 과룡처와 구별하는 첫째 요건은 당판을 만들었느냐의 여부에 있다. 이곳도 혈처에서 100m 정도 올라가면 과룡처에 쓴 크다란 무덤이 2기가 무연묘로 방치되어 있더라.

* 소국

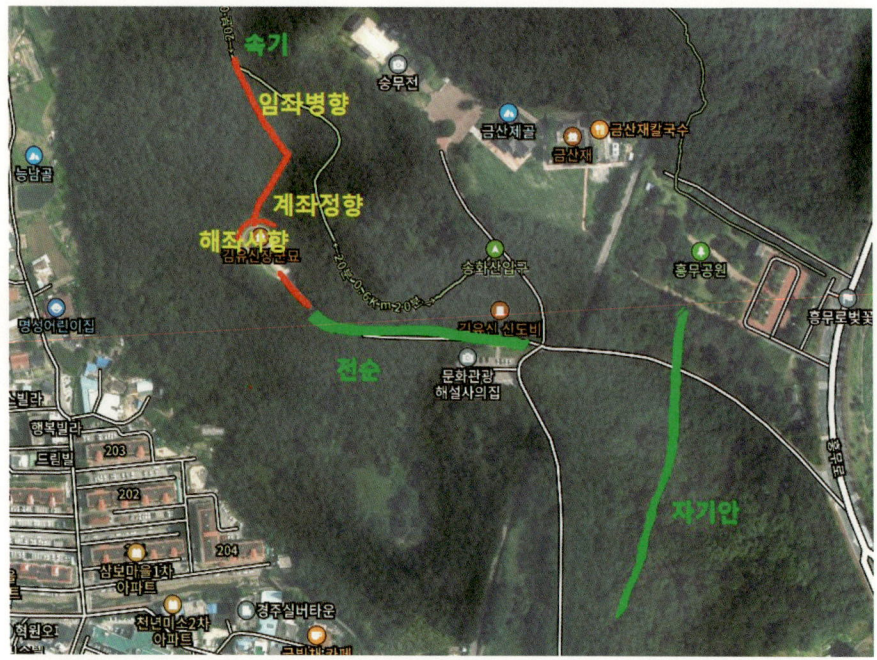

사진출처 : 카카오맵 스카이뷰(https://map.kakao.com)

* 묘소-- 용맥 중에는 이렇게 넓은 당판을 만든 곳이 없다.

* 묘의 입수-- 외줄기로 내려오던 용이 입수뒤에서 넓게 물결을 치면서 입수하였고 당판은 사성을 만들면서 와(窩)와 유(乳)가 되었다.

* 입수래룡은 암석으로 끈기 있고 단단하다.

* 입수처

* 자기안과 조산

5. 발복과 묘 주인

* 이 묘는 봉정형이고 국세의 규모나 기상으로 보아 천하대지라고 본다. 조선 8대혈이라는 김번과 청주한씨의 묘앞 전순이 주먹만한 크기임에 비하면 이곳은 동산만하다. 이 묘가 발복하여 김해김씨가 우리나라 제일의 씨족으로 국민의 근간을 형성하였다고 볼 수 있다. 정승을 20명 가까이 배출하였다는 자랑은 4백 5십만 인구 앞에 초라한 자랑에 지나지 않는다. 경주 서편(西便)에 달리 이 정도의 대혈을 찾을 수 없으니 이 묘가 김유신 장군 묘임에 틀림이 없다.

* 이 묘의 십이지상은 유연한 곡선과 세련미가 돋보이는 바 석굴암(774년 완성)의 솜씨와 상당히 유사하다. 흥덕왕(777~836, 제42대왕 재위 826~836)은 신라의 마지막 중흥기를 이룬 왕이었는데 권위를 세울 요량으로 김유신을 꿈에 본 것처럼 가장하여 민심을 얻었던 것으로 짐작한다. 어찌 되었든 흥무대왕으로 신분을 격상시켰다면 그에 걸맞게 외형을 치장하여 왕릉으로 새롭게 단장하였을 것이다. 십이지장상을 이유로 묘주인에

의문을 품는 것은 부당하다.

　*우리나라 제일의 명당은 김수로왕릉이고 한 단계 아래에 김유신장군 묘를 비롯한 8대 명당이 있는데 그 중에서 김유신장군 묘가 으뜸이다. 풍수들은 김유신 묘를 조선 100대 명당에 포함시키거나 제외하기도 한다. 김유신은 673년에 졸(卒)하였는데 풍수학의 시조 양균송은 880년에 활동하였고 도선국사는 898년 졸했다. 신라에 자생적인 풍수가 있었는지 모르겠으나 아마도 땅이 위인을 불러들였다고 생각한다.(2023.12.)

경주시 내남면 우리나라 정씨의 원시조 묘
(우리나라에서 제일 오래된 묘)

1. 정씨의 원시조

　*정씨는 인구215만명(2015년)으로 姓氏 중 5위이고 본관을 달리하는 120개 지파(支派)가 있다. 동래정씨가 44만명으로 제일 많고 그 다음이 경주정씨로 35만명이다.

　*우리나라 정씨들은 외래(外來) 성씨인 서산정씨와 낭야정씨를 제외하고는 본토 정씨는 본관을 달리히더라도 모두 원시조(元始祖 또는 都始祖, 여러 본관의 동일 성씨들이 공통적으로 모시는 최초의 시조)는 지백호(智柏虎)이고 그는 삼한시대 6촌장 중 한 분으로 기원전 57년 박혁거세를 왕으로 추대하여 신라 건국에 공헌하였고 태종 무열왕 때 甘文王으로 추봉되었다. 지백호의 현손 동충(東沖)이 기원후 32년 정씨(鄭氏)를 사성(賜姓)받았다.(지백호가 정씨의 都始祖라는 것은 삼국사기의 기록이고 삼국유사는 최씨의 조상이라고 한다). 41세손 정진후(鄭珍厚)는 고려 때 금자광록대부 월성군을 올랐고 경주로 본관을 고쳐서 경주정씨 중시조가 되었다. 그러나

그 전에 34세 내지 40세 때 온양정씨, 진주정씨, 초계정씨, 함평정씨, 하동정씨, 나주정씨, 동래정씨(고려초)가 本을 따로 정하여 나누어졌다.

2. 정씨 도시조(鼻祖, 원시조) 지백호의 묘

＊지백호의 무덤은 경주 내남면 노곡리 산193에 있고 하단에 후세의 묘가 들어서면서 집장지가 되었다. 지백호의 생몰연대는 불명이나 현손인 동충이 정씨성을 하사받을 때가 기원후 32년이고 박혁거세를 왕으로 추대한 때가 기원전 57년인 사실로 미루어 보면 대략 기원전 4~50년쯤 사망하였다고 추측할 수 있다.

3. 우리나라에서 제일 오래된 묘

＊단군왕검은 기원전 2333년 고조선을 건국하여 기원전 239년 멸망하고 유민들이 南下하여 신라, 가야, 백제를 건국하였으므로 고조선시대의 묘들은 우리가 접할 수 없다.

＊고인돌(支石墓)는 우리나라에 2만여기가 있는데 세계에서 가장 많다. 석관 안에 매장하는 형태이고 간혹 인골이 발견된다. 축조시기가 BC 8세기~3세기이므로 우리나라에서 제일 오래된 묘지이지만 묘주(入墓者)를 알 수 없다.

＊박혁거세의 생몰은 BC 69~AD 4이고 그의 묘에 대하여 오릉에 있다는 설이 있으나 확증은 없다. 김수로왕이 42년 왕위에 올라 199년 사망하였고 가야 고분들은 김수로왕과 함께 알에서 나온 왕들이 세운 六가야의 무덤이다.

＊그러므로 우리나라에서 가장 오래된 묘는 정씨의 도시조 지백호의 묘이다.

4. 간산

단석산-백운-천마-묵장-마석-남산-고위산의 행룡은 회룡고조형상이다. 혈처는 장군인 고위산이 단상(壇上)인 백운대에 등단하는 장군등단형이다. 혈처를 정확하게 짚었으나 안산이 보이지 않게끔 소나무를 키웠다. 무슨 깊은 뜻이 있는지 모르겠고, 입구와 재실에 대한 관리가 소홀하여 눈에 거슬렸다. 중등상급.(2023.4.)

* 고위산 행룡

사진출처 :
카카오맵 스카이뷰
(https://map.kakao.com)

* 지백호 묘

* 전경

* 백운대 안내도

경주시 안강읍 옥산리 수원백씨 시조 묘
(천 년 간 실전된 묘)

1. 시조와 묘소

*수원백씨는 인구 31만, 대성순위 30位이다. 시조 송계공 백우경은 당나라에서 첨의사 이부상서로 있다가 간신배의 모함으로 780년(선덕여왕1년)

신라로 귀화하여 경주 계림 자옥산 아래에 정착했다. 송계공이 살던 곳은 만세암(정혜사지, 안강읍 옥산리1654)과 13층석탑(국보40호)이 있었으나 석탑만 남아 있다. 관향을 수원(水原)으로 정한 까닭은 증손 백상이 수원태수를 역임하였고 수원 일대에 백씨들이 많이 살았기 때문이라 한다.

 *송계공의 묘는 실전되었는데 후손들이 승려와 지사를 가장하여 수년간 찾은 끝에 1965년 자옥산 남쪽 기슭(옥산리 산91)에서 백정승묘를 찾고 약2백미터 아래에 백씨세사(옥산리1375)를 건립하여 배향한다. 그 사이 묘역은 여강이씨 종산이 되어 있었는데 이씨들이 묘소 개축에 적극 협조하여 감사하다는 감사비가 입구에 있다.

 *전체 지도-- 정혜사지와 백씨세사는 약 五里 떨어져 있다.

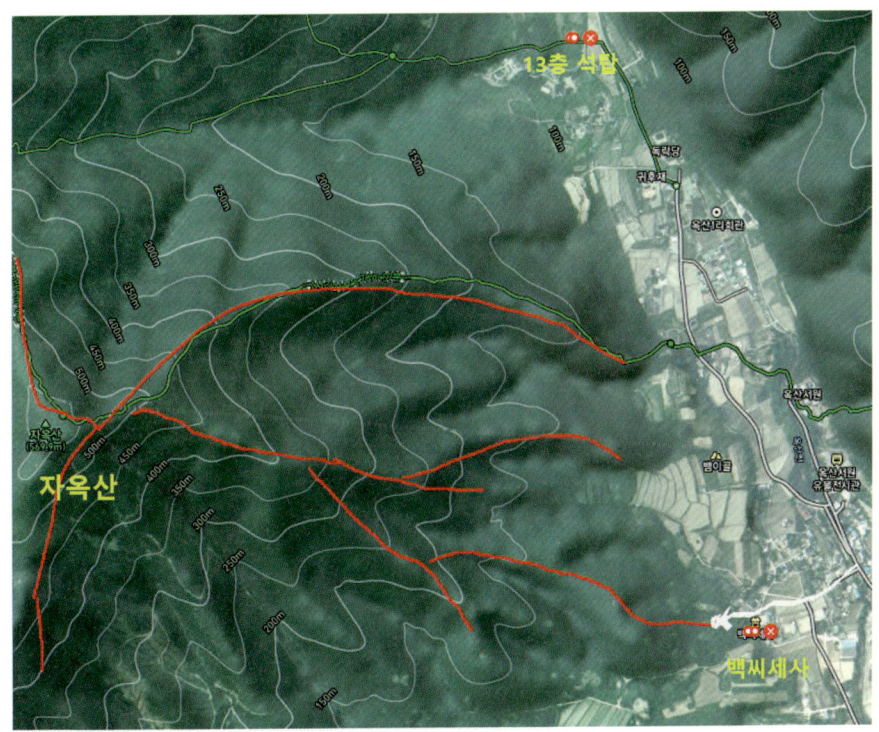

사진출처 : 카카오맵 스카이뷰(https://map.kakao.com)

＊13층 석탑-- 기운이 왕성한 곳에 정확히 세웠다.

＊시조 백우경의 묘-- 묘 주변에 소나무가 자라서 음습하였다. 어떤 이는 정확히 재혈하였다고 하나, 폭이 넓은 곳이 정혈처이다. 중등중급. (2023.4.)

＊이 묘도 천1백 년 간 실전되어 있었다.

경주시 안강읍 창녕조씨 시조 묘
(윗 묘는 선덕여왕의 의리장인가?)

1. 창녕조씨 시조

*창녕조씨(昌寧曺氏)는 대성순위 27위, 인구 39만 명(2015년)이다. 신라 조계룡(曺繼龍)을 시조로 하는데 3백 년 간 실계(失系)하고 고려 태조의 사위 조겸(曺謙)이 중시조가 되었다. 조겸이 태조의 사위라는 사실도 확실한 증거는 없다.

*조계룡(571~651)은 창녕현 고암촌 화왕산 용지라는 못에서 태어났다 (진평왕48년, 626년에 출생하였다는 설도 있다.) 왕은 조계룡이 준수함을 보고 631년 조씨성을 부여하고 장녀 김덕인(뒤에 선덕여왕)과 혼인시켜 사위로 삼았다. 왜적을 무찌른 공이 있고 보국대장, 창녕부원군, 태사공이 되었다. 그러나 선덕여왕(?~647)의 남편에 관하여 음갈문왕(삼국유사), 김인평(동경잡기)이라 하기도 하고 음갈문왕 을제 김용춘의 3인(화랑세기)이라고도 한다. 창녕조씨들은 음갈문왕과 김인평은 동일 인물이고 조계룡이 조씨성을 하사받기 이전의 이름이라고 주장한다. 선덕여왕에게는 세 사람의 남편이 있었다(副남편 제도)는 견해도 있다.

2. 시조 묘

*묘는 경주 안강읍 老堂里 산37-1에 있는데 작은 왕릉크기의 묘2기가 上下로 붙어 있는 것이 특이했다. 조계룡이 선덕여왕 남편이라면 뒤의 묘는 여왕의 묘이어야 된다. 옛날 관행은 부인 묘를 상위에 썼다. 그러나 여왕은 유언에 따라 낭산 남쪽(경주배반동 산79-2)에 묻혔고 수호사찰로 아래에 사천왕사가 건립되어 있으므로 여기 묘가 여왕의 묘라고 하여도 옷가지나 장신구를 묻은 의리장일 것이다. 조계룡은 여왕보다 4년 뒤에 죽었으므

로 여왕의 남편이라 하더라도 여왕 묘에 합장할 수 없었을 터이다. 조자룡의 연령을 보면 여왕과 혼인하기 전에 다른 부인이 있어서 후사를 이었다고 추측된다.

3. 간산

＊ 대국-- 주왕산- 운주산(영천)-봉좌산-어래산-- 10곡 병풍 개장이다.

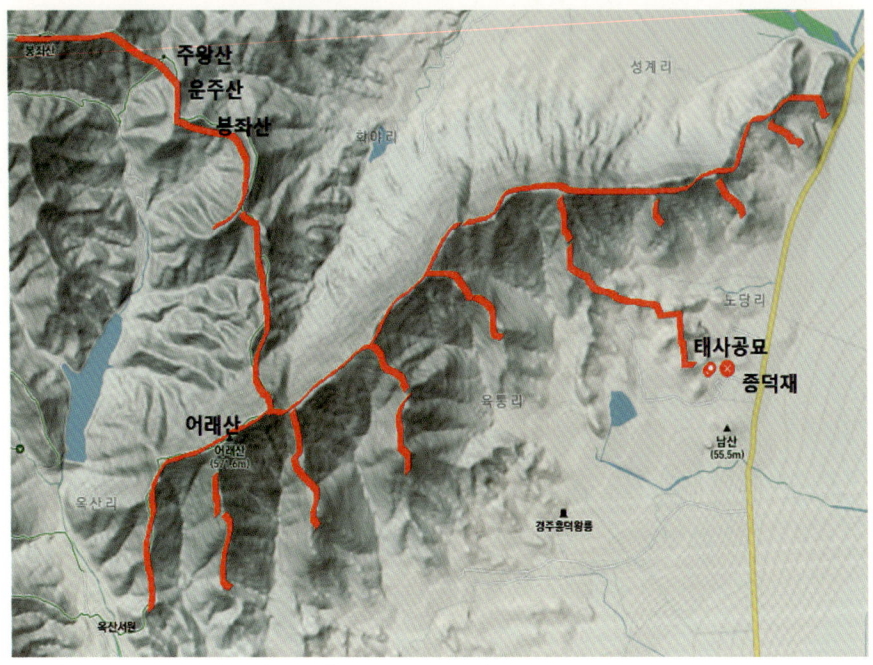

사진출처 : 카카오맵 스카이뷰(https://map.kakao.com)

＊소국-- 노학하전형

사진출처 : 카카오맵 스카이뷰(https://map.kakao.com)

＊시조 묘-- 윗묘는 선덕여왕 묘인가? 묘역이 넓은데도 딱 붙여 썼고 묘2기가 모두 혈처이다. 당시에도 풍수를 보았던가 신기하다. 조씨들은 윗묘에 대하여 말무덤으로 추측한다고 한다. 그러나 ①말무덤을 주인묘 위에 붙여 썼다면 그에 따른 설화가 있을 터인데 아무런 말이 없다. ② 말무덤을 주인 묘만큼 기다랗게 조성하는 것도 이상하다.

＊종덕재-- 주변 정화를 잘하여 보기 좋다.

＊주왕산에서 운주산 봉좌산을 거쳐 어래산이 우뚝서서 10곡병풍을 펼쳤고 그중에서 한 가닥이 내려와 다시 소국을 전개한 가운데 노학이 평야로 날아 내린다. 노당리 노학하전(老鶴下田)형이다. 3백 년 간 가계와 시조묘를 失傳하였다고 한다. 상등중급의 대혈이다. 다만 물길이 흉하므로 진혈이 아니라는 반대 견해가 있다.(2023.4.)

경북 경주시 오릉과 배동 삼릉
(박씨 發祥地음택을 풍수로 풀어 본다)

1. 박씨

＊박씨는 신라 건국시조 박혁거세를 도시조(都始祖, 박씨들은 원시조라고 부른다)로 하고 56개 본관(2000년 조사, 보통 70여개 본관으로 알려져 있다)으로 나누어져 있다. 순수 토착 성씨이고 중국에 있는 박씨들도 조선족으로 분류된다. 인구 420만 명(인구순위 3위)이고 그중 밀양박씨가 320만 명으로 본관별로는 김해김씨 다음으로 2위이다.

＊박혁거세의 35세손 경명왕의 여덟 아들 후손이 번성함에 따라 여러본관(시조의 고향을 본관이라 한다)으로 분적하였는데 그중 인구가 많은 밀양, 반남, 함양, 순천, 무안, 죽산, 고령, 충주를 8박이라 한다. 경명왕의 큰아들 밀성대원군 언침을 본관시조로 하는 밀양박씨가 대성이고 반남박씨는 언침을 원시조로 알려져 있으나, 8왕자설을 부인하고 고려 호장 박응주를 본관 시조로 한다.

＊박씨분파도-- 한국의 성씨에서 인용

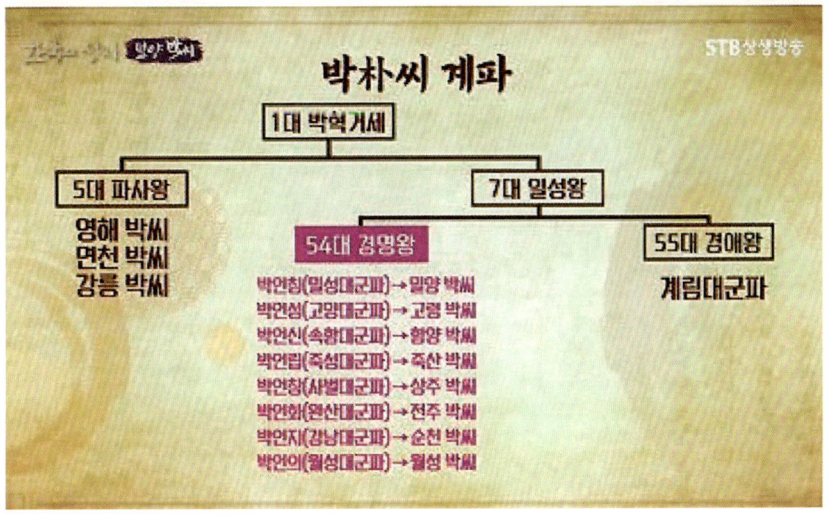

2. 오릉

＊박혁거세는 BC. 69년 나정(탑동 700-1)이란 우물에서 건져올린 알에서 태어나 BC 57년 6촌장의 추대로 신라 1대 왕으로 옹립되었다. 동시에 알영정(오릉내에 있다)이란 우물에서 알로 태어난 알령부인과 결혼하여 1남1녀를 낳았다. 60년 간 재위하고 서기 4년에 졸하였다.

삼국사기는 박혁거세를 사릉에 장사지냈다고 함에 대하여 삼국유사는 박혁거세의 유체가 하늘로 올라갔다가 8일 만에 떨어졌는데 뱀의 방해로 사체를 5지로 나누어 사릉(蛇陵)에 장사지냈다고 한다. 삼국사기가 정사라면 삼국유사는 야사적(野史的) 성격이 짙다. 이 묘역에는 1대 박혁거세, 알령부인, 2대 남해왕, 3대 유리왕, 5대 파사왕의 무덤으로 추측되는 5기의 왕릉이 있으므로 오릉으로 부르고 있으나 원래의 이름은 사릉이다.(4대 왕은 석탈해, 昔씨는 인구 1만 2천)

＊오릉의 모습-- 맨 앞에 있는 제일 큰 왕릉이 박혁거세 부부묘로 추측되고 나머지 왕릉의 주인을 가릴 수 없다.

＊숭덕전을 거쳐서 왕릉으로 들어가는 용맥은 눈에 뚜렷하지만 묘지에 이르러 바람에 흩어지고 생기가 모여있지 못하다. 남산의 끝자락이 형산강에 이르러 멈춘 곳으로 허허 들판에 내려앉은 연화부수형이다.장풍이 안되니

후손 발복처가 아니고 개국을 한 왕의 무덤으로 신성시되는 곳이다. 신라 왕들이 즉위시에는 이 곳에 먼저 제사를 지냈다고 한다.

3. 배동 3릉

*신라는 박, 석, 김의 3성이 992년 총 56대 왕까지 교대로 등극하였는데 박씨들은 1~3, 5~8, 53~55대 합계 10왕을 차지하였다. 박씨들은 54대 경명왕의 여덟 아들의 후손들이 본관을 나누면서 번성하였는데 그 발복처는 어디인가? 8왕자의 발복처는 먼저 부모 경명왕, 조부 신덕왕, 증조부 박예겸의 음택에서 찾아보고 없으면 그 윗대를 추급해야 된다. 다만 신덕왕의 아버지 박예겸에 대하여 삼국유사는 신덕왕의 의부라고 하는 데다가 묘소도 알 수 없으므로 답사를 하지 못했다.

*가계를 보면, 53대 신덕왕(神德王, ?~917, 박수종)은 52대 효공왕(김씨)의 매부인데 효공왕이 아들없이 죽었으므로 귀족들의 추대로 왕이 되었다. 박씨의 신라 전기 마지막 왕인 제8대 아달라 이사금으로부터 728년 만에 다시 박씨왕이 탄생한 것이다. 신덕왕의 큰 아들이 경명왕이 되고 둘째가 경애왕이 되었는데 경애왕은 포석정에서 견훤에게 체포되어 자결하였고 56대 경순왕은 경애왕의 이종사촌형 김부로서 신라의 마지막 왕이다.

*박씨들의 주장인 즉, 신덕왕은 제8대 아달라 이사금의 후손이라 주장하면서 신덕왕까지 연결되는 가계(신덕왕은 박혁거세의 34세손)를 내세우고 있으나 삼국사기에 의하면 아달라 이사금에게는 아들이 없었다고 할 뿐만 아니라 주장하는 중간 선조들에 대한 기록이 없는 탓으로 학계는 의문을 표시한다. 학계의 다수설은 제8대 아달라에게 아들이 없어서 제9대왕으로 석벌휴가 왕위를 승계하였다. 다만 아달라에게 서자는 있었으나 당시 서자는 자식 대접을 받지 못하였다. 신덕왕은 서자계열이라는 것이다

*신라 중기의 기록은 전란으로 소실되어 확정이 어렵고 왕릉발굴이 이루

어지지 아니하여 박씨들의 주장을 명백히 반박할 수도 없는 실정이다.

　＊묘소를 보면, ①아달라 이사금의 묘는 삼국사기와 삼국유사에 기록이 없다. ②신덕왕에 관하여 삼국사기는 죽성에 장사지냈다고 함에 대하여 삼국유사는 화장하여 뼈를 잠현에 묻었다고 하고 ③경명왕에 관하여 삼국사기는 황복사 북쪽에 장사지냈다고 함에 대하여 삼국유사는 경명왕은 황복사에서 화장하여 상등산 서쪽에 산골하였다고 한다. 학자들은 삼국사기와 삼국유사의 기록과 삼릉이 장소적으로 연관되지 않는 점, 삼릉의 형태도 신라 전기의 왕릉과 맞지 않는 점 등 여러 사정을 고려하면 삼릉의 주인은 알 수 없다고 하면서 전(傳)삼릉이라 부른다. 또한 유의건(1687~1760)의 화계집에 의하면 영조6년(1730년) 경주부윤 김시현이 김씨 문중 박씨 문중과 협의하여 전승(傳承)을 잃어버린 왕릉을 찾는 작업을 하였는데 양문중은 남산 동쪽은 김씨들의 왕릉으로 하고 남산 서쪽은 박씨들의 왕릉으로 할 것을 정하였다. 이 때 정한 왕릉 주인이 현재까지 전해오고 있는 것이다. 신라왕릉 권위자 이근직 교수는 삼릉은 귀족무덤이라 한다.(강릉김씨 서울종친회 카페)

　4. 풍수적 고찰

　＊삼릉 사진-- 삼릉 중 맨 아래 묘가 아달라 이사금의 묘라는 사람이 있으나 안내판에는 서쪽 묘가 경명왕의 묘라고 하는데 삼릉은 서향이므로 맨 아래 묘는 경명왕릉이 된다. 위의 안내판이 잘못되었다는 견해가 있다. 중간 묘에 대하여 모두들 신덕왕릉이라고 하는데 1936년, 1963년에 도굴당하였고 이를 수습하기 위하여 발굴하였던 바 유골이나 부장품은 없었고 부부 묘로서 공간이 있는 것을 확인하였다. 나머지 두 왕릉도 같은 구조일 것이라 추정하고 있다.

＊전순-- 아달라왕릉으로 알려진 맨 아래 묘의 전순

* 중국

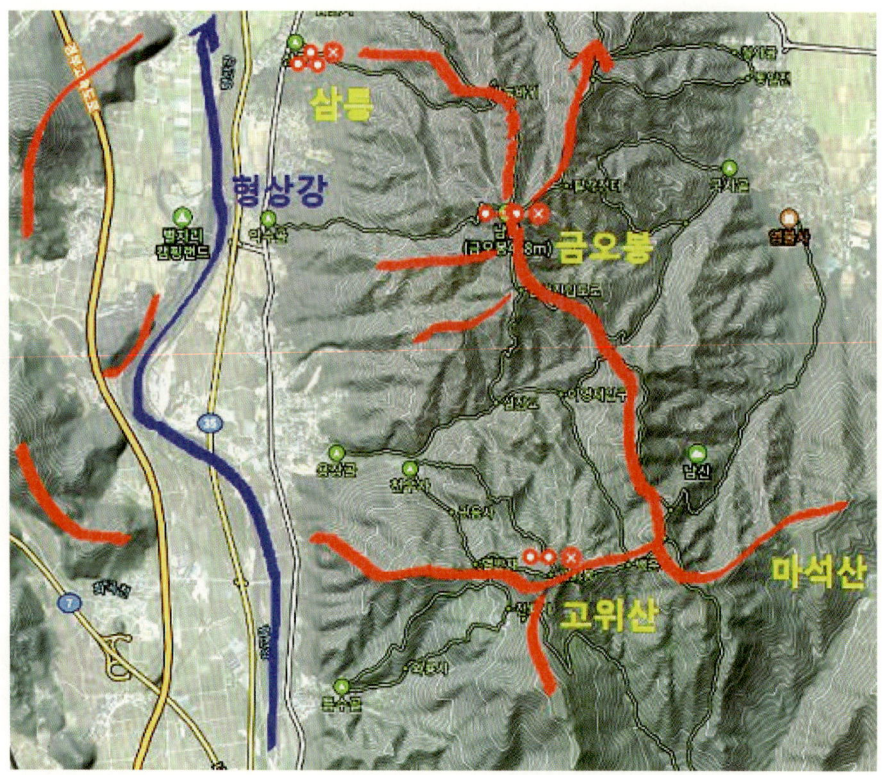

사진출처 : 카카오맵 스카이뷰(https://map.kakao.com)

　* 멀리 건천읍 단석산에서 출발한 용은 마석산을 거쳐 남산을 만들고 금오봉에서 형상강을 바라보고 서쪽으로 낙맥하였다. 중국(中局)이 산태극 수태극하고 당국이 생동감 있다. 금오(金鰲, 자라는 민물거북이다. 머리와 목이 가늘고 길다)하산(下山)형이다. 유연한 기복이 있는 장유로 혈은 맨 위와 맨 아래에 맺혔고 중간은 약간 꺼져있다. 풍수적으로 볼 때 맨 위의 묘가 자라목에 자리잡고 전순에 있는 아래 묘를 자기안으로 한 상등초급 대명당이고 맨 아래가 차혈이다.

＊ 자라 모습

＊박씨 1대왕부터 3대왕 및 5대왕까지는 오릉에 있고(통설이다) 6대 지마왕은 아들 없이 사망하여 7대 일성왕이 승계하였고 그의 아들 아달라가 제8대 왕인데 적자가 없다. 지마왕릉은 배동 산30에 있는데 평범하고 일성왕릉은 탑동 산23에 있는데 백호에 돌이 많아 거칠고 양명치 못하다. 일성왕과 아달라왕은 700여 년 간 이름난 후손이 없었고 아달라왕 때 적자도 끊겼으므로 명당에 묻히지 않았다고 생각된다. 박씨는 53대 신덕왕때 부활하였다고 볼 수 있는데 그의 아들 둘은 경명왕과 경애왕이 되었고 경명왕의 8왕자는 박씨들의 대종을 이루고 있다. 그렇다면 신덕왕과 경명왕은 명당에 묻혔다고 볼 수 있다.

＊풍수적 관점과 상리에 맞추어 사견을 정리해 보면, ①아달라 왕릉을 만들 때(184년) 풍수에 맞추어 결혈지를 찾아서 재혈하지 않았을 것이니 장유의 중간에 조성하기 십상이다. ②신덕왕릉을 조성할 때(917년)에는 아들인 경명왕과 경애왕이 아버지를 묘역의 앞자리에 모시고 제사를 봉행하였을 것이니 왕릉을 크게 만들었을 것이다. ③경명왕 때에는 달리 묘쓸 공간이 없었으므로 맨 윗자리로 갔을 것이다.

＊결국 제일 뒤에 쓴 윗묘가 자라목에 자리잡은 상등초급 대명당으로 8왕

자의 번성을 주도하였고 아달라왕은 평범한 중간 자리를 차지하였고 맨 아래묘가 신덕왕릉으로 보조적(경애왕 후손도 독립된 계파로 살아 남았다) 발복지로 보아야 되지 않을까?(2024.1.)

경북 고령군 만대산 고령신씨 시조 묘
(緩急도 음양이다)

1. 고령 신씨(申氏)

*고령신씨는 인구 13만(2015년)이고 시조는 고려 고종(1213~1259)때 토호(土豪)인 신성용(申成用)이다(그 이전은 失系). 유명 인물(人物)인 8세손 신숙주(1417~1475)는 세조의 반역에 공이 컸고 한글제작에도 공헌하였다. 그분은 전남 나주 출생이고 의정부 고산동 산53-7 부용산에 묻혔다.

*시조묘는 고령 쌍림면 산주리 산38 만대산(688m) 중턱(300m, 200m까지는 차가 가고 나머지 100m 고도는 임도에 차단기)에 있다. 조선 8대 명혈의 하나로 구경하려 많이 온다. 임란 직후인 1606년 고을 사람들이 봉분을 헐고 암장하였는데 후손이 고령현감으로 부임하여 봉분을 복원하였으나 비석을 어디에 묻어버렸는지 찾지 못했다. 1640년(인조 20년) 후손들이 관찰사에게 청원해 보았으나 역시 찾지 못했다. 이 묘는 수차 정비하였는데 백호를 안산으로 삼은 때문인지 인근 고을에 부임한 외손들의 공이 컸다.

2. 간산 포인트

몇 개의 풍수적 간산포인트가 있다. 첫째 명혈인가, 둘째 물형은 무엇인가, 셋째 재혈은 바로 하였는가. 넷째 봉분을 혈장에 가득하게 조성한 것은 어떤 의가 있는가, 다섯째 백호 너머에 고축사가 있다는 것을 확인해야 된다.

*中局 지도

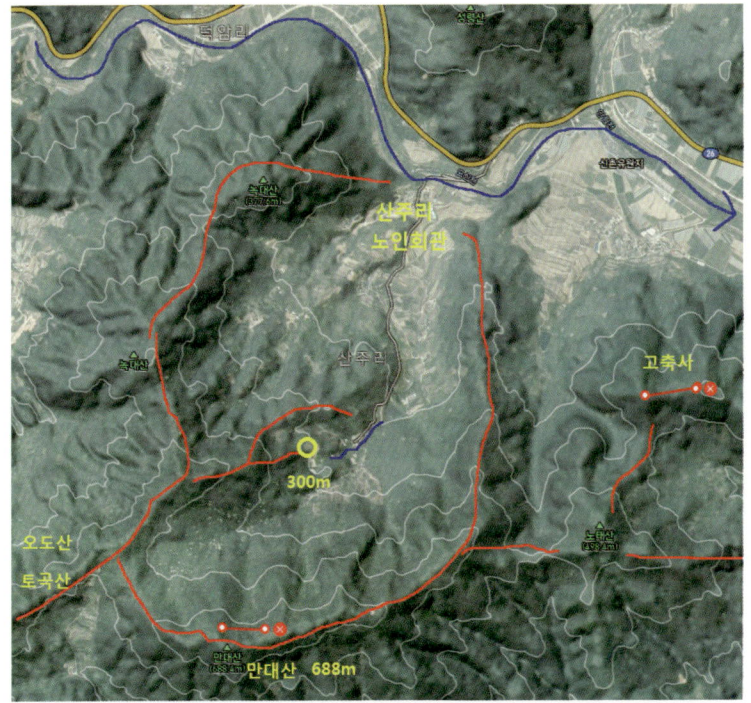

사진출처 : 카카오맵 스카이뷰(https://map.kakao.com)

*혈장

*전경-- 높은 곳이므로 멀리 朝山이 겹겹으로 보인다.(정통풍수지리에서 인용. 감사합니다) 유좌묘향.

3. 간산

*행룡은 해인사 가야산에서 오도산을 거쳐 만대산으로 왔다. 청룡이 앞에서 바람을 막아주고 백호가 길게 돌아 요대와 같은 안산이 되었다. 좋은 局을 갖추었다.

*혈장은 만대산 주봉에서 몇 개의 중간봉을 거쳐 혈처로 급락하여 입수하고 약간 평탄한 곳에 혈장을 만들었다. 좁게 보면 돌형(突形)처럼 보이고 밑으로 지각이 붙어 있다.

*물형은 앞에 청룡이 바람을 막고 백호가 감싸는 가운데 산속에 감추었으니 연소형으로 볼 수 있다. 그러나 주봉이 높이 솟고 먼 조산들이 겹겹이 배알하는 모습을 중시하면 상제봉조로 볼 수 있다.

*지금의 봉분에서 5m쯤 위에 바위를 입수로 하여 결혈되었다고 주장하

는 사람도 있다. 그러나 풍수는 음양의 조화를 기본으로 한다. 보통 위이(逶迤, 굴곡) 기복(起伏, 요철)을 음양으로 파악하지만 완급(緩急)도 음양이다. 급하게 쏟아져 내려온다면 완만한 곳을 찾아 조화를 맞추어야 된다.

* 봉분이 상당히 큰데 이는 암장을 막기 위한 방편이지만 한편으로 바람의 피해를 방지하려는 의도가 있을 것 같다. 황희 조부묘도 높은 곳에 크다란 봉분을 조성하였다. 이 묘는 청룡이 앞바람을 막아주지만 혈처가 워낙 높아 바람을 타게 되어있다. 고려시대는 굵고 높은 곳을 선호하였다고 하므로 물형론도 임란 이후에 세밀하게 추구되지 않았을까? 도선국사가 90여개의 물형론을 제시하였다고 하나 유세비록을 보면 인용된 물형이 그렇게 많지 않다.

* 백호 너머에 고축사(誥軸砂)가 있다. 임금의 교지두루마기를 외수구에 걸어 놓고 자랑하는 格이다. 고축사에 대하여 보통 토산의 양 끝에 귀가 있는 모양이라고 설명한다. 이는 고축의 뜻을 무시한 물형론이고 두루마기를 둘둘 말 수 있는 兩쪽 기둥이 있어야 고축이다.(2023.3.)

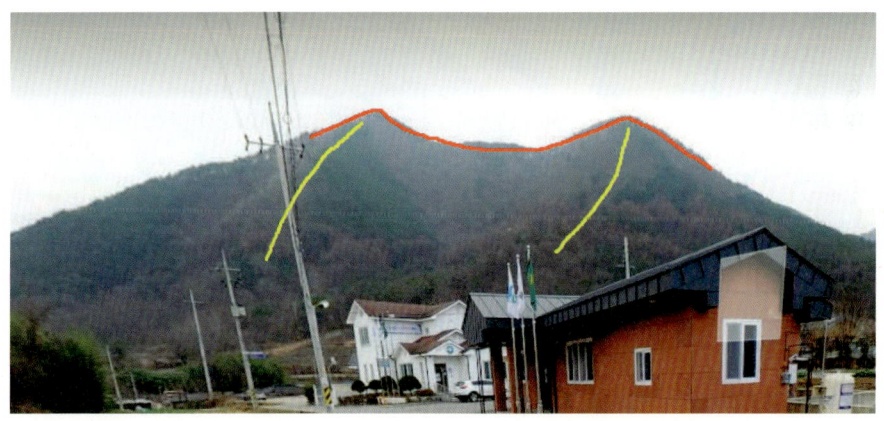

경북 성주군 벽진이씨 시조 이총언 묘
(조선 100대 명당, 4백 년만에 찾다)

1. 벽진이씨

시조는 고려 개국공신 벽진백(碧珍伯) 이총언(李恩言, 858~938)이고 벽진은 지금의 성주 벽진면 수촌리 일원의 옛 지명이다. 인구는 11만명(2015년)이고 고려 때 명문거족으로 번성하였다. 성주에 본(本)을 둔 이씨는 벽진이씨, 성주이씨, 성산이씨, 광평이씨, 경산이씨, 가리이씨(소위 六李)가 있다.

2. 벽진장군 묘(성주 외기리 959)

* 시조의 묘는 임란이후 실전(失傳)되고 수촌에 있는 장군의 말 무덤 부근에 있다고 추측하였으나 확증(證)이 없어서 부근에 1826년 재실을 건립하고 단소를 차렸다. 재실은 뒤에 현재의 위치로 이전하면서 경수당(敬收堂)을 건립하였다. 벽진이씨 문중이 2008년 장군묘역을 발굴하였더니 신라 말 토기 조각 19편과 碧珍將軍이라는 명문전(銘文塼. 이름을 새긴 벽돌)이 출토됨에 따라 문화재위원이 시조 묘임을 공인하였다.

* 벽진장군 묘

＊중국 지도

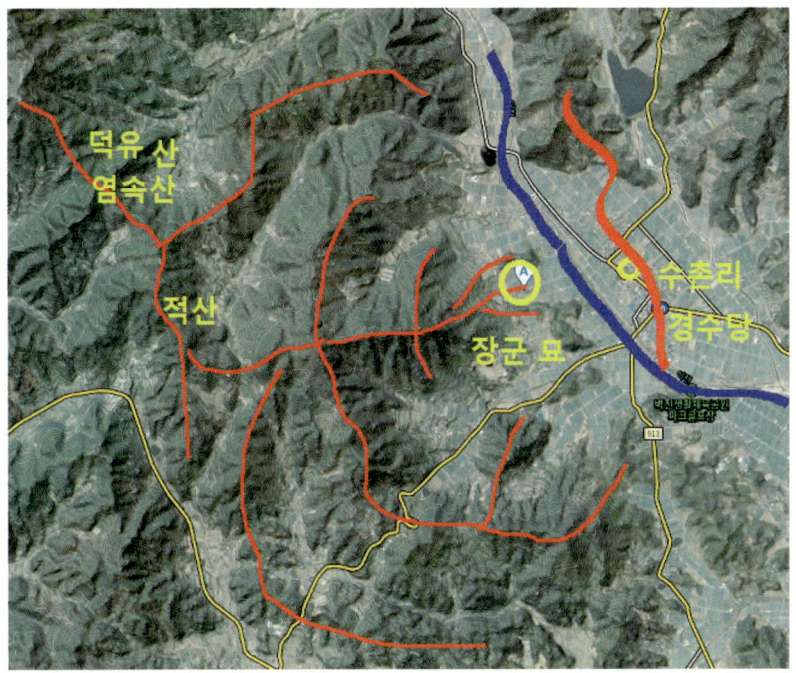

사진출처 : 카카오맵 스카이뷰(https://map.kakao.com)

3. 조선 100대 명당

덕유산에서 출행한 룡(龍)은 중조 적산에서 3단(段) 개장(開帳)후 혈처로 입수했다. 입수에 이르는 행룡이 일품이고 당판이 힘차며 전순이 좋다. 안산이 멀지만 앞에 흐르는 이천강이 대안이 될 수 있고 주산이 안온하여 조화가 맞다. 주산(主山) 선인이 산자락에 앉아서 후손이 살고 있는 수촌리 경수당(벽진이씨 발상지라고 주장한다. 3천 평 규모)을 바라 보고 있는 것 같다. 조선 100대 명당에 올려야 된다.(2024.6.)

경북 영천시 도유리 광주이씨 이당 묘
(조선 8대 명당. 풍수는 변화와 조화가 긴요)

1. 둔촌계열의 중시조 이당

광주이씨(廣州李氏)는 신라시대 경남 함안·칠원의 호족이던 이자성(李自成)을 시조로 하고 광주(廣州)를 본으로 하는 성씨이고 2015년 인구는 18만 명이다. 이자성의 약 9백년 뒤 후손인 이당(李唐, 1300~1369)은 고을 아전으로 있으면서 원님 딸과 혼인하여 5남을 두었고 5남이 모두 과거에 급제하였다. 그 중 차남 둔촌(遁村) 이집(李集,1327~1387)은 고려 공민왕 때 판전교시사를 지내고 정몽주 등과 교류한 문인이다. 광주이씨는 이당 계열이 다수를 차지하는데 이당-이집-이지직-다섯 아들로 이어지면서 번성하였다. 이 계열은 이당을 중시조로 하고 이집을 기세조로 한다.

2. 이당의 묘와 발복

* 경북 영천 북안면 도유리 산85에 있는데 왕릉처럼 크다란 봉분과 넓은 묘역으로 인하여 광릉이라 부른다. 이 묘를 쓰게 된 내력에 관하여 아래와 같은 설화가 있다. 이집은 1368년 신돈을 비난한 탓으로 처형당할 처지가 되자 함께 근무하면서 절친으로 지낸 최원도에게 의지하기로 작정하고 아버지 이당을 모시고 경북 영천에 있는 최원도를 찾아갔다. 최원도는 다른 사람보는 앞에서는 역적이라 꾸짖고 매정하게 내쫓은 뒤 밤에 몰래 이당 부자를 찾아서 집으로 데려와서 숨겨 두고 그 사실이 발각될 것을 염려하여 처를 벙어리로 만들고 여종 연아(燕娥, 제비)를 자살하게 조치하였다. 도피생활 중 1369년 이당이 사망하자 최원도는 자기의 신후지를 제공하고 남에게는 자신이 사망한 것처럼 소문내고 집을 나갔다(벙어리가 된 최원도 부인이 홀로 농사를 지으며 3년 간 이집과 함께 살면서 시중을 들

었다는 셈인데 그것이 가능할까?). 이집은 4년 간의 도피생활 끝에 신돈이 1371년 권력을 잃고 처형되는 덕택에 고향으로 돌아갔다.(이집의 묘는 성남시 하대원동243-11에 있다) 두 사람의 우정은 2001년부터 초등학교 4학년 교과서에 실려있다.

 * 묘역에는 이당의 묘 그리고 위에 최원도의 어머니 영천이씨 묘가 있고 청룡 입구에 계집종 연아의 묘가 있다. 최원도는 영천최씨로 그의 선조 최무선은 화약을 제조하여 왜구토벌에 큰 공을 세운 가문인데 그는 복권후에도 벼슬을 사양하고 시와 술로 세월을 보냈다고 하며 묘는 실전되어 형제 2명과 단소에 모셨다.

 * 이당의 후손중에서 상신 5명 대제학 2명 급제188명(5정승 6판서 7공신이라는 말도 있다)이 배출되었다. 그러나 출세한 것 못하지 않게 목숨을 내어 놓아야 하는 불행이 따랐다. 연산군(재위1495~1506)때 광주이씨 이극돈은 김해김씨 김일손 일파를 역적으로 몰아 제거한 무오사화의 주모자이었던 탓으로 그 후손들까지 반대파에 의하여 조정에서 배척당하였다. 연산군이 생모 죽음에 대한 분풀이로 일으킨 갑자사화에서 이세좌가 폐비 윤씨에게 사약을 가져다준 것이 빌미가 되어 일족 백 여 명(추정이다)이 처형 또는 유배됨에 따라 가히 멸문지화를 당했다.(갑자사화에서 240명이 숙청당하였는데 그 중 120명이 참형을 당했다.) 한동안 뜸하다가 이덕형이 나타나서 부흥하는가 싶더니 간신으로 낙인 찍힌 이이첨(1560~1623)으로 인하여 종지부를 찍었다. 즉, 이이첨은 임란 때 광해군(재위1608~1623)을 수행하고 광해군을 적극 지지하여 등극시킨 공로로 장기집권하였으나 인조반정으로 부자(父子)5명이 처형당하고 이로써 10대에 걸친 대과급제의 명가가 사라진 것이다.

3. 조선 8대 명당

이당의 묘는 야자형(也字形)의 명당으로 조선 8대 명당 중 하나이다. 그러나 간혹 말하기를, 혈뒤에서 기운을 묶어주는 속기가 없다 또는 혈처가 넓고 둥글어 기운이 결집되지 않는다 또는 참화를 많이 당하는 것을 보면 명당이 아니라고 한다.

＊야자형(也字形)

사진출처 : 카카오맵 스카이뷰(https://map.kakao.com)

＊생기는 변화를 하면서 진행하므로 혈처 뒤에서 묶어주는 곳이 필요한데 여기는 그런 곳이 없으나 혈처에서 방향전환을 하는 것으로 변화를 주었고 자세히 보면 전순이 형성되어 있다. 옛 중국 山書에 혈처는 균형과 조화가 맞아야 된다고 하였지만 균형은 조화 속에 포함되는 개념이다. 변화없이 생기가 형성되는 경우는 없다. 그러므로 변화와 조화가 지표가 되어야 한다.

＊출세를 하는 것만으로 복이라 할 수 없고 천수를 누리고 가문이 평안해야 된다. 이집의 후손이 참화를 많이 당한 이유는 두 가지를 생각해 볼 수

있다. 첫째 풍수적으로 국세가 백호 쪽으로 기울어져 있고 청룡 쪽은 백호 쪽에 비하면 허전하다. 둘째 몸종 제비가 19세 나이로 스스로 자결할 생각을 하였을 리 없고 주인들이 은근히 요구하였을 가능성이 많다. 그리고 친구 최원도 부부의 헌신적 희생으로 이 묘를 썼다. 시제 때 수저 한 벌 더 올리는 것으로 보은이 되겠는가? 이러한 원죄(原罪)가 원인은 되지 않았을까?(2023.9.)

* 기맥선의 방향 전환

* 기맥선이 방향을 틀자 여력이 도포자락 펼치듯 전개되었다. 변화가 없으면 혈이 맺히지 않는다.

* 안산

* 청룡 쪽 전방-- 허전하다.

* 연아총-- 몸종 제비의 묘

경북 의성군 의성김씨 첨사공파 시조 김용비 묘 (설화가 많은 곳)

1. 의성김씨

* 시조는 김석(金錫)으로 신라 경순왕과 고려 태조의 장녀 낙랑공주 사이의 아들이고 고려에서 의성군으로 책봉되었다. 8세손 김공우가 아들 셋을 낳아 크게 번성하였으니 장남 김용비는 태자첨사(첨사공파 시조), 차남 김용필은 수사공(수사공파 시조), 3남 용주는 평장사(충의공파 시조)를 지냈다. 김용비의 생몰 시기는 불명이나 고려 공민왕이 홍건적을 피하여 1년간(1361년) 안동으로 피난하였을 때 주변의 도적들을 소탕하여 안정을 확보한 공헌이 있었다. 인구는 29만명, 문과급제 96명이고 첨사공파가 김성일을 비롯한 인물을 많이 배출하였다.

* 그런데 김석 이하 김공우까지의 계대(繼代 또는 系代)가 불명한 탓으로 김공우의 장남 김용비를 의성김씨의 시조라고 하는 주장도 있다. 오토재의 안내판에는 "의성 사곡면 토현동 五土山은 의성김씨 聖祖인 태사첨사 義城君 龍庇公의 塋域이다"라고 적혀있다. 김용비를 1세 즉 기세조로 하는지 여부는 모르겠다. 그러나 김용비는 김공우의 3남 중 장남인 것은 사실이므로 의성김씨 첨사공파의 파시조로 체계를 잡는 것이 정확할 것이다.

* 의성김씨 집성촌인 안동 내앞마을(천전리), 先(또는 舊)안동김씨 집성촌인 의성 사촌마을(두 마을은 14km 거리) 일원에서 일제 때 항일 독립투사를 제일 많이 배출하였다.

2. 김용비 묘에 관한 설화

* 공의 묘소는 의성 토현리 산122-1에 있는데 200여 년 간 실종되었다가 김용비의 10대손 김전(김성일의 父)이 1570년경 찾았다.

* 이곳 묘와 관련하여 아래와 같은 설화가 있다.

① 의성에 3대 명당이 있으니 첫째는 향촌, 둘째는 목촌, 셋재는 오토이다. 향촌은 선(先)안동김씨 의성 사촌마을 입향조인 함길도 목민관 김자첨 묘이고 목촌은 만취당 김사원 묘로 추정되며 오토에는 김용비 묘가 있다. 풍수설화는 신빙성없는 경우가 대부분인 바 이곳의 명당순위도 오토가 수(首)혈이다.

② 김용비의 묘를 쓸 때 오색 흙이 출토되었으므로 오토(五土)라고 한다.

③ 성지대사가 연을 날려서 떨어지는 곳에 묘터를 잡게하였다. 그러나 성지는 광해군때 명사이므로 240년의 시차가 있는 거짓 말이다.

④ 오토산의 다섯 지맥에 각기 명당이 있으니 정상에 연소, 동쪽에 괘등, 서쪽에 곡척, 남쪽에 벌허리 형이 있다고 한다. 그러나 괘등 외에는 소지소혈(小地小穴)일 것이다.

3. 묘에 관한 풍수

＊주왕산_ 보현산 _비봉산_ 오토산의 행룡이다.

＊괘등형이다. 옥녀직금형이다라는 설이 있는데 아예 두 개의 물형을 조합하여, 안산(案山) 쪽에 배틀바위를 놓고 옥녀가 배를 짜고 있으며 오토산 김용비 묘가 옥등이라는 형국이다는 견해가 유력하다. 김씨들은 옥등설을 믿고 산 입구에 장명등 두 개를 밝혀둔다고 한다.

＊답사해 보니 사신사가 굵고 바람이 다소 불더라(괘등이라면 바람이 약점이다). 김용비는 장군이므로 감당하겠으나 약골(弱骨)은 견디기 힘들겠다. 조안산이 삐딱한 것이 최대 약점이다. 필자의 눈에는 옥녀가 뚜렷하지 아니하므로 장군대좌형으로 보인다. 혈은 중등중급이나 발복은 시조 묘에 버금가는 상등초급이다.(2024.5.)

4. 관련 사진

＊첨사공의 묘-- 3기가 있는데 위에 있는 2기가 정혈이다(맨 위는 부인 묘인 듯)

* 조안산-- 기울어졌다.

* 중국

사진출처 : 카카오맵 스카이뷰(https://map.kakao.com)

* 배틀 바위

청도군 김해김씨 삼현파 시조 김극일 묘 (조선 100대 명당) 외 김일손의 종택

1. 삼현파(三賢派)

* 김해김씨 판도판서공파의 기세조(起世祖)김관은 창원 대산면에 세거하였는데 4세손 김서가 경북 청도로 이주하고 5세손 김극일이 6남을 낳았다. 그 6남들이 각기 지파를 이루면서 손세가 번성하기 시작하여 왠만한 大姓을 능가하고 있다. 5세손 김극일, 7세손 김일손, 8세손 김대유가 효성이 지극하고 학문이 높아서 청도삼현으로 불리면서 그 후손들을 삼현파라고 한다. 그러므로 삼현파는 판도판서공파의 지파이고 파시조는 김극일이라 할 수 있다. 판도판서공파 중 나머지 2개파는 손세가 미미하여 존재감이 없고 삼현파가 절대 다수를 차지한다.

* 삼현이 청도에 세거하였으므로 청도에 유적이 많은데 모암재(김극일의 묘역), 자계서원, 탁영 김일손의 종택이 유명하다.(판도판서공파의 시조묘 간산기, 김대유 묘 간산기 참조)

2. 모영재(청도 각북 명대리 산50)

* 좁은 계곡을 한참 들어가서 골짜기 끝에 영모재가 있고 그 뒤 집장지 중앙에 김극일 묘가 있다. 주산에서 내려와 풍후하게 자리 하였는데 기상이 청순하여 상쾌한 감마저 든다. 현장에서 보면 계곡 밖의 조산이 아름답고 좁은 감은 들지 않는다. 다만 15기 가량의 묘가 질서없이 쓰여 있어서 품위를 떨어뜨린다. 많은 묘 가운데 혈이 되는 것은 김극일 묘 1기밖에 없다. 부모 묘는 맨 위에 있는데 비석에 호랑이가 잡아주었다는 호혈이라 적혀 있으나 이상하게도 의리장이라는 기재가 있다. 비문을 오독한 것인지 모르겠다. 김종직이 쓴 정려비에 풍각 경계에 부모를 모셨다고 하는데 이곳은 풍각 경계라 할 수 있다.

* 김극일 묘의 중국

사진출처 : 카카오맵 스카이뷰(https://map.kakao.com)

* 김극일 묘

* 김극일 묘 조안산

* 김극일 묘는 비학귀소형으로 상등초급이니 백대명당에 이름을 올려야 된다.

3. 자계서원(청도 이서면 서원리 85-13)

선조 9년(1576년) 무오사화로 참사를 당한 김일손(金馹孫)을 추모하기 위하여 김대유가 건립하였다. 광해 7년(1615년) 중건하고 김극일과 김대유를 추가 배향하였다. 삼현이 모두 모셔진 서원이다. 野鷄形의 양택 명당이다.

4. 탁영 김일손 종택(청도 화양읍 토평리 145-1)

김일손은 후사없이 처형당하였으므로 양자가 승계하였고 지금도 부유하게 보인다. 동네 가운데 있는 중등상급 양택이다.(2023.10.)

경북 청송읍 덕리 산33. 청송심씨 시조 묘
(재혈은?)

* 청송심씨는 고려 충렬왕(1274~1308) 때 위위시승을 역임한 심홍부(沈洪孚)를 시조로 하고 인구는 24만 명(2015년)이다. 시조 이후 3대는 실

전하고 4세손(증손) 때 큰아들 심덕부(沈德符)는 이성계의 위하도 회군에 공이 있어 청성부원군이 되고 그 후손이 번성하여 이조 때 왕후 3, 부마 4, 재상 13을 배출한 명문가가 되었다.

한편 둘째 심원부(沈元符)는 고려 멸망 때 두문동 72현으로 절개를 지키고 자식들에게 조선의 벼슬살이를 하지 말라는 유훈을 남겼다. 심원부의 후손은 유훈을 지켜 시골에서 살았다.

＊심홍부 묘는 급경사진 곳인데 전면에 3m 정도 석축을 쌓고 보토하였다.어떤 이는 괘등혈이라 하고 어떤 이는 조선 8대혈로 본다. 그러나 인공적으로 당판을 조성하지 않았다면 아래에서 올라오는 바람 때문에 혈이 맺히지 않을 것이다. 묘 뒤에 있는 돌혈에 쓰고 운중선좌형으로 재혈하면 어떨까? 묘 아래에 있는 보광사는 신라 의상대사가 건립하였는데 심씨들이 시조 묘 관리사찰로 사용하고 있다. 심덕부의 손녀딸이 소헌왕후(세종의 비)로서 묘관리에 많은 지원을 했다. 중등중급.(2023.8.)

＊시조 심홍부 묘의 앞 모습

* 신홍부 묘의 좌향

경북 포항시 곡강최씨 시조 최호 묘
(바람 앞에 장사 없다)

*곡강최씨 시조 최호는 고려 삼중대광 문화시중 곡강부원군이다. 소벌공의 24세손 최치원의 조카 최주는 4자를 두었는데 그중 3남 최호(전주최씨 시조 최균의 11세손이라 한다)가 곡강(曲江, 홍해의 다른 이름)최씨로 분적하였고 흥해(興海)최씨라고도 한다. 그 뒤 누대(累代)가 실전함에 따라 최여실(崔汝實)을 기세조(1세)로 계산하고 있다.

*흥해최씨는 15개 지파로 나뉘는데 그 중 하나가 곡강이라고도 한다. 그러나 인구가 1800명(2015년)에 불과하고 고려말 時代人을 시조로하는 다른 성씨들의 인구가 10만 명을 넘어서는 점을 고려하면 초라하기 짝이 없다. 필자가 명당의 등급을 후손의 인구 번성(孫勢)을 기준으로 삼고 있는 이유가 있는 것이다. 역사 속으로 사라진다면 무슨 흥미가 있겠는가.

* 최호의 묘는 포항 흥해읍 남송리 산13에 있는데 백대명당으로 칭송하는 견해가 있다. 즉, 입수맥이 중후하고 망천평야가 혈 앞에 창판수(倉板水)로 놓여 있어서 대부지(大富地)이다. 오항혈(鰲項穴) 또는 연화부수라는 것이다.

* 답사한 바 자라목같이 생기고 당판도 넓고 단단하여 좋은 혈이 맺힐 것 같다. 그러나 내청백(內靑龍白虎)은 물론 외청백도 없다. 들판에 목을 내밀었으니 바람을 피할 수 없다. 풍수에서 장풍은 기본 중의 기본이다. 당판이 아무리 좋아도 바람 앞에 장사가 없다. 그러나 사방이 훤하여 경치가 좋고 후손들이 보기 좋게 가꾸어 만년향화지지가 되어 있다.(2024.1.)

* 중국

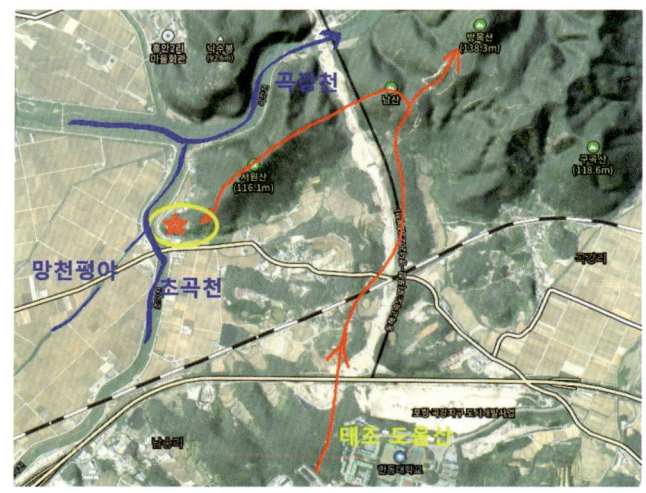

사진출처 :
카카오맵 스카이뷰
(https://map.kakao.com)

* 최호와 부인 묘

포항시 기계면 영산 신태사 묘
(명당 찾아 천리를 왔을까? 7백 년 간 실묘)

1. 영산신씨는?

* 영산신씨의 都시조는 신경(辛鏡)인 바 그는 송나라 8학사의 한 사람으로 고려 인종 때 와서 1138년(인종 16년) 문과에 급제하고 금자광록대부 문하시랑 평장사에 올랐다. 은퇴 후 창녕 영산이 중국 천축산과 산세가 닮았다고 생각하여 영산에 정착하였다. 9세손 때 영월신씨가 분파하였다.

* 신(辛)씨는 9개 본관 18만 명 인구에 이르러는데 영산신씨 8만4천 명과 영월신씨 6만 7천 명이 대종을 이룬다. 시조에 관하여 위에서 본 신경이라는 설이 다수설인데 영월 신씨는 신라 경덕왕 때 귀화한 당나라 신시랑이 시조라는 소수설이 있다.

* 영산신씨 시조 신경의 묘를 실전하고 제일 오래된 선조 묘가 신경의 증손자 신몽삼 묘로 포항 기계면 화봉리 산56에 있다. 신몽삼의 묘를 영산신씨 시조 묘라고 말하기도 하는데 정확한 말이 아니다.

2. 답사

* 기계면 화봉리-- 기동저수지 서쪽 골짜기를 조금 들어가면 길가에 신몽삼의 비석이 서 있다.

사진출처 : 카카오맵 스카이뷰(https://map.kakao.com)

　비문을 요약하면, 태사공(太師는 고려시대 정일품으로 정승격) 몽삼(夢森)께서는 1166년(고려 의종 20년) 시조 신경의 증손자로 태어나 4남을 두었는데 장남과 四남이 당대에 일가를 이루었다. 공은 서울인 개경에서 돌아가셨는데 명당을 찾아 이 곳 능골에 안장하였다. 그후 여러 병란(兵亂)으로 실묘하여 마음 아파하던 중 1917.10. 각종 풍문과 구전을 종합하여 경주종중 三個派가 3차 발굴 끝에 1918.9. 지석(誌石)을 찾게 되어 數百 종인이 감격하였다.

　*답사한 바, 태조 비학산은 족보있는 산이로되 이 곳은 중초급이다. 다만 김종덕의 전국결지 답사기는 금계포란형인 명당이라 한다. 과연 명당 찾아 개경에서 이 곳까지 천리길을 찾아왔을까, 도중에 이곳보다 좋은 혈처가 수두룩한데…, 경주에 후손 문중이 3개가 있다고 하니까 혹시 공이 경주와 무슨 연고가 있었는지 알 수 없다.(2023.6.)

포항시 기계면 봉좌리 파평윤씨 시조 묘
(7백 년 간 失傳되었던 묘, 鳳座形이다)

1. 파평윤씨와 시조 묘

* 윤씨는 인구102만, 20여 개의 본(本), 우리나라에서 여덟째 가는 대성이다. 그중 파평윤씨는 태사공 윤신달(尹辛達, 893~973)을 시조로 하고 인구가 77만명이다.

* 태사공은 고려 개국공신으로 태사의 관직을 받았으나 태종사후에 혜종은 공을 두려워하여 동경대도독에 임명하고 신라 유랑민을 다스리게 하는 한편 외동아들 先之를 개성에 인질로 잡아두었다. 公이 30년 간 선정을 배풀고 사망하자 경주 백성들은 금계포란이라는 이곳에 묻어주었다.

그런데 후손이 멀리 떨어져 있는 탓에 관리가 소홀하자 토호 이씨가 비석을 파묻고 투장하는 바람에 오랫동안 묘는 실전하였다. 1731년부터 묘찾기에 나서서 1737년 후손 윤양래가 경상감사로 부임한 후 7일간 이 부근을 샅샅이 발굴한 끝에 公의 아들 이름이 적힌 지석을 발굴하여 묘를 복원하고 1751년 묘소 바로 아래에 봉강재(봉계리 552)를 건립하였다. 백호방면 아미사가 예쁜 덕으로 왕비가 4명 나고 정승이 11명 났다고 한다.

* 시조로부터 5세손 윤관(1107년 여진족 평정)까지 독자이었으므로 파평윤씨는 모두 윤관의 후손이다. 윤봉길 의사, 윤동주 시인, 윤석열 대통령이 파평윤씨이다.

2. 간산

① 금계포란으로 알려져 있다. 어떤 물형인가? ② 백호방면 아미사가 예쁜가? ③ 재혈은 이상 없는가? ④ 대혈로 볼 근거는 무엇일까?

* 중국의 지도-- 주산에서 혈처까지 입수래룡이 아름답다.

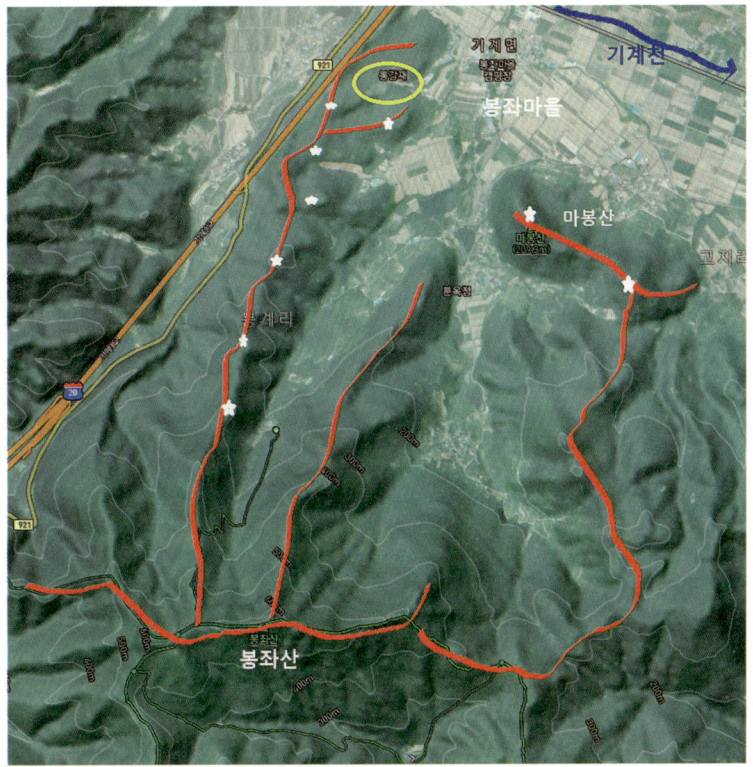

사진출처 : 카카오맵 스카이뷰(https://map.kakao.com)

* 윤공 묘-- 혈장이 풍후하다.

* 봉분 뒤에서 본 전경-- 신좌을향이나 안산이 너무 멀다. 유좌묘향이 좋을 듯.

* 혈처에서 본 봉좌산 山頂-- 혈처에서 정상이 보인다.

＊백호 너머 봉체-- 마봉산은 혈처에서 아름답게 보인다. 美人이 날 사격이다. 백호는 아미같지 않다.

3. 감상

＊국세가 잘 짜여 있고 봉황들이 여기 저기에서 날아다닌다. 금계포란이라고 말하지만 주산이 금계로 보기 어렵고 봉란이 없다. 봉좌리라는 지역 명칭대로 봉황단좌(鳳凰端座)형이 어떨까?

＊많은 성씨의 시조 묘와 옛 명 묘가 오랜 기간 실전되었다가 겨우 찾는 경우가 흔히 있다. 이 묘 또한 7백 년 가량 실전되었다. 중상급 대혈이다.(2023.4.)

경북 포항시 기계유씨 시조 묘
(비룡등천형, 후손들의 효심이 돋보인다)

1. 기계유씨

기계유씨는 신라 때 아찬(阿湌, 17官等중 6등급)을 지낸 유삼재(兪三宰)를 시조로 하고 고려 태조 때(918~943) 기계현(杞溪縣) 호장(戶長)을 지낸 증손 유의신을 중시조로 한다. 인구 14만 명, 16계파로 구성되어 있고 우리나라 성씨(姓氏) 중 60위 안팎이다.

2. 시조 묘

시조 묘는 포항 기계면 미현리 산1-1에 있는데 안내문을 보면, 1천여 년간 실묘(失墓)하여 소재를 알 수 없던 중 1689년(숙종15년) 후손 유하겸이 경주부윤으로 와서 수소문 끝에 찾고 1710년 부운암을 지어 승려로 하여금 관리하게 하여오다가 유척기가 경상관찰사로 부임하여 1726년 묘역을 넓히고 묘비를 건립하였고 1920년 부운암을 부운재(富雲齋)로 고쳤다. 최근 진입도로를 포장하고 묘역정화 작업을 대대적으로 하였다. 시조묘를 천년 동안 찾는 정성, 묘역관리와 정화, 종친회 활동을 보면 효성이 돋보인다.

* 부운재-- 종친회 광경

3. 답사

밑에서 4백미터 가파른 시멘트 포장길을 올라가야 된다. 4륜 구동차는 올라갈 수 있으나 급경사에 교차할 곳이 없어서 위험하다. 이곳은 높은 산등에 있는 비룡등천형이다. ①고지대에 있는 혈은 사방과 원근에 높은 산들이 둘러싸고 있어야 되고 ②묘소에 강한 기운이 있어서 바람을 물리치고 사방을 진압할 수 있어야 된다. 기운이 없으면 무연고 묘로 전락할 것이다. ③크다란 봉분 두 개가 앞뒤로 있는데 뒷 묘는 부인 묘로 추측된다.(옛 관습에 부인 묘를 위에 썼다) ④기운을 관룡자로 재어 보니 이상하게도 시조 묘에는 기운이 미약하고 상석 아래에 있는 석등 부근이 기운이 강했다. 기운을 추적하는 능력은 형기론자의 장점이라 할 수 있다. ⑤수구가 좋다.(2023.6.)

* 비룡등천 기계유씨-- 김종덕의 전국 결지 답사기는 선인단좌형이라 한다.

* 시조 유삼재 묘-- 상석과 석등

전남 나주시 반남면 흥덕리 반남박씨 시조 묘

1. 반남박씨

* 원시조는 박혁거세이고 고려말 박응주가 본관의 시조(貫祖)이다. 박혁거세로부터 박응주 사이의 1200년 간 계보는 확인할 자료가 없어서 공식적으로 상계는 미상이다. 인구는 16만명이고, 조선중기 집권층인 노론에 많이 포진하였고 문과급제 215명. 무과급제 23명이다.

* 4세손 밀직부사 박수(朴秀)가 1373년(공민왕 22년) 관에서 발급받은 준호구(準戶口)에 따르면 박응주는, 고려희종(1200년대초)부터 고려고종 때(1250년경 무렵) 지방토호인 호장을 지낸 인물이고 2세는 박의, 3세는 박윤무(朴允茂)이다. 시조묘를 실묘하였다고 하나 시조묘는 손자(3세)묘 아래에 있으므로 장기간 실묘한 것은 아닐 것이고 2세 묘는 현재까지 실묘되어 있다.

2. 시조 묘에 관한 설화

* 시조 묘는 나주 반남면 흥덕리 산2-1에 있는데 아래와 같은 설화가 있다. 박응주의 상을 당하여 박의가 지관으로 부터 뫼자리를 점지받았으나 의문이 생겨서 지관집에 찾아갔더니 지관이 자기 부인에게 "박씨집 묏자리를 잡았으나 워낙 대혈이므로 열댓 발쯤 위의 장소를 가르쳐주었다" 라고 말하는 것을 엿들었다. 박의는 다음날 지관이 가르쳐준 곳에서 열다섯 걸음 아래에 천광을 파고 묘 쓸 준비를 하고 있었는데 지관이 와서 보고는 "이 땅은 대명당인데 박씨집 차지인 것 같다. 내가 고개 넘어 집에 도착하거던 그때 하관하라"고 부탁했다. 상주가 하관(下官)을 멈추고 한참 기다린 뒤에 하관을 하자 벌이 날아와서 한바퀴 돌고는 지관을 뒤 쫓아가서 고개길을 넘어가는 지관을 쏘아 죽였다. 벌이 지관을 쏜 고개를 벌고개(蜂

峴)라 하고 박씨들은 너무 일찍 하관하는 바람에 지관이 죽었다는 미안함에 매년 지관의 제사를 모시고 있다는 이야기이다.

*벌명당 설화는 서울 사당동 동래정씨, 완주 신정마을 진주소씨의 묘에도 같은 설화가 있고 벌집을 뺏긴 벌들이 지관에게 앙갚음을 한 것이라 한다.

3. 간산

*이 묘는 벌집형이고 8대 명당이라고 한다. 즉, 현무가 벌집덮개, 주변산세가 꽃잎, 시조묘 입수에 박힌 돌은 입수석맥으로 요석, 백호가 길게 돌아 안(案)이 되고 청룡이 일자문성이 되어 대(大)명당(名堂)이라는 것이다. 그러나 위쪽이 정혈이라든지, 연화부수형이라는 등의 소수 의견도 있다.

*간산한 바, 시조묘의 10미터 위에 손자 윤무의 묘가 있는데(지관이 처음 잡아준 곳?) 조손(祖孫)의 묘가 모두 혈이 된다. 다만 내(內) 청백이 없고 명당(明堂)이 넓은 탓에 긴박감이 없어서 소혈로 오해하기 쉽다. 그러나 혈처 뒷산으로 오는 행룡이 마치 벌이 날아 들어오는 듯한 모습으로 힘차다. 벌집으로 보기에는 어색하다. 덮개는 그렇다치더라도 그 밑에 벌집으로 볼 만한 모양이 없다. 벌집은 돌이나 나무에 붙어야 되고 흙에 붙으면 썩는다. 또 잘룩한 허리와 벌고개 위치가 벌집과 무관하다. 소국 전제가 벌이고 자미산은 벌의 머리, 혈처는 벌침이 있는 곳으로 보는 것이 어떨까. 맞은편에 재실이 있고 그 청룡쪽(벌머리)에 몇 기의 박씨 묘가 있는데 월출산이 조산(朝山)으로 아름답다. 조손 묘를 합쳐서 상등초급으로 본다.(2023.6.)

＊중국-- 백룡산에서 호산을 거쳐 자미산으로 간다. 호산일원에 있는 작은 동산들이 벌떼이다.

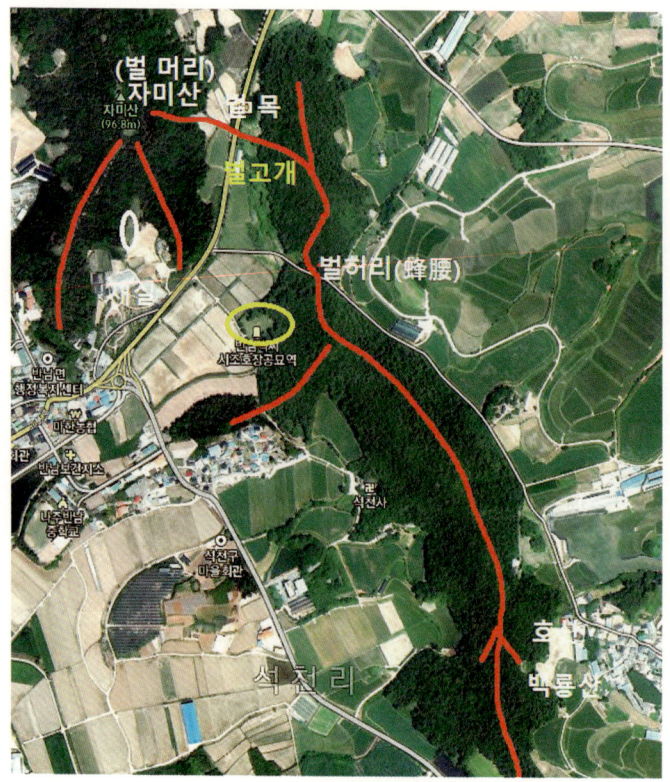

사진출처 : 카카오맵 스카이뷰(https://map.kakao.com)

＊시조 묘와 손자 묘-- 역장이다.

전남 순천시 주암리 산32 순천김씨 시조 김총 묘

*순천김씨 시조 김총(金摠, 825~?)은 견훤으로부터 평양(지금의 순천) 군에 봉해졌다. 중시조는 김윤인, 인구 6만 2천 명. 단종 때 김종서가 역적에 몰려 가계에 관한 자료를 모두 잃었다. 순천지역에서 김총을 성황신으로 모셔서 영정을 만들었다. 18세기 기법으로 그렸고 사천왕상 모습이다. 한화 김승연 회장이 출연하여 묘정비가 잘되어 있다.(2023.8.)

*영정

전남 함평군 함평이씨와 함풍이씨의 시조 묘
(두 이씨는 남남인가?)

1. 함평(咸平)이씨와 함풍(咸風)이씨

* 함평이씨는 이언(李彦)을 시조로 삼는데 대하여 함풍이씨는 이광봉(李光逢)을 시조로 한다. 현재의 함평군은 신라 말과 고려 때 함풍현으로 불리다가 조선 태종 때 함평현으로 개편되었다. 함평(咸平)이씨는 13만 8천 명, 함풍(咸豊)이씨는 1만 8천 명이다. 이씨(兩李)들 주장에 의하면, 같은 혈족이지만 서로가 자기들의 始祖가 옳다는 것이다. 시조 묘를 간산하고 족보분쟁을 간략하게 본다.

2. 함평이씨 시조 이언 묘(함평 李의 주장 자료에 근거함)

* 시조 이언은 고려 초 신무위대장군을 지냈으므로 900년~960년경 생존하였다고 추정하고 있다.(고려는 918년 건국, 936년 후삼국통일, 1392년 멸망) 시조로부터 4대까지 대장군을 역임하였고 이조 때에도 무과급제자가 50명에 가까울 정도로 많고 근자에도 육해공군에 장성이 배출되었고 국회의원이 13명 배출되었다. 강골의 혈통이다.

* 시조 묘는 함평 성남리 793-3에 있는데 오랫동안 실묘하였다가 1811년(순조 11년) 후손인 이익서가 함평현감으로 부임하고 보니 현지 이씨들이 이 묘에 대하여 시조 묘로 제사지내고 있었다. 수차 조사하였으나 묘지석과 같은 물증을 찾지 못했지만 현지 상황에 비추어 시조 묘로 확정지었고 묘소를 정비하였다.

＊이언묘의 래룡

사진출처 : 카카오맵 스카이뷰(https://map.kakao.com)

＊이언묘 中局-- 다수는 仙鶴下田形이라고 하나 私見으로 청룡 백호가 태극으로 둘러싼 모습이 작약꽃술 같다.

사진출처 :
카카오맵 스카이뷰
(https://map.kakao.com)

＊시조 이언 묘-- 낮고 넓게 장유로 내려 왔는데 미미하게 솟은 곳에 정확히 재혈하였다. 상등초급 대혈이다.

3. 함풍이씨 시조 이광봉 묘(함풍 李주장 자료에 의함)

＊시조 이광봉(李光逢)은 고려 충렬왕(고려26代 왕) 때인 1275년 출사(出仕 벼슬에 나아가다)하여 충렬, 충선, 충숙왕을 모셨고 충선, 충숙왕이 원나라 간섭으로 곤경에 처하자 원나라를 오가면서 진력하여 도왔다.(이제현도 同時代에 원나라에서 활약) 그 공으로 충선왕 때(1325년) 좌명공신 함풍부원군에 봉하여졌다.

＊나는 원래 함평이씨 시조묘를 간산할 계획이고 함풍이씨는 전혀 알지 못했는데 네비로 이언 묘소를 찍고 가는 도중에 시골길 옆에 함풍이씨 시조 묘 표지석이 있어서 찾아 들어갔다. 재실 앞에 있는 안내판을 보니 "원래 금성산에 시조 묘와 아들 이연(李延)묘가 있었으나 실묘하고 오랫 동안 봉제사를 하지 못하다가 1963년 후손들이 시조의 3세손 안저, 안상의 묘역(함평 만흥리 217-14)에 제단을 설치하고 1988년 금성산 흙을 떠와서 시조 묘를 초혼장으로 만들었다."라는 연역이 적혀 있었다. 금반같은 넓은 묘역, 가까운 청룡안, 저멀리 힘찬 一字文星이 일품이다. 묘역 중앙에 있는 묘 옆이 가장 기운찼다. 중등상급에 가까운 대혈이다.

*이광봉시조 묘역

*조안산-- 가까운 안산과 조산이 일품이다.

4. 兩李씨의 관계

*해묵은 논쟁이고 그 분들 사이엔 심각한 문제이므로 가까이 하기가 조심스럽지만 간략하게 제3자의 눈으로 본다. 함평이씨들의 논거는 ①1688년(무진)족보에 시조가 이언이고 4세손 이순지의 둘째 아들이 이광봉(첫째 아들이 李琳)으로 등재되어 있다. 즉 함풍이씨들이 시조라고 모시는 이광봉은 시조 이언의 5세손이다. ②이언의 묘소부근에 이씨들이 살고 있었

는데(함평이씨 발상지 탑이 있다) 이언 묘를 시조 묘로 관리하고 있었다.

이에 대하여 함풍이씨들의 논거는 ①무진년 족보는 시조와 5세손까지 생몰연도가 모순되어 신빙성이 없다. ②함풍이씨에게는 1400년대에 작성된 고유한 족보가 있었는데 1545년 전라도사 이춘령이 빌려가고는 반환하지 아니하던 중 무진보가 출현하였다. 그런데 다행히도 양양부사 이장영이 1587년 고유족보를 등사한 기록이 있는데 거기에 의하면 이광봉이 시조로 등재되어 있고(註; 시조 이광봉이 1300년대 초기까지 생존하였으므로 4대 후손까지 등재되어 있을 것이다) 함평 시조 이언에 대한 언급은 없다. ③현재의 이언 묘소는 발굴시 송씨 비석이 출토되었다. 다시 말하면 송씨 묘이다.

*생각건대, 1545년 이춘령이 고유족보를 빌려 갔다면 양이씨는 같은 혈족으로 서로 왕래가 있었고 그 무렵에도 시조에 관한 시비가 있었을 가능성이 있다. 천 년 전의 上系에 관한 家系와 생몰연도가 헷갈리는 것은 여러 성씨에서 있는 일이고, 이언의 묘소를 정화할 때 부근에서 송씨 비석이 출토되어도 이상할 것 없다. 그 사실로 일대 전체가 송씨 묘역이라 단정할 수 없기 때문이다. 예전에 살던 부근의 이씨들이 이언의 묘를 근거 없이 시조묘로 알고 관리하였을 리도 없다.

*①이언은 900년대에 살았던 인물임에 대하여 이광봉은 1300년대 초에 살았다. ②무엇보다 함평이씨는 13만 명임에 대하여 함풍이씨는 1만3천 명에 불과하다.

*함풍이씨의 주장에 의하여도 시조 이광봉은 아들 이연과 함께 실묘하였고 손자 이안저 이안상부터 묘관리가 되고 있었다는 것이다. 만약 兩李씨의 공통 선조가 이광봉이라면 저 많은 함평이씨들이 이안저와 이안상 형제의 후손이 되어야 하는데 말이 안 된다. 결국 咸豊이씨들의 시조가 이광봉이라는데 이의가 없으나 그가 咸平이씨의 시조가 될 수 없다. 오히려

이광봉이 이언의 후손인가(함풍은 함평의 支派라는 말이 된다), 이언 말고 다른 공통 선조가 있는가(본을 달리하는 혈족이다), 공통선조가 아예 없는가(서로 남남이다)라는 문제에 귀착된다. 영월신씨는 영산 신씨 시조의 9세손이 분리되어 나오면서 본관을 영월로 창설하였고 정씨들은 도시조(統合시조)지백호에서 120여개의 본관을 달리하는 정씨로 분리되었다. 한산이씨는 시조이윤경의 上系를 알지 못하는 바람에 한산지방에 살던 이씨이었을 것이라고 설명한다. 상계를 알지 못하여도 명문거족이 되는데 장애가 되지 않는다. 양이씨의 시조가 동일하다면 함평이씨가 큰집이 되어야 하고 시조가 다르다면 남남으로 보아야 될 것이다.(2023.6.)

전남 화순군 능성구씨 시조단소와 구민첨 묘 (호남 8대 혈?)

1. 능성구씨(綾城具氏)

 * 고려 벽상삼중대광 검교상장군 구존유(具存有)는 고려벽상삼중대광 검교상장군을 지낸 분으로 능성구씨의 시조이다. 고려 고종 11년(1224년) 송나라 주잠(주희의 고손, 신안주씨의 시조)이 원나라의 통치를 벗어나기 위하여 화순(옛 능주)으로 숨어 들어 정착하였는데 구존유는 주잠과 함께 왔다는 주장이 있으나, 구씨는 그 이전 후백제 시대 나주 화순지역에 살았던 토착 성씨이라는 주장이 정설이다. 구존유의 생몰 연대는 불명이나 주잠의 딸(주희의 고손녀)과 혼인하였으므로 그의 활동 연대는 고려 고종 때이다.

 * 인구는 15만 명이고 조선 과거 급제562명 중 무과급제가 363명으로 어영대장 훈련대장을 배출한 무인가문이고, 항일독립투사로 구춘경, 구영

필, 구정서, 구연염 열사가 일제에 의하여 처형 당하였다.

2. 시조단과 구민첨 묘

＊시조 구존유와 부인 신안 주씨 묘를 실전하여 전남 화순 한천면 정리 429-2에 단소를 차렸다. 단소에서 산길 따라 올라가면 주차장이 있고 그 위에 5대 이후 몇 대 선조의 초혼장이 있고 다시 급경사길을 올라가면 부인 면천복씨 또 그 위에 2세 구민첨의 묘가 상하로 있다. 모두 정리산 71-1 안에 있다. 구민첨 묘는 매봉산 정상(280.9m)에서 70m 아래에 있는데 급경사지로 바로 서 있기가 불편할 정도이고 넓게 내려온 래룡(來龍)에 돌이 듬성듬성 박혀있다. 부인 복씨 묘는 남편 묘의 축대에 잇대어 썼는데 비로소 경사가 완만하고 탈산이 되었으며 생기가 있었다. 남편이 부인을 위하여 래룡의 험기를 몸으로 막아주고 있는 형상이다. 위에 묘와 축대가 없다면 빗물과 돌이 굴러내렸을 것이다. 부인 묘는 중등초급이다.

＊안내 지도

사진출처 :
카카오맵 스카이뷰
(https://map.kakao.com)

* 구존유 부부 단소

* 구민첨 부부 묘-- 천녀등공형으로 호남8대혈이라는 주장도 있으나 그 정도는 아니다.

3. 발복지는 어디인가?

* 능성구씨는 4세손 때 3형제(구예 구천용 구의)가 출생한 이래 후손이 번성하였고 6세손 구의외 2형제를 거쳐 7세손 때 12개파로 분파되었다가 현재 2개파는 소멸되고 9개파가 남한에 있다고 한다.

＊구씨들이 중앙 무대에 기반을 잡은 계기는 7세손 구성량과 구성노가 이성계의 위화도 회군을 지지한 공로로 공신이 되고서부터이다. 그 뒤 9세손 구치관이 세조 때 명재상(名宰相)으로 죽을 때 남긴 재산이 없었다는 청백리가 된 덕으로 구씨들의 벼슬살이는 대부분 그의 후손이 차지하였다. 그러다가 정조 때 구선복이 역적에 몰려 처형되면서 구씨들은 몰락하였다.

＊시조 구존유는 실전되고 2세(여기 묘)는 대혈은 아니고 3세 구연은 전북 고창 아산면 반암리 산136에 있고(명당이라 한다), 4세 구예는 충남 당진 가교리 산63에 있는데(전설이 있다) 중등초급이고, 9세 구치관은 광주시 곤지암읍 열미리 산3 집장지에 있다(제비꼬리처럼 뾰족하므로 연미혈이라고 하나 제비꼬리는 날아갈 때 힘이 있다). 근래에 재계 2위인 LG구씨들은 경남 진주 청담리 산36 개젖형(犬乳形)의 상등초급 대명당의 발복이다.(2024.1.)

전남 화순군 주자 묘(廟)와 신안주씨 시조 주잠의 묘(墓)

1. 신안주씨(新安朱氏)

＊주자(朱子, 본명은 朱熹, 1130~1200)는 남송시대 문인겸 철학자로서 공자의 학문을 집대성하였다. 그의 학문을 주자학 또는 성리학 또는 신유교라 부르며 중국과 우리나라 왕도(王道)정치의 근간이 되었다. 주자는 풍수지리에 일가견을 가졌고 공자가 사후의 일을 무시하였음에 대하여 혼백이론을 개발하였다. 그가 황제의 릉에 관하여 상소로 올린 산릉의장(上陵

議狀)은 유명한데 "풍수의 핵심은 산세의 아름답고 추함에 있다"라고 하여 형세론을 지지하였다.

* 주희의 증손자 주잠(朱潛)은 1224년(고려 고종11년) 망해가는 남송에서 망명하여 나주로 입국하였다가 원나라의 송환요구를 피하여 화순으로 숨어들어 정착하였고 후손이 번성함에 따라 신안주씨의 시조가 되었다. 2015년 인구는 15만 명이고 논개(論介)가 신안주씨이다. 주잠의 사위가 능성구씨의 시조 구존유(具存裕)이다.

2. 답사(화순 천덕리 337, 산39-1)

* 묘(廟)란 신위를 모시는 사당을 말하고 묘(墓)란 무덤을 말한다. 주자 묘는 1905년 주씨들이 만든 영모당을 기초로 1978년 현재의 웅장한 모습으로 준공하였다. 화순군은 중국관광객과 관리가 방문함에 고무되어 관광명소가 되기를 희망한다.

* 주자 묘

* 주잠 묘는 사당의 백호방으로 100m 옆 산등에 있는데 산등을 깊이 절단하였다. 원형을 가늠하기 어려우나 바람이 침범하고 있다. 희미한 연혁판을 보니 실전된 것을 복원하였다는 내용인 듯 보인다.

＊어떤 이는 무릎을 탁치게 되는 명당이라 하고 백대명당이라 평하더라. 그러나 사당 터는 원래 경모(敬慕)장소이고 발복을 논하는 혈처는 아니고 묘소는 장풍이 되지 않아서 생기가 없었다.(2024.1.)

＊주잠 묘소

전북 완주군 전주최씨 문성공계 시조 최아 묘 (비룡상천형, 大穴)

1. 전주최씨와 문성공계

＊전주최씨는 각기 시조를 달리하여 최순작(문열공계) 최군옥(문충공계) 최균(사도공계)의 3대파로 나뉜다. 그러나 후대에 이르러 상계(上系)와 연결이 명확하지 못한 탓으로 독자적인 계파를 형성한 전주최씨가 있다. 문성공(文成公) 최아(崔阿)系는 최순작의 7대손이라는 견해가 다수이지만 최균이라는 설 혹은 唐에서 도래했다는 견해도 있다(문성공계의 옛 족보 참조). 전주 일원에 최씨가 많이 살았는데 신라 6촌 가운데 고허촌의 촌장인 소벌도리의 후손이라 생각되지만 연결할 증거가 없기에 각자 연결이 확실한 상계(上系)를 찾아 시조를 정한 것이다. 전주최씨 4개파는 인구 46만

명 순위 19위(2015년)이고 그 중 최아계는 15만명이다. 최순작계가 왕실과 인척을 많이 맺어서 가장 번성했다.

 * 최아계는 완주일대에서 향리로 대를 이어오다가 최아가 고려 충숙왕 때(1313~1339) 과거에 급제하여 완산군에 봉해지면서 사대부(士大夫)가문이 된 덕에 시조가 되었고 원시조가 애매하여 독자적인 계열로 분류된 것이다.

 2. 답사

 * 최아(崔阿)의 묘는 전북 완주 소양면 죽절리 산198에 있다. 마이산 위봉산 종남산을 거쳐서 왔다. 혈처 뒤에서 낮게 묶었다가 홀연히 올라서서 사각형의 넓은 당판을 만들었고 전면은 겹겹이 산들이 둥글게 엎드려 있다. 비룡이 구름 위를 나는 비룡상천격이다. 다만 아래와 같은 약간의 소란이 있다.

 * 최아는 1260년생으로 추정되는데 아들 넷을 낳아 후손이 번창하였다. 문성공제단 비문을 보면 "公의 선조는 전해오지 않는다. 공의 생몰 산소위치도 전하지 않으나 전주 주덕산 본토동에 선산이 있다. 노인들의 말에 의하면 공의 현손 최덕지 묘 아래에 있다고 한다. 이 묘에 대하여 최아의 아들 4명을 지파시조로한 4개파 사이에 이견(異見)을 해소하고자 1796년(병진년)에 봉분을 열고 발굴조사를 하였으나 광위에 넓은 돌 하나만 덮여 있고 지석이나 유물이 없어서 확인 할 수 없었다. 3개파는 실제 묘로 인정하고 그 다음해에 북쪽에 제단을 쌓고 묘제(墓祭)를 지냄에 대하여 막내아들 종랑장공파는 헛무덤이라 보고 별도로 단제(壇祭)지낸다.

 객관적으로 본다면, 이 산은 최씨 종산으로 대인(大人)묘가 있다는 설화가 전해왔다는 점, 묘 뒤를 더 올라가면 현손 최덕지, 손자 최담의 묘가 차례로 있는데 시조 못자리가 비어 있었다면 그들이 명당자리를 비워두고 산위로 올라갈 리 없다는 점, 최아는 네 아들을 두었고 그들이 모두 지파를 형성하여 번성하였던 점(2남 최용각은 무학대사가 소점한 완주 대아리 산46 자라터에 묘를 썼다) 등을 고려하면 헛뫼가 아닌 실묘(實墓)로 보인다. 이 묘의 발복으로 후손들이 폭발적인 번성을 하였다고 본다. 상등중급 대혈로 조선 10대 명당에 해당한다고 본다.(2023.9.)

* 최아 묘의 지도

사진출처 :
카카오맵 스카이뷰
(https://map.kakao.com)

* 앞에서

*뒤에서

전북 완주군 간중리 정경부인 밀산박씨 묘
(래룡은 상등인데 안산은 글쎄이다)

*정경부인 밀산박씨(1343~1381)는 밀양박씨 박침(1342~1399)의 부인이다. 박침은 공민왕 때 문과에 급제하여 전의판서를 지냈고 이조에 항거하여 두문동에 들어가 사망하는 바람에 경기 장단군 염능리 박능동에 안장하였는데, 한때 실묘하였다가 1902년 되찾아 석물치장을 하였고 부인 묘소에는 단(壇)만 있다. 밀산박씨는 백과사전에도 없는 성씨인데 밀양박씨라면 남편과 동성동본혼이 되어 이상하게 된다.

*밀양박씨는 밀성대군 박언침을 시조로 삼고 인구는 320만으로 국내 2위이다. 박침은 규정공파 4세손인데 규정공파가 밀양박씨의 8할을 차지하고 그 중 박씨부인의 후손이 다수를 차지한다. 제실 안내문에 박씨부인의 후손이 2백만 명에 달한다고 쓰여 있는데, 처음엔 심히 과장된 말이라 생각했으나 수긍이 간다.

＊원경

　＊부인 묘는 완주군 용진읍 간중리 산69-1 봉서산(현재: 서방산)중턱에 있다. 한 동안 실전되었다가 현지 후손들 30여 명이 1838년 대대적으로 수색에 나서서 옛 지석과 묘광을 찾았는데 그 사이에 김총(金塚)을 비롯한 6~7총이 묘 주변에 투장되어 있었다. 종중이 송사 끝에 1840년 주변을 정리하고 재각을 건축하였다. 그 후에도 김총이 이장하지 않고 봉분을 조성하는 바람에 시비가 생겨 후손이 곤장을 맞고 후유증으로 사망하는 사건이 발생했다. 이를 계기로 문중에서 대대적인 정화작업을 하였다.(밀양 박씨 연안공파 제주도 종친회, 다음카페에서 인용, 감사합니다)

　＊제실 뒤로 10분 정도 걸어서 올라가면 묘역이 나온다. 주산에서 삼봉으로 기복하며 혈처로 내려온다. 당판도 여유가 있다. 래룡과 당판은 가히 일품이나 안산이 시원찮다. 안산이 단조로울 뿐만 아니라 조그맣게 뾰족한 산봉이 넘어다 본다. 규봉(窺峯)이 되어 도둑을 만나 손해를 볼 사격이다. 없는 것이 훨씬 좋다.

＊ 조선 8대 혈 또는 호남 8대 혈이라는 분도 있다. 간좌곤향이라는 사람도 있고 축좌미향이라는 분도 있다. 봉황포란 또는 봉서형이라는 사람도 있다. 봉서형은 이 골짜기 끝에 있는 봉서사와 같이 봉집을 지을 공간이 있어야 된다. 김유신 장군묘와 같은 봉정(鳳頂)형이다. 래룡은 상등이로되 안산은 글쎄이다. 450년 동안 주변에 여러 무덤이 투장되고 남편과는 천리나 떨어져 있다. 온갖 고생을 하면서도 자식들을 잘되게 뒷바라지를 해주는 어머니상(像)을 연상하게 된다. 망자는 고달프고 후손은 발복받는 혈인가 보다.(2023.9.)

＊ 묘 앞에서

＊ 묘 뒤에서

＊규봉

전북 익산시 여산송씨 시조 송유익 묘
(바람을 이겨야 된다)

＊여산송씨의 도시조는 당나라 송주은이다. 8세손 송자영의 아들 3형제가 여산(익산의 옛 지명)송씨, 은진송씨, 서산송씨로 본(本)을 달리하여 분파한다. 모두 송주은의 후손이므로 본이 달라도 서로 혼인하지 않는다. 여산송씨 시조는 송유익으로 고려 때 여산군(礪山君)에 봉해졌다. 그의 4대손 송송례(1207~1289)는 고려 원종 때 상장군에 오르고 1차 일본정벌에 참전한 인물인데 여산 송씨의 중시조가 되었다. 왕비 1명(단종비 정순왕후 출가하여 82세에 졸), 문과급제 106명, 인구는 29만 8천 명(2015년).

＊시조 송유익 묘는 익산시 여산면 호산리 73에 있고 그 아래 아들 송숙문의 묘가 있다.(제실 옆 개울을 건너 올라가는 철제계단이 있다) 다들 호남8대혈로 행주형 또는 청학무익(靑鶴舞翼)형이라 한다. 높은 곳에 만들어진 장유인데 시조 묘는 생기가 약하게 있으나 백호가 없다시피 되어 있다. 어떤 풍수는 청백이 멀어서 겨우 겨우 손(孫)을 이어오다가 6대에 이르러

대장군이 나와서 융성했다고 한다.(6대손이 아니고 4대손 송송례 중시조를 말하는 듯?) (2023.9.)

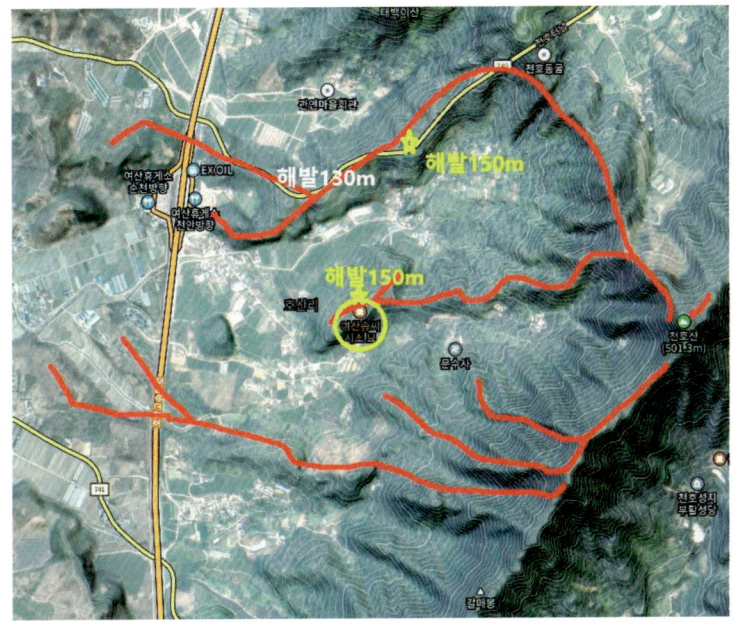

사진출처 : 카카오맵 스카이뷰(https://map.kakao.com)

*송유익 묘

전북 임실군 영천(寧川)이씨 시조 이능간의 묘
(局이 작고 오밀조밀하다)

＊寧川이씨는 시조가 이능간(李淩幹 1286~1357)이고 인구는 2만2천 명(241위)이다. 이능간은 고려 충선왕이 원나라에 가 있을 때 호종하였고 귀국후 정승에 오르고 충혜왕 때(1332년) 영천(寧川, 현재 임실 지사면 영천리 일대)부원군에 봉해졌다. 寧川도 영천으로 읽고 표기하므로 영천(永川)과 혼동하기 쉽다. 永川이씨는 고려 평장사를 이문한(李文漢)을 시조로 하고 경북 永川을 본관으로 하며 인구는 11만 명이다.

＊이능간의 묘는 임실군 지사면 영천리 708에 있다. 청백과 주작 현무가 잘 짜여 있고 중국의 분위기가 평온하다. 한 家門의 묘이라면 명당이라 하여도 손색이 없으나 대문중의 중시조 또는 한 姓氏의 시조 묘로는 국세가 작다. 그래서 인구가 겨우 2만 2천 명에 지나지 않는 것인가 모르겠다. 갈룡음수라는 견해도 있으나 낙안형으로 보인다. 한편 영천이씨는 시조이하 5세까지를 실묘하고 영천 오미동 산121에 제단을 건립하였다.(2023.9.)

＊이능간 묘

공주시 금강나루 뱃사공 이석재 묘와 세종시 전의이씨 시조 이도 묘

1. 금강 뱃사공 이석재 묘에 관한 전설

* 설화에 의하면, 당나라 주호선사는 공주 순방길에 금강나루 뱃사공 이방이가 효심 있고 덕이 있다는 말을 듣고 찾아가서 나룻배를 타고는 강을 건너자고 요구하고 강을 건너자 다시 되돌아가자고 요구하기를 반복하여 10여 차례하였으나 이방이가 조금도 싫어하는 기색을 보이지 아니하였다. 이에 탄복한 주호선사는 이방이의 아버지 이석재의 묫자리를 잡아주고 이 자리는 꽃이 반쯤 핀 형국(半開花) 또는 달이 반쯤 찬 형국(半月形)이니 2백 년 후 후손이 번창할 것이라 하였다.

* 이곳에 장사지내면 8백 년 후에 자손이 크게 떨칠 것이며 하늘과 땅이 도울 것이라고 하였다는 설화도 있다.

* 또한 설화로, 주호선사는 회(灰) 천포를 사용하여 묘를 쓰고 이장하지 말라고 당부하였는데 후손들이 국풍 박상의가 흉지라고 하는 말을 듣고 이장하려고 파묘해 보니 "박상희가 래룡일절이 끊어진 줄 알고 만대영화지지인줄은 모른다"(南來妖師 朴相熙 單知一節死 未萬代 榮華之地)라고 새긴 지석이 출토되었다는 것이다.

2. 이석재 사적비(事蹟碑)

* 전의이씨 종중이 세운 이태사선산(李太師先山) 사적비(事蹟碑)에 의하면(네이버 브로그 "제이 역사문화 나들이"에서 발췌함), ❶(註; 이 부분은 종중이 직접 쓴 부분이다)묘지가 있는 곳은 공주 신관동 석방산 아래이고 갈룡음수형이다. ❷(註: 영조 갑술 족보 수정 시 德容이 쓴 글이다) 전설에 의하면 전의이태사의 선대가 살면서 행려인(行旅人)을 접대구제(接待救濟)

하여 크게 은혜를 베풀었더니 어느 날 괴이한 중이 적덕한 사람을 알아보고 좋은 묫자리를 잡아주면서 말하기를, 이곳에 장사를 지내면 자손이 매우 번성하여 금강물이 마르지 않는 한 이씨는 끊어지지 않는다고 말했다는 것이다. 오늘에 이르기까지 천 년에 가까운데도 그 고장 사람들은 이 묘를 가르켜 李太師의 先山이라 칭한다.

❸(註; 덕용의 글이다) 생각건대 태사공이 금강에서 고려 태조를 만났다면 공주가 세거지이었을 터이고 그렇다면 금강변에 선조 묘가 있는 것은 당연하다. 공주의 산소에 관한 상고할 만한 문헌이 없으며 또한 태사공의 위로 몇 대 묘소인지도 알 수 없는 관계로 후손(註; 22세손이다) 지돈녕부사 징하(徵夏)가 공주목사로 재임시 돌을 다듬어 全義李太師先山이라 새겨 입비(立碑)코자 하였으나 종중의 의논이 같지 아니하여 묘 발치에 버려 두었다. 영조 신유년(1741년) 징하의 계자(季子, 막내 아들) 德顯이 또한 공주판관이 되었을 때 이 고장에 전해오는 전설이 오래되었으나 끝끝내 의심할 것은 아니라 주장하고 지난날 버려두었던 表石을 묘앞에 세우고 아울러 禁伐地로 삼아 수호하여 왔다. 금번 보첩중수시(註; 영조 갑술년, 1754년이다)에 즈음하여 관련된 문적(文蹟, 나중에 참고하기 위하여 남긴 문서)이 없어서는 아니 되겠기에 전설에 근거한 立石事由을 적어 후일 상고 하는데 대비하는 바이다.(영조 갑술 수보시에 현감 德容 씀)

❹(註; 이하는 고종 경자보 편술자의 글이다) 근자에 진양재집(眞陽齋集, 註; 주호선사가 죽기전에 쓴 글이라는 견해가 있으나 진양재는 전의이씨 재실이므로 종중에서 보관하던 문서일 것이다)을 보니 아래와 같은 당나라 주호(朱湖)의 기록이 있었다. 순화신묘(淳化辛卯 註; 신라 헌강왕 3년인 원화? 811년이다) 시월(十月) 어느날 금강 나루터에 이르러 착한 사공의 너그럽고 인자함에 금강 북쪽 가까운 곳에 산소자리를 하나 잡아주고 그의 아버지를 장사지내게 하였다. 간좌(艮坐) 언덕으로 손사병정방에서 흘러들

어 오는 물이 유(酉)方으로 흘러나가니 만대영귀하고 크게 발복할 대지로서 어질고 착한 사람이 아니고서는 얻기 어려운 자리이다. 그러므로 나는 이방이(李芳伊)의 지극한 효성은 후일 반드시 경복을 누릴 것이기에 그에게 소점해주어 그의 아버지 이석재(李碩才)를 장사지내게 하였던 것이다.

❺(註; 고종 경자보 편집자의 글이다) 이때가 辛卯年十一月 初九日이니 천문으로는 地雷復卦, 지리로는 水火未濟卦이니 반개화 또는 반월형으로 이곳에 장사지낸지 2백 년 후에는 세상을 떨칠 자손이 태어나 하늘이 돕고 땅이 받들 것이므로 나 역시 인자하고 효성이 지극한 그 덕에 감격하여 묘소를 소점해주고 기록하노라 하였다더라.

❻(註; 경자보 편집자의 글이다) 이 說은 구보에 실려있는 先山속전(俗傳; 민간에게 전해오는 이야기)과 비슷한데 다만 양대(兩代)선조의 이름을 이방이와 이석재로 밝힌 점이 다르다. 이번 족보 수정시에 추록하여 후일에 비고(備攷)하고자 한다. 고종 경자(註; 1901년) 수보시 추록하였다. 편술자 미상.

* 묘비(전의 이태사 선산)는 이덕현이 세운 것이고 사적비는 근자에 건립한 것.

*사적비 원문.(네이버 브로그 "제이 역사문화나들이"에서 인용, 감사합니다)

[太師公先山俗傳記]

山在忠淸南道公州錦江北公州市新官 洞굴木里壬坎來龍卯入首艮坐坤向丙得水酉破以再見再破할之則丙得水庚破庚得水癸破 形則稱以渴龍飮水形山名則稱以石傍峴돌결재 自古傳說全義李太師先代居住錦江邊接濟 往來行旅施惠甚周廣有過去異僧來到錦江知其爲積德之人指示艮穴曰葬此則子孫繁延錦水不竭李氏不絶云 云至今近千年土人寞不指點爲李太師先山盖太師公以護涉錦江有功於麗太祖則太師公之世居公州此固可徵 旣居公州則先山之在錦江上亦不爲異而但太師公後居于全義縣雲住山下卽今所稱李城遺址子孫遂以全義爲 姓貫之鄕公州山則無文獻取考者亦不知太師公以上某代葬地故後孫知敦寧府事徵夏曾任公州牧時治石拒書 以全義李太師先山欲堅立而宗中諸議不無異同置在塋域之側矣英宗辛酉年徵夏季子德顯又爲本州判官以爲 本土傳說其來已久終不可歸之疑誕乃立前日所置表石于墓前仍爲禁伐之地今此譜牒重修時不可仍無文蹟릴 述傳說根因立石事由以備日後傳攷英祖甲戌修譜時縣監德容編述近見眞陽齋集中唐僧朱吳或云瑚 所記云淳 化辛卯或云元和辛卯而淳化則年代不相符合十月日到錦江之津頭善遊師之寬仁指一穴於江之北至近之地許 葬其父卽艮坐原巽已丙丁之水瀉於酉地而大抵萬代榮貴大發福之大地也非假之仁善實難得之地然而余見李 芳伊之至孝必有後矣故許與之葬其父碩才於是年十一月初九日丑時乃辛卯己亥壬寅辛丑論以天文則地雷復 有七日來復底意推之地理則火水未濟有花未開月未圓之象葬此二百年後子姓大振天許地與故余亦感其仁孝 之德許而記之耳云此說與舊譜所載先山俗傳蓋略相似而旣有兩代譚字雖非公家文昰不可闕焉故今番重修時 追錄以備後攷高宗庚子修譜時追錄編述者 未詳

*묘와 비석

3. 전설과 사적비에 대한 검토

*풍수전설은 대부분이 사실과 허구가 뒤섞여 있고 과장이 많으므로 새겨 보아야 된다. 종중에서 전해오는 족보와 사적비에 기재한 것이 제일 정

확할 것이다. 주호선사의 소점을 받아 811년 이석재의 묘를 쓰고 뒤에 보듯이 110년 후에 이도가 탄생하고 전의이씨가 번창하였다. 그러나 이석재 묘는 후손중 유력자 이징하가 전의이씨 선산이라는 비석을 제작하고도 종중에서 이의가 있는 바람에 세우지 못하고 방치해 두었는데 그의 막내 아들 이덕현이 1741년 비석을 세웠다. 그러므로 9백 여 년 간 전의이씨가 관리하지 않고 실전지경에 있었던 것이다.

 * 진양각과 석상-- 전의이씨들은 진양각을 지어 그 안에 주호선사를 작은 석상으로 조각하여 모시고 있다.

 * 그러나 박상의(朴尙義, 1538~1621, 朴相義 朴相熙가 혼용되나 이식의 택당집에 적힌 朴尙義가 정확)를 언급한 지석은 남아 있지 않는다. 설마 주호선사가 8백 년 뒤의 일을 박상희라는 이름까지 정확히 알 수 있을 리 없다. 도선국사풍수비법회는 주호선사가 신라 유리자의 통맥법을 적용하여 소점하였고 박상의도 통맥법으로 감평한 것이라 주장한다. 그러나 주호선사가 소점한 것은 811년이고 묘비를 세운 것은 1741년이며 그 사이 失傳상태이었다. 한편 박상의는 흔히들 1621년에 卒하였다고 하나 광해군 폐위시인 1623년까지 국사로 활동했고 이후 행방이 묘연했다.(광해군이 신임하던 풍수들은 인조반정으로 신병에 위험을 느끼고 피신하였다)

그럼에도 박상의 권유로 파묘해보니 지석이 나와서 복구했다면 이징하가 비석을 세우려 할 때 종중에서 무슨 이유로 이의를 제기했겠는가? 왜 사적비에 그런 이야기가 없는가? 통맥법이 유리자의 법이라 말하는데 당나라 주호선사가 신라에 와서 배웠다는 말인가?

* 남연군묘도 회 3백 포를 사용하여 1m 두께로 덮었고 그 때문에 독일 오페르트가 파묘에 실패하였다. 가난한 뱃 사공의 묘를 누가 도굴할까? 1천 포나 덮을 면적도 없다. 이 묘는 바람을 타기 때문에 주호선사는 비보책으로 석회포장을 하도록 지시한 것이라 추측한다.

* 그러나 2백 년 후 또는 8백 년 후에 후손이 번성할 것이라는 이야기는 일리 있다. 13세손에서 45개파가 생겨서 폭발적 번성을 시작하였고 23세손 무렵인 1천6백 년대(영조)에 현달한 후손이 많았다.

4. 전의이씨(全義李氏)

전의(全義)는 전성(全城)또는 전산(全山) 전은(全恩)이라고도 하며 현재 세종시 전의면 일대를 말한다. 인구는 16만4천(2015년, 59위), 조선문과급제 188명(인구는 59위인데 급제자는 17위이므로 전의이씨가 명문가라는 말을 듣는다), 상신 5명, 삼도수군통제사 14명(이상하게 수군통제사가 많다)이다. 예안이씨(인구는 1만8천 명)는 전의이씨에서 분적한 성씨이다.

5. 뱃사공 이석재와 전의이씨시조 이도와의 관계

* 이석재의 상계(上系)는 알려지지 않는데 그 지역에 살던 이씨로 추측된다. 상계가 뚜렷하지 않은 이씨는 대체로 알평이 原始시조이다.

* 이방이 부자(父子)는 금강나루에서 뱃사공을 하였는데 인심이 두텁고 효심이 깊었다. 이방이는 주호선사의 말에 따라 가르켜 주는 곳에 묘를 썼던 바 120년 뒤 후손 중 이치(李齒)가 고려 왕건이 군사를 거느리고 금강

나루를 건늘 때 금강 물길을 잘 알고 있는 덕으로 도강에 큰 공을 세웠다. 왕건은 포상으로 이도(李棹)라는 이름과 전의(全義)의 넓은 땅를 하사하였다. 이도는 삼한삼중대광태사(三韓三重大匡太師)에 오르고 후손이 번성함에 따라 전의이씨의 시조가 되었다.

* 고려 왕건은 개성의 토호이었는데 궁예의 부하장수로 활약하다가 918년 신숭겸등의 도움으로 궁예를 축출하고 고려를 건국하였고 견훤과는 925년부터 주로 경북의 신라 국경에서 전투를 벌려 929년 고창(현재 안동)전투에서 대승하고 935년 일리천(현재 선산)에서 최후의 결전을 벌여 견훤의 아들을 처형함으로써 통일을 완성하였다. 이치(李齒)가 고려 왕건의 군사를 돕고 이름을 하사받았으니 그 시기는 920年代로 추측할 수 있다.

이를 미루어 보면, 이석재와 이도의 생몰년도는 알 수 없지만 이석재 묘는 811년 조성되고 이도는 929년경 활약하였다고 추측되므로 이도는 이석재 묘를 쓰고 약 110년 뒤에 탄생하였다고 보면 되겠다.

* 보통 이런 경우 이석재를 원시조 또는 도시조(여러 파가 있을 경우)라 하고 이도를 중시조 또는 기세조(起世祖)라고 부르는데 전의이씨는 이석재를 시조 이태사(이도를 말한다)의 선조라고 부른다. 통례에 따르지 않아서 어색하다. 다만 이석재로부터 이도까지의 계대를 알지 못한 탓에(그 사이의 선조들은 미미하였던 것 같다) 이석재를 도시조가 아닌 직접 시조로 모시기는 어려울 것이다. 통맥법에 따라 감평하면 35代 현인장상이 배출되고 전의이씨 번성도 이 묘의 발복이라 한다. 그렇다면 전의이씨가 이석재를 시조로 묘시지 않고 이방이 이하 4대가 실전된 것과 9백 년 간 이 묘가 실전되었던 것을 이해하기 어렵다.

6. 이석재의 묘(공주 신관동 산10)

＊이 묘에 관하여, ①이도(李棹) 묘와 함께 명혈이라는 다수 견해, ② 이도 묘는 명혈이 아니고 이석재 묘가 명혈이라는 견해, ③이석재 묘는 명혈이 아니라는 견해가 있다.

＊① 다수설은 이 묘는 사신사를 갖추고 생기가 있으며 대강이 동쪽에서 서쪽으로 흘러서 길하다고 하고, 이도의 묘도 복호형으로 역시 명혈이라 한다. 그러나 이석재의 묘는 청백이 없어서 바람을 탄다. 우리나라 지형은 태백산맥이 척추를 이루고 서방으로 토지를 전개하므로 동출서류수(東出西流水)와 백호강세가 일반적이다. 그러므로 西出東流水가 귀하기 때문에 길한 유수로 보고 있음에 대하여 동출서류수는 흔히 있기 때문에 물이 동쪽에서 서쪽으로 흐른다는 이유만으로 길하다고 할 수 없다.

② 이도 묘는 생기가 없어서 혈이 아니다. 반대로 이석재 묘는 자기안산(自己案山)으로 길하고 지기와 천기가 조화를 이루고 남근(男根) 모양으로 강건너 여근(女根) 모양의 산과 조화를 이루어 자손이 많다는 견해가 있다.(北光)

그러나 여기 묘의 경우 사성(莎城, 月形, 월아, 애미라고도 함)은 인작(人作)으로 만든 것으로 낮고 빈약하여 장풍이 어렵다. 안산은 묘의 전면에서 기운이 나가는 것을 막고 반대로 외부로부터 침입을 막아 소국(小局)이나 중국(中局)의 울타리 역할을 한다. 그러므로 풍수격언상 "안산은 눈썹 높이가 적당하다"라는 것이다. 이 묘의 자기안산은 묘의 발치 아래에 낮게 자리하고 있으므로 안산으로의 가치가 없다. 뿐만 아니라 혈을 만든 뒤 순전여력이 멈추어 혈처를 보호하는 경우, 또는 용이 내려가다가 기룡혈을 만든 후 거팔 모양 또는 뒤돌아보는 모양을 만들고 계속 내려가는 경우에 자가안이 되는 것이다. 신안동김씨 김번 또는 청주한씨 시조 한란 또는 정인지의 묘를 보면 자기안이 어떤 모양새인가를 알 수 있다.

후손을 생산함에는 남성이 필요하지만 여성의 역할이 훨씬 크다. 그러므로 여근(子宮)혈은 있으되 (예컨대 지보 동래정씨 묘, 함안조씨 시조 묘) 남근혈은 본 적이 없다.(남근에 쓴다면 아마도 바람둥이가 배출될 것이다)

* 이석재 묘 약도

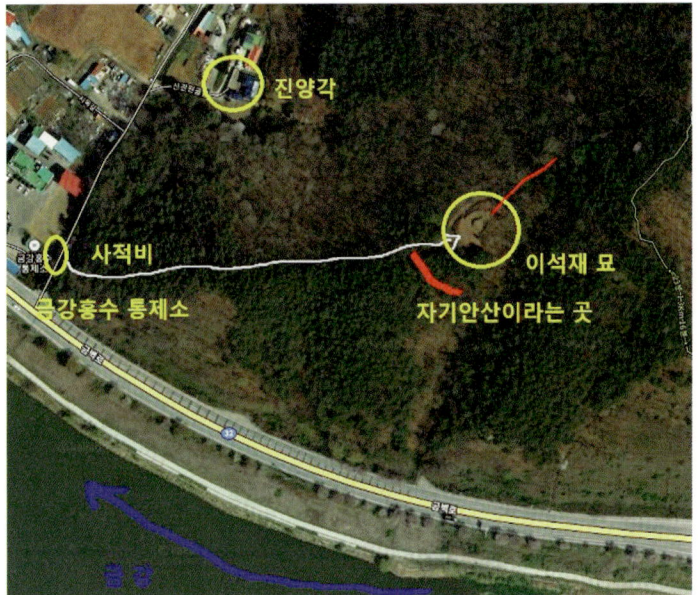

사진출처 : 카카오맵 스카이뷰(https://map.kakao.com)

* 이석재 묘와 장풍

*남근이라고 주장하는 도면

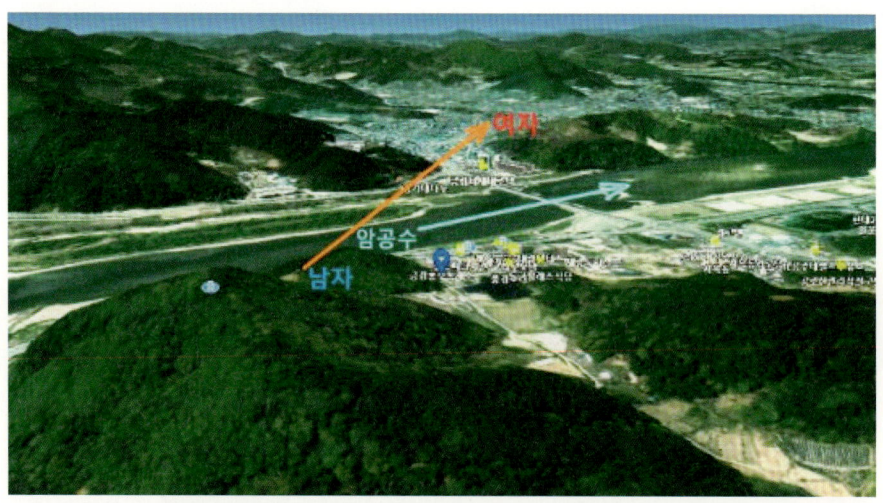

③ 이석재 묘는 산의 높은 곳에 있는데 청백이 없고 청룡쪽에 금강이 직선으로 흐른다. 가까운 안산이 없다. 사성과 전순을 보토하였으나 천작(天作)에 미치지 못한다. 주호선사가 회석 천포를 사용하라고 하였다면 이는 바람을 막아줄 비보책을 마련한 것이다. 그러므로 이곳은 명혈이 될 수 없다.(소수설이다, 同旨 민중원)

7. 이석재 묘의 역할

이방이의 후손은 가난하고 자손도 이도가 태어날 때까지 4~5대를 독자로 이어온 듯 보인다. 李樟 때 비로소 3남을 두어 손세확장의 시발점이 되었다. 그럼에도 이 혈은 흉지는 아니고 나름의 역할이 있었다고 본다. 즉, 주호선사는 이방이가 효심 깊고 덕이 있어서 장차 후손들이 크게 번창할 것이라 내다보고 이 자리를 소점해주었으나 때를 기다려야 되기 때문에 이장하지 말라고 하였다. 이방이 이하 4~5대 후손이 뱃사공을 하면서 선행을 하여 이도가 탄생하는 기반이 되는 역할을 한 것이다. 이 묘가 속발하여 부유하게 살았다면 이도가 고달픈 뱃사공으로 살지 않았을 것이고 그렇게 되면 이도가 태조를 만나 공을 세울 수도 없었을 것이다. 전의이씨가 이 묘자리 덕에 번성한 것이 아니라 이방이의 효심과 선행을 보고 하늘이 후손의 번성을 예정해두고 있었고 주호선사는 천지운행을 알아차리고 이 묫자리를 소점하여 도움을 주었을 뿐이다.

8. 시조 이도의 묘(세종시 전의면 유천리 산3-1)

*마을 길 옆에 크다란 신도비가 있고 그 뒤 조금 가면 동그란 원판위에 묘가 있다. 입수가 좋으나 북향인 탓에 봉분에 이끼가 많다. 도선국사가 소점한 복호혈이라는 말이 있다. 그러나 태조(877~943, 918 즉위)는 도선국사(827~898)가 사망할 때 27세이었고 이도가 태조를 만난 것은 궁예를 축출하고 고려를 건국한 918년이후라고 추측되므로 도선국사가 소점하였다는 말은 사실이 아니다. 그러나 호랑이가 노려볼 개바위가 있고 기운이 옹골차다. 상등초급대혈이다.(2023.9.)

*이도 묘 옆모습

* 봉분 뒤에서 앞으로

* 구암 개바위 사진

충남 당진시 양유리 복씨 시조 복지겸 단소

 * 신라 말(879년?) 당나라 복(卜)학사가 면천에 건너와서 정착하였다. 복씨는 9개 본이 있는데 그 중 복지겸을 시조로 하는 면천(沔川)복씨가 제일 인구가 많다. 2015년 조사에서 전체인구는 9천 5백 명이고 그 중 면천복씨는 2천 3백 명이다.

＊복지겸(卜智謙, 생몰불명?)은 궁예의 부하 장수이었는데 궁예가 폭정을 하자 918년 신숭겸, 배현경, 홍유와 함께 궁예를 축출하고 왕건을 왕으로 옹립하였다. 고려 개국 1등공신이다.

＊경기 광주에 있다는 말이 있으나 실전되었고 복지겸이 살았던 이 지역에 단소를 만들었다.

＊묘역(양유리 677-1)-- 겸으로 생겼고 전면에 펼쳐진 모습이 좋다. 실제 묘를 실전한 것이 아쉽다.(2024.1.)

충남 대전시 판암동 은진송씨 송유(입향조) 송갑조(송시열 父) 묘

＊당나라에서 귀화한 송주은의 10세손 송자영은 세 아들을 두었는데 유익은 여산송씨, 천익은 은진송씨, 문익은 서산송씨로 본관을 나누어 분파하였다. 송천익의 후손은 계대가 불명한 바람에 고려 판원사 은진군 송대원을 기세조로 한다. 인구는 2만 6천 명이다.

5세손 쌍청당 송유(宋愉 1388~1446)는 청명한 문인으로 이름이 났고 사실상 대전지역 입향조이다. 송시열(1607~1689)은 송유의 8대손인데 그를 존경하여 부친 송갑조 묘를 송유 묘 아래에 썼다. 송유가 1443년(세종 25)에 건축한 별장은 송유의 호(號)를 따서 쌍청당이라 이름하였다.

 * 대전 동구 판암동529-1(쌍청당) 산133-1(묘지, 재각위 백미터)를 탐방한 바 송유의 묘는 사신사를 갖춘 중등상급의 조선100대명당이고 송갑조의 묘는 평범하더라. 현지에 사는 송씨가 말하기를 부근에 수십 총이 있으나 송유와 송갑조 외에는 볼 것 없다고 하더라.(2023.9.)

 * 일원의 지도

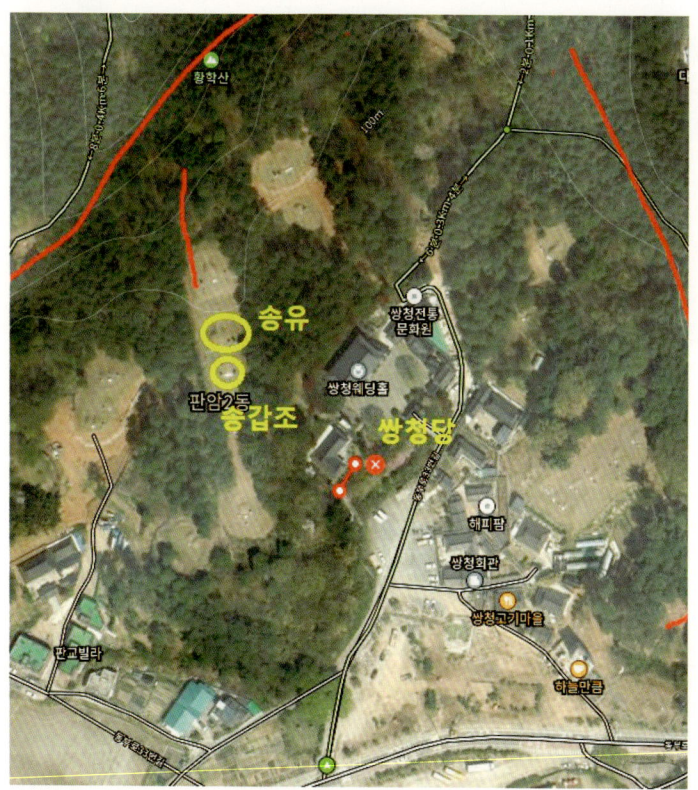

사진출처 : 카카오맵 스카이뷰(https://map.kakao.com)

* 송유와 송갑조 묘

충남 서천군 한산이씨 시조 묘
(이런 명혈을 어디서 또 볼 수 있을까?)

1. 한산이씨

한산이씨는 이윤경(李允卿)을 시조로 하는 호장공계와 이우경(李佑卿)을 시조로 하는 권지공계가 있다. 권지공계는 이우경이 이윤경의 형이라고 주장하나 혈연관계를 인정할 자료가 없는 데다가 권지공계는 인구수가 미미하므로 보통 호장공계를 한산이씨로 인식하고 있다. 시조 이윤경은 고려 숙종 때(재위 1095~1105, 同姓同本禁婚令 시행) 토호로 호장직에 올랐다. 그 이상의 상계(上系)는 알지 못하고 이씨 성을 숙종 때 賜姓받았다. 인구는 17만 명이고 한산면은 절반이 한산이씨로 구성된 집성지역이다.

2. 시조 이윤경의 묘

*충남 서천군 한산면 지현리 산2-1에 있고 두 가지 설화가 전해온다.

① 이곳은 원래 동헌(東軒)자리인데 동헌마루가 자주 썩어 여러 차례 보수를 하였다. 한 관원이 이상하게 여기고 노인들에게 물어보니 왕성한 지기가 흐르는 명당이기 때문이라고 했다. 그 관원은 조상의 유골을 마루밑에 평장으로 암장했다. 그 후 후손들이 높은 벼슬에 오르고 번성하던 중 후손 한명이 한산고을수령에 부임하여 마루 밑을 파 보자 전해오는 말대로 유골이 발견되었다. 이에 사비를 들이어 관아를 이전하고 묘역을 조성하였다. 비문에 의하면 병자년 관아 건물 안채가 무너졌을 때 시조묘의 석곽을 발견하고 관아건물을 좌측(현재의 한산면사무소)으로 옮기고 시조묘역을 조성하였다고 한다.

② 고려 때 이곳은 절터이었는데 고을 수령이 부임해와서 절마루 밑이 명당이라고 생각하고 호족에게 달걀을 묻은 뒤 15일만에 파내어 오도록 시켰다. 호족은 명당을 시험하는 것임을 알고 삶은 달걀을 묻고선 15일후에 파내어 주었다. 현감은 달걀이 병아리가 되었을 것이라 기대하였는데 썩은 달걀을 보고 실망하였다. 그가 전임간 뒤 절에 떠돌이 승려가 사망하면서 황폐해지자 호족은 선대 유골을 묻었다. 지금도 묘 앞 오른쪽에 석탑(원래 5층석탑으로 고려호족이 호국을 위하여 건립하였다는 비문이 있음)이 있다.

3. 간산

*묘는 광덕산- 조공산- 천등산- 건지산의 경로를 거처서 평지 말락한 곳인데 입이 딱 벌어지는 대혈이다. 지금도 기운이 왕성하고 재혈도 정확했다. 주산은 금계가 아니고 봉황이며 건지산으로부터 봉황이 줄줄이 날아 온다. 소국의 물길도 좋고 외각으로 금강이 둘렀다. 혈 앞 왼쪽에 조금

큰 봉분 3개가 있는데 다수는 이를 달걀이라 보고 금계포란이라 주장한다. 그러나 날개와 비교해보면 크기가 참새알과 같이 작아서 금계가 참새알을 품은 모양밖에 안 된다. 천작(天作)이라고 하나 이렇게 뾰족한 흙무덤은 인작(人作)이라 보아야 된다.

　＊봉황이 춤을 추는 봉무형(鳳舞形)이다. 날갯짓을 네 번하였으니 한번에 60년씩 합계 240년, 8대 내지 10대에 이르기까지 영향력이 있겠다. 이런 대혈을 어디에서 또 볼 수 있을까.(2023.5.)

　＊이윤경묘의 대국

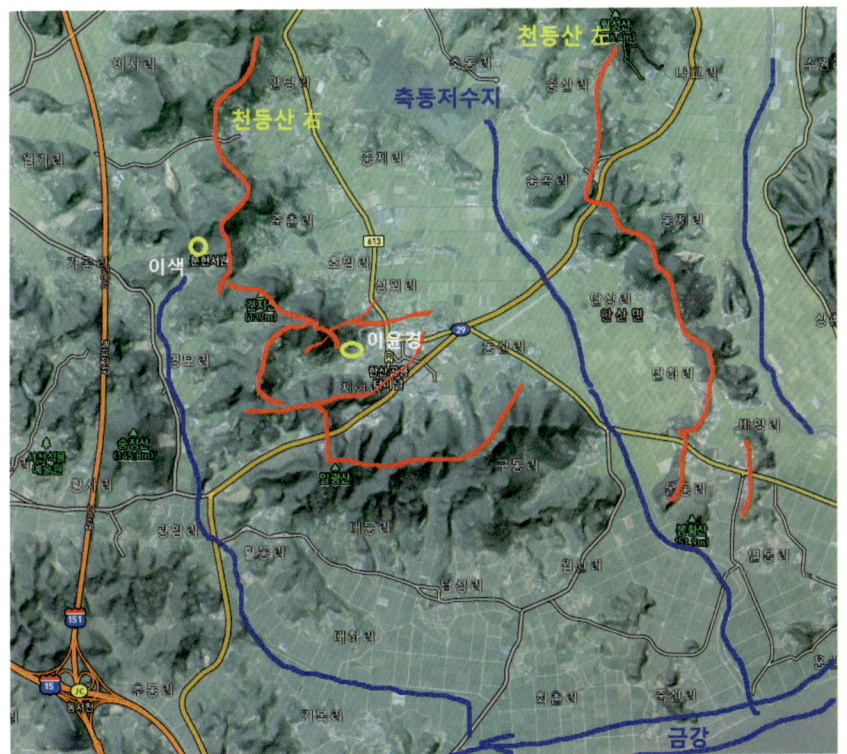

사진출처 : 카카오맵 스카이뷰(https://map.kakao.com)

* 이윤경 묘의 중국

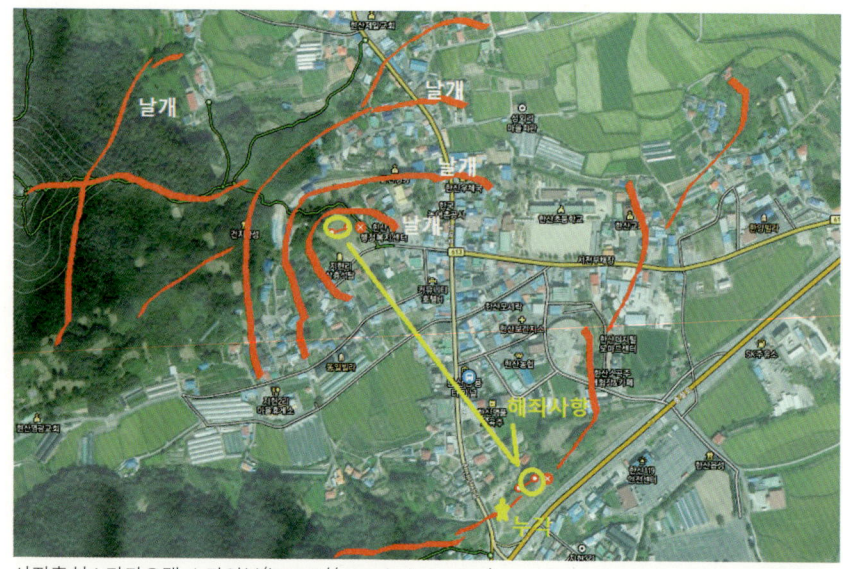

사진출처 : 카카오맵 스카이뷰(https://map.kakao.com)

* 시조 이윤경 묘

* 달걀이라고 주장되는 곳-- 순전여력이다.

충남 예산군 대구서씨 시조 묘
(높은 곳에 맺힌 혈처에서 내리는 전순)

1. 대구 서씨(徐氏) 내력

* 서씨들은 10여 개의 본(本)을 달리 하는 파(派)가 있으나 먼 시조(원시조, 도시조)는 같다. 즉 동일 혈족이지만 본을 달리 하는 경우(同族同姓 異本)인데 정씨(鄭氏) 등 그러한 경우가 적지 않다. 서씨 전체 인구는 70만 14위인데 그 중 달성 서씨 40만, 이천 서씨 17만, 대구 서씨 9만 8천(2015년) 명으로 대부분을 차지하고 연산 장성등 나머지 파들은 모두 소수이다.

* 각 파들의 공통시조(都始祖)는 서신일(徐神逸)이고 그는 신라 헌덕왕때 출생하였고 나라가 기울자 이천(利川)으로 이주하여 이천 서씨의 시조가 되었다. 서신일은 아들이 없던 중 80세에 서필을 낳았고 서필의 아들이 거란을 물리친 서희 장군이다. 서신일의 上系에 관하여 다소 엇갈리는데

중국 번조선의 기준(箕準)이 적에게 쫓겨서 마한으로 이주하여 왕이 된 다음 성을 서씨로 변경하였다. 또는 기준의 후손이 신라 문성왕(857死)으로부터 서씨성을 하사받고 이름을 고쳐 서신일이라 했다는 설명이다.

 * 고려 후기에 대구서씨는 고려 군기소윤을 지낸 서한(徐閈)을 시조로 분파하고 달성서씨는 고려 판도판서를 지낸 서진(徐晉)을 시조로 분파하였다. 양파의 분리내역은 알지 못하는데 예전부터 대구와 달성은 서로 혼용되어 왔고 달성서씨는 향(鄕)파, 대구서씨는 경(京)파로 불리웠고 1702년 통합 족보를 발간하였다가 1763년 경파가 대구서씨의 족보를 따로 만들면서 완전 분리되었다. 대구서씨는 서한 이후 계대를 실전하여 7세손 서익진을 중시조로 삼는다.

2. 시조 묘

 * 예산 하탄방리 산15-2. 숙부인 김씨 부좌. 서한의 상여가 지나가자 노승이 나타서 자리를 잡아주면서 해복형의 명당이지만 재산은 큰 기대를 하지 말라고 했다. 산의 7부 능선되는 높은 곳이고 수구가 짜여주지 못한 탓인 것 같다.

 * 이 묘는 일시 실묘하였다가 서거정(1420~1488)이 찾았으나 또 다시 실묘하고 숙종(1661~1720) 때 다시 찾았다. 그런데 재실관리인의 말에 의하면 35년전 시조 묘를 도굴하는 것을 적발하고 일대를 발굴하여 옛 비석을 찾아서 세우고 그때까지 허름했던 묘소를 현재와 같이 정비하였다고 하며 셀트리온 서회장이 적극 지원하고 있다고 한다.

 * 이 묘에 대하여 계좌정향으로 되어있는데 파구를 피하여 인좌신향으로 하는 것이 맞다는 견해, 해복형이 아니라는 견해가 있다. 현무가 둥글고 청백이 길게 뻗은 모양을 보면 해복으로 볼 수 있다. 안산은 숫게이고 당처는 암게로서 새끼를 많이 치겠다. 이 묘에서 특히 유의할 점은 높은 곳

에 맺힌 혈에서 전순이 내리는 모습이다. 이산해 묘를 검증하는 자료가 된다.(2023.6.)

* 시조 서한의 묘

* 옛 군기소윤의 비석

*안산-- 혈처는 알을 많이 놓는 암게, 안산은 숫게.

*서한 묘의 지각-- 날카롭지 않고 그 아래에 혈이 맺히지 않는다. 지각은 이렇게 생겨야 모범이 된다.

충북 제천시 청풍김씨 시조 김대유 묘
(시조묘가 맞는가?)

1. 청풍김씨

* 신라 경순왕의 후예 김순웅의 12세손 고려 말 문하시중 청풍부원군 김대유(金大猷)를 시조(起世祖)로 한다. 그러나 김대유는 경순왕의 넷째 김정구의 17대손이라는 주장도 있으니 김대유 이전의 상계는 실전하였다고 보는 것이 정확하다. 2015년기준 인구 11만명이다(나무위키 참조).

* 조선 초기까지 미미하다가 임란 이후에 왕비2, 상신8, 대제학3, 문과급제110 명을 배출했다. 김식(1482~1520)이 과거에 급제하여 벼슬길을 열었고(조광조의 동지) 김육(1580~1658)이 병자호란(1636) 후 효종의 신임을 얻어 대동법을 전국적으로 시행하여 경제를 살렸다. 18대 현종(효종의 아들, 1674死)의 명성왕후와 22대 정조(1800死)의 효의왕후가 모두 청풍김씨로서 정비(正妃)가 되어 영·정조대에 상신을 많이 배출하고 신안동김씨의 세도 정치시에도 번성하였다. 명성왕후는 정치에도 관여하고 기갈이 세어 현종이 후궁을 들이지 못했다. 1남(숙종) 3녀를 낳았으나 다른 왕들과 달리 후궁이 없는 바람에 직계 왕손이 끊어지는 상황이 발생하였다.

* 시조 김대유 묘는 충북 제천 수산면 도전리 산8에 있고 조선 8대 명당의 하나라는 견해도 있다.

2. 시조 김대유 묘의 내력에 관한 설화, 족보, 마을 안내문

* 설화에 의하면, 어떤 노인이 자라를 물에 살려 주었더니 상주의 꿈에 자라가 나타나서 옷자락을 물고 산으로 인도하였고 꿈을 깬 뒤 찾아보니 현재의 묘터이었다. 금계포란형이다. 병란이 일어 피난갔다가 돌아오니

누군가 시조 묘 옆에 똑 같은 봉분을 만들고 암장하는 바람에 어느 묘가 시조묘인지 알 수 없게 되어 함께 관리한다. 실전한 시조 묘를 찾기 위하여 후손 판서들이 넘어다닌 재를 육판재라 하고 후손들은 인근 호무실에 묘가 있는지 찾아다니기도 하였다.

* 청풍김씨 세보(청풍김씨 세보는 1750년 영조26년 목판보도 있으나 1903년 순종 계유년 이후에 발간된 것)에 의하면, 묘소가 백치(白峙)에 있다고 하나 실전했다. 후손 김우명이 백치 우측 뒤를 살폈으나 지석을 찾지 못하고 후손 김증명도 백치 앞 기슭 추동(楸洞)을 살펴보았으나 안성인이 장사지낸 곳이었다. 그래서 순종 계유년(기유년?, 1910년)에 추동에 단(壇, 실전했을 때 제사를 모시는 곳)을 설치하고 비를 세웠다.

* 추동(楸洞) 안내판에 의하면, 청풍김씨 시조 김대유는 수산면 오티리 백치(白峙)의 능촌에 안장하였으나 실묘하고 오티리와 도전리의 중간을 선택하여 도전리 추동 자라골에 청원각(淸源閣)을 짓고 그 안에 가묘를 설치하고 제사를 지낸다. 전란을 만나 피난을 갔다가 돌아와서 보니 누군가가 김대유묘로 추정되는 곳에 똑같은 봉분을 만들어 암장하는 바람에 봉분 두 개가 구별할 수 없게 되었다. 김대유 묘를 쓸 때 자라가 상주 옷을 잡아 끌어 따라가니 금계포란형의 명당이었다. 그런 연유로 명당이 있는 골짜기를 자라골이라 부르고 동네 주변에 가래나무가 많아서 추동(楸洞)이라 한다.

* 위의 자료 중 세보가 제일 믿음직하고 다음은 마을 안내도이다. 종합해 보면, 후손들은 언제부터인가 김대유 시조묘를 실전하였는데 오티리 백치능촌에 안장하였다는 말이 전해 오므로 후손 김우명이 순종 때(1907~1910) 백치의 뒤를 탐색하였으나 찾지 못하고 그 무렵 후손 김증

명은 추동에서 의심스러운 곳을 찾았으나 안성인이 장사지낸 곳이었다. 끝내 찾지 못함에 순종 때 시조단을 설치하고 재실 청성각을 건축했다.

3. 시조묘라는 근거는 무엇인가?

＊후손들이 순종 때까지 찾지 못하여 시조단과 재각을 설치하여 제사를 모셨는데 언제 어떻게 지금의 시조묘를 찾았는지에 대하여 설명이 없다. 김씨문중은 금계포란형이므로 닭등에서 제사를 모실 수 없어서 시조단을 만들었다고 한다. 그러나 실존(實存)하는 묘를 가까이 두고 청성각 뒤뜰에 가묘를 만든 것은 설명이 안 된다.

＊후손들이 시조묘를 탐색(육판재라는 지명이 생길 정도로 한양에서 종종 찾아 왔다는 말이 된다)한 지역은 백치 일원, 육판재의 서쪽 추동 일원, 호무실 일원이고 역시 그 지역 내에 시조묘가 있었을 것이다

＊백치는 지도상 흰티재이고 능말골이란 이름이 있으니 유력하다. 호무실일원도 음택을 쓸 수 있는 국세이다. 그러나 이 묘를 쓴 경위가 자라의 역할이라고 하니 추동 안쪽 자라골(왜 자라골이라 하는가는 뒤에 설명한다)이 유력하고 풍수적으로 다른 곳은 이 묘보다 나은 명혈이 없다.

4. 국세

* 래룡-- 회룡고조형

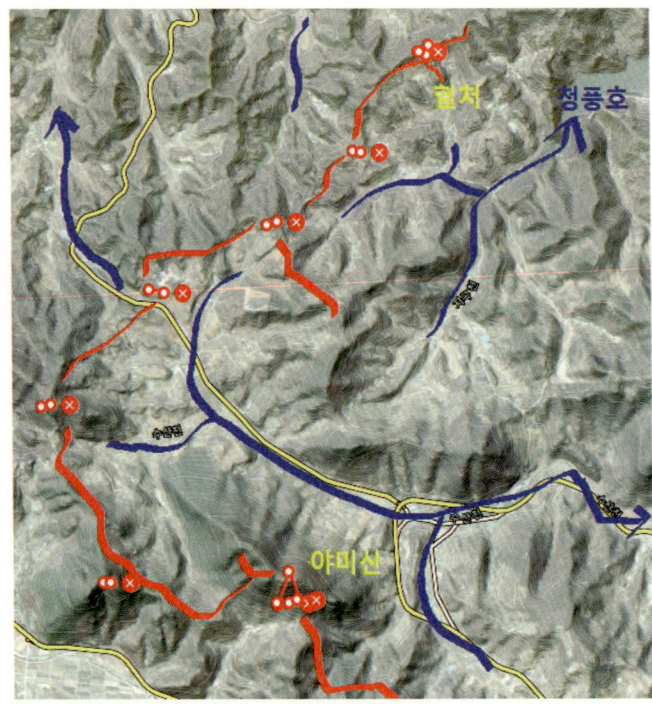

사진출처 :
카카오맵 스카이뷰
(https://map.kakao.com)

* 탐색지역

사진출처 :
카카오맵 스카이뷰
(https://map.kakao.com)

* 자라골-- 시조 제단의 안쪽.

사진출처 :
카카오맵 스카이뷰
(https://map.kakao.com)

* 시조 제단 사진-- 자라 형상이다

* 청성각 안에 있는 가묘

＊쌍분-- 어느 쪽이 김대유 묘인가? 후손도 판별할 수 없어서 비석을 세우지 못했다.

＊돌혈-- 개장낙맥이 아니고 횡맥인데 낙산 후장 귀성이 없다. 그러나 하수사가 잘 발달되어 있고 높이 솟은 돌혈이다. 금계가 보이지 않아 포란형이 아니다. 복부형(覆釜形)이라는 견해도 있다.

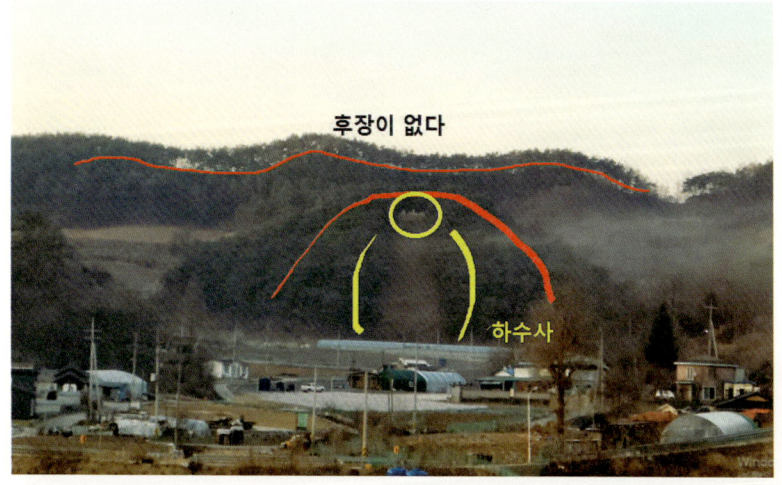

＊조안산(朝案山)-- 고만고만한 산들이 가득 채우고 있어서 보기가 좋을지 모르겠으나 주제(예컨대 청마 문필등)없이 무질서하다. 삽짝풍수는 앙꼬 없는 찐빵이라 한다.

5. 김대유 묘인가?

풍수에 따라서는 아예 실전했다고 보는 분도 있다. 청풍김씨가 언제 찾았는지 설명하면 좋겠다. 이 묘는 대충 보면 화려하나 단점도 많다. 중등 중급(2023.8.)

충북 청주시 청주한씨 시조 묘
(그림처럼 아름답다)

1. 청주한씨

본관은 청주, 시조는 한란(韓蘭), 인구는 75만(2015년 대성순위 10위), 30여 개파가 있다. 12정승 6왕비를 배출한 삼한갑족이고 시조 묘에 대하여 다수는 조선 8대 명혈로 인정한다.(조선 100대 명당 목록 참조)

2. 시조의 내력과 행적

＊한란의 상계(上系)에 관하여 한씨세보는 중국에서 망명 온 기준(箕準, 노자의 후손)이 마한의 왕이 되어 姓을 한씨로 바꾸었고 한란은 기준의 40세손이라 함에 대하여 학자들은 한국 고유의 성이라 한다. 한씨들은 기준을 1세조로 삼지 않고 고려 개국공신 한란을 기세조로 계산한다.

＊한란의 생몰년도는 불명하다. 충북 영동 난곡리 227-7에 있는 기적비(1986년 건립, 보호각인 淸韓閣을 2011년 준공)에 의하면 난곡리에서 출생하여 학생을 가르치다가 중년에 청주 方井洞(현재의 方西洞)에 이주하였다고 한다.

그러나 기록에 의하면 왕건(877~943)은 918년(왕건 41세) 궁예를 철원 명성산에서 격파하고(궁예는 도망처서 굶어 죽었다) 고려 왕위에 오른 다음 이듬해 송각(지금의 개성)으로 천도하였는데 한란을 송도 건설책임자로 임명하였다.(배현경이 후임 책임자)

＊私見인 즉, 황간지방의 토호이던 한란은 왕건에게 포섭되어 송악으로 이주하였다가 태조 2년 이후에 청주 방서동으로 이주한 것 같다. 왕건의 세력지는 송악이고 궁예의 세력지는 철원이며 후백제의 도읍은 완주(지금의 전주)였다.

이후 한란은 방서동에 터를 잡고 방장(方井)을 파고 무농평(務農坪)을 개간하였고 무농정을 짓고 주민들을 지도하여 영농에 힘쓴 결과 많은 재산을 모았다. 928년(고려 태조 11년) 왕건이 견훤을 토벌하기 위하여 방정동을 지나가자(이때 왕건에게 우물물을 떠주었더니 왕건이 네모우물이라 말한 것에서 方井이란 명칭이 붙여졌다) 물자를 조달하고 종군하여 전공을 세운 덕에 개국벽상공신 삼중대광태위에 녹훈되었다. 왕건은 925년부터 견훤을 공격하여 929년 고창(古昌, 지금의 안동)에서 대승하고 936년 후백제를 평정하였다. 私見으로, 왕건이 928년 방서동을 지나면서 한란과 합류한 것은 929년에 있은 안동전투로 가는 길이었다고 추측한다. 군사 10만명이 방정물을 먹었다는 설화가 있으나 안동전투에 참전한 군사는 쌍방이 2만 명씩이었다고 한다.

 * 한란이 살던 마을을 대머리 마을(현재 대머리 공원이 있다)이라고도 하는데 방서동(다음지도상 용암동과 방서동 경계에 있다. 지번에 오류가 있을 수 있다)에는 시조제단비, 방정, 무농정이 있다.

사진출처 : 카카오맵 스카이뷰(https://map.kakao.com)

 * 한씨들의 방정리 봉심전말(奉審顚末)에 의하면 시조 이후 후손들이 흩어지고 유기(遺棄, 버려진 디)되어 있었는데 1618년(광해 10년)에 여명공 한진영이 은퇴 후 살 곳을 찾다가 현지인의 도움으로 방정리에서 한태위 유허지를 찾게 되어 우물을 준설하고 가옥을 짓고 가족을 데리고 왔다. 그러나 청주한씨 시조제단비에 의하면, 청주목사 한백겸이 1605년(선조 38년) 문중 문헌에 시조 마을이 방정리에 있었다는 등의 고증으로 방서동을 찾고 이조참판 동생 한준겸이 비문을 써서 시조제단비를 세웠다고 한다. 그렇다면 시조제단비가 있는데도 13년 뒤 잃어버린 시조 마을을 찾았다는 것은 이상하다.

3. 한란의 생몰년도

＊난곡리에 출생하여 장년에 청주로 이주하였다는 점, 918년 송악건설에 참여한 점, 왕건이 고려를 건국 한 918년에 왕건의 나이가 41세이었던 점을 종합해 보면 한란의 나이도 왕건과 비슷하였을 것이다

＊언제 죽었는가?

왕건은 925년부터 견훤을 공격하였는데 927년 팔공산 전투에서 신숭겸의 희생으로 겨우 목숨을 건졌고 929년 고창(古昌, 지금의 안동)전투에서 대승하였다. 이 전투를 계기로 견훤은 권위를 잃어 아들에게 배신당하고 935년 고려에 투항하고 후백제와의 일리천(一利川, 현재 선산읍 낙동강)전투에서 고려의 선봉장이 되었다. 일리천 전투는 쌍방이 모든 병력을 동원한 일대 결전이었는데 후백제는 6만 5천, 고려는 8만 7천 명이 참전하였고 고려의 군사중에는 말갈등 북방유목민 9천 명도 포함되어 있었다. 이 전투에서 견훤은 선봉장으로 큰 공을 세웠으나 울화병으로 사망하고 그의 아들들도 생포되어 처형되었다. 나무위키를 보면 고려의 참전 주요 인물 13인을 열거하였는데 한란은 보이지 않는다. 이전에 죽었을 가능성이 많다.

＊私見의 결론인즉, 한란은 왕건과 동년배쯤 되고 후백제와의 최후 결전

인 일리천 전투 이전에 사망하였던 것 같고(그런 연유로 시조마을이 쉽게 버려졌다?) 왕건이 928년 방서동을 지나면서 한란과 합류한 것은 929년에 벌린 안동전투로 가는 길이었다고 추측한다.

4. 시조 묘

*충북 청주시 남일면 가산리 산18 머미마을에 부부쌍분으로 모셨다. 집 앞을 지나가는 태조에게 우물물을 대접하였는데 태조가 우물이 네모꼴인 것을 보고 방정(方井)이라 하였다. 현재 묘지 아래 진응수가 나오는 네모꼴 우물(가산리546)이 있다. 나는 묘지 아래의 우물이 태조가 말한 方井이라고 오해하고 청주 방서동의 유적을 알지 못한 탓으로 기존의 간산기에 오류를 범하였기에 다시 고쳐 쓴다.

*묘소신도비에 의하면 1659년 파손된 것을 1663년 개장하여 석물을 복원하고 1768년 한익모가 찬하여 신도비를 세운다고 쓰여 있다. 방서동 시조제단비는 1605년에 건립하면서 이곳 신도비는 훨씬 뒤에 세워진 점으로 보아 아마도 몇 년간 파손상태로 있는 것이 아니고 상당 기간 평장으로 있었던 것이 아닌가 추측한다. 시조이후 2~5세손은 비무장지대에 있어서 실묘지경이라 한다.

*한란 묘 행룡-- 멀리 속리산 서쪽에서 말티재를 넘고, 가덕산, 문의청남대 IC, 척산리 산75 고지, 소조 국사봉, 신송리 592 과협을 거쳐 주산을 세우고 혈처로 내려왔다. 샘봉산에서 대청호를 건넜다는 견해도 있다

사진출처 :
카카오맵 스카이뷰
(https://map.kakao.com)

* 소국(小局)-- 혈장은 주산에서 중출로 가늘게 내려와 참외와 같은 산등을 만들고 멈추었는데 장유의 끝은 약간 솟아올라 밑에서 보면 금성처럼 생겼고 가까운 안이 되었다. 內청룡은 바로 앞에서 고개를 돌려 혈처를 배알하고 백호는 넓게 감싸는데 군(軍)부대가 철망을 쳐서 물빠지는 수구를 찾기 어려웠다.

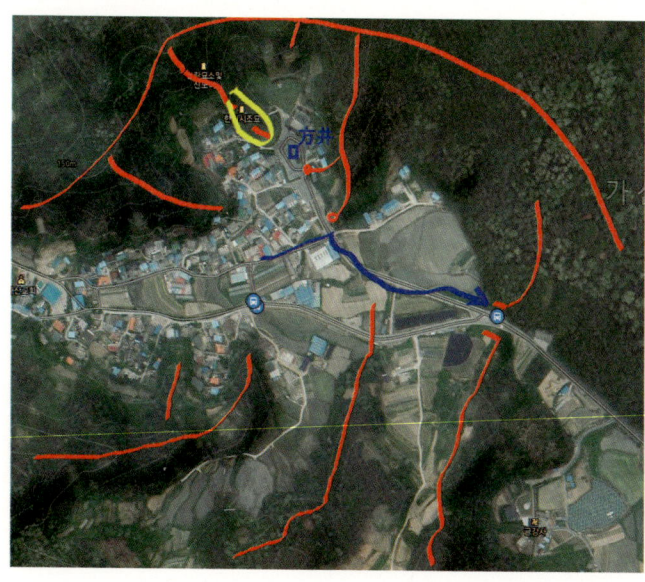

사진출처 :
카카오맵 스카이뷰
(https://map.kakao.com)

* 한란의 묘소-- 부인 소씨 합장

* 전순과 자기안-- 이 묘의 특장(特長) 중 하나이다.

* 전순에서 본 전경-- 먼 산들이 몇 겹으로 비단 휘장을 둘렀다.

＊머미마을 방정-- 이 묘가 명혈임을 인정하는 증표이다.

＊눈에 보이는 것은 모두 아름답고 암공하는 강물도 아름답다. 어떤이는 옥호 저수의 물형이라 했다(안동김씨 김번의 묘도 옥호저수형이라 하며 전순이 자체 안산이 되었으나 이 묘의 전순이 더 좋다). 병목에 묘가 쓰여졌고 수구가 불통주(不通舟)격이므로 붙일수 있는 이름이지만 전경에 펼쳐진 울타리를 고려한다면 옥등이 걸려 있는 옥등괘벽형으로 멀리까지 비추리라. 그림처럼 아름다워서 적이 생길 여지조차 없다. 명실상부한 조선 8대혈이다. 혹자는 영광 한광윤(6세손)의 묘를 두고 용사취회형으로 7왕비, 4정승의 발복지라고 하나 이 묘에 비할 바도 아니고 그 묘의 비문에는 의리장이라 쓰여있다.(제1권에 게재한 영광 용사취회형 참조) (2023.7.)

강원·경기 (19)

강원 강릉시 금산리
강릉최씨 전주계 중시조 최입지 묘

1. 강릉최씨

* 강릉최씨의 도시조는 신라 6촌장 중 소벌도리(蘇伐都利)이고 계대를 잃어버린 후손들은 확인되는 고려 때의 선조를 시조로 하는 3개 계열이 있다. 전주계는 고려 태조 부마 최흔봉(崔欣奉)을, 경주계는 강릉김씨 시조 김주원과 함께 강릉으로 온 최씨 후손 중 고려 개국공신 최필달(崔必達)을, 강화계는 고려 충숙왕(1330년경) 때 부사 최문한(崔文漢)을 각자의 시조로 한다. 강릉최씨는 인구 15만명으로 최씨 중 인구수 4위이고 조선시대 문과급제 32명이다.

* 전주계 최흔봉의 12세손 최입지(1275~1308)는 강릉입향조이자 중시조이다. 공은 고려 충렬왕 때 문과에 급제하고 평장사(平章事)를 역임하였다가 은퇴하고 강릉 모산(母山)에 은거하였고 아들과 손자 역시 평장사가 되었으므로 강릉 장흥동 모산 일대를 평장동이라 한다. 공의 아버지 11세손 최릉은 우정승을 지냈고 공의 아들 3형제, 공의 손자 5명, 증손 7명이 현달하여 가문이 부흥하였으므로 가능하면 11세손 최릉의 묘도 간산해 보면 좋을 듯하다.

＊최입지 묘에서 멀지 않는 성산면 위촌리 산495에 최인언으로부터 아래로 6총이 있는데 모두 경주계 최필달의 후손 묘이고 맨 위의 최인언과 4번째 최안린 묘가 중등초급으로 합쳐서 중등중급이다. 최안린(16세손, ?~1423)의 후손이 현달하여 중시조가 되었고 최규하대통령을 배출하였다.

2. 답사(강릉 성산면 금산리 산32, 주차장 금산리 466)
＊묘역에는 7기가 있는데 아랫 쪽 쌍분이 최입지 부부 묘이다. 위의 5기는 가묘라고 한다. 범장을 막기 위하여 상하에 가묘를 쓰는 경우가 간혹 있다. 물형은 옥녀탄금이라 한다. 조선백대 명당이라는 간산기도 있다.
＊中局지도-- 명주군왕릉의 간룡이 동남으로 내려와 회룡고조로 결혈하였다.옥녀탄금이라면 옥녀, 거문고를 퉁기는 손, 거문고, 그리고 음률을 감상하는 신선은 어디에 있는가?

사진출처 : 카카오맵 스카이뷰(https://map.kakao.com)

* 현무에서 혈처까지 내려오는 용맥이 무미하므로 대혈은 아니다.

* 조안산은 아름답다-- 눈 덮힌 대관령이 보인다

* 돌혈인데 석축을 너무 험하게 쌓아 올렸다

강원 춘천시 경춘공원묘 한동훈 전장관의 가족 묘
(심혈법, 명당발복론)

1. 혈 찾는 방법론

＊혈처는 생기가 모인 곳이라는 점은 지금까지 여러 견해가 변함 없이 일치하지만, 생기가 어디서 어떤 방법으로 오는가에 대하여 최근 새로운 견해가 유튜브를 중심으로 하여 강세이다. 전통적인 생각은 본신(本身) 기운(氣脈)은 용맥(龍脈, 山脈)을 따라서 오는데 산의 변두리에 이르면 산은 있으되 기운은 따라오지 않는 경우가 있다. 기운이 따라오는 경우의 움직임과 주변 여건을 보고 혈의 응집처를 찾는 것이 형기론이고, 만사는 오행의 원리가 적용되고 특히 방위가 중요한 요인이 된다는 것을 전제로 혈처를 찾는 것도 형기론이다. 두 가지 견해를 절충한 방법론이 통맥법이다.

＊최근 대두된 견해는 용맥과 기맥은 전혀 상관없다는 전제 아래 기운은 지하에서 솟아오른다, 개울 건너 산이나 들에서 혈처로 온다는 등 다양하다. 이 견해는 사격이나 좌향을 고려하지 않고 현장에서 답사자의 기감으로 측정한다. 전통적 견해는 혈처 찾는 방법이 구체화되어 있으므로 스승이 제자에게 구체적인 방법을 전수해줄 수 있지만 최신 견해는 자기의 기감에 의존할 뿐 혈 찾는 객관적 재료를 전수해줄 수 없다(그런 탓으로 스승과 제자가 없는 派라 한다). 지기론(地氣論)이라 칭하기도 하지만 기감론(氣感論)이 적합할 것 같다. 그런데 신기하게도 일부 기감론자의 혈처지적지가 현장에서 형기론자인 필자와 일치하는 경우도 있었다.

2. 발복 원리

＊음택의 발복원리에 관하여 전통적 견해는 동기감응론이다. 망자와 후손간에는 생물적인 동기(주로 DNA)가 있어서 서로 감응한다는 견해로서

지금도 압도적 다수설이다. 이 견해에 의하면 생물적 동기가 없는 양자(養子)에게 발복은 없고 천2백도 이상의 화장으로 DNA가 파손된 묘는 발복 감응이 없다는 것이다.

* 이에 대하여 발복의 주체는 혼령이라는 견해가 유력한데 양자와 화장도 발복에 영향이 없다는 것이다. 최근 화장이 대세로 굳어지자 납골도 명당이면 발복이 있다는 실용적인 풍수가 있다.

* 이 곳 공원묘지는 대부분이 화장묘로 보이므로 동기감응론자는 답사할 필요가 없을 것이다.

3. 답사(강원 춘천 안보리 864-1 경춘공원 묘원)

* 나는 전통적 형기론(국세론, 물형론을 포함)과 혼령발복론에 입각하여 답사한다.

* 지인으로부터 한동훈 전 장관 부친 묘가 춘천공원묘원 동쪽 주차장 부근에 있는데 좋다는 정보를 듣고 찾아 나섰다. 묘원 동쪽도로를 따라 올라가니 맨 위에 주차장이 있었다. 아래를 내려다보니 바람을 피하고 앞쪽이 유정한 곳, 그리고 안산의 높이를 고려하면 中局 도면표시 A와 B부분이었다. A부분을 답사한 즉 백호방 끝에서 우뚝 솟은 목성이 찾아오고 바람도 막아주는 것 같았으나 늦게 도착한 탓으로 겨울 해는 지고 있어서 발품을 더 팔 시간이 없었다. 다시 지인에게 문의하여 동쪽 주차장 부근이라는 말을 듣고 B구역에서 찾을 수 있었다. 혈처는 계관산이 내려와서 개장한 중출이고 다섯 지주가 받친 토성이 안산이며 백호방 목성이 압권이다. 필자의 눈에는 여근형(女根形)으로 보였다.

이와 같이 형기론은 혈처로 가는 길을 객관적으로 안내할 수 있지만 기감론은 혼자서 찾아갈 수 있는 길을 제시하지 못할 것 같다.

＊고(故) 한무남은 청주한씨로 2004년 졸하였고 옆에 생존해 계신 부인 묘자리를 비워두었는데 두 자리를 합치면 중등명당이다. 입수처의 래용은 평탄화되어 알 수 없고 화장 묘로 보이지만 정확하게는 모르겠더라. 위에 있는 조부는 1961년에, 조모는 1998년에 졸(卒)했는데 아래 묘의 입수이다.

한 전장관은 1973년 생, 2001년 검사임관, 2022.5. 법무부 장관, 2023.12. '국민의힘' 비대위원장 취임 경력이다.

＊대국-- 계관산 중출맥의 중심

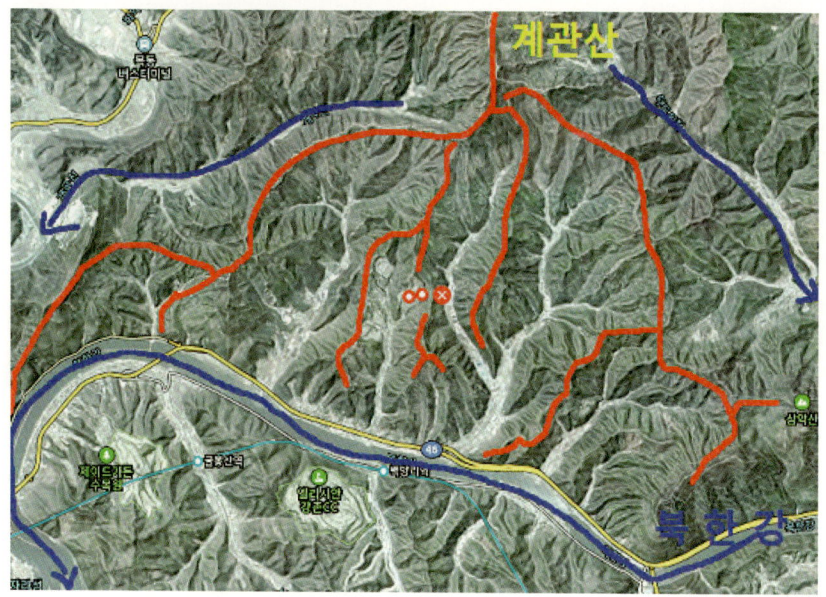

사진출처 : 카카오맵 스카이뷰(https://map.kakao.com)

* 중국-- A. B구역이 바람을 피할 수 있는 곳이다. 바람길 표시에 유의. 백호방에 솟은 목성이 특히 장점.

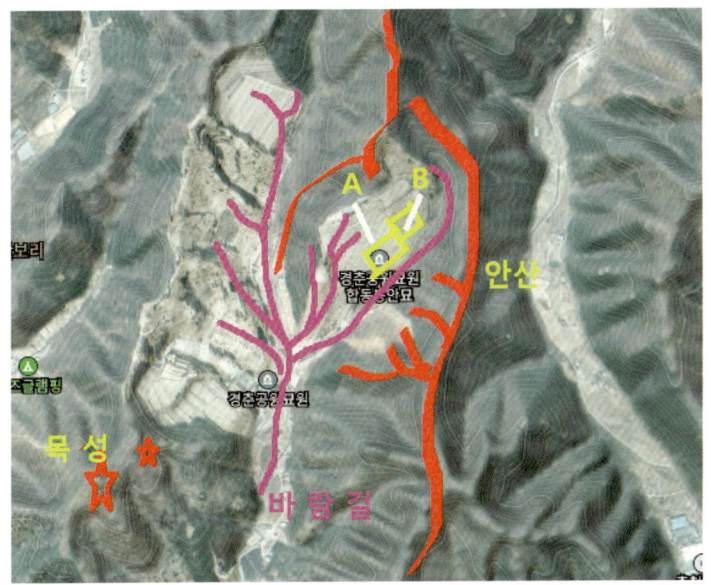

사진출처 : 카카오맵 스카이뷰(https://map.kakao.com)

* 한무남 묘-- 바로 윗 단에 있는 조부묘를 명당이라는 풍수도 있으나 평범하다.

＊문건풍수의 맥로이론에 의한 혈처-- 기맥은 용맥과 무관하다는 견해이므로 기감론이다. 안산으로부터 생기가 온다는 외형적 징표가 없고 본인의 기감에 근거한 판단이다. 백호 쪽 사촌 형님 묘를 정혈로 보고 있다. 좌향은 기맥 표시선이 아니고 정면에 있는 토산 끝이었다.

4. 명당 발복

명당은 명당일 뿐이다. 음택발복은 발복받을 가능성이 많다는 의미일 뿐이고 명당에 상응한 발복을 필연적으로 받을 수 있다는 의미가 아니다. 모든 것이 풍수에 의하여 결정된다는 풍수제일주의는 미신이 아니면 상술로 보아야 된다. 조선 100대 명당에 있는 묘의 후손에서 임금이 탄생한 경우는 몇건이나 있는가, 최근 대통령 가운데 박정희 대통령(조모 묘)을 제외하면 음택명당의 후손은 없다. 풍수보다 현세의 운명 풀이에 정확하다는 명리학에서도 같은 시간에 태어난 사람들이 후천적 요인에 의하여 각기 다른 인생살이를 한다는 사실을 인정한다.(2024.3.)

경기 가평군 연안이씨 이정구
(제천 작대기 풍수가 국풍 박상의 보다 낫다)

1. 이석형과 이정구

*연안이씨 시조는 이무로서 660년 소정방의 부장으로 신라에 왔다가 귀화한 사람이다. 후손들은 계대(繼代)를 잃고 계대를 알 수 있는 고려 말경 선조를 기세조(1세)로 하는 4대 계파 즉, 태자첨사공파(이습홍) 소부감판사공파(이현려1136~1216, 2006 파명 변경) 통례문부사공파(이지) 대장군공파(이송)로 분파되었다. 전체 인구는 16만 명이다.

*소부감판사공파가 현달한 인물을 많이 배출했는데 9세손 문강공(文康公) 저헌 이석형(樗軒 李石亨 1415 태종~1477 성종)이 중시조가 되고 13세손 월사(月沙) 이정구(李廷龜 1564 명종~1635 인조)이후 손세와 벼슬이 폭발적으로 일어났으니 이정구로부터 7대(秀자 항렬)까지 정승 6명 대제학 6명을 배출하였고 판서급은 부지기수이었다.

이정구 전후의 계대를 보면, 1세 이현려(고려 의종 때) - 9세 이석형(세종 때 장원급제하여 성종 때까지 6대를 섬긴 대신) -10세 이혼(판사공) - 11세 이순장외 5남 - 12세 이두 - 13세 이정구(대제학) - 14세 이명한(대제학), 이소한 - 이명한의 아들 15세 이일상(대제학), 이가상 (효자), 이만상(24세에 요절), 이단상(부제학). 이소한의 아들 이은상(형조판서).

2. 이석형 문중 묘역

*이석형의 묘는 정몽주 선생의 묘 옆에 있는데 그 연유인 즉, 정몽주의 증손녀가 이석형에게 시집가서 친정에 아이 낳으려 왔다가 판사공 이혼(1445~1483)을 낳고 산고로 요절하자 친정 아버지 정보가 불쌍히 여겨 정몽주 옆에 있는 자신의 신후지를 양보해 주었고 30년 뒤에 이석형이 죽

어 합장한 것이다. 정씨들은 명당을 이씨에게 주었다고 애석해한다. 어떤 스토리텔링은 증손녀가 정몽주 묘지 예정지에 물을 부어 묘자리를 뺏었다고 말한다. 그러나 정몽주 묘를 선죽교 부근에서 현재의 위치로 이장할 때 증손녀는 태어나지도 않았을 터이니 황당한 이야기이다. 이석형 묘가 정몽주 묘보다 명당이라는 견해가 많으나 이는 이석형의 후손이 더 번창하였다는 발복에 비중을 둔 주장이다. 그러나 이석형의 4대 후손인 이정구가 배출되기까지 큰 인물은 없다. 주혈은 정몽주선생 묘라고 본다(필자의 간산기 참조)

 * 이석형(9세손) 묘 일대는 후손들의 종산으로 많은 묘가 산재해 있다. 그중 이혼(10세손), 이순장(11세손, 최근 파묘), 이순장의 장남 이두(12세손, 가평이장) 차남 이계(이만상묘 아래, 도로개설로 가평이장), 이정구(13세손, 이석형 묘와 지근거리, 가평이장), 이만상(14세손, 이정구의 손자, 이명한의 3남)묘가 있었는데 이혼과 이만상 묘 이외는 전부 자리를 옮겼다. 다수 풍수가 명당으로 감평하는 이만상의 묘는 흉지에 가깝고 그 후손의 발복은 이정구, 이명한 묘의 발복이다. 나머지 분들의 초장지는 평범하다고 본다.

 * 선조들의 묘 위치-- 이순장(능원리 산5-31) 이만상(동림리 71의4 중 北端)

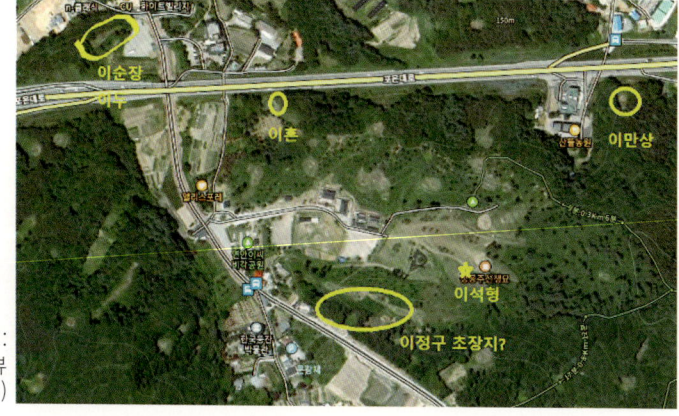

사진출처 :
카카오맵 스카이뷰
(https://map.kakao.com)

3. 이정구와 박상의

* 박상의(1538~1621)는 장성 출신으로 능과 궁궐 선정에 관여한 지관이다. 월사의 천거로 봉훈랑이 되어 절충장군에 올랐다. 그 보답으로 월사에게 선영일대에 묏자리를 여러 개 잡아주었다고 추측한다. 이만상의 증손이 세운 묘비에 박상의 소점이고 박상의가 그 산등에는 혈자리가 이만상의 묘 하나밖에 없으니 더 이상 묘를 쓰지 말라고 주의하였다고 쓰여 있다. 이만상은 1645년 외동아들 이봉조(옥천군수) 하나를 두고 아버지 이명한의 병 간호에 무리하여 24세에 요절했다. 박상의가 죽고난 뒤 20년이 지나서 이만상이 박상의 소점지에 묻혔다는 것은 미리 묏자리를 점지받아 두었다는 말이 된다.

* 박상의(1538~1621)가 잡아준 묏자리는 어디인가? 이정구(1635卒) 초장지와 이만상(1645卒) 묘소가 비석의 기재로 보아 확실하다. 박상의 소점이라는 설화가 있는 묘는 많으나 확실한 증거 있는 곳은 적다. 월사의 부친 이두(이순장 묘역)와 숙부 이계(이만상 묘 아래 있었는데 도로개설로 가평이장)가 가능성이 있으나 확실하지 않다. 이명한 계열은 박상의를 믿지 못하여 이정구 묘를 이장하였고 이명한의 동생 이소한은 가평 조종면 현리13-6에, 그 아들 이유상은 현리150-7에 묘가 있다.

4. 이정구 묘의 이장 경위

* 비문에 의하면 월사는 1635.4 향년 72세로 卒하여 용인 선영(이석현 묘의 지근거리)에 장사지냈다. 그런데 흉사가 끊이지 않고 장남 이명한 꿈에 옮겨달라고 현몽하였다. 이명한 형제가 2년 여 구산한 끝에 제천 풍수사 이삼등을 만나 1639년(3년 탈상 후) 가평 현재의 자리로 이장하게 되었다는 것이다. 원래 산 위에 영창대군의 태실이 있었는데 대군이 1614년 의문의 죽임(광해군에 의한 독살)을 당하면서 태실도 허물어져 있었다. 인

조로부터 일대의 토지를 하사받았는데 이명한이 인조에게 이장을 고하여 하사받은 것이라 추측된다.

 * 흉사가 끊이지 않았다는 사유인 즉, 이명한 가족은 1637년 병자호란을 만나 많은 흉사를 겪었는데 특히 장손 이일상이 척화를 주장한 탓으로 오랫동안 고생하였다.

 ①강화도가 함락되자 명한의 동생 이소한의 처 전주이씨와 명한의 장남 이일상의 처가 자결하고 ②명한의 둘째 이가상은 어머니를 찾아 적진을 돌아다니다가 사망하고 그의 부인 나씨도 그 소식을 듣고 죽었고 ③명한의 三男 이만상과 四男 이단상이 포로가 되어 개성까지 끌려갔다가 귀환하자 그들의 어머니(명한의 처)와 할머니 월사 부인(명환의 어머니)이 사망하였다. ④이일상은 청에 인질로 잡혀가서 고생하다가 귀환했다.

 5. 三代 대제학의 묘(경기 가평군 태봉리 산115-1)
 * 삼봉(三峯)이 세자리 혈처를 만들었는데 평지에 떨어진 것도 아니고 높은 곳에 앉은 것도 아니다. 삼봉이 반쯤 떨어진 삼태반락형(三台半落形)이다. 삼태는 일직선이 아닌 조금씩 자리를 틀어 변화를 보이면서 공중에 반쯤 걸려있다. 힘차고 아름답다. 세 곳이 모두 중상급이니 합치면 상등초급대혈이 되어 조선백대명당 중에도 상위 반열에 오른다.

 * 위에서 아래로 3대에 걸친 대제학이 이명한, 이일상, 이정구 순(順)으로 썼다. 조선 중기까지 역장(逆葬)은 관행이었으니 이상할 것 없다. 서열을 거꾸로 쓰는 것을 도장(倒葬)이라 하고 역장은 용이 진행해 오는 쪽을 보고 쓰는 것을 말한다고 구분하는 사람도 있으나 후자는 역룡장(逆龍葬)이라 함이 적합하다. ①이정구(李廷龜)는 예조판서 좌의정 우의정 대제학을 역임하였고 연안이씨 중 후손들이 가장 현달하였다. 또 다른 중흥 가계는 인조반정의 주모자 이귀(李貴, 1557~1633)인데 서로 9촌 간이다. 부

인 권씨와 합장묘이다. ②이명한(李明漢, 1595~1645)은 예조판서 대제학을 역임하였고 동생 소한과 더불어 각기 아들 4명을 낳아 중흥을 뒷 받침했다. ③이일상(李一相, 1612~1666)은 예조판서 대제학을 역임했다. 병자호란의 어려운 시기를 잘 버티었고 살아 남은 동생 이단상(부제학)과 우애가 깊어 20년 간 이웃해 살았다.

* 중국

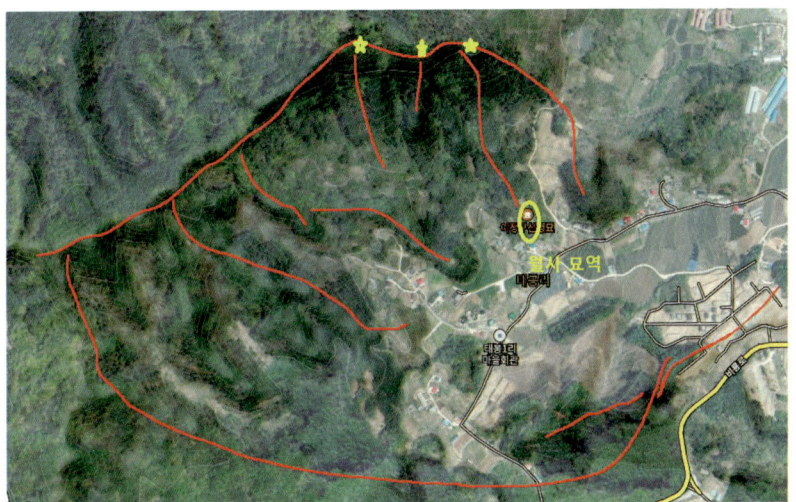

사진출처 : 카카오맵 스카이뷰(https://map.kakao.com)

* 묘역

＊어떤 이는 이장(1639년)후 6년(1645년)에 장남 이명한 51세 쭈, 차남 이소한 48세 쭈, 손자 이만상 24세 쭈한 사실을 들어 흉사가 있었으니 명당이 아닐 것이라 한다. 병자호란 때에는 부인들이 많이 죽었고 1645년에는 남자들이 죽었다. 그러나 당시 평균수명이 40세 남짓하였으니 장차남이 자연사한 것은 흉사라 할 수 없고 손자 이만상은 부친 이명한의 병간호에 진력한 나머지 병을 얻어 죽었던 것이다. 이만상의 효행에 그의 아버지가 감동하여 음덕을 많이 챙겨준 것은 아닐는지?

＊국풍 박상의가 소점했다는 이정구의 초장지는 흉지 또는 평범했던 것이고 제천의 무명 풍수가 잡은 현재의 이장지는 조선 100대 명당 중에서도 상위에 속한다. 무명의 작대기 풍수가 국풍보다 낫다.(2024.3.)

경기 고양시 서오릉 중 명릉
(갈처사는 실존 인물인가?)

1. 갈처사에 관한 의문

＊숙종이 사복을 입고 민정을 살피던 중 갈처사라는 시골에 은거한 노인을 만나 그가 풍수신안(風水神眼)이라는 사실을 알게 되어 그에게 부탁하여 숙종 자기의 신후지를 잡았다는 설화가 있다. 그리고 갈처사 비결이라 하여 주로 발복론을 다루는 풍수비법이 전해온다.

＊필자는 갈처사의 설화는 말 그대로 설화일 뿐이고 갈처사의 실존을 인정하기 어려운 만큼 갈처사비법이란 어느 야인(野人)이 지어내어 갈처사의 이름에 가탁한 것이라 생각해 왔다. 이 의문(疑問)을 풀기 위하여 숙종의 무덤인 명릉(明陵)을 찾아가서 명혈인가의 여부를 보고 묘쓴 경위를 해설사에게 문의하였다.

* 서오릉(西五陵)은 경기 고양시 덕양구에 있고 오래된 순으로 1457년 경릉(세조의 장남 璋, 20세에 요절하고 그의 아들 성종이 왕이 되자 덕종으로 추증), 1470년 창릉(예종과 안순왕후), 1682년 익릉(인경왕후, 숙종의 원비 1680년 死), 1721년 명릉(1720년死 숙종, 1701년死 인현왕후와 쌍분, 뒤에 1757년死 인원왕후 묘가 있다) 1757년 홍릉(弘陵, 영조비 정선왕후. 영조는 동구릉에 있다)

그 밖에 1563년 순창원(명종의 장남 순회세자 13세 요절), 1968년 서울 신촌에서 이장해 온 영조의 후궁 영빈이씨(사도세자의 母), 1969년 경기 광주에서 이장해 온 대빈묘(숙종후궁 장희빈 1701년 死)가 있다.

2. 숙종과 갈처사 설화

 * 숙종(1661~1720)은 조선 제19대 왕으로 현종의 외 아들(현종은 효종의 외아들)로 12세(당시 15세가 성년)에 즉위하여 46년간 재위하였다. 이후 영조등 왕위 승계자는 모두 그의 후손들이다. 부인을 4번 들였는데 유명한 장희빈은 세 번째 부인이다. 성격이 불같고 포악하였으며 남인과 서인 사이의 당쟁을 이용하여 왕권을 강화하였고(당파간의 정권교체를 환국이라 하는데 숙종 때 환국이 가장 많았다) 대동법 확대 실시, 상평통보 발행등 민생을 위한 시책에 노력하였다. 백성들 사이에서 "살림살이가 숙종 때만 같아라"라는 말이 있을 정도로 평판이 좋았고, 왕들이 평민 복장을 하고 민정을 시찰하였다는 설화도 많았다.

 * 설화에 의하면, 숙종은 어느 날 평민복장을 하고 수원지방을 암행하던 중 총각이 냇가에서 관을 놓고 울고 있는 광경을 목격하고 사유를 물었다. 총각은 "어머니를 장사지내려고 이 동네 유명한 갈처사라는 지관에게 장지를 잡아달라고 부탁하였더니 이 곳을 소점해 주었다. 그러나 이 곳을 파면 물이 날 것이 뻔하므로 울고 있다"라고 했다. 숙종은 총각을 딱하게 생

각하고 총각에게 편지를 써서 주면서 즉시 고을 원님에게 전달하라고 말하고 못된 지관 갈처사를 찾아갔다. 총각에게 써서 준 편지에는 쌀3백 가마니를 주고 장지를 구하여 어머니 장례를 치러주라는 내용이었다. 숙종은 갈처사에게 총각 어머니 장지를 물이 날 장소로 잡아준 일을 힐난하였더니 갈처사는 오히려 "모르는 소리마라. 그 장소는 땅을 파기도 전에 쌀 3백 가마니가 생길 명당이다."라고 했다. 숙종이 생각해보니 갈처사 말이 맞게 되었으므로 다시 물었다. "당신이 그렇게 용하다면 어찌 이렇게 초라하게 사느냐" 갈처사는 "모르는 소리마라. 이 집터는 상감마마가 찾아 오실 귀한 터"라고 했다. 숙종은 기가 막혀서 언제 상감이 찾아 온다는 것이냐고 물으니 갈처사는 점괘를 본 종이를 찾아보더니 마당에 내려와서 죽을 죄를 지었다고 용서를 구했다. 점괘에는 그 시기에 임금이 래방한다고 나와 있었던 것이다. 숙종은 갈처사의 신통력에 감탄하고 자기의 신후지를 찾아 달라고 부탁했다. 그 뒤 갈처사가 신후지를 찾아 주자 3천 냥을 하사하였더니 갈처사는 3백 냥만 받고 종적을 감추었다.

3 명릉은 명당인가?
  * 위의 설화에 따르면 갈처사가 잡아준 신후지(身後地)는 명릉이라는 말이므로 명릉이 명당인가를 확인해야 된다.

* 중국

사진출처 : 카카오맵 스카이뷰(https://map.kakao.com)

* 명릉 입수-- 입수가 변화하는 것이 일품이다.

* 명릉 쌍분

* 서오릉 안내도

  * 명릉은 입수가 절묘하고 안산이 좋아서 중상급 명당이다. 갈처사가 실존 인물이고 숙종의 신후지를 잡았다면 먼저 왕비의 릉부터 답사하였을 것이고 그렇다면 인원왕후릉과 인현왕후릉을 보았을 터이고(인현왕후 릉은 옆에 숙종왕릉을 쌍분으로 설치할 공간을 마련해 놓은 상황이었을 것이다) 한 눈에 명당임을 알 수 있었을 것이다. 다시 말하면 구태여 갈처사를 동원할 필요가 없다는 말이다.

  해설사에게 갈처사 설화가 사실인가 물어보니 허구라고 잘라 말하더라.

그 이유는 숙종의 임종 모습까지 자세히 기록하고 있는 실록에 갈처사는 일언반구도 없다는 점을 들었다. 서울 경복궁에서 수원까지 1백 리 길이고 걸어서 왕복하려면 2박 3일 여정이다. 임금이 사대문을 벗어나 암행할 수 있는 지역이 아니다.

＊갈처사가 총각이 3백 가마니 쌀을 하사받는다는 사실과 초가집에 언제 임금이 찾아온다는 사실을 예상한 사실이 있다면 풍수에 근거한 것이 아니고 주역등 명리에 근거한 것이다.

결국 갈처사 설화는 사실이 아니고 갈처사 비결이라는 것도 족보가 없는 유언비어이다.(2024.2.)

경기 남양주시 와부읍 김번, 김생해, 김달행 묘
(신 안동김씨의 발복처)

1. 조선 8대 명혈 논쟁

＊안동김씨 김번(金璠, 1479 성종 10년~1544 중종 39년)은 이조 문인인데 그 직계후손들이 300여 년 간 정승 15명, 대제학 3명, 판서 35명, 등과 300명에 이른다. 풍수들이 눈에 불을 켜고 그 발복처를 추적하는데 ① 김번의 조부시 김계권 묘 ②김번(12세손)의 묘 ③ 아들 김생해 묘 ④ 김달행(20세손)의 묘(물론 김달행 이후의 후손에 대하여)가 거론된다. 대체로 김번의 묘를 옥호저수형으로 조선8대명혈의 하나로 보고 후손발복처라고 하지만 혈이 아니라는 견해도 만만찮다. 조선 8대 명당에 대하여 이견이 없는 곳은 한 곳도 없으니 풍수의 눈은 유별나다. 그 밖에 김이중(김달행의 아들) 묘를 높이 평가하는 사람도 있다.

＊김번의 숙부 학조대사는 풍수의 대가이요 세조의 총애를 받았다. 부친

김계권(金係權)이 돌아가자 세조에게 청원하여 안동 풍산읍 소산리에 있는 역참자리를 얻어 묘를 썼는데 창평부수형의 명당이라 한다. 동생인 김영수(김번의 아버지)를 위하여 양소당 종택(안동 소산리)을 소점하고 김번을 위하여 음택(옥호저수)과 양택(무소헌, 서울 종로구 궁정동 2. 현재 로마교황청 대사관)을 소점하였다. 궁정동 양택 또한 대명당으로 김번 이후 증손 김상헌까지 거주하여 번성함으로써 壯洞김씨파를 형성하는 뿌리가 되었다.

 * 신 안동김씨의 발복은 학조대사가 소점한 음양택의 덕택이다. 장동은 시가지가 발전하여 원형을 알 수 없고 양소당과 김계권묘는 별도로 간산기를 쓰기로 하고 여기서는 김번 묘역과 김달행 묘에 대한 간산기를 쓴다. 사대부 집안이므로 유명 풍수를 초빙하여 묘를 썼을 터이니 찾아 볼 묘도 많을 것이다. 그러나 소문난 묘를 보면 충분하고 소소한 묘까지 연구할 필요는 없다.

2. 김번 家系의 흥망

 * 안동김씨에는 舊안동김씨와 新안동김씨가 있다. 本과 姓은 같지만(同姓同本) 시조가 다르고 따라서 같은 혈족은 아니다. 前者는 신라 경순왕의 손자 김숙승(金淑承)을 시조로 함에 대하여 後者는 고려 개국공신 김선평(金宣平)을 시조로 한다. 신안동김씨는 시조 이후 250여 년을 실계하고 고려 중기 공수부정을 지낸 김습돈을 중시조 겸 기세조(1세대)로 한다. 구 안동김씨는 79만 명 18位임에 대하여 신 안동은 4만7천명 145位이다.(2015년 기준)

 * 9세 김상금(8세까지 묘와 계대를 실전) 안동 풍산읍 소산리 입향조---
 12세 김번 평양서윤(1479~1544),
 13세 김생해 신천군수,

14세 김극효(1542~1618),

15세 영의정 김상헌(1570~1652)과 우의정 김상용(1561~1637),

20세 김달행(1706~1738), 21세 김이중

22세 김조순(1765~1832)세도정치 - 23세 영의정 김좌근(1779~1869) - 24세 이조판서 김병기(1818~1875, 김좌근에게 입양).

* 신안동김씨는 이조 초기까지 미미하다가 12세 김번이 중종 때 과거에 급제하고 시강원문학을 역임하였고 안동에서 서울 장동(壯洞)으로 주거를 옮겨서 번성하기 시작하였다. 후손들은 장동파로 칭하면서 장동파로 사칭하는 자를 엄벌하였다. 14세 김극효가 좌의정 정유길의 사위가 되면서 중앙 세력층에 접근하였고 극효의 아들 상용과 상헌이 병자호란때 주전파(척화파)로 목숨을 걸었다는 명분 때문에 후손들이 출세가도를 달렸다. 김상용은 1636년 병자호란 때 사대부와 왕실가족을 강화도로 피난시켰다가 성이 함락되자 화약을 폭발시켜 순절하였다고 기록되었으나 당시부터 지금까지 실화설이 유력하고 그 10년 전 정묘호란 때 유도대장을 맡아 한양성을 지킬 책임이 있는데도 성을 버리고 도망간 전력이 있었다.

김상헌은 인조를 따라 남한산성에 들어가서 "부모 나라인 明을 배신할 수 없다"라는 명분론으로 항전을 주장하고 친화파 최명길을 비난하였으나 대책없는 억지이었다. 정작 인조가 47일 간의 농성을 풀고 치욕적인 항복을 할 때 슬그머니 안동으로 내려갔다. 뒤에 청을 배척하는 상소를 올렸다가 밀보여 심양에 6년 간 잡혀 있었고 마침 최명길도 친명을 꾀하다가 심양에 잡혀오는 바람에 만나게 되었는데 서로 화해를 하였다고 한다. 후손들의 세도정치로 이미지가 나쁘지만 심양에 잡혀갈 때 "가노라 삼각산아 다시보자 한강수야 고국산천을 떠나고자 하랴마는 시절이 하수상하니 올 동 말동하여라"라는 유명한 시를 남겼다.

* 신 안동김씨는 김조순이 순조의 장인이 되고 김좌근의 딸이 헌종의 왕

비, 김좌근의 조카딸이 철종의 왕비가 된 덕에 10촌 이내의 형제 조카가 돌아가면서 정승판서를 차지하고 대원군에게 권력을 뺏길 때까지 60년간 세도정치(勢道政治)를 하였고 그 폐해가 망국의 원인이 되었다는 비난을 받는다. 그러나 정작 김조순은 성격이 원만하고 소설을 좋아하여 오대검협전이란 무협소설을 썼다고 한다.

3. 김번의 묘(와부읍 덕소리 산5, 명당인가?)

* 전해오는 바로는, 이 터는 원래 김번의 부인 남양홍씨 친정집 방앗간이 있던 곳인데 김번의 삼촌 학조대사가 명당임을 알려주어 홍씨가 친정으로부터 양보받아 김번을 쓰고 6년 뒤 홍씨가 합장으로 묻혔다고 한다.

* 진혈이 아니라는 소수설은 횡룡입수라면 현무 뒤에 후장이 귀성으로 있어야 되는데 그렇지 않다. 혈장이 푸석거려 생기가 없다. 청룡쪽이 빈약하다고 주장하는 것이다. 다수설은 순전이 길게 나가 자기안(自己案)을 만들고 있는 옥호저수형이다. 횡룡입수가 아니고 기룡혈이다. 8대 명혈이라는 것이다.

* 횡맥혈이나 기룡혈이 아니다. 후장이 없이 간룡이 乳로 결혈하였고 옆으로 요도가 받쳐준다. 김생해 묘가 있는 방면이 넓게 청룡이 된다. 현장에 서있으면 청룡쪽이 허전하거나 바람이 들어오는 느낌이 없다. 옥호저수형의 명혈이다. 상등 초급.

4. 가족 묘

김번묘 일원에 가족묘가 있다. 13세 김생해 묘를 대명당이라는 사람이 있으나 중등중급이다. 이 묘야말로 횡맥혈이다. 그 밑에 있는 15세 김상헌 묘와 14세 김극효의 묘는 초급명당이고 맨 아래에 있는 김광찬 묘는 물이 침범하지 않을까?

5. 사진 설명

*소국일원의 사진 설명-- 태조 천마산, 중조 백봉산. 옥저호가 진응수이고 청룡이 유정하다.

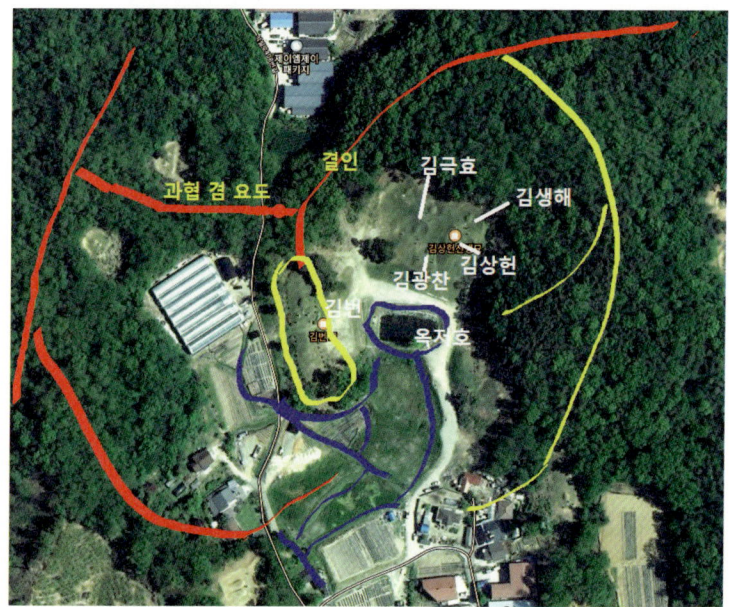

사진출처 : 카카오맵 스카이뷰(https://map.kakao.com)

*김번 묘-- 다른 블로그에서 인용

*자기 안(案)

*옥저호-- 진응수

6. 김달행의 묘(경기 양평군 개군면 향리128-3)

 *김상헌(시조로부터 15세손)의 6세손 김달행(1706~1738)은 33세에 요절하여 부친 묘 옆에 초장하였다가 9년 뒤 부인 한산이씨가 죽자 이 곳에 합장하였다. 김달행 자신은 벼슬을 하지 않았으나 그의 손자 김조순(22세)이 세도정치를 시작하였으므로 김조순의 발복처를 찾다보니 김달행의 묘가 주목을 받게 되는 것이다.

＊처음 차에 내려 묘를 올려다 보니 중등초급이었는데 입수 뒤 현무를 둘러본 즉, 견실하기가 곰의 목덜미같이 두텁고 기운이 옹축되어 있어서 중등중급이었다. 다시 앞에 있는 개군저수지를 한 바퀴 돌면서 살펴보니 추읍산의 아름다운 자태에서 출발한 비룡음수형으로 중등상급대혈이더라.(20023.8.)

＊추읍산-- 개군저수지 전망대에서

＊김달행 중국-- 추읍산 중출 룡이고 주혈이다.

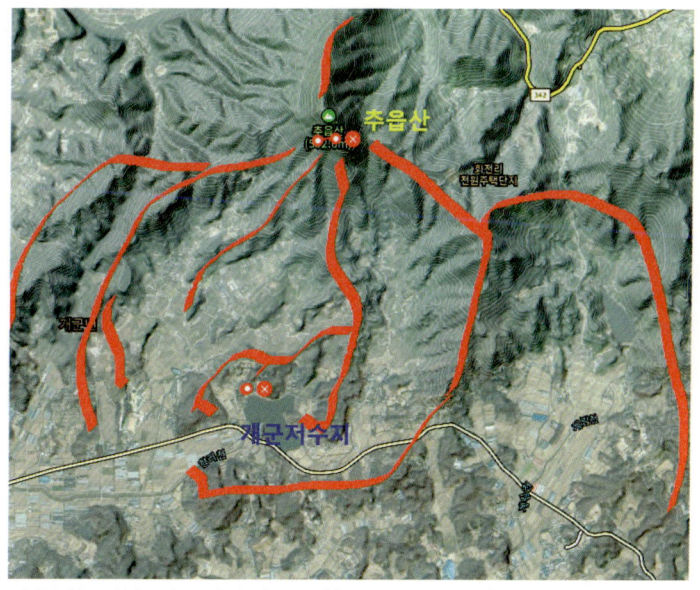

사진출처 : 카카오맵 스카이뷰(https://map.kakao.com)

* 김달행의 묘 소국

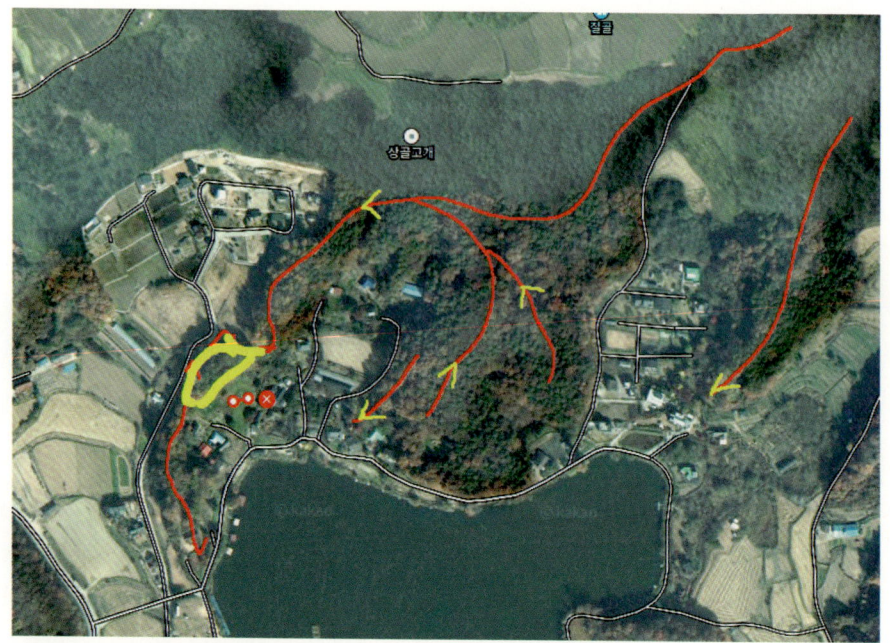

사진출처 : 카카오맵 스카이뷰(https://map.kakao.com)

* 김달행 묘

경기 성남시 하대원동 이지직(조선 100대 명당), 이극돈, 이세정, 이예손

1. 광주이씨 둔촌계의 초기 선조 묘

* 광주이씨 둔촌계는 이당을 기세조로 하고 그의 5자(子)중 2남 둔촌 이집을 중시조로 하는 계파이다. 1세 이당 - 2세 이집 - 3세 이지직 - 4세 이인손 - 5세 이극돈 - 6세 이세정으로 연결되는 가계가 제일 강세(强勢)이다.(파란 글자의 묘가 여기에 있다)

* 묘의 위치-- 하대원동 187-2.

사진출처 : 카카오맵 스카이뷰(https://map.kakao.com)

2. 이지직 부부 묘

* 탄천(炭川) 이지직(李之直, 1354~1419)은 세종 때 청백리로 선정되고

대광보국숭록대부에 올랐다. 공의 묘는 언덕에서 뚝 떨어진 아래에 와(窩)를 이룬 곳에 있고 부인 묘는 언덕 위에 있다. 부인 묘의 당판이 남편 묘의 입수가 되는 것이다. 장익호 선생은 높은 곳을 선호하고 최근 유투브 또한 대체로 높은 곳을 진혈이라 주장하는 경우가 많다. 여기도 부인 묘는 멀리 아름다운 조산들이 겹겹이 보여서 경치가 좋다. 그러나 진혈은 안온한 탄천의 묘인데 많은 꽃잎이 전면을 둘러서 화심형이라 볼수 있다. 중등상급에 가까운 대혈이다. 공의 계열이 현달한 것은 공의 음택발복이라 생각한다. 풍수들에게 보여서 부부묘 중 어느 묘가 진혈인가 의견을 물어보고 싶은 곳이다.

* 상·하장-- 上은 부인 경주이씨. 어느 묘가 진혈인가?

3. 이극돈, 이세정, 이예손의 묘

* 이극돈(李克墩, 1435~1501, 좌찬성) 부부 쌍분과 이세정(李世貞,1461~1528, 전라관찰사, 탄천의 3남) 부부 쌍분은 앞서 본 위치도 표시와 같이 탄천의 묘 인근에 있다. 이극돈의 묘가 중등초급이고 이세정묘는 평범하다.

* 이예손(李禮孫,?~1459, 탄천의 3남)의 묘는 조금 떨어진 하대원동 174-8에 있다. 묘지 입구에 있는 청백이 가늘게 터져있어서 기운이 흩어

지고 있었다. 안쪽에 혈이 생길 수 없다. 계곡 안으로 들어가니 당판이 넓게 솟아 있었으나 기운이 없다. 아들 극기와 극견을 두었고 독자적으로 소문파의 파시조가 되었으나 묘소는 평범하다.

  * 그 밖에도 이장손, 이극규, 이윤덕, 이상안, 이극기등 기라성 같은 인물들이 산재하여 있으나 명당급은 없다.(2024.3)

경기 성남시 하대원동 이집의 묘
(광주이씨 초기 조상 묘)

1. 광주이씨 둔촌계열 초기 조상계보
   * 1세 이당 - 2세 이집(다섯 아들중 차남) - 3세 이지직, 이지감, 이지유
   * 3세 이지직 - 4세 이장손, 이인손, 이예손
   * 4세 이인손 - 5세 이극배, 이극감, 이극중, 이극돈, 이극균
   * 4세 이예손 - 5세 이극기, 이극견

2. 이집과 부인 영주 황씨의 합장 묘(성남 하대원동 243-11)
   * 이 묘역에 재실과 후손 10여 기가 있다. 이집(李集,1327~1387)은 광주이씨 기세조 이당(1300~1369)의 다섯 아들 중 2남으로 정몽주, 이색과 교우한 고려 후기 문인이다. 신돈을 비난한 죄로 처형될까 염려하여 1368년 아버지를 모시고 영천에 있는 친구 최원도 집에 피신하였다. 피신생활 2년차에 부친이 사망하자 최원도의 신후지를 양보받아 장사를 치렀는데 그 묘가 조선 8대 명당이라 평가받는다. 4년 간 피신 끝에 신돈이 처형되자 상경하여 판전교시사에 올랐다가 사임하고 여주로 은퇴하여 시와 농사로 소일하였다고 한다. 최원도에게서 양보 받은 명당 덕인지 광주이씨는

자식들이 8대에 걸쳐 과거에 급제하고 현달하여 조선명문가 반열에 올랐다. 오늘 이집의 묘를 보니 중등중급의 명당이고 그 아래 출세한 손자 이종손(춘추편수관, 31세 요절)과 증손자 이극규(성종 때 지평) 묘가 있다.

＊친구 사이의 우정도 좋지만 은혜를 입었으면 보답을 하는 것이 중요하다. 나는 최원도는 어찌 되었을까 궁금하였는데 실제 묘는 없고 고향에 3형제의 단소가 있다고 하는 글을 보았다. 이집 자기는 중등급 명당에 묻히면서도 최원도의 무덤은 보전해주지 아니한 것이다. 후손이 보은당을 지어 놓고 최원도의 은혜에 보답하였다고 하지만, 오성 이항복은 한음 이덕형이 죽자 손수 시체를 염하고 눈물로 묘비문을 지었다. 초등학교 교과서에 친구 사이의 우정의 본보기로 실리기에는 뒷맛이 개운치 않다.(2024.3.)

＊이집 묘역

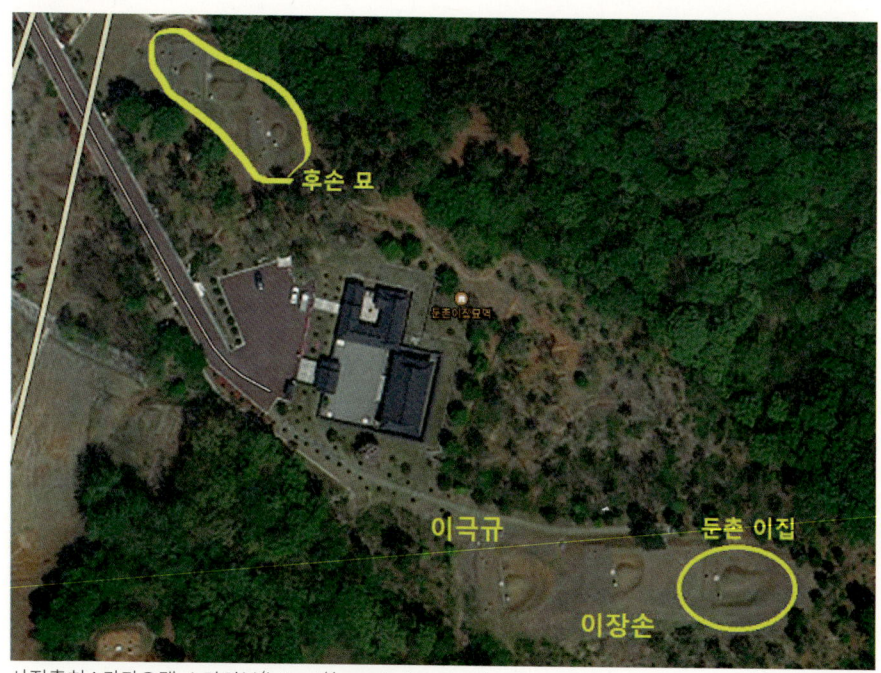

사진출처 : 카카오맵 스카이뷰(https://map.kakao.com)

경기 안성시 해주오씨 오정방 묘역과 고택
(어머니의 위대한 힘)

1. 해주오씨

해주오씨는 중국에서 건너온 성씨로 향파와 경파가 있다. 향파는 오총이 500년경 중국에서 건너와서 경남 함양에 살다가 귀국하고 그 24세손 오현보가 1216년(고려 고종) 거란군을 격퇴한 공로로 해주군(海州君)에 책봉되고 향파의 기세조가 되었다. 경파는 송나라 대학사 오인유가 984년(고려 성종) 해주(황해도)에 정착하고 기세조가 된 계파이다. 양 파는 통합을 시도하고 있으나 서로 연결시킬 상계를 찾지 못하여 통합을 이루지 못했으나 인구와 급제자수 등 통계는 합쳐서 계산하고 있다. 인구는 46만(2015년), 상신 2, 대제학 2, 문과급제 99, 무과 267명이다.

2. 정무공 오정방 가계

* 해주오씨 중 현달한 인물이 많은 파는 경파이고 그 중에서도 오인유의 14세손 추탄공 오윤겸과 역시 14세손인 정무공 오정방의 후손이다. 두 사람의 상계를 거슬러 올라가면 6세손 오효충이 오사렴과 오사운을 낳았는데 오사렴의 후손에서 오윤경(영의정, 후손 중 오도일, 오명항이 유명)이 나고 오사운의 후손에서 오정방이 나왔다.

* 정무공파는 문과 18, 무과 107, 음서 143명을 배출하였으니 세도가 대단하였음을 알 수 있다. 이러한 번성의 발복처는 어디인가? 선영은 안성 칠곡리 고성산 동남쪽에 있고 세거지는 바리봉 아래 오정방 고택 일원이다.

* 14세손 정무공 오정방(吳定邦, 1552~1625, 貞武公, 오수천의 아들인데 숙부 오수억에게 양자)은 무과와 문과에 급제하고 임란 때 의병 수천 명을 거느리고 영흥전투에서 승전하였고 광해군 때 인목대비 폐위에 반대

한 탓으로 파직되었다가 인조 때에 복직되고 74세로 졸(卒)했다. 후손 중 증손 오두인(1624~1689, 형조참판, 숙종 때 사화에 연루되어 유배 중 사망)과 고손 오태주(1668~1716, 부마)가 유명하고, 오태주의 아들 오원과 손자 오재순은 모두 대제학이고 성리학자 가계로 유명하다.

 * 전후 가계를 보면, 10세손 오계종(吳戒從, 사천현감)--오현경(?~1525 吳賢卿, 전생서주부) 외--오경운(?~1525 吳慶雲, 사온서직장, 配 풍산심씨?~1568)--오수천(1516~1586, 충무위부호군), 오수억(1519~1594, 무과급제, 경상좌도수군우후)--14세손 오정방(吳定邦)--오사겸--오숙(1592~1634,경상도관찰사), 오빈--오두인 외--오태주(1668~1716, 부마) 외.

3. 오정방 묘역(안성 양성면 덕봉리 산47-1)

 * 오정방 묘역을 중심으로 한 일대가 정무공파의 종산으로 많은 묘가 쓰여있다. 이 묘역에 제일 처음 들어온 묘는 정무공의 증조 오현경과 조부 오경운인데 그 연유는 입구에 있는 오경운의 부인 풍산심씨에 관한 은공(恩功)비문에 적혀 있다. 요약하면, 풍산심씨는 1525년 시아버지 오현경과 남편 오경운이 유세창 역모에 몰려 경남 산청에 유배 중 사망하자 당시 10세와 7세된 두 아들(오수천과 오수억)을 데리고 산청에 내려가 시신을 거두어 친정의 고향인 안성 덕봉에 장사지냈다. 그리고 두 아들을 잘 교육시켜 효부, 열녀, 자모의 역할을 다하였다.

＊묘역의 중국지도-- 심씨 부부묘, 시아버지 묘가 있다.

· 사진출처 : 카카오맵 스카이뷰(https://map.kakao.com)

＊묘역 소국-- 오정방은 중등초급이고 오두인은 초등급이며 나머지는 모두 평범하다. 오빈(진주목사)의 묘를 좋게 평하기도 하는데 후손의 발복이 다른 형제보다 뛰어나지 않는다.

사진출처 : 카카오맵 스카이뷰(https://map.kakao.com)

＊오정방 묘-- 혈처에 비하여 객산인 안산이 더 웅장하고 화려하므로 조화롭지 않다. 당판이 변경되어 정혈을 알기 어렵다.

4. 오정방 고택(덕봉리246)

＊1515년 건립된 이래 병마절도사 오정방, 오사겸(1573~1627 증좌찬성), 오숙(1592~1634 경상도관찰사) 4형제, 오두인(1624~1689 증 영의정명사)을 배출했다. 덕봉리 252에 건립된 것을 지금 위치로 옮겼다. 여기서는 서쪽 대이산이 보여야 좋으므로 현 위치가 좋고 오빈의 묘에서는 보이지 않으므로 격이 떨어진다.

＊아래에 있는 선비마을은 선비의 기상이 있고 가까이에 비옥한 농토가 있어서 살기 좋은 명당이다.

＊추탄공 오윤겸이 용인에 세거하게된 것과 정무공 오정방이 덕봉에 자리잡은 것은 모두 외가의 덕택이다. 해주오씨들은 원래 무관의 집안이었는데 추탄공과 정무공 때부터 문인으로 전환하여 요직에 올랐다.

＊오정방을 배출하기까지는 심씨 할머니의 정성이 기반이 되었고 그 이후에는 고택이 발복처가 되었다고 말할 수 있다.(2024,6.)

경기 양평군 목왕리 한음 이덕형 묘풍수
(바람 앞에 장사 없다)

1. 한음(漢陰) 이덕형(李德馨)
* 이덕형(1561~1613)은 광주이씨 이집의 8대손으로 최연소(31세) 대제학, 최연소(38세) 영의정을 역임하였고 임란과 정유란 때 병조판서를 5회나 역임하고 외교관으로 큰 공을 세웠다. 노량해전에서 이순신을 지원했다.
* 토정이 이덕형의 관상을 보고 영의정이던 조카 이산해에게 사위로 추천하였다. 이산해는 처음에는 빈한하다고 탐탁찮게 여기다가 직접 만나보고는 크게 기뻐하고 토정에게 장차 어떤 인물이 되겠냐고 물었더니 자네보다 어린 나이에 우의정이 되겠다고 하였다.
* 다섯 살 위인 경주이씨 오성 이항복과는 절친한 사이로 이덕형이 죽자 이항복은 몸소 염을 해주고 울면서 묘비를 지었다.
* 이덕형은 풍수에 관심이 있어 "처갓 선영(보령 고정리 토정가족 묘)에서 지관들이 평하는 것을 들었는데 귀신처럼 맞더라 풍수가 없다고 말할 수 없다"라고 말했고 명사 성지(性智)대사와도 교분이 있었다.

2. 답사(경기 양평 목왕리 산82)
* 높은 곳에 부인 한산이씨(강원 백암산에서 왜군을 피하여 자결)와 단분 합장이다. 위에는 부모 이민성과 문화유씨 묘가 있다. 청룡은 괜찮으나 백호는 멀고 앞이 탁트인 곳으로 장풍이 안 된다. 풍수들도 대체로 무맥지라고 한다. 본인이 풍수에 관심이 있었으면 성지대사에게 구산(求山)을 부탁하였으면 좋았을 텐데 아쉽다.(2024.3.)

* 묘역

* 묘 뒤에서

경기 양평군 덕수이씨 이식의 묘역
(이의신의 소점지)

1. 택당 이식(李植)의 가계

* 이식(1584 선조 17년~1647 인조 7년)은 인조 때부터 벼슬길에 올라

예조판서 대제학이 되었다. 허균과 정철의 제자이다.

　*좌의정 이행의 현손, 조부 이섭, 부 이안성, (장남 이면하는 선생사후 1년만에 30세로 요절), 차남 이진하(정3품), 3남 이단하(대제학), 손자 이여(영의정)로 이어오다가 증손자 때 가문 번성. - 상신 3, 대제학 2, 판서 6, 문과 22.

2. 답사(양평 양도면 쌍학리 산9-1 덕수이씨 세장지)
　*이식선생이 1613년 아버지 묘를 쓰고 1615년 조부묘를 이장하고 1616년 백아곡으로 이주했다. 보통 조부 이섭 묘가 좋다고 하며 조안산이 좋은 粘乳穴이라 한다.
　*중국-- 추적해보니 오대산에서 오음산- 금물산- 삼각산을 거쳐 왔다.

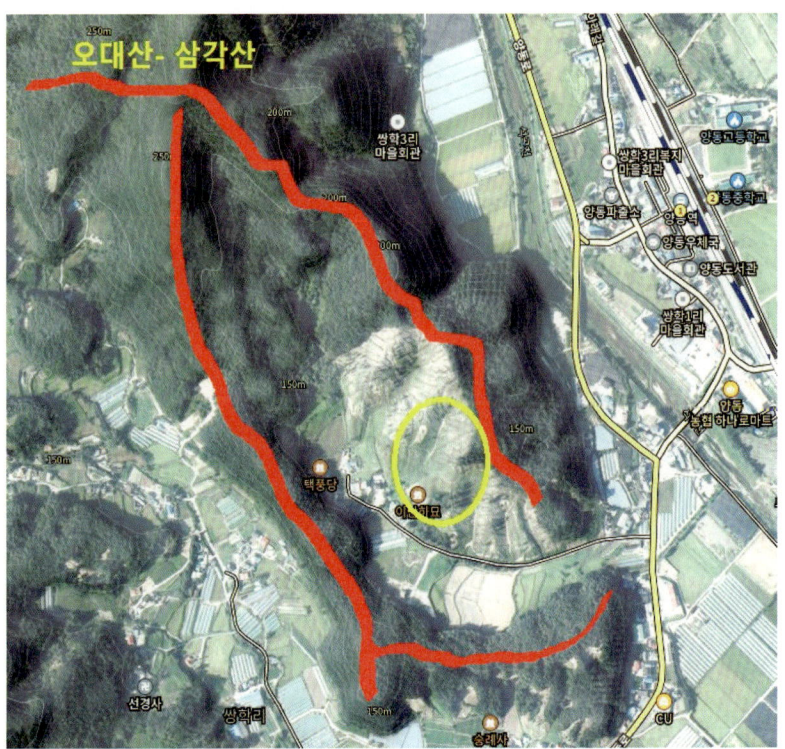

사진출처 : 카카오맵 스카이뷰(https://map.kakao.com)

＊소국-- 이 묘역에 부친 李安性, 차남 이진하의 묘도 있는데 시간이 없어 찾지 않았다.

사진출처 : 카카오맵 스카이뷰(https://map.kakao.com)

＊이단하 묘는 무맥지이고, 이식 묘는 소혈이며(흰색 별표있는 곳이 진혈이라는 주장도 있으나 바람부는 곳이다), 이유(내력은 부지)묘는 높은 곳에 맺힌 제비집(연소형)으로서 중등중급 명혈이다(이식 묘의 산등이 제비가 앉는 장대).

이섭 묘는 사진이나 도면으로 보았을 때 박력없는 약한 혈처로 보였으나 현장에서 보니 입수에서 급히 내려왔고 현무 쪽이 우락부락하였다. 大와 중 유(乳)이요 양쪽에 길다란 다리가 있으니 여근형(女根形)이다. 조선 백대 명혈로 중등상급이다. 설화에 의하면 이 혈은 이의신이 발견했는데 조정대신이 지관을 시켜 알아보라고 하였더니 동네 박씨가 비가 오면 물구덩이가 된다고 말하는 바람에 포기하였고 그 뒤에도 박씨는 대감의 묘가 들어오면 주민이 괴로울 것이라 생각하고 물이 난다는 말로 방해하였다고 한다. 경사가 있고 은은한 돌체이므로 물이 난다고 생각할 지관은 없을 듯

하니 거짓말이다. 이식 선생이 이의신에게 부탁하여 잡았고 박상의로부터 감평을 받은 것이다. 이 묘를 쓸 때 이식 선생은 31세(1615-1584)이었으나 자식이 없었는데 2년 뒤 장남을 낳고 이어서 2남과 3남도 낳고 1647년 졸하고 1년 뒤 장남이 31세로 졸하였다. 조부묘를 이장한 후에 낳은 2남과 3남이 크게 이름을 떨쳤던 것이다.(2023.11)

경기 여주시 능서면 세종대왕릉
(풍수시각으로 보다)

1. 세종대왕릉

*세종대왕릉은 여주시 능서면 왕대리 901-3에 있고 소헌왕후와 합장이다. 공식 명칭은 영릉(英陵)이고 2009년 유네스코에 세계유산으로 등재되었다. 영릉은 당초 서초구 대모산에 있던 것을 풍수상 명당을 찾아 여기로 이장 하였다(왕릉 이장은 遷葬이라 하고 왕릉에는 4拜를 한다, 그러나 왕릉에 있는 山神壇에 3拜를 하므로 왕릉도 3배가 맞다?) 조선 왕릉 중 영릉(세종), 명릉(숙종), 융릉(사도세자)을 3大 명당으로 친다. 영릉이 여기에 자리잡은 이유는 오로지 명당이라는 한 가지 이유이므로 풍수적 시각으로 관찰하는 것도 의의가 있다.

2. 초장지

세종(1397~1450)은 부모 옆에 묻히기를 원하였으므로 소헌왕후(13995~1446)가 사망하자 서초구 내곡동 헌릉(태종)옆에 석관 2개를 붙여서 마련하고 왕후와 자신이 묻힐 채비를 하였다. 세종이 승하하자 그의 유언대로 합장을 하였는데 지관 최양선이 절사손장자(絶嗣損長子, 자손이 끊기고 맏아들을 잃는다)이라 혹평하고 문종 2년, 단종 1년(1457년), 세조의 맏아들이 요절(20세)하는 불상사가 이어졌다. 세조가 이장하려고 계획하였으나 일부 신하의 반대로 실행치 못하였고 예종이 요절한 형을 이어받아 1469년 즉위하자 왕실지관 안효례로 하여금 이장지를 물색하게 하였다.

3. 이장 과정(野史와 正史)

* 두 개의 이야기가 전해온다.

첫째, 지창룡의 한국지리총람에 아래와 같은 내용이 있다(지방설화를 채집한 것 같다). 우의정 이인손(1395~1463)은 지관에게 부탁하여 신후지를 잡았는데 지관은 이 곳을 점지하고는 장차 제실을 짓지 말고 묘지로 들어오는 개천에 다리를 놓지 말라는 당부를 하였다. 이인손의 슬하에 5남이 있었는데 모두 높은 벼슬에 오르자 지관의 당부를 무시하고 제실을 짓고 다리를 놓아 묘지정비를 하였다. 묘 쓴 지 6년 뒤인 1469년 지관 안효례가 예종의 명에 따라 이장지를 물색하려 북성산에 올라가 산세를 살피던 중 소나기를 만나 비를 피할 곳을 찾으니 멀리 제실이 보였다. 제실처마 밑에서 비를 피하고 비가 그친 후에 보니 이인손의 묘가 천하명당인 것을 알게 되었다. 명종은 이인손의 아들 이극배를 불러 극진하게 대하면서 "경은 부모를 명당에 묘셔서 부럽소"라고 했다. 이극배는 말귀를 알아차리고 묘자리를 양보하고 거기서 연을 날려 연이 떨어지는 곳으로 이장했다.

둘째, 예종실록(2권 12.27/ 12.8)에는 "천릉할 땅을 여흥 성산의 이계전 분묘로 정하고 술자리를 배풀라" "이인손의묘는 이계전의 분묘 옆에 있다" "이인손의 무덤은 영릉의 청룡 북쪽에 있다"라고 적혀 있다.

* 그렇다면 이인손 설은 야사(野史)이고 이계전(1404~1459) 설이 정사(正史)이다. 영릉이 이장해오면 국중에 있는 백성의 묘는 모두 옮겨야 되

므로 영릉자리에 있는 묘와 그 부근에 있는 묘는 모두 옮겨야 된다. 그래서 두 묘는 이장이 불가피하다. 그런데 이계전이나 이인손은 모두 계유정난(1453, 단종 폐위)의 공신대작이므로 예종은 잔치를 열어 위로하였을 가능이 많다.(이계전의 장사는 관에서 치르면서 조회와 저자를 2일 정지하고 곡식 70석을 조의로 하사하였던 점으로 보아 이인손보다 신망이 높았다고 추측된다)

4. 풍수적 소감

* 택리지에 "회룡고조, 자좌오향, 西出東流(물이 서쪽에서 나와 동쪽으로 흐른다, 우리나라는 동쪽의 태백산이 등뼈역할을 하므로 물길은 東에서 西로 흐르는 경우가 많은데 그 반대 흐름은 길하다고 본다)라고 하였다. 또 목단반개화, 천선강탄형, 비봉포란형이라는 말도 있고, 정모 유튜브는 정혈은 청룡 쪽(아마도 동상이 있는 곳이 아닐까?)이라 한다.

* 입구부터 여러개의 동산이 둘러 있고 "ㄴ"字형의 골짜기가 전개된 가운데 소국이 상당히 넓었다. 안산은 백호의 낮은 겹겹 줄기와 북성산이다. 홍살문에서 보니 벌써 범상치 않다. 묘지에 접근을 금하고 있어서 올라가 보지 못했고 앞부분에 여기(餘氣)를 자르고 묘역을 조성한 탓으로 감상에 장애가 되었으나 대혈임이 분명하다. 예종은 영민 과감하여 장래가 촉망되었으나 애석하게도 1년 2개월만에 사망하여 업적이라고는 영릉 이전하나 밖에 없다. 보통은 회룡고조형이라 부르고 말지만 회룡고조는 룡의 진행방향이 내려온 방향으로 되돌아 간다는 뜻이다 즉, U턴한다는 뜻이므로 유턴한 다음 어떤 물형을 취하느냐가 문제이다. 목단 반개화가 옳다. 또 주산 북성산에서 빙돌아 앵봉을 만들고 회룡고조하였다고 하나 북성산에서 앵봉으로 오기 전에 크다란 과협 두개를 거쳤으므로 북성산은 조산이고 앵봉이 주산이다.

5. 발복

 소헌왕후는 시아버지 태종 때 친정아버지 심온이 처형당하고 세종과 사이에 8남 2녀를 낳았고 세종은 후궁과 사이의 자식을 합쳐 22명의 자녀를 두었으나 모두 요절하거나 세조에 의하여 처형당하였다. 소헌왕후가 땅을 치면서 세조를 낳은 것을 원망할 것이다. 영릉을 이장한 뒤에도 성종의 연산군, 선조의 영창군, 인조의 소현세자, 영조의 효장세자 등 많은 적서장자가 변을 당하였다. 영릉의 명당발복으로 이조가 백 년 더 유지되었다(英陵 加百年)고 말하는 이도 있다. 후손들의 개인적 불행과 국운은 다를 수 있다. 이조 5백 년 중 1백 년이 영릉의 발복이라면 이조의 원래 수명은 1819년이고 그 무렵은 순조 때로서 안동김씨의 세도정치로 인하여 부패가 만연하고 홍경래의 난을 비롯한 농민들의 봉기가 끊임 없었다. 이때 이조가 끝나고 새로운 왕조가 섰다면 나았을 터이니 1백 년 이조 연장은 악운이라 하겠다.

　＊ 공중에서

* 영릉 밑에서

* 왕릉 뒤에서

6. 이장한 兩이씨 묘

* 이인손의 묘는 여주 능서면 신지리236-3로 이장했다. 연을 날려서 떨어진 곳에 쓰라는 지석이 있었다는 것도 사실이 아닐 것이다. 왕릉에서 10리 밖으로 이장해야 되는데 이장터가 왕릉과 직선 2키로 거리로 가깝기 때문에 핑계를 댄 것이 아닐까. 광주이씨는 연산군 때 30여 명이 희생되었다가 1561년 한음 이덕형이 태어나서 가문을 부흥시켰다. 중등중급이다.

* 한산이씨 이계전은 여주시 점동면 사곡리371 이씨집장지로 이장했다. 직접 가보지는 못했으나 지도상으로 볼 때 중등초급 같다.(2023.8.)

경기 여주시 북내면 장암리 원두표 묘(조선백대명당)와 원유남 묘(박상의 소점?)

1. 원두표 가계

* 원주원씨(原州元氏)는 고려 때 당에서 귀화한 원경(元鏡)이 도시조이고 그 아래 원성백 系, 시중공 系, 평장사공 系(우곡계)가 있다. 인구는 12만(2015년), 조선시대 문과급제 60명 무과급제 136명이다.

* 시중공계는 고려 문과급제를 하고 우시랑을 지낸 원익겸을 기세조(1세)로 하는데 16세손 원두표의 가계가 번성하였다. 즉, 12세손 병마절도사 원팽조-13세손 첨지중추부사 원송수-14세손 강원방어사 원호(元豪)-15세손 지중추부사 원유남(元裕男)-16세손 좌의정 원두표(元斗杓)-17세손 황해관찰사 원만석, 병조참판 원만리-이하 손자 대(代)에 우의정 부마, 증손대에 판돈녕부사등을 배출하고 많은 음관으로 진출했다.

* 조부 원호(1533~1592)는 1567년 무과에 급제하고 경원부사 등을 역임한 뒤 은퇴하였다가 임란이 일어나자 강원도 조방장으로 패잔병과 의병장을 규합하여 여주에서 적을 섬멸하였다. 1592.8 철원 근동면 하소리(옛 지명 김화군)에서 왜병과 전투 중 순절하였다. 김화 고을 사람들이 애통해하며 밤에 몰래 시신을 거두어 고향인 경기 여주까지 운구하여 장암리에 안장하였다.(사후177년에 건립된 신도비에서)

* 원두표의 부친 원유남(1561~1631)은 1586년 무과에 장원급제 후 사헌부감찰 재령군수를 역임하고 임란 때 권율 휘하에서 용약했다. 정유재란 때 장령(지방군의 대장)으로 활약했고 1623년 인조반정에 가담하고 지중추부사가 되었다. 청렴 강직하여 청백리로 선정되었다. 원두표가 부친상을 당하자 꾀를 내어 복면을 하고 국풍 박상의를 납치하여 산중에 묶어두었고 이를 원두표의 형이 우연히 발견하고 구출한 양 꾸며서 박상의로

부터 보답으로 명당을 소점받아 장사를 치렀다. 박상의가 정승날 자리를 잡았는데 상주를 보니 정승 재목이 아니므로 상심하던 중 뒤늦게 나타난 원두표를 보고는 정승감이라 하여 좋아하였다는 설화가 있다. 이와 똑같은 설화는 울산 온양에도 있다.

 * 원두표(1593~1664)는 사형장에서 탈주하였다는 설화, 반정군이 진입할 수 있게 궁궐문을 도끼로 부수었다는 설화로 보아 상당히 용맹하고 지략이 있었던 인물인 것 같다. 1623년 인조반정에 앞장서서 공을 세우고 원평부원군이 되었고 1624년 이괄의 난 때 공을 세우고 전라관찰사가 되었고 병자호란 때 남한산성을 방어한 공이 있었고 효종의 북벌계획에 참여함으로써 병조판서 호조판서 우의정 좌의정을 거쳤다. 1664년(현종 5년) 병사했다. 초장지는 영평(지금의 포천)이었고 1667년 이곳으로 이장했다(신도비에서).

 2. 답사(장암리 산1-1, 348-1)
 * 묘역의 중국-- 묘역은 장암리 산1-1, 348-1로 구성

사진출처 : 카카오맵 스카이뷰(https://map.kakao.com)

＊묘의 위치도

사진출처 : 카카오맵 스카이뷰(https://map.kakao.com)

＊원호 원두표 원몽은(원두표의 손자)의 묘가 명당이다. 조금씩 몸을 틀어 앉았다. 룡(龍)이 내려가면서 이 묘역에 대하여 자기안을 만들어 주었다. 그 넘어 다시 8진안이 배알한다. 내청백이 없어서 다소 바람이 올 수 있으나 외청백이 정다워서 피해는 없겠다. 아래에 있는 원유남의 묘역에는 바람이 침범하여 큰혈은 없다. 두 개의 묘역이 단절되지 않고(절벽으로 斷山이 되어 있으면 흉지가 된다) 연결되어 있으므로 기룡(騎龍)혈이라 할 수 있고 물형은 장군행진형이다. 원호와 원몽은은 중등초급이고 원두표는 중등중급인데 합쳐서 중등상급이라 할 수 있다.

＊원유남 묘는 겨우 초등급이다. 당시 원호 묘가 설치되어 있었을 뿐 명당자리가 비어 있는데도 박상의가 작은 자리를 소점하였을까? ① 박상의는 생존기간이 1538~1621이라는 설 ② 광해군의 총애를 받던 풍수들이 인조반정(1623) 후 처형을 당하자 박상의 등은 뿔뿔이 흩어져 행적을 감

추었다는 설이 있다. 그러나 원유남이 죽은 시점은 1631이므로 박상의와는 10년의 시차가 있다. 박상의에 관한 설화는 각 지역에 상당히 많이 있으나 대부분이 가짜이다.(2024.3.)

* 원두표 묘역-- 위는 원호 묘, 아래는 원두표 묘

* 원유남 묘

＊두 묘역의 연결

경기 용인시 동림리 연안이씨 이만상의 묘
(국풍 박상의를 믿을 수 없다)

1. 연안이씨 이만상?

＊연안이씨 15세손 이만상(1622~1645)은 월사 이정구(13세손 1564~1635)의 손자요 대제학 이명한(1595~1645)의 네 명의 아들 즉, 대제학 이일상, 진사 이가상, 진사 이만상, 부제학 이단상 가운데 셋째이다. 24세에 요절하고 외아들 이봉조는 세 아들을 두었는데 첫째 이정신의 후손은 번성하고 나머지 두 형제는 후대에 양자가 계승하는 경우가 가끔 있었다. 이만상의 후손 중 17~20세손에서 대제학등 걸출한 인물이 많이 배출되었다.

＊월사 이정구 묘역은 가평군 상면 태봉리 산115-1에 있다. 이정구의 묘는 원래 정몽주 묘역에 있는 이석형(이만상의 6대조)의 묘 부근에 있었는데 두 아들인 이명한과 이소한(형조참판)의 꿈에 자리가 흉하니 옮겨달라

고 현몽함에 따라 두 아들은 2년 간 구산하다가 제천에 사는 명사 이삼등을 만나 소점받은 명당이라 한다.

  2. 박상의 소점
  * 이만상의 묘는 증손자가 입수 뒤에 비석을 세워두었는데, 박상의가 소점하였다고 쓰여 있고 "이 산등에는 이만상의 묫자리 하나만 있으므로 추가하여 묘를 쓰지마라"라고 새겨져 있다.
  * 박상의의 소점이 확실하다. 그래서 많은 사람들이 국풍 박상의의 눈높이를 보려고 찾아들고 있다. 박상의(1538~1621)는 광해군 때 봉훈랑을 거쳐 절충장군에 오른 인물로 궁궐과 능자리를 소점하였다. 국풍으로 많은 야사를 남겼고 그가 소점한 묘소도 곳곳에 있다. 이만상은 박상의가 죽은 1년 뒤에 태어났는데도 박상의 소점지에 묻힐 수 있었던 것은 박상의가 월사 이정구의 천거로 벼슬길에 나아간 연분이 있어서 명당을 여러곳 점지해 주었을 것이고 그 중 한 곳이 이 곳이라 추측하고 있다.

  3. 답사(용인 모현면 동림리 71-4)
  * 부인 오씨와 합장묘인데 비석에는 대나무 통발형이라 하였다.
  ①뇌두는 두둑하여 좋으나 전순은 각박하고 안산이 낮다. 용호가 절토되고 수구가 나쁘다. 이런 결점 때문에 후손이 단절되는 흉사가 생긴다는 견해. ②천기와 지기가 합쳐지는 명당이다라는 견해. ③국풍 박상의가 정확히 재혈한 명당이라는 견해로 나누인다. 찬반이 반반쯤 된다. 현재 청백이 도로로 절단되어 있으나 이 묘를 쓸 1621년 당시를 기준으로 감평해야 된다.
  * 이만상 묘역의 지도-- 청백이 멀고 안산이 낮고 외명당이 깊은 골짜기이고 조산은 멀리 있는 문형산 분당추모공원이다.

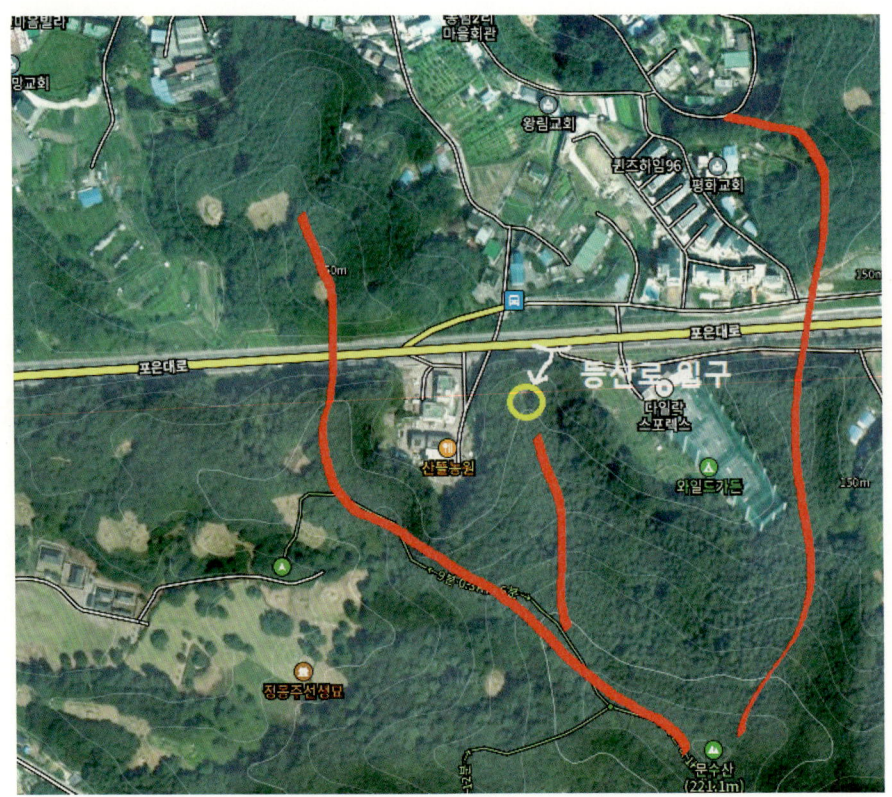

사진출처 : 카카오맵 스카이뷰(https://map.kakao.com)

* 이만상 묘역-- 북향으로 사시장철 이끼가 끼여 있다.

＊조안산-- 무릎 아래 안산은 안산이 아니다. 조산도 정답지 않다.

＊북풍 찬바람에 이끼 덮고 누웠으니 즐겁지 않으리라. 명당이란 취득할 수 있다면 망서리지 않고 자기가족을 묻겠다고 생각하는 곳이다. 봉분 일부에 이끼가 낀 곳은 많아도 당판 전부가 이끼로 덮혀있는 곳은 드문 법이다. 명풍 박상의가 소점하였다 하여 맹신할 것은 아니다. 이정구의 초장지는 흉하다고 자식의 꿈에 호소하는 바람에 2년 간 구산하여 이장하였고 이만상의 동생 부제학 이단상의 묘도 이장하였으며 이만상의 독자 옥천군수 이봉조의 묘 또한 용인 선영에서 1707년 경기 용인 양지리 701-18로 이장하였다. 이만상 후손의 발복처는 이정구의 묘로 보아야 되겠다.(2024.3.)

경기 용인시 정몽주와 이석형 묘
(누구 묘가 진혈인가?)

1. 정몽주와 이석형

연일정씨 포은 정몽주(1337~1392)는 경북 영천 출신으로 고려 문하시중을 역임하였고 문무를 겸한 충신이었다. 연안이씨 저현 이석형(李石亨 1415~1477)은 경기관찰사 호조참판을 지내고 연성부원군에 봉해졌고 문장가이었으며 정몽주의 손자 정보(鄭保)의 딸과 혼인했다.

2. 묘를 쓴 경위(용원 능원리 산3)

* 정몽주는 선죽교에서 이방원이 보낸 자객에 의하여 피살당했는데 개경 인근에 假매장되었다. 1406년 고향 영천으로 이장하려고 운구를 하던 중 풍덕천에 이르자 명정이 바람에 날려가서 현재 묘가 있는 곳에 떨어졌고 모두 그 곳이 좋다고 하여 안장하였다.

* 정보의 딸은 이석형에게 시집가서 산후병으로 요절하였고 이에 정보가 슬퍼하여 자기의 신후지에 묻었고(현재 정보의 묘는 포은 묘의 백호쪽에 있다) 이석형이 1477년 죽자 이 곳에 합장하였다.

3. 누구 묘가 진혈인가?

* 정몽주의 묘소는 명당으로 소문이 났고 선조의 비 의인왕후의 능지로 천거되기도 하였으나 선조가 충신무덤을 손댈 수 없다고 반대하여 무사했다. 그런데 이석형의 후손 중에서 영의정과 대제학이 배출되면서 번창하자 이석형의 묘가 진혈이라는 유력한 견해가 대두되었다. 누구 묘가 진혈인가?

* 두 묘를 비교해보면, ①전체적인 구도가 포은 묘가 중앙이고 이석형 묘

는 청룡이다. ②포은 묘는 입수에서 단단하게 내려와서 당판을 크게 펼쳤는데 이석형 묘는 당판이 앉은 자리(혈처의 방석이라 할 수 있다)가 좁아서 기운이 새어나가기 쉽다. ③포은 묘는 이석형 묘가 가까운 청룡이 되지만 이석형 묘는 고개를 내밀어 바람을 맞는다. 이석형 묘를 포은 묘보다 나란히 또는 뒤로 옮겨야 맞다. ④관룡자로 재어보니 포은 묘는 생기가 가득한데 이석형묘는 위로 옮겨야 생기가 있게 된다. 포은 묘는 발복이 없다고 할 수 없다. 이석형의 후손 발복처는 달리 찾아야 된다.(2023.9.)

＊두 묘의 지도

사진출처 : 카카오맵 스카이뷰(https://map.kakao.com)

* 정몽주와 이석형 묘-- 청룡쪽이 이석형

경기 용인시 해주오씨 추탄공 오윤겸 묘역
(음택과 가문의 번성)

1. 해주오씨

해주오씨는 경파와 향파로 나누이는데 경파는 宋에서 984년 귀화한 오인유(吳仁裕)를 시조로 함에 대하여 향파는 초나라 오첨이 500년경 함안에 일시 거주하면서 오응을 낳고 그 23세손 오현보(吳賢輔)가 1216년 거란을 격퇴하고 해주군에 봉해져 본관 시조가 되었다. 경파는 40만 명, 향파는 6만 명이고 상신 2명 대제학 3명 문과급제 99명 무과급제 267명을 배출했다. 양파는 거슬러 올라가면 오나라 중옹의 후손이지만 서로의 系代가 불명하므로 족보를 따로 편성한다. 향파는 벼슬한 사람이 적고 손세도 약하다. 서울시장 오세훈이 경파이다.

2. 추탄공파의 발생 과정

　*시조 오인유의 13세손 오희문(1539~1613)은 원산면 학일리에 살다가 처가인 연안이씨 동네인 용인 모현읍 오산리로 이사와서 번성함에 따라 오산리(또는 모현)입향조가 되었다. 오희문은 임란과 정유재란 때 9년간의 난중일기인 쇄미록을 저술한 것으로 유명하다. 조부는 오옥정, 父는 오경민인데 5대조까지는 높은 벼슬을 한 바 없다(쇄미록). 4남3녀를 두었는데 장남 오윤겸이 영의정에 오르고, 손자(차남 오윤해의 子) 오달제(1609~1637)가 척화파로 심양에 끌려가 순절한 애국으로 영의정에 추증된 덕으로 오희문은 영의정, 오옥정과 오경민도 좌찬성으로 추증되었다. 3남 오윤렴은 평안도 평강 수령이었다.

　*오윤겸은 호는 추탄, 광해군일기에 "관직에 임하여 청렴하고 근면했으므로 온 세상의 존경을 받았다"라고 한다. 유능한 목민관으로 근무했던 곳마다 철비와 동비가 세워졌고 일본과 중국에 사신으로 가서 공을 세웠다. 대기만성형으로 70세에 영의정에 올랐다. 이산해가 정철로부터 사위감을 추천해 달라는 부탁을 받고 오윤겸을 추천하였더니 정철은 이산해 자신은 이덕형 같은 좋은 사위를 보았음에도 자기에게는 병약하고 고지식한 오윤겸을 소개한다는 이유로 사이가 틀어졌다는 이야기가 있다. 오윤겸은 5남 5녀를 두었고 남들이 위험하다는 이유로 사신가기를 기피하였던 일본과 중국을 해로(海路)로 다녀왔으니 정철이 아까운 사위를 놓친 것이다.

　*추탄공계의 대표적 인물은 ①14세 추탄공 오윤겸(1559~1573, 인조때 영의정)-장남 오달천(1598~1648, 현령)-손자 오도일(오달천의 子, 병조판서 대제학)-손자 오도종(오달천의 子, 지례현감)-현손 오명항(1673~1728, 영조 때 병조판서, 우의정, 이인좌의 난을 20일 만에 평정한 전략가)이 있다.

3. 오산리 집장지(용인시 모현읍 오산리 산5)

* 추탄공 오윤겸 묘역에는 직계선조(12세손) 오경민으로부터 22세손 오상묵까지 20기가 집장되어 있다. 순수한 추탄공 계열의 묘이다. 다만 오명항 묘는 부근에 있는 시조단으로부터 200m가량 올라간 지점에 있다.

* 묘 안내도

* 오희문(13세손)은 4남 2녀를 낳고 아들들이 현달하여 모현지역 해주오씨 가문을 열었으므로 그의 묘, 부(12세손) 오경민, 조부(11세손) 오옥정의 묘를 살펴볼 필요가 있다. 다만 11세손 오옥정은 이 묘역에 없으므로 답사하지 못했다.

4. 답사

* 오윤겸과 오달천 묘가 좋게 보이고, 오윤겸의 조부 오경민과 부모 오희문은 청룡 방향 높은 곳에 있는데 명당은 아니고 나머지 묘들도 평범하다(오명항의 묘도 명당은 아니다). 오윤겸과 오달천의 묘 중에는 어느 묘가 명당일까?

입수처 위에 가서 본 즉, 오윤겸 묘가 간룡을 이어받았고 오달천 묘는 청룡이더라. 주산에서 중간에 봉을 세우고 기복하면서 내려오는 모양새는 중상급이다.

당처로 와서 보니 오윤겸 묘는 백호와 너무 붙어 있어서 생기가 없고 부인 경주 이씨 묘가 적확하였다.(두 번째 부인 덕수이씨는 청룡 쪽에 단독으로 모셨다) 오달천 묘를 진혈로 보는 분이 있으나 차혈이다.

* 묘역 래룡-- 복호형이다.

사진출처 : 카카오맵 스카이뷰(https://map.kakao.com)

* 오윤겸과 오달천 부부 묘-- 못은 진응수가 아니다. 진혈은 2기뿐이다.

* 오윤겸 부부 묘-- 남편의 왼쪽(부좌)이 경주이씨

* 뒤에서 본 전경

* 오희문은 모현에 입향하고 4남을 두었는데 그중 장남 오윤겸은 추탄공파, 차남 오윤해는 만운공파를 결성하였다. 오윤해(숙부 오희인에게 양자)는 3남을 낳았는데 막내가 오달제로 유명한 삼학사(요대를 묻고 초혼장을 모셨다)이다.

그렇다면 오희문이야말로 가문의 중흥조라 할 수 있는데 이 묘역에는 발복처가 없었다. 알려지지 않은 발복 이유가 있을 것이다. 오윤겸의 후손들은 오윤겸의 명혈음덕을 많이 보았을 것이다.(2024.1.)

* 追記 : 뒤에 알고 보니 오윤경의 조부 오경민과 부모 오희문의 묘는 서울에서 1970년대에 이곳으로 이장하였다.

경기 의왕시 안동권씨(청풍 김인백의 처) 묘
(청풍 김인백의 처)

1. 명혈임을 인정하는 곳

경기 의왕시 고천동 산31에 있는 안동권씨(1564~1632, 청풍김씨 김인백의 처) 묘에 대하여 명혈임에 이론(異論)이 없다. 풍수들은 조선8대명혈 명단에 올라도 서슴없이 이론을 제기하는 터인데 이와같이 의견이 일치하는 경우는 매우 드문 일이다. 다만 ①조선8대명당인가? ②김인백 부부의 자손들이 조선 중기에 정승 8명 대제학 3명 왕비 2명을 배출하고 판서공파를 형성할 정도로 번성하였는데 그 발복처가 이 묘의 덕인가? 하는 것이 문제이다.

2. 묘 쓴 과정에 관한 설화

대략 두 가지가 있다.

* 원래 석씨네 집터인데 도승 2인이 이곳을 보고 대명당이라 감탄하고 반응을 보기 위하여 솔잎을 묻어 놓고 1년 뒤에 반응을 보자고 의논하였다. 머슴이 그 광경을 몰래 엿듣고 도승이 묻은 솔잎을 썩은 솔잎으로 교체하였다. 1년 뒤 도승들이 찾아와서 솔잎이 썩은 것을 보고 실망하고 갔다. 그 뒤 석씨집이 불타 없어지고 석씨들이 이사가는 덕에 어머니 묘를 썼다.(김인백의 가계는 부자이었으므로 거짓말이라 생각한다)

* 중국에서 죄를 짓고 일시 피난온 지관이 김인백으로부터 도움을 받고는 보은으로 석씨네 집터인 이 곳을 소점해 주었다. 석씨에게 양보를 받지 못하던 중 석씨 집에 불이나는 바람에 집터를 매수하고 묘를 썼다. 여기까지는 사실일 수있으나 이야기는 더 나아간다. 묘를 쓰려고 구덩이를 파자 얼마 못 가서 큰 돌이 나왔다. 상주들이 작업을 멈추고 상의하러 간 사이에 막내 상주가 호기심으로 큰 돌 위에 올라간 순간 돌 부서지는 소리가 났다. 상주들이 돌아와 큰 돌을 들어보니 작은 돌 6개와 부셔진 돌 1개가 있었다. 큰 돌을 그대로 두고 묻고 귀가했다.

얼마후 중국 지관이 찾아와서 말하기를, 귀국하여 전후 사정을 그의 아버지에게 이야기했더니 큰 돌 밑에 있는 작은 돌가운데 우두머리되는 돌이 역적모의를 하는 형상이므로 우두머리 돌을 부숴야 된다고 꾸짖어서 다시 왔다고 했다.-- 지관의 아버지가 중국에서 작은 돌이 있는 것을 어찌 알았겠는가, 알았다면 막내 상주가 부숴버린 사실은 어찌하여 몰랐다는 말인가, 묘지 관련 설화 중 상당 부분은 거짓이다.

3. 간산

* 속리산 수원 광교산을 거쳐 주산 오봉산(205M, 五峯山또는 五鳳山)으로 왔고 주산을 비롯하여 국이 크고 혈장부근도 대와(大窩)중 돌(突)에다가 전순이 잘 짜여 있다. 오봉산은 다섯 봉우리와 작은 봉우리 하나로 되

어 있어서 6정승이 배출되었다고 한다. 물형은 오봉귀소형인 듯.

　＊다수는 이 곳 하나로는 부족하고 다른 보조 음택이 있다고 본다. 즉, 10세 정주목사 청평군 김우중은 중종반정에 공이 있어 오봉산을 포함한 사방 10리를 사패지로 받고 집성촌을 이루었다. 이 묘의 손자 김징(전라관찰사)의 후손 중 4세에 걸쳐 6정승이 배출되어서 조선 8대혈이라 추켜세운다. 그러나 중론은, 10세손 김우중은 재산을 일구고 13세 김인백의 부인 안동권씨(김인백 묘는 의왕시 왕곡동 산8 집장지에 있는데 평범하다), 14세 김극형, 15세 김징은 귀(貴)혈을 차지하였으므로 그 음덕이 합쳐져 6정승이 배출되었다고 본다.

　＊결론을 말하자면 이 묘는 중등상급 대혈이나 조선 8대혈에 넣기에는 부족하다.(2023.8.)

＊묘 앞에서

＊묘 뒤에서-- 다른 카페에서 인용

경기 이천 김좌근 고택
(명당이라도 과하면 흉이 된다)

* 김좌근(1797~1869)과 그의 양자 김병기(1818~1875)는 대원군에게 권력을 뺏길 때까지 조정대신을 친족으로 구성하는 세도정치를 하였다.

* 김병기가 1865년 경기 이천 백사면 내촌리222-14에 건축한 고택이다.

사진출처 : 카카오맵 스카이뷰(https://map.kakao.com)

* 김좌근 묘는 2006년 파묘하고 산21-13으로 이장했다. 고택의 안내판에는 김병기가 양부의 무덤 관리 겸 별장으로 99칸을 건축하였고 이천시가 관리한다고 적혀 있다. 현재 기와 2동과 주춧돌이 남아있다. 중심은 두 건물 사이이고 본채는 5칸 정도가 적당하고 모자라는 부분은 부속건물을 건축했어야 된다. 재력이 넘치니 크게 지어 망쳤다. 2009년 고택과 주변

3만 평을 서울대학에 기증하였고 현재 이천시가 관리한다. 비룡음수의 중
등상급 명혈이다. 음택에서 본인에게 과(過)하면 흉이요 땅에 지나친 규모
로 치장하면 흉이라 했다. 양택도 같은 원리가 적용되는 것이다.(2023.8.)

경기 파주 탄현면 황희 묘
(둥근 표주박이 우물에 뜨있는 형)

1. 황희

＊장수황씨는 신라시중을 지낸 황경을 시조로 하는데 9세손 황공유(黃公有)가 고려말 무인의 난을 피하여 남원으로 낙향하여 지금의 광한루 일대에 살았다. 그로부터 18세손 황석부까지 중간 계대를 잃고는 황석부를 기세조로 삼아 계대를 계산한다. 황희는 황석부의 증손(4세손)이고 2015년 인구가 17만 명이다.

＊황희(1363~1452)는 세종 때 영의정부사까지 오르면서 18년 간 영의정을 역임하고 벼슬살이만 73년을 하였고 90세까지 장수하였다. 3남1녀를 두었는데 셋째를 빼고는 모두 풍기문란 뇌물 살인죄를 저질러 황회 정승에게 누를 끼쳤으나 뒤에 개과천선하여 장남 황치신은 호조판서, 셋째 황수신은 영의정, 둘째 황보신은 상주로 낙향(증손대에 인물 배출)하였다.

＊황희 가계는 증조부 황석부(기세조), 조부 황균비, 부 황군서로 이어지는데 가문 발복처로 보통은 남원에 있는 조부 황균비를 든다. 황균비 묘는 라옹대사 소점이라는 설화가 있으나 사실이 아니고 명혈인가 여부도 의심스럽다. 나는 조부 묘를 높이 평가하지 않고 황희 묘가 발복지가 아닌가 궁금했다. 최근 문화재로 신청한 순창 동계면 현포리 산35 조모 진주강씨 묘는 답사하지 못했으나 대혈의 국세는 아니다.

2. 답사(파주 탄현면 금승리 산1)

* 입수 뒤에서 가늘게 속기하면서 내려와 혈장을 만들고 전면으로 넓고 둥글게 마무리 지었다. 조선 왕릉을 보면 봉분 앞이 굉장히 둥글고 후덕하게 마무리 짓고 있다. 왕릉은 인작(人作)으로 조성한 부분이 많을 것이나 황희 묘는 거의 천작(天作)이다. 마치 둥근 표주박이 우물에 뒤집혀 뜨있는 모습이다. 아쉽게도 백호가 멀어서 우물국세의 중앙을 점하지 못했다. 원표부정(圓瓢浮井,둥근 표주박이 우물에 뜨있는 형상)으로 상등은 못되어도 표주박과 입수가 워낙 좋아서 중등상급이다. 물론 혈이 아니라는 견해도 있으나 증조부 묘보다 좋다고 본다(2024.1)

* 묘역-- 전순이 무척 후덕하다.

* 봉분-- 앞이 ㄷ자로 파여 있다.

경기 포천 대구서씨 서성 묘
(평야 바람은 순하다?)

1. 약봉 서성과 이장 터

*대구서씨 서성(徐渻 1558~1631)은 선조 및 인조 때 경상우도 감사, 평안감사, 병조판서를 지낸 문신이다. 아버지 서해는 고성이씨와 혼인할 때 신부가 맹인인 것을 알지 못했다가 결혼할 때 알았으나 개의치 않고 혼인하여 서성을 낳고 23세 나이로 요절했다. 이씨는 어린 서성을 데리고 시가 근처로 이사하여 약밥과 약주를 제조 판매하면서 재산을 모아 서성을 훌륭히 키웠다.

*이씨는 시부모 서고 부부와 남편 서해의 묘를 이장하려고 포천으로 가던 중 상여가 부러져 하룻밤을 묵게 되었는데 어떤 노인이 안내하는 집에서 일박을 하였다. 다음 날 일어나서 보니 집은 오고간 곳 없고 상여도 움직이지 않아서 그 자리에 장사 지냈다는 설화가 있다. 서성의 현손까지 발복받아 명문가가 되었다고 한다.

2. 답사

*서성의 부부합장 묘가 앞쪽에 있고 100m 뒤에 조부모 서고와 부모 서해 묘가 각기 쌍분으로 있으며 부모 묘가 조부모 보다 위에 있는 역장이다. 안산은 들을 지나서 먼 곳에 있고 백호도 멀다. 조부모와 부모 묘는 서성 묘역이 앞가림이 되어 전면 바람은 방비가 되나 백호 쪽 바람은 다소 침해가 있겠다.

*풍수에서 장풍은 제일 중요한 요건인데 이렇게 바람이 침해하여도 혈이 맺히는가? 의외로 서성의 묘에 바람이 미미하고 결혈되어 있었다. 가만히 생각해보니 좁은 골 바람은 강풍이고 넓게 펴져서 오는 바람은 미풍

이라는 풍수속담이 맞는 말이다. 바람을 고려한 형세는 매화낙지로 볼 수 있다.

* 서성의 어머니 묘가 명혈이라는 견해, 부친 묘가 명혈이라는 견해, 3대에 걸친 묘가 전부 명혈이라는 견해, 전부 혈이 아니라는 견해가 있다. 이 묘역을 두고 조선100대 명혈이라고 하는 견해도 있으나 자가발전적 평가가 아닌지 의심된다. 필자는 3대의 묘가 전부 중등초급에 해당된다고 본다.(2024.2.)

* 중국

사진출처 :
카카오맵 스카이뷰
(https://map.kakao.com)

* 서성의 묘-- 넓은 들에서 바람이 온다.

충북·충남 (22)

충북 괴산군 정인지 묘
(조선 풍수 고수가 잡은 자신의 신후지, 虛花?)

1. 정인지는?

*정인지(鄭麟趾, 1397~1478)는 하동정씨 시조인 고려 평장사 정도정(鄭道正)의 10세손이다. 어릴 적부터 천재 소리를 들었고 용비어천가를 박팽년 등과 공동으로 제작하는 등 훈민정음보급에 공이 컸다. 남원 광한루(廣寒樓)도 공이 작명한 것이고 수학과 과학에도 조예가 있었다. 정치적으로는 세종의 총애를 받았음에도 수양대군의 즉위를 도우고 옛날 동료라도 반대세력이면 가혹하게 대하였으며 사회적으로는 고리대로 재산을 수만 석 모았고(당시 4대 부자 중 한 사람이었다) 술을 좋아하여 세조에 무례하게 구는 등 취중 실수가 잦았다.

*한양조씨와 사이에 1남 1녀, 계처 경주이씨와 사이에 4남을 두었다. 영의정을 지냈고 선조의 생모가 공(公)의 증손녀이니 가문이 번성한 것을 짐작할 수 있다. 연산군 때 갑자사화(1504년)로 부관참시 당하였고 경주이씨 석물까지 제거당하였는데 중종이 장례를 다시 치루어 주었다. 사실 갑자사화는 연산군이 폐비 윤씨가 사사(賜死) 당한 것에 대한 분풀이로 원로들을 숙청한 사건인데 정인지로서는 억울한 점이 있다.

* 공은 풍수에 일가견이 있어서 세종 때 풍수강의의 총책을 맡았고 경복궁이 흉지라고 주장한 최양선을 물리쳤다.

2. 말이 많은 묘(충북 괴산 외령리321-1)
 이 묘역은 풍수적으로 괴이하게 생겨서 여러 견해가 있고 심지어 정인지 묘는 헛뫼이고 유골은 전순에 암장되어 있다는 견해도 있다.
 ① 부부 묘가 전부 혈처이다. 맥이 옆에서 들어온다는 견해
 ② 위에 있는 경주이씨 부인 묘가 혈처이고 정인지 묘는 혈이 아니라는 견해
 ③ 이 곳에 혈이 없다는 견해
 ④ 이씨 묘 옆으로 내려와 혈이 맺힌다는 견해.

3. 답사
 * 부관참시 후 복원할 때 원래 장소에 묻었는지 모르겠고 커다란 전순은 고양이에 해당하는 안산의 바위를 보이지 않게 보토를 하였다는데 도대체 원형을 모르겠다.
 * 현상태를 기초로 간산해보니, 주산에서 기복하면서 내려오다가 혈처 뒤에서 거의 평지 수준으로 내려왔고 급히 솟구쳐 구불거리는 장유(長乳)를 만들고 끝머리에 큰 왕릉만한 동산을 만들었다. 장유중 이씨 묘는 맨위에 쓰고 정인지 묘는 중간에 있는데 전순이 동그랗게 솟아 자기안이 되었다. 이씨 묘는 기운이 멈추지 않고 내려가는 듯이 보이고 정인지 묘는 양 옆이 좁아 백호 쪽 봉분은 보존하는데 신경을 써야된다. 전순은 보토하였다는데 자생한 소나무 높이와 등고선을 보면 3~5m 높이지는 않았을까? 이런 지형에서는 보통 동산위에 혈이 생기지만 이 곳은 바람을 맞기 때문에 불가하다. 전체 형세를 보면 혈이 생길 것 같지만 당판과 기감으로 감

별해 보면 결혈된 곳이 없다.

정인지가 제천 관찰사로 있을 때 신후지로 잡았다고 한다. 공이 당대의 풍수 고수라고 하나 이곳엔 어디에도 혈이 없다.(2023.11.)

* 이씨와 정공 묘

* 밑에서 본 전순

* 묘와 안산

충북 괴산군 이연경 묘역
(광주이씨의 몰락과 재기에 관련된 인물의 묘)

1. 이연경 묘역(삼방리 산42-3)
 * 이 묘역에는 광주이씨 이연경묘를 중심으로 조부 이세좌, 부친 이수원, 아들 이호약, 손자 이광악 등 부부묘 10여 기가 있다.

 ① 이세좌(李世佐, 1445~1504)는 이인손의 손자요 광성군 이극감의 아들이다. 예조판서를 역임하였고 갑자사화 때 왕명에 따라 자결하였고 여러 친족이 죽거나 귀양갔다.
 ② 이수원(李守元, 1504)은 참봉을 역임하고 1504년 아버지 이세좌에 연루되어 참형당했다.

③ 탄수(灘叟) 이연경(李延慶, 광안군, 1484~1518)은 조선중기 사림을 대표하는 성리학자로 홍문관 교리를 역임하고 충주 북촌으로 은퇴하였다. 학문과 덕망이 높아 많은 선비들이 문하생으로 모여들었다.

④ 이호약은 병조참판을 지냈다.

⑤ 이광악(李光岳, 1557~1608)은 곤양군수로 재직중 임란을 당하자 김시민을 도와 진주대첩을 이루고 정유재란 때도 공을 이루어 충장공의 시호를 받고, 광남군에 봉해졌다.

* 광주이씨 시조는 이당(李唐,1300~1369)이고 4세손 이인손은 태종 때부터 세조까지 43년간 우의정등 요직을 두루 거쳤고 아들 5형제가 판서 이상의 벼슬을 하였다. 그 중 둘째 이극감의 아들이 이세좌인데 연산군 때 폐비 윤씨에게 사약을 가져다 주는 역할을 하였다는 이유로 아들 이수정을 비롯한 일족 30여 명이 처형당하는 멸문지화를 입었다. 이세좌의 손자 이연경은 당시 나이가 어려서 처형을 면하고 귀양갔다가 2년 뒤 인조반정으로 사면되었고 이세좌 가계는 손자들이 번성함으로써 재기를 시작하였

다. 말하자면 이 곳에 참화를 당한 이세좌, 이수정 묘가 있고 재기를 한 이연경 묘가 있으니 광산이씨의 몰락과 재기에 관련된 핵심 인물들의 묘가 있는 셈이다.

2. 답사

*이연경 묘역-- 이호약 묘는 대혈이고 이세좌 묘는 무해하고 그 아래가 소혈이다. 이세좌, 이수원 묘는 사후 이장으로 추정된다.

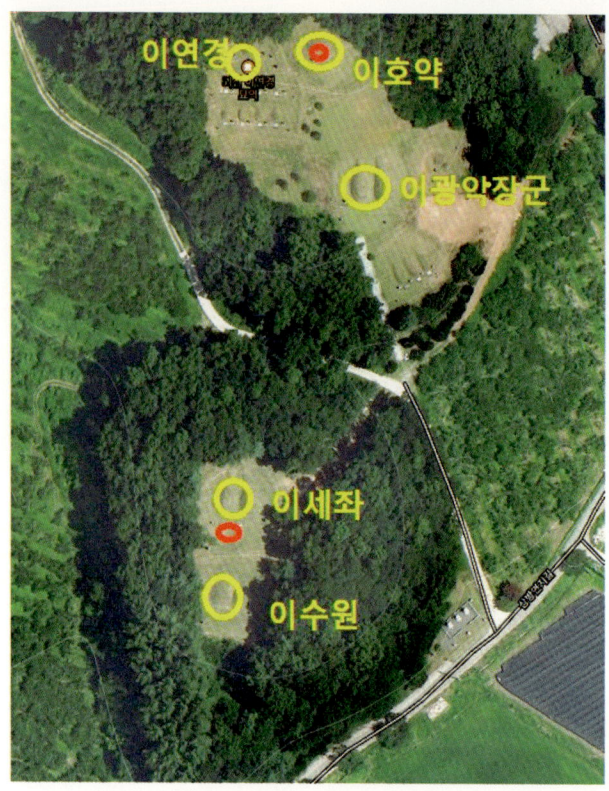

사진출처 :
카카오맵 스카이뷰
(https://map.kakao.com)

* 사신팔장-- 사신팔장이 옹위한다.

사진출처 : 카카오맵 스카이뷰(https://map.kakao.com)

* 현무 뒤의 낙산-- 본신룡이 휘몰고 오는 구름이다.

＊이호약 묘-- 룡(龍)이 멀리서 구름을 몰고 날아와 깊은 결인을 하고 머리를 내밀었다.

＊이호약 묘 안산

＊이호약의 묘는 四神八將이 옹휘하는 가운데 비룡이 구름을 몰고 오는 비룡행운형(飛龍行雲形)이다. 조선 100대 명당에 올려야 할 상등초급대혈인데 재혈이 아쉽다.(2023.11.)

충북 괴산군 송시열 묘
(養父의 묘가 養子의 吉凶에 關與하는가?)

1. 송시열

* 우암 송시열(선조40년 1607년生~숙종16년 1689년卒)은 은진송씨 14세손으로 주자학에 충실하고 예학을 중시하였으며 효종과 사제인연으로 이조판서를 지내고 노론의 영수이었다. 기골이 장대하였으나 포용력이 없어 분쟁을 유발하였고 사약을 먹고 죽는 자리에서도 자기의 장사를 무슨 예법으로 치르는 것이 좋을지 제자와 의논했다. 원자 책봉에 반대한 탓으로 장희빈에게 밉보여 전북 정읍에서 사약을 받고 죽었는데 영조이후 노론이 장기집권하면서 송시열의 학문은 노론의 통치이념이 되는 바람에 존경받아 왔으나 성리학이란 명분론에 치우치고 실학을 경시하는 탓으로 망국의 원인이 되었다는 비난을 받는다. 명나라와의 의리를 지켜야 된다는 명분을 내세워 줄타기 외교를 거부함으로써 병자호란과 정묘호란을 자초하였다.

* 송시열은 2남 2녀를 두었으나 아들 둘과 딸 하나가 요절하고 측실 2명도 딸만 낳았다. 친형제들도 양자들이기에도 바쁜 실정이라 사촌형 송시영의 둘째 송기대(1629~1711)를 양자로 들였는데 당시 송기태는 5명의 자녀를 둔 30대 가장이었다.(네이버 블로그, 제이 역사문화나들이) 손자 송주석은 문과에 급제하였으나 현손 송덕상은 사화로 죽임을 당하였다. 직계자손의 손줄이 끊어져 13대까지 7명이나 양자를 들였다(이 부분은 증산교도의 카페에 있는 글이나 확인할 자료가 없었다)

* 송시열이 살던 곳에 송시열의 8대 송병일(宋秉一, 1858년 옥천군수)이 충청감사 시절 별당으로 지어(한말 충청감사 송시현이 지었다는 말도 있다) 6대를 거주하다가 1944년 차재윤에게 전답과 함께 매각하였고 96년

까지 양로원 건물로 사용되었다. 84년 송병일 고택(청천리 76)라는 이름으로 국가민속문화재가 되었다.

2. 묘에 관한 이야기

* 우암의 초장지(初葬地)는 경기 화성 신리 산39 무봉산 자락의 송씨 종산에 있다. 지금도 양자이하 현손(기태 회석 무원 덕상)의 묘가 있다. 1689년 장사시에는 이씨부인 묘 위에 자리를 잡아 합장하였는데 광에 습기가 차는 것을 보고 이장하기로 계획하였다가 1757년(영조 33년) 괴산 청천 응봉 아래에 있는 현재의 위치로 국비(國費)를 받아 이장하였다(初葬遺址碑 참조)

* 널리 알려진 바로는, 장군대좌혈인데 안산인 설문산은 깃발이 나부끼는 모습으로 좋으나 군졸이나 창칼이 되는 사격이 없어서 역량을 발휘하지 못한다는 말이 있었다. 이에 7대 후손 송종수가 300냥을 기부하여 청천 시장을 개설하도록 하였다. 시장에 모이는 사람들을 군졸로 보아서 비보를 한다는 조치이었다. 그 뒤로는 마을이 활성하고 우암의 후손도 잘 되었다고 한다.

3. 답사(괴산 청천리 101)

* 부부합장 묘이다. 장군대좌형으로 백대명혈에 든다는 견해, 기맥이 들어오지 않고 천기도 내려오지 않는 무맥지라는 견해, 전면의 수세가 살풍을 가져오고 전순이 없어서 흉지이라는 견해로 나뉜다.

* 태조 속리산, 중조 좌구산, 주산 매봉산이다. 입수래룡이 기운을 묶고 청룡이 호종하여 혈처 옆에 우뚝 섰다. 안산은 구룡이 날고(계곡은 구룡천이다) 물길도 전체적으로 싸고 돈다. 그러나 국을 이루는 산세와 물길이 거칠기 때문에 무겁다는 느낌이 있다. 이런 곳은 강기를 타고난 사람에게

는 상승효과가 있으나 약자에게는 힘든 곳이 된다.

*중국

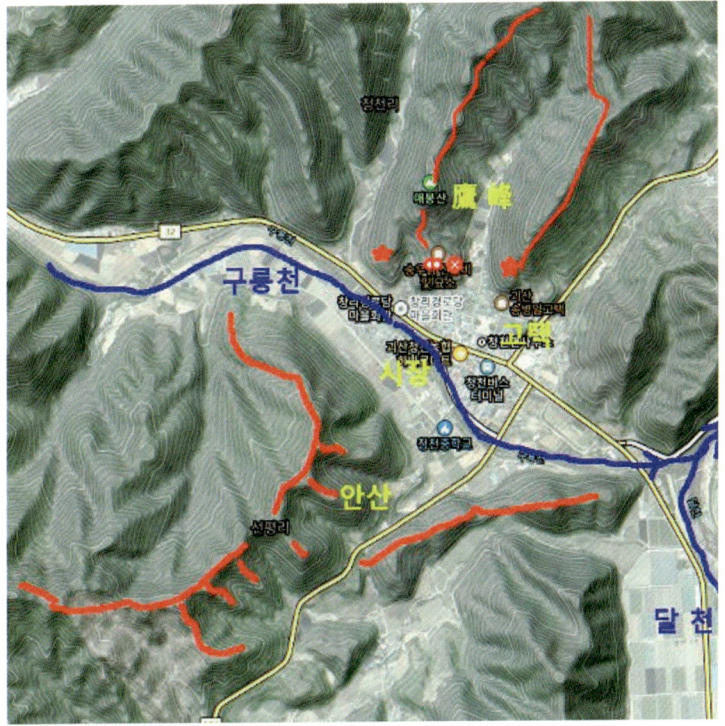

사진출처 : 카카오맵 스카이뷰(https://map.kakao.com)

*묘와 안산

* 앞에서 본 묘

* 옆에서 본 모습-- 겸중돌형(鉗中突形)으로 이해된다.

* 송병일고택

4. 양부의 묘가 양자의 길흉에 관여하는가?

* 우리네 인생이 행복만 있는 것이 아니고 불행도 섞여 있듯이 흠이 없는 명당은 없다. 음택에서 복(福)만을 받는 것이 아니고 흉(凶)을 받기도 하는데 그 작동원리를 동기감응(同氣感應)이라 함이 다수설이고 혼령(魂靈)작용으로 보는 설이 소수설이다. 동기감응설에 의하면 양자(養子)는 양부(養父)와 친생(親生)관계가 없으므로 양부의 음택과는 아무런 관련이 없다는 것이고 반대로 혼령설에 의하면 친생 여부와 관계없이 작용된다는 것이다.

* 송시열은 자식운이 없었고 형제들도 손세가 빈약하였다. 사촌형의 아들을 양자로 들였는데 양자의 후손들도 친생자가 없어서 양자를 들인 경우가 많다는 것이다. 어사 박문수도 자식이 없어서 절후로 내려오다가 8대 때 양자를 들였고, 박문수의 묘(천안 북면 은지리 산1-1)도 장군대좌이므로 군졸을 비보하기 위하여 아우내 장터를 개설하였다고 한다. 두 분은 묘를 쓴 뒤 절후된 것이 아니라 친자없이 졸(卒)하였는데 양자 가계도 후사가 없어서 또 다시 양자를 들였다. 양자로 들어간 사람이 잘되는 경우가 적지 않는데 양부의 음택과 무관한 것인가?(청도 김일손 종택, 거창 정온 고택과 같이 양택은 양자라도 토지발복을 받는 것이다), 양자손이 절손되는 것도 양부(養父)묘(墓)의 흉기발음인가?

* 명당은 보통 발복 여부를 보고 판가름하는데 양부묘가 후손에게 영향력이 없다면 명당 판정이 불가한 것이고(따라서 두 분의 묘는 백대 명혈 여부를 논할 수 없다) 반대로 영향력이 있다면 동기감응설을 부정하는 셈이 된다. 독자 여러분은 어느 편인가?(2023.11.)

충북 보은군 장안면 우당고택
(한옥고택중 제일 큰 집, 신안이 소점한 기혈)

1. 우당고택(愚堂古宅)

보은 장안면 개안리 152-2에 우당 선영홍(宣永興, 1862~1924 보성선씨 창의공파18세손)이 3년(1919~1921)에 걸쳐서 당대 최고의 목수를 동원하고 제일 좋은 목재를 사용하여 건축한 한옥이다. 처음에는 99칸을 지었다가 1926에 관선정 33칸(학생들 기숙 교육용 건물)을 달아내었는데 지금은 110칸이 보존되어 있다. 담장 안의 면적이 3900평 외부 소나무숲이 3천 평이다. 우리나라 3대 한옥(강릉 선교장, 청송 송소고택, 보은 우당고택) 중 규모가 제일 크다. 국가민속문화재 제134호로 지정되어 있다.

2. 창건(創建)과 부침(浮沈)

창건과 성장의 발자취는 이 고택에 그대로 남아 있다.

1) 선차흠 부부의 효열(孝烈閣)-- 정신적 기틀

우당의 아버지 선차흠은 부친이 눈병에 걸렸을 때 의원으로부터 매고기가 특효약이라는 말을 듣고 7일간 기도를 하자 매가 스스로 잡혀주어 치료를 할 수 있었다고 하고 부인 김씨는 남편이 사경에 이르러자 손가락 피를 내어 연명시켰다고 한다. 고종 29년(1892년) 효자와 열녀로 인정받고 1928년 고택 안에 정려각을 세웠다. 이러한 효성과 부부애가 가계(家系)의 정신적 기틀이 되었다.

2) 우당 선영홍-- 창건기(創建期)

우당은 전남 고흥 거금도 출신으로 우무가사리 등 해산물을 일본과 중국에 수출하여 막대한 재산을 모아 전국적인 부자가 되었다. 고흥의 두원, 점안, 남양, 남면 등지에 소작농을 보유하였는데 소작료를 받지 않고 세금도 대납해 주었다. 고흥 주민들은 1922년 그 공덕을 기리어 고흥에 선공(宣公)영흥 시혜비(施惠碑)라는 철비(鐵碑)를 세웠다. 현재 이 비는 도로개설로 이곳으로 이전하였다.

그는 경주 최부자집과 같은 명당에 집을 지어서 후손들이 번성하기를 염원하고 지관을 전국에 파견하였다. 그러던 중 "육지속의 섬을 잡으라"는 선몽을 꾸고 서울 여의도 천안 등지를 거쳐 속리산 남쪽 개안리에 오게 되었는데 삼가천(속리 천황봉에서 발원하여 탄부면 구암리에서 보청천에 합류하는 하천이다)이 에워싼 형상이 꿈에 본 곳과 일치하였다. 일대 수십만 평을 매수하고 1903년(고종40년)경 고흥에서 소달구지 수십대에 이사짐을 싣고 이사하였다. 고택은 1919년 착공했다는데 이론이 없으나 고흥에서 이사한 시기에 대하여 1905년 또는 1910년이라는 이견이 있다. 고흥에서 완전 철수한 것은 아니므로 상당 기간 왕래하였을 것이다.

3) 장남 남헌(南軒)선정훈(宣政薰, 1888~1963)-- 전성기(全盛期)

우당 사후에 가업을 이어 받고 서울 화신백화점자리에 대동상사를 설립하는 한편 1926년 고택 옆에 33간 관선정을 지어서 인재양성에 많은 투자를 하였다. 1939년경 항일교육을 한다는 이유로 일제에 의하여 폐쇄당하였다. 그는 위선최락(爲善最樂)이라는 가훈을 걸어 놓고 선행을 하였으니, 소작료를 면제해주고 춘궁기에는 만주의 좁쌀을 대량 구입하여 나누었고 해방 후 혼란기에는 좌우를 가리지 않고 많은 사람을 구명해주었다. 이러한 선행덕에 6·25 때 가문이 무사했다. 1990년에는 헛간을 개조하여 고시생을 후원하였는데 사법고시 합격자만 50여 명에 이르런다.

4) 쇠퇴기(衰退期)과 회복기

남헌 사후 1970년대 새마을사업에 따라 동쪽 물길을 막고 직강공사를 하여 개간 작업을 하였던 바 1980년과 1998년 두 차례의 대홍수를 만나 하천이 범람하는 바람에 담장이 무너지고 많은 손해를 보았다. 이에 증손자 선민혁이 마을의 양해를 얻어 두 갈래 물길로 원상복구시켰다. 1980년경 가세가 기울어져 제수비용을 마련하기 위하여 부인들이 패물을 팔기도 하였다. 지금은 간장 판매와 관광객 방문 등으로 활기가 넘친다.

3. 풍수적 관찰

* 대개 선몽으로 택지하였다고 말하고 있으나, 찻집을 운영하는 셋째집 며느리의 말은 조금 다르더라. 우당이 지관에게 양택지를 잡아달라고 부탁하자 지관은 수원과 보은에 있는 터를 보여주고 수원은 재물이 있을 곳이고 보은은 자손이 번성할 곳인데 어느 곳을 택하겠느냐고 물었다. 우당은 재물은 지금으로 충분하니 자식 번성지를 택하겠다고 하였다. 우당에게는 4남이 있었는데 보은에 이사올 때 장남 선정훈은 17세(1905-1888)이었고 고택 완공시 33세이었다. 4형제가 고택에서 함께 살다가 1940년 선정훈은 고택 내의 선병국 가옥에 살고 선병우 고가(3남 선준현, 현재 찻집), 선병묵 고가(4남 선남훈, 현재 홈스테이)를 신축하여 셋째와 넷째를 분가시키고 차남은 고향인 고흥 도양읍 옛집을 분재하였다.

* 선병우 고가의 며느리 말에 의하면 장남 선정훈은 13남매를 두었고 3남은 9남매를 두었으며 나머지 형제들도 자식을 많이 두었다 한다. 또한 지관은 지기가 쇠퇴하였다가 80년 뒤에는 회복된다고 하였다는 것이다. 그러나 재물은 애당초 목적이 아니었다.

* 우당 고택이 있는 섬은 어디로 입수되는지 알아보기 어렵다. 육지에서 물을 건너는 맥은 보통 개천(開川)이 얕은 경우이고 바다를 건너는 경우에

깊은 해저(海底)를 건너게 된다. 여기의 개천은 제법 깊고 넓다. 주산인 구병산에서 혈처로 乙字 맥으로 내려 왔고 삼가천이 두개로 갈라지는 곳에 선창(先昌)이란 표지석이 있는데 船艙(물가에 다리처럼 만들어 배를 닿게 하는 곳)으로 보아야 맞다. 안내표지석을 보니 송씨가 10승지라 하여 먼저 입주하고(아마도 동네에 입주?) 선씨가 이주하면서 섬이 선박형이므로 배를 댈 곳이 필요하다는 이유로 선창이라 하였다고 적혀있다. 용은 그곳 개천밑을 건너서 섬으로 입수하였다고 보인다. 백호 쪽 옥녀봉이 좋다. 요즈음 풍수견해로 생기가 산밑에서 또는 바다에서 육지의 혈처로 올라오고 개울을 건너서 온다는 견해가 있는가 하면 하늘에서 막바로 내려온다는 견해도 있다. 이 곳 옥녀봉에서 우당고택으로 오는 생기는 개울을 건너는 것이 아니라 공중으로 영향력이 오는 것(照射)이라 생각한다. 또 어떤 이는 고택부지가 모래가 내려와 쌓인 삼각지라고 하나 밑바닥은 바위가 받쳐주는 견실 한 곳일 것이다.

 * 어떤 이는 청백이 없고 물이 머물지 않고 흘러가는 점을 흉본다. 그러나 연화부수보다는 행주형으로 본다면 흉은 감소된다. 고택은 큰 배요, 개천 건너 선씨 고가 두 집은 부두에서 큰 배로 화물을 운반하는 작은 배이다. 즉 행주형이다. 선창을 막았다가 낭패를 보았는데 만약 섬에서 들판쪽으로 다리를 놓는다면 화물이 바다로 쏟아져서 폭망할 것 같다.

* 섬이 명당임을 알아보았고 좌향을 바로 잡은 점은 탄복할 만한데 더 나아가 자식이 번성하고 경제가 쇠하였다가 회복된다는 발복예언도 신기하다. 우당이 고흥에서 돈벌이 하면서 안주하지 않고 과감히 명당 찾아 천리를 이사하고 재물보다 후손 번성을 택한 조치 또한 도인의 경지이다. 神眼과 道人의 합작품이다. 용맥을 연구하는 풍수는 꼭 와서 보아야 할 곳이다.(2023.8.)

4. 사진

*중국-- 주산 구병산에서 옆으로 길게 왔다. 입수터를 찾기 어렵다.

사진출처 : 카카오맵 스카이뷰(https://map.kakao.com)

*옥녀-- 고택 대문과 옥녀봉

＊고택에서 본 구병산 행룡-- 구병산의 꼬리이므로 상등중급이 되지 못했다.

＊소국-- 우당고택은 상등 초급, 선병우 고가는 중등초급, 선병묵 고가는 동네 길지급이다.

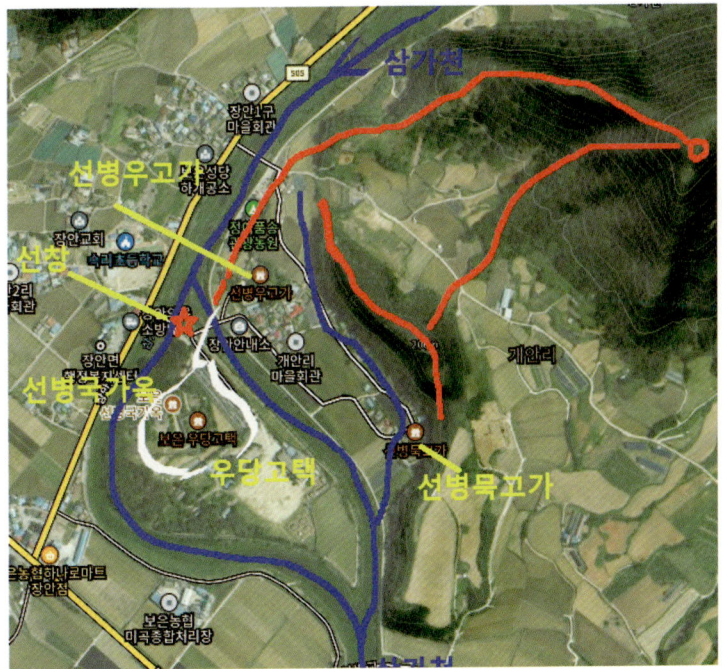

사진출처 : 카카오맵 스카이뷰(https://map.kakao.com)

＊고택 본가-- 위엄 있다.

＊위선최락(선행을 최고의 즐거움으로 삼는다)-- 우당 부자가 가훈으로 걸어 놓고 적덕을 많이 하였다.

＊우당의 부모 효열각과 시혜철비(施惠鐵碑)-- 철비의 내용인즉, "논밭을 나누어 주어 은혜를 베풀고 세금도 부담해주니 농사짓는 사람은 배고프고 가난한 것을 몰랐다. 공이 아니고 누가 이런 은혜를 베푸리오"라는 내용이다. 고흥의 두원 정암 남양 남면 소작인들이 1922년 현지에 철비를 세웠는데 뒤에 도로공사로 철거해야 되자 면민들과 상의하여 고택으로 이전했다.

부친 선처흠 효열각 우당 선영홍 철 시혜비

* 전국 장독-- 황해도 등 전국에서 좋은 장독 7백개를 수집하고 선씨 집의 씨장독 2개를 이용하여 장을 담근다. 씨장독은 350년 된 장을 매년 일부씩 퍼내어 새 간장의 씨앗으로 삼는다. 지금은 간장을 판매하고 있다.

충북 생극면 권근 정승의 3대 묘
(인품이 형편 없어도 명당을 차지하는가?)

1. 권근 삼대(三代)

*안동권씨 양촌 권근(權近, 1352~1409)은 고려 공민왕 때 18세에 과거에 급제한 천재(天才)이고 정몽주의 제자이다. 고려 때 춘추검열관을 지냈고 이성계의 조선 창건에 중심적 역할을 하였다. 그 후 이방원에 포섭되어 사돈관계를 맺고 왕자란 때 공을 세우고 대제학에 올랐다. 문장이 뛰어나고 주옹설 입학도설 등을 저술하였다. 임란 때 장군인 권율의 6대 선조이다.

*권제(權踶 1387~1445)는 권근의 둘째로 박팽년 등과 용비어천가를 지었다. 기생첩에 반하여 본처를 버리고 자식들을 폭행하고 딸을 발로 차서 죽였다. 말년에 5년간 중병을 앓다가 졸(卒)하여 이 곳에 묻혔다.

*권람(權擥 1416~1465)은 권제의 둘째로 가출하여 35세까지 한명희와 어울려 전국을 유람하였다. 계유정난을 성공시켜 세조 때 좌의정에 올랐다. 그러나 재물에 욕심을 내어 여러번 탄핵 당하였다.

*권근에 대하여 절개를 지키지 않았다는 비난이 있으나 무학대사처럼 왕조를 바꾸어야 된다는 신념을 가질 수 있으니 꼭 비난할 일은 아니다. 그러나 권제는 과히 흉악범이라 생각할 수 있고 권람에 대하여는 명분없이 일신 영달을 도모하였다고 볼 수 있다. 적덕선행 없이 명당을 차지할 수 있는가? 일원에 위의 세 사람 외에도 몇 기의 일족 묘가 있다. 함께 보기로 한다.

2. 묘소(충북 생극 방축리 산7)

*권근 묘는 경기 광주에 초장하였다가 지관의 말에 따라 30년이 지난

1440년(세종 22년) 이곳으로 이장하였다. 광중을 파자 도인이 찾아와서 물이 날 것이라 하였고 과연 물이 나므로 도인에게 비보책을 물어 10리 떨어진 산정을 파고 단단히 다져서 산정(山頂)과 혈처 사이의 지하 물길을 막으니 광중의 물이 잦아들었다는 믿거나 말거나 하는 설화가 있다. 이런 설화 때문에 물명당이라 부르는 사람도 있다

　*①건해룡으로 입수하는 회룡고조형이고 밑에 있는 방축저수지는 진응수이다. 조선 8대 명당이라는 사람이 있는가 하면 상급지는 아니고 중급지라는 견해도 있다.

　②입수래룡이 생기가 없는 무맥지이다. 오히려 재사 왼쪽 옆등에 있는 권걸(증손자)묘가 차혈이고 그의 부인 의령남씨 묘가 주혈이다.

3. 답사
*중국-- 태조 속리산-중조 보현- 소조 수레- 주산 수리

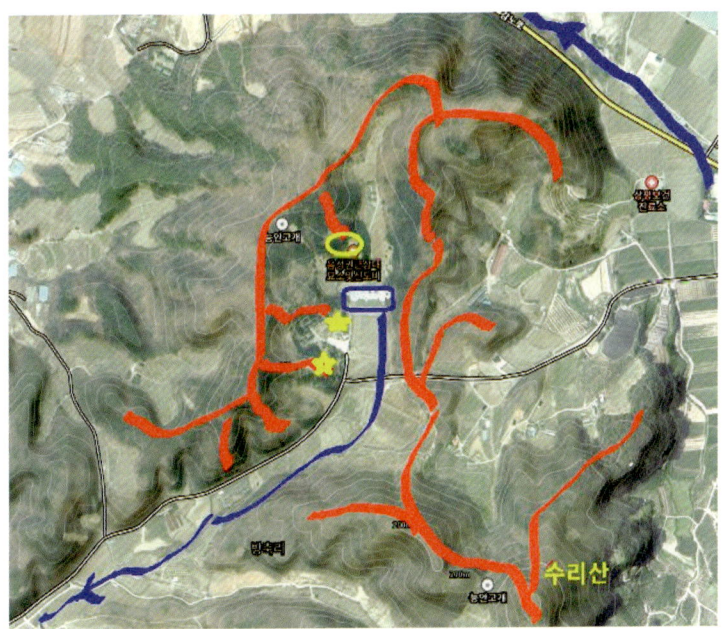

사진출처 : 카카오맵 스카이뷰(https://map.kakao.com)

* 소국

사진출처 : 카카오맵 스카이뷰(https://map.kakao.com)

　* 세 개의 나뭇가지에 과일이 달려 있는 형국이다. 첫째 가지에는 권근 삼대 묘가 있는데 권근 묘는 생기가 있으나 안산이 별로이다. 권제 묘는 당판이 좁아 청룡 쪽에 바람이 침범할 것 같다. 권람 묘는 앞바람에 생기가 흩어졌다. 둘째 가지에는 증손 권걸부부 묘가 쌍분으로 있는데 중간을 띄우지 않고 연결하여 이상했다. 부인 남씨 묘는 생기가 없고 권걸 묘에 작은 생기가 있다. 셋째 가지에는 권념의 묘가 있는데 넓은 당판에 당당하게 앉았다. 전순도 후덕하고 백호가 야물고 안산이 몇 겹을 이루고 좋다. 권념의 내력이나 후손들의 상황에 대하여 아는 바 없지만 풍수적으로는 중상(中上)에 가까운 대혈이다.

　결론을 말하자면, 권근 묘는 중등초급, 권제와 권람 묘는 평범하다. 사필귀정이다. 권걸 묘는 동네 길지급이고 아무도 말하지 않는 권념 묘가 수레산의 말락으로 중등상급 대혈이다.(2023.11.)

* 문종 때 사관의 권제에 대한 평가

권제는 총명하고 학문이 넓으며, 말을 잘하고 시사를 말하기를 좋아하였다. 그러나, 기첩(妓妾)에게 혹하여 처자를 대접하기를 매우 박하게 하여 가도(家道)가 바르지 못하니, 세상에서 이를 좋지 않게 여겼다. 그의 딸은 일찍이 첩과 더불어 거스림이 있어, 제가 발로 차서 죽었는데, 뒤에 역사 왜곡 때문에 제명(除名)하였다. 그 자손들은 세세대대로 벼슬하지 못하였다.

* 삼대 정승 묘

* 권걸 묘-- 정재삼 유튜브에서 인용.(감사합니다)

＊권념 묘-- 대혈이다.

충북 청주시 묵방리 한산이씨 이덕수 묘역

1. 이덕수(李德洙 1577~1646)

한산이씨 청주입향조 이도(14세손 李濤)는 목은 이색(7세손)의 후손으로 1576년(선조9년) 서울에서 청주로 이주하여 입향조가 되었고 그의 아들 이덕수는 병조참의를 거쳐 대사감에 오르고 그의 손자 이홍연(李弘淵, 1604~1683)은 효종 때 호조참판 좌참찬에 올라 청주세거 한씨들을 명문가로 만들었다. 지금도 청주 주성동 수름재 마을은 한산이씨 집성촌이다.

2. 묘역(청주 묵방리 213-1) 답사

＊길게 내려오는 산등에 11개의 묘들이 쓰여 있는데 위에서 4번째에 이덕수 묘가 있고 그 산등 아래 와(窩)로 생긴 곳에 이홍연 부부의 합장묘가 있다. 산등에 있는 묘는 바람을 타고 오직 국의 중심에 있는 이홍연 합장묘가 중등중급의 명혈이다. 그런데 안내문을 보니 이홍연의 초장지는

북이면이었는데 연기군으로 이장하였다가 수맥우환으로 월탄리로, 다시 2009년 이 곳 묵방리 선영으로 왔다. 사후 수백 년이 경과된 후에 이장하였으니 이 곳에서의 발복은 없었다고 보아야 된다.(2024.3.)

* 집장지

충북 청주시 옥산면 국사리 강감찬 묘
(풍수로 묘 주인을 가려보자)

1. 진양강씨 강감찬과 현종

* 진양(진주)강씨는 주나라 강태공의 후예로 고구려 병마도원수 강이식(姜以式, 597년 수나라 30만 대군을 격파)을 시조로 한 오래된 씨족이고 인구는 130만 명(2021년)으로 우리나라 6위이다. 박사공파, 소감공파, 관서대장군(시중공)파, 은열공파, 인헌공파가 오대파(五大派)인데 박사공파가 1백 만 인구로 가장 많고 인헌공파에 강감찬이 있고 은열공파에 강감찬의 부장 강민첨이 있다.

* 고려 삼한벽상공신 강궁진(姜弓珍)은 인헌공파의 시조이고 금천(지금의 서울 관악구 금천)에 살았던 연유로 일부가 금천(衿川)강씨로 분성하였다. 강궁진의 아들이 강감찬(948~1031)으로 키가 작고 풍채는 볼 품 없었다고 하나 청렴하고 인품 좋고 전략가이었다. 36세에 진사시에 합격하고 60세부터 두각을 나타내고 70세에 귀주대첩을 거둔 뒤 식읍 800석을 받고 문하시중에 올라 84세에 졸(卒)하였다.

* 흔히 병자호란과 거란의 2, 3차 침공을 대비하는데 병자호란 때 척화론자들이 대책없이 친명을 주장하여 백성들을 죽음으로 내몬 것과 달리 강감찬은 사전대비를 하면서 승전의 전략을 세웠던 것이다. 병자호란 때 대표적인 주전론자인 김상헌은 백성이 희생되더라도 명나라를 섬겨야 된다고 주장하였고 임란 때 10만 양병설이 채택되지 않았으나 귀주대첩 때 강감찬이 동원한 군사는 20만 명이었다.

강감찬 장군이 대승을 거둘 수 있었던 또 다른 받침은 현종의 전적인 신임이다. 현종은 많은 신하들이 거란의 기세에 놀라서 항복하자고 하였음에도 주전론을 펴는 강감찬을 믿고 군사 통솔권을 주었다. 선조나 인조 같이 의심과 시기심 많은 옹졸한 임금은 역모를 겁내어 백성이 따르는 영웅을 그냥 두지 못하는 법이다.

* 현종은 누구인가? 고려 태조 왕건의 8남 욱(郁)은 과부가 된 조카 며느리 헌정왕후 황보(5대 경종의 비)와 이웃에 살다가 불륜관계를 맺어 992년(성종11년) 아들 순(詢)을 낳았다. 성종은 욱을 사천 능화촌에 귀양 보냈는데 순의 어머니가 산고로 죽자 순을 불쌍히 여겨 2세되는 순을 능화마을 고개 너머 배방사로 보내어 아버지 욱을 만나볼 수는 있되 함께 살지는 못하게 조치하였다. 욱은 매일 고개 넘어 순을 만나는 낙으로 살다가 귀향온지 4년 만에 사망했다. 욱은 죽을 때 고개마루 인근 귀룡동에 장사지내되 시체를 엎어 묻으라고 유언했다. 순은 6세 때 개경으로 귀가하였

고 18세 때 유일한 혈통계승자로 왕위에 오르니 제8대왕 현종이다. 사람들은 욱이 엎어진 상태로 묻히어 속발하였으므로 풍수지리의 고수이었다고 본다.(사천 능화리 복시면장혈 간산기 참조) 현종은 고려의 기초를 확고하게 다진 현명한 임금이었다.

2. 거란과의 전쟁

* 제1차로 993년(성종 12년) 거란 소손녕이 수십만 군사를 이끌고 서경까지 침범하였고 이에 서희가 담판하여 외교적으로 수습하였다.

* 제2차로 1010년(현종1년) 거란 요나라 성종이 30만 대군을 이끌고 침범하였는데 고려의 집권자 강조가 대패하고 전사하자 항복론이 우세하였으나 당시 60세 된 강감찬이 한사코 반대하고 현종을 나주로 피난시킨 다음 양규 등과 수성에 힘쓴 끝에 퇴각시켰다.

* 제3차로 1018년(현종 9년) 소배압이 정예기병 10만명을 동원하여 침공하였는데 70세의 강감찬이 총대장으로 전쟁을 지휘하여 흥화진에서 수공으로 타격을 입혔다. 소배압은 이에 굴하지 않고 서경으로 진격하였다가 고려군이 식량과 말먹이를 치우고(淸野전술이다) 항전하는 바람에 후퇴하여 귀국하는 것을 구주(龜州, 귀주라고도 함)에서 강민첨, 김종현을 부장으로 삼아 결전을 벌여 대첩을 거두었다. 살아서 돌아간 거란군은 수천 명에 불과하였고 이로써 고려는 동북아의 세력균형에 한 축(軸)이 되어 요나라가 1125년 송나라에 의하여 멸망할 때까지 120년 간 평화가 유지되었다.

* 1031년 현종이 죽고 몇 달 뒤 강감찬이 죽었으며 요의 성종도 그 해 죽었다. 귀주대첩에서 용맹을 떨친 강민첨은 1021년 사망하여 충남 예산 이티리 602에 묻혔는데 중등초급 명당으로 추측되고 문화재로 지정받았다.

3. 강감찬 묘에 관한 논쟁

＊청주 국사리 산26-2에 강감찬과 강민첨을 모신 충현사가 있고 그 옆에 인헌공 강감찬장군 추모비라는 비석이 있는 묘가 있다. 이 묘에 대하여 실제 강감찬 장군 묘라는 견해와 확인되지 않는다는 견해가 있고 당국은 후자의 견해를 지지하여 문화재로 지정하지 않고 2015.4. 청주시 향토유적 제104호로 지정하였다.

＊강감찬은 구주대첩 후 충청 천수(天水)에 식읍을 받고 거기에 묘가 있다는 말은 있는데 천수가 어디인지 알지 못한다. 그리고 선조와 광해군 때 강감찬 묘에 나무를 심어 정비하라는 실록기록이 있고 순종 승정원 일기에 강감찬 묘를 보수하고 제사를 지내라는 기록이 있으나 묘의 위치를 알지 못한다.

강씨문중은, 현지인들 사이에 이곳 골짜기에 장군묘가 있다는 말이 전해 오고 있고 청주 옥산 동림산에 은거하였는데 거란의 자객이 오는 것을 잡았다는 말이 있는 것을 근거로 수색한 끝에 가시덩굴 속에 있는 장군의 묘를 찾아내고 1963년 당국과 함께 묘를 발굴하였다. 묘속에서 넓적한 큰 돌에 글자를 새긴 묘지석을 찾았으나 글자가 마모되어 강(姜)이란 글자와 감찬이란 글자의 일부 획을 판독할 수 있었다. 당국은 그 정도로는 강감찬 묘로 확인 할 수 없다는 이유로 문화재로 인정해 주지 않았다. 강씨문중과 유지들이 1967년 추모비를 건립하고 현충사 보존위원회를 결성하여 문화재 지정을 추진하고 있으나 출토된 묘지석의 행방도 알 수 없게 되어 있는 상황이다.(다행히 사진은 있다)

＊강씨들은 인조가 1645년 소현세자와 1646년 세자빈 강씨를 죽이고 세자비의 아버지 강덕기(강감찬의 17대손)를 사사하자 화가 미칠까 두려워서 장군의 묘를 허물고 도피한 탓으로 실묘하였다고 주장한다. 그렇다면 순종의 승정원일기(1910년 직전의 기록분)와 부합하지 않는다. 다만

임란과 병자호란 그리고 전쟁후의 대(大) 기근으로 전국토가 유랑민으로 전락하여 목숨을 부지하기에 급급하였으므로 그 시기에 조상의 묘를 실전한 경우가 많았다. 고려 때의 시조 묘는 대부분 수백 년 혹은 천 년 간 실묘하였다가 찾았다.(각 성씨의 시조 묘 참조)

4. 풍수적 고찰

* 인걸은 지령이라 명당에서 인물이 난다. 반대로 명당은 자기에 걸맞는 시설이나 인물을 끌어들인다. 위인의 묘는 명당인 경우가 많고 흉지에 위인이 묻히는 경우는 거의 없다. 이 묘가 명당이라면 범인(凡人)이 아닌 강감찬 장군의 묘일 가능성이 높고 흉지이라면 강장군의 묘는 아닐 것이다. 풍수학회 중에는 주인봉의 오행체와 음분속(音分屬)으로 묘주인의 성씨를 판별할 수 있다는 학회가 있는데 이 묘의 주인 성씨를 어떻게 보는지 모르겠다.

* 중국-- 주산은 상봉산(193m)이고 토산으로 무르고 둥치가 빈약하다.

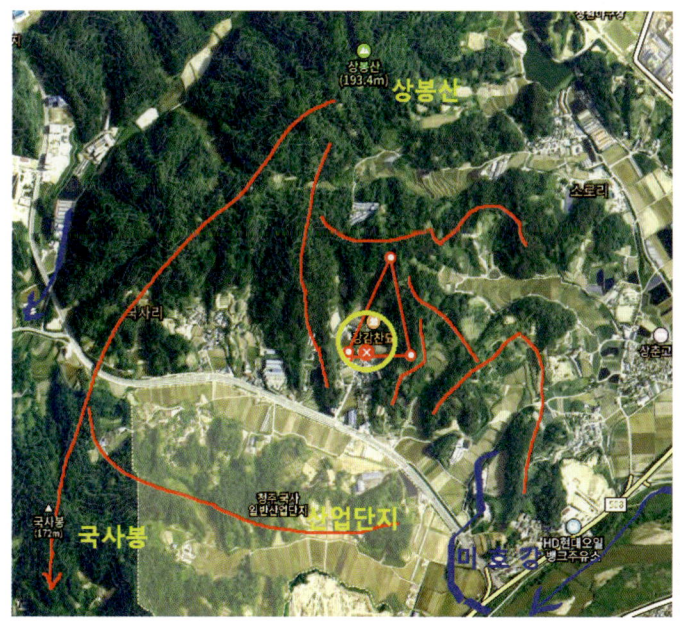

사진출처 :
카카오맵 스카이뷰
(https://map.kakao.com)

그러나 입수래룡은 잘 발달되어 있고 현무에서 방향을 조금 전환하면서 뚝 떨어져 내려 앉았다. 中局의 모양새도 좋다. 중등중급의 명당이다.

 *강감찬 묘-- 입수래룡에 풍천임씨 집장지(2004년 조성)가 있고 주변이 너절하여 볼 품이 없다.

 *풍수적으로 이 묘는 강감찬의 묘라 하여도 손색이 없을 명당이고 앞서 본 자료 정도이면 문화재로 지정해야 옳다. 우리의 역사 이래 을지문덕의 살수대첩, 강감찬의 귀주대첩, 이순신의 한산대첩을 3대 대첩이라 한다. 을지문덕은 이북에 사적이 있다. 이순신에 관한 연구자는 수십명에 이를 것 같으나, 강감찬에 관심을 가진 사람은 적다. 강감찬에 관한 드라마는 장군이 왜소하고 풍채가 볼품 없다는 사실과는 달리 꽃미남 최수종을 배역으로 삼아 재미있게 보면서 장군의 묘가 너절하게 있는 것을 방치하는 것은 옳지 않다.(2024.3)

충남 공주시 김갑순과 발복처
(근대화 以前 우리나라 최대 부자, 무슨 낯으로 그에게 애국을 요구하는가?)

1. 김갑순 프로필과 만석꾼

* 김갑순(1872~1961)은 공주 대전에서 조선 고종시대부터 해방 무렵까지 권력을 이용한 부정축재, 부동산투자, 영화극장, 교통 등 다양한 사업으로 재산을 모았다.

* 1930년대 말 그의 토지는 1,011만 평(여의도의 4배, 임야 제외)에 이르렀고, 대전시 내 토지만 하여도 22만 평(도시 전체면적의 40%)을 소유하였고 공주지역에만 소작인 2천 명 감독인 40명이 있었고 해방시까지 계속 재산을 늘렸다. 농지개혁으로 농경지를 잃었으나 나머지 재산으로도 거부였다.

* 부인 10명에 5남 4녀를 두고 89세에 죽었고 후손이 80명에 가까웠다. 친일반민족 708인에 포함되었다. 해방 후 친일척결, 6·25한국전쟁 때 인민군의 지주 학살에도 기적같이 살아남았다.

* 만석꾼은 농경지 수입으로 1년에 벼 1만 석(쌀 2만 가마니)을 수확하는 부자를 말한다. 1만석을 수확하려면 농경지 250만 평(논은 2백 평, 밭은 3백 평을 1마지기로 계산하므로 만석꾼은 1만 마지기 면적의 소유자이다)을 소유해야 된다. 경주 최부자가 250만~300만 평을 소유하고 3천석을 수확하였다. 호남제일부자 인촌가가 10만석꾼이었다고 하나 과장되었을 것이다. 김갑순은 공식적으로 1,011만 평을 소유하였고 그 소유지가 대전 공주 논산등 땅값 상승지역이므로 시골 농토와 비교할 바가 아니다. 해방 후에는 논경지가 더 이상 재산의 척도가 될 수 없고 1980년대의 산업화로 인하여 현대적 兆단위의 재벌들이 생겨났다. 농경(農經)자본과 산업(産

業)자본은 서로 비교할 수 없는데 김갑순은 산업화 이전까지(1970년)의 시기에 우리나라 역사상 최고의 부자 기록을 갖고 있었다고 생각한다.

2. 엇갈린 평가와 농경지 부자의 몰락

　* 위의 프로필을 보면 거부에 다복하고 평생 신왕(身旺) 재왕(財旺)하였다. 재산을 모을 생각으로 친일한 점을 들어 죽일 놈이라 評한다든지, 부동산개발로 축재한 점을 들어 우리나라 최초의 부동산 투기꾼이라 혹평한다든지, 아침에 거부가 되었다가 저녁에 몰락한 졸부로 보잘 것 없다고 평하는 사람이 많다. 그러나 자기가 보고 싶은 面만을 보고 사람을 평가하는 것은 감상에 지나지 않는다. 그의 분향소에 밤새 대기해야 할 정도로 문상객이 많았고 장례에는 만장이 수백 장 휘날렸고 인산인해를 이루었던 사정, 지금도 공주 노인들은 한 사람도 그를 욕하는 사람이 없는 사정, 해방과 육이오의 혼란기에도 그의 송덕비가 파손되지 아니한 사정, 행정당국도 그의 생가지에 표지석을 세워두고 있는 사정 등을 고려한다면 악한(惡漢)으로 볼 수 없다. 그의 행적을 보면 시류(時流)에 영합한 사업가로 보아야 되고 당시 백성들은 그가 관노에서 출발하여 세상을 휘젖고 다니며 조선(朝鮮) 최고의 부자가 되는 것을 보고 열렬히 성원하고 대리만족하였던 것이다.

　당시 사회 상황을 보면, 임금은 우매하여 경복궁 짓는데 국고를 탕진하고, 신하들은 이완용 등 매국노가 판을 치고, 지방은 조병갑 같은 탐관오리가 백성을 수탈하고, 양반들은 평민을 착취하고, 평민은 노비 등의 천민들을 업신여겼다. 종놈은 소작 영농할 기회도 없고 예쁜 딸은 주인에게 진상하고 대대로 노비 신분을 물러 받게 되며 노비문서는 주인집 재산 목록에 들어간다. 농민들의 울분이 동학혁명으로 표출되었으나 우매한 지도자가 궁을궁을하는 주문을 외우면 총알이 비켜간다고 선동한 탓으로 애꿎은 농민들이 학살당하고 장흥 초등학교 앞 전투에서 5천 동학군 패잔병이 일본군에게 몰살당하는 참극을 맞았다. 양반과 평민의 비율이 1대9이었으니 절대다수인 하류계층 특히 노비들의 울분은 어떠하였겠는가, 김갑순은 이런 불공정한 세상을 보고 모두 도둑놈의 세상이라는 말(민나도루보)을 입에 달고 살았다. 무슨 낯으로 노비에게 애국을 강요하는가?

* 해방 당시까지 부자는 만석지기 농토 보유자이었는데 1949년 농지개혁으로 9천 평 이상의 非자경농지(自耕農地)을 전부 뺏겼고 1950년 6·25 한국전쟁그리고 1953년 화폐개혁으로 기존의 부자들은 폭망하였다. 3大 부자라는 서울 이봉래, 진주 김기태, 경주 최부자는 농지개혁 후 재산 규모가 김갑순에 따라가지 못했다. 김갑순이 망한 것은 시대적 변화에 기인한 것이고 전국의 만석꾼이 다 망하였으니 김갑순의 개인적 재운을 탓할 일이 아니다.

* 김갑순의 일대기를 보면 풍수상 발복지가 어디인가 더욱 궁금해진다.

3. 일대기
가) 청년기
* 1872년 공주읍 죽동245에서 태어나 12세 때 아버지와 형이 죽고 어머니가 국밥집으로 생활하였다.

* 10대초 공주감영의 관노로서 사또의 요강을 관리했는데 싫은 내색없이 하루에 7~8회 청소하고 남들 보다 성실하였고 월급을 타면 모두 상납하여 상전의 눈에 들었다. 노름판에 갖힌 여인을 사력을 다해 구출하고 의남매를 맺었는데 그 여인이 충청감사의 첩이 되고는 김갑순을 적극 후원해주는 덕택으로 1899년 감영아전이 되었다. 관노가 아전이 된다는 것은 대단한 신분상승이다.

* 관찰사 아전으로 있을 때 초라한 선비가 딸의 혼수비를 빌리기 위하여 관찰사를 찾아왔다가 면회를 거절당하고 낙담해 하는 것을 보고 자신의

피륙과 엽전을 나귀에 실려보냈다. 뒤에 그 선비가 탁지부 고관이 되어 김갑순을 경성으로 불러들이어 밀어준 것이 계기가 되어 1901년 내장원 봉세관이 되고 고속 승진한 끝에 대한제국중추원의관이 되고 고종 황제로부터 이름(원래 이름은 김순갑이었다)을 하사받았다.

나) 장년기

* 봉세관으로 재직하면서 세금을 착복하여 축재하고(당시는 공직이 부패하여 上下관리가 세금횡령하기에 바빴다) 1902년 부여군수직을 돈으로 매수한 것을 시작으로 공주, 노성, 아산 등 6개 군수를 역임하고 가선대부가 되었다.

* 한일합병(1910.10.)이 되자 관직을 사퇴하고 본격적인 재산증식에 나섰다. 개발정보를 미리 입수하고 식산은행의 대출을 받아(금융기관을 이용한 최초의 사업가이다) 대전 일대의 토지를 집중 매입하고 일제가 토지사정으로 빼앗은 토지를 대거 매수하였는데 1914년 호남선이 통과하여 그가 많은 땅을 보유한 대전이 교통요지가 되었다. 1920년부터 유지들을 앞세워 도청 대전유치운동을 벌여 1932년 공주에 있던 충남도청은 김갑순이 제공한 6천평으로 이전되었다. 작은 郡의 하나이던 대전은 평당 1~12전하던 땅이 100원으로 폭등하여 1000배로 증식하였다. 당시 대전시의 토지 중 40%에 해당하는 22만 평이 그의 소유이었다. 대전 토지가 1백 배 상승하였다면 시골의 농경지 2200만 평(9만 석)에 상당하는 재산이다. 금강 주변 토지를 매립하여 시장을 만들었고, 토지투자에 그치지 않고 1931년경 대전극장과 공주극장을 설립하였고 교통회사를 운영하였으며 유성온천개발을 주도하였다.

* 관직에서 물러난 뒤 도의원, 수리조합장, 중추원 참의를 역임하고 반일종교단체인 금강대도교를 밀고하여 건물을 뺏고, 그 자리에 총독열전각을

건립하고, 친일지식인들과 함께 전시동원운동에 앞장섰다(이 대목이 일생일대의 과오이었다). 한편으로는 자선사업, 공주 산성교건설 등에도 거금을 기부하였다. 김갑순의 송덕비가 몇 개 세워졌고 그가 만년에 공주에서 대전으로 이사할 때 공주사람들이 이사하지 말라고 데모까지 하였다. 김갑순의 다양한 행적으로 인하여 일제는 조선인 공로자 353인 중 한 사람으로 표창하고 대한민국은 친일반민자 708인 중 한 명으로 낙인찍었고 충청지역 민중들은 천민에서 입신출세한 입지적 인물로 환영하였다.

다) 해방 이후

* 이때까지의 부자들은 농지형태로 재산을 보유하고 현금을 금고에 쌓아두었는데 농지개혁(1949년)과 화폐개혁(1953년)으로 몰락하지 않을 수 없었다. 김갑순도 토지를 잃었으나 1961년 사망 후 유족들이 상속세를 물납하였는데 대지 7천 평 전답 4천 평 임야 182만 평 서울과 대전에 있는 주택 721동이었다.(당시 동아일보 기사) 사업토지를 많이 보유한 덕으로 농지개혁 후에도 다른 만석꾼보다 많은 재산을 보유하였다

* 1949.1. 반민특위에 체포되었으나 특위가 해산되어 무사하였고 개별소추되었으나 대법원에서 보석으로 석방되었다. 1950.2. 명예회복을 부르짖으며 아들 2명과 손자 1명을 공주와 대전지역에 국회의원으로 출마시키고 아이들까지 김갑순의 돈을 받았다고 할 정도로 많은 돈을 풀었으나 모두 낙선하였다.

* 6·25한국전쟁 때는 가족은 피신하였으나 본인은 인민군에게 체포되어 신문을 받게되었는데 인민군 장교가 부하들을 사무실 밖으로 내어보내 놓고 뒤돌아 서서 외면하자 도망가라는 암시임을 눈치채고 창문으로 달아나서 살았다. 인민재판에 회부되어 즉결처결될 위급한 상황이었는데 당시 인민군 장교가 김갑순집 마름의 아들이었던 연고로 기적적으로 살아남았

던 것이다. 김갑순이 인심을 잃었다면 인민군 장교가 위험을 무릅쓰고 구명을 해주었겠는가?

　*5남 4녀를 두었는데 모두 친일 유력인사집과 혼사를 맺었고 직계후손이 80명(어떤 풍수가 주장한 숫자이다. 1950년 선거에서 손자가 출마하였으니 김갑순 사망시에는 증손자가 다수 출생하였을 터이다)에 이르렀다.

라) 여러 일화

　*관리들을 면회할 때 순금명함을 주는 바람에 서로 면회하려고 야단이었다.

　*공주 군수로 부임할 때 사대부들이 관노(官奴)에게 절할 수 없다는 명분으로 배척운동을 벌였으나 김갑순은 선물과 회유로 다스려 무사히 군수직을 수행하고 표창장을 받았다.

　*총독부의 법무국장에게 호랑이 가죽을 선사하고 장남 김종석을 판사로 임명해달라고 청탁하였고 총독부는 1915년 판검사 특별임용고시를 실시하여 김종석을 판사로 임명하였다. 이를 두고 호피(虎皮)판사라는 말이 생겼다.

　*1932년 회갑에 축하 시문을 보낸 고관대작이 1백여 명 되었고 1961년 그의 장례에는 분향을 하려면 하루나 이틀을 기다려야 되었고 장례행열이 국상(國喪) 부럽지 않게 성대하였다고 한다.

　*서울 갈 때면 절반은 자기땅을 밟고 갈 정도로 땅이 많았다. 생활이 검소하였다. 돈을 끌어 모우는 재주가 있어 화폐제조기라 불렸다.

4. 풍수상 발복지

　김갑순은 長壽, 巨富, 多孫, 權勢를 누린 셈이니 대명혈 발복이라 볼 수 있다. 발복지는 어디일까? 어느 곳이라고 확정적으로 말하는 사람이 없다.

가) 음양택 약도

음택으로는 아버지 김현종의 묘(초장지, 2012년경 이장)와 어머니 밀양 박씨 묘(2020년경 가족 집묘지로 조성)를 검토해야 된다. 그 윗대 묘는 불명이고 아랫대는 김갑순 死後에 쓴 것이므로 발복과 무관하다. 양택으로는 생가(국밥집, 소년기)와 장년 주거지(재산 축적기)를 보아야 된다.

＊음양택 약도

사진출처 : 카카오맵 스카이뷰(https://map.kakao.com)

나) 아버지 김현종의 초장지(공주시 계룡면 구왕리 산72)

＊지인(知人)이 5~6년전에 거부의 발복지가 이장되고 매물로 나와 있으니 구경가자고 권함에 따라 갔는데 파묘지이었다. 당시는 김갑순을 알지 못하던 때이어서 선입관 없이 관찰할 수 있었다. 입수래룡이 사룡(死龍)에 가깝고 돌혈인데 지각 또는 수염(하수사)이 없고 혈장이 좁다. 청룡 쪽이

주룡으로 계속 행진하여 안산 역할을 하다가 사라질 무렵 일부가 뒤돌아 본다. 뒤돌아보는 안산 부분이 이 묘의 최대 장점이다. 좋게 보아 동네 길 지급이다.

　*2012년경 처(妻) 밀양박씨(김갑순의 모)곁으로 이장하는 바람에 파묘 지가 되어 매물로 나와 있었던 것이다. 모 풍수학회가 최근 파묘지에 예쁜 가묘(假墓)를 설치하였다. 풍수들 사이에 "명혈이다. 흉혈이고 어머니 박 씨 묘가 대명당이다"라는 등 말이 많다.

　*이 터에 관하여 다음과 같은 일화가 있다. 김갑순의 어머니는 일찍 남 편을 여위고 시장에서 국밥장사를 하였는데 어느 날 나무꾼이 돈이 없어 서 명당을 사지 못한다고 한탄하는 것을 보고는 나무꾼에게 돈을 주고 명 당터를 매수하여 남편을 이장하였다. 그 발복으로 김갑순이 거부가 된 것 이라 한다. 이러한 이야기는 모친 묘에 관해서도 전해온다.

　*김현종 초장지

사진출처 : 카카오맵 스카이뷰(https://map.kakao.com)

다) **어머니 밀양박씨 묘**-- 초장지는 공주 계룡면 구왕리 산64-11이고 현재의 가족묘지 內이다

* 모친 밀양박씨 초장지 및 2012년경 이장한 부친 김현종 묘(작은 봉분)

* "명당이다, 아니다 5代에 절후될 흉지이다"라고 극명하게 견해가 다르다. 한편 천호선사가 쓴 풍수지리정경을 보면, "김갑순의 어머니가 국밥장사를 하면서 죽으면 마화위룡형의 명당(만산도에 공주 東30리에 있다고 하는 유명대혈)에 묻히겠다고 말하면서 구왕리 방면에서 오는 나무장사들에게 나무도 사주고 국밥도 대접하면서 인심을 썼다. 어머니가 죽자 김갑순이 지관을 데리고 명당을 찾으려 다니던 중 어느 산등에서 잠깐 잠이 들었는데 꿈에 노인이 나타나서 어린 놈이 명당을 어찌 찾겠느냐. 내가 지적하는 곳에 쓰라고 가르쳐주었다. 저자가 노성판사를 지낸 김갑순으로부터 직접들은 이야기이다"라고 적혀 있다. 그러나 이 말은 믿기 어렵다.

①김갑순의 발복은 마화위룡의 발복을 뛰어 넘었다고 볼 수 있다. 그러한 대(大)발복처가 되는 대혈이 되려면 청백이 중중하고 수구가 잘 짜이고 사격에 장점이 있어야 되는데 그렇지 않다. ②모친은 김갑순이 부자가 된 뒤 사망하였다고 추측되는데(묘비 판독을 못했다) 그렇다면 발복처라 할 수 없다.

＊흉지는 아니고 초등명당급이고 부친묘 보다 더 좋다. 후손들도 여기가 명당이라 생각하였기에 여기를 집장지로 만든 것 아니겠는가? 증손자代에 자손이 80명에 이르런다면 경험(經驗)상 절손될 가능성은 거의 없다. 풍수는 장래의 일에 대하여 발생할 가능성이 많은가의 여부 즉 개연성(蓋然性)을 자료(資料)로 판단하는 학문이다.

라) 가족 묘

모친 초장지를 개조하여 부모합장묘를 중앙에 설치하고 좌우에 장남 김종석 부부 등 6기의 가족묘를 설치하고 아래에 비석들을 옮겨 일렬로 세우고 보기 좋게 잘 관리하고 있다. 원래 한 단계 아래에 김갑순 묘 다시 몇 십미터 아래에 장남 김종석 묘가 있었던 것 같은데 파묘하여 가족묘지로 이장하면서 크다란 봉분을 정리하지 아니한 탓으로 보기 흉했다. 김갑순 파묘지는 별로이고 김종석 파묘지는 집장지로 조성해도 좋을 듯 보였다. 김갑순 묘 입구에 복락당이라는 사당을 건축하였다고 하나 허물어져 찾을 수 없었다.

＊가족 묘 사진

* 가족 묘 약도-- 구왕리 산35에서 가족 묘 진입로가 개설되어 있다.

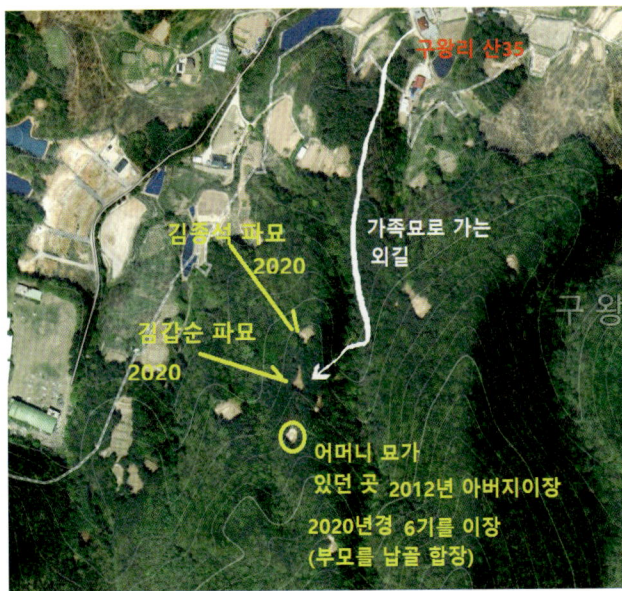

사진출처 :
카카오맵 스카이뷰
(https://map.kakao.com)

* 구왕리 대국

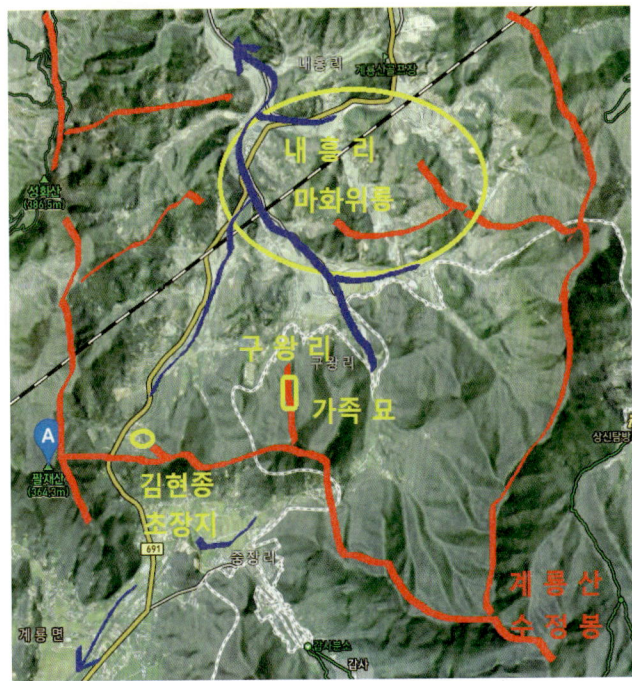

사진출처 :
카카오맵 스카이뷰
(https://map.kakao.com)

마) 생가(출생 및 소년기)-- 공주시 죽동 245

*생가지에서 어머니가 장터 국밥집 장사를 하였을 것이다. 중동초등학교 뒷산까지 룡(龍)이 꿈틀거리며 행진한 다음 평지로 급락하여 학교를 건너고 다시 내려 앉았다. 행주형이다.

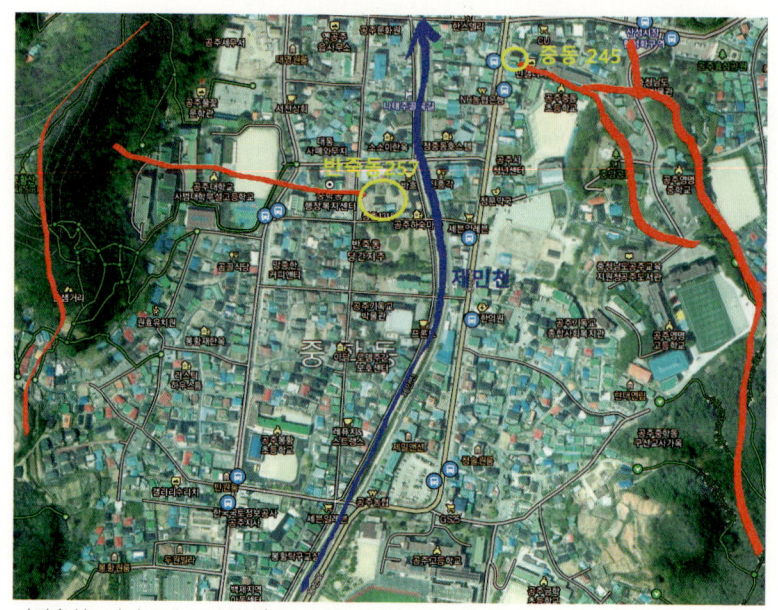

사진출처 : 카카오맵 스카이뷰(https://map.kakao.com)

*학교에서 내려가는 입수

바) 장년기 거주지-- 공주 반죽동 257

＊김갑순은 재력을 과시하여 자금을 끌어들인 요량으로 명문대가를 매수하여 살다가 만년에 대전으로 이사하였다. 김갑순이 아마도 군수를 역임하고 관직에서 물러나서 본격적으로 부동산 사업에 매진하기 시작한 1910년경 매수하고 충청도청이 대전으로 이전한 직후인 1934년경 대전으로 이사하기까지 거주하였다고 추측한다.

＊김갑순의 집터리는 작은 표지석이 있다(지금은 주차장 부근 길가로 이전하였다). 전면에 신라 성왕 때(527년) 건립된 대통사가 있었는데 현재는 당간지주가 남아 있고 공원이다. 봉황산에서 평지낙맥하여 제민천(齊民川)냇가로 내려온 행주형으로 巨富之地이다. 면적은 수백 평이 되는 것 같고 그 속에 기운이 왕성한 곳이 몇 군데 있다. 최근 본채 기와집을 복원하고 청소년 복지시설로 운영하고 있다. 자좌인 것 같으나 후면이 허약하므로 유좌묘향이 좋지 않을까?

＊한옥 복원-- 집터는 그 일대로 상당히 넓었고 2008년까지 안채가 있었는데 2020년 한옥을 개축하였다.

* 옛 집터 중앙-- 청소년 복지시설

* 주차장 길가로 옮긴 표지석

* 당간지주

사) 결론을 말하자면, 국밥 집터와 장년기 집터는 모두 행주형으로 김갑순은 작은 행주형인 국밥 집터에 태어나서 성장했고 장년기에는 큰 행주형인 반죽동 257(중등상급대혈)에 거주하였다. 작은 배에 있다가 제민천을 건너 큰 배로 옮겨 탄 것이다. 음택은 괄목할 곳이 없지만 양택은 연이 맞으면 조선 최대 부자를 배출할 수 있을 것 같다. 혹자는 김갑순이 후계자를 양성하지 아니한 탓으로 폭망하였다고 흉보지만, 어차피 사회체계가 변화되었으므로 자식교육으로 재물을 지킬 수 없다. 그 대신 80명의 후손을 남겼으니 후손이 번성하다가 보면 인재도 태어날 수 있을 것이다. 김갑순만큼 사업머리가 뛰어나고 처세술이 좋다면 지금 태어나도 상당한 부자가 되었을 것이다. 타고난 사람이다.(2023.5.)

* 큰 배와 작은 배

사진출처 : 카카오맵 스카이뷰(https://map.kakao.com)

충남 공주시 만수리 연안이씨 이귀 묘
(四父子의 발복처는 어디인가?)

1. 이귀의 4 부자(父子)

* 묵재(默齋)이귀(李貴, 1557~1633)는 강릉 참봉으로 재직 중 임란을 맞이하고는 의병을 일으키고 유성룡을 도와 군사모집과 군량조달을 담당하여 공을 세웠고 1603년 문과에 급제하여 함흥판관 등을 거친 뒤 공초수정 혐의로 탄핵당하였다. 1619년 복권되었으나 광해군의 폭정에 불만을 품고 1623년 김유, 최명길, 김자겸 등과 반정을 일으켜 선조의 손자 능양군을 인조로 옹립함에 따라 정사공신 1등에 올랐다. 이후 좌찬성 등을 역임하면서 서인의 영수가 되었고 1626년 이조판서에 올랐다가 인현왕후(인조의 어머니)상에 대하여 김장생과 함께 2년상을 주장하다가 탄핵당했다. 복권 후 1627년 정묘호란을 당하자 최명길의 주화론을 지지하다가 탄핵당하였다. 군비확충에 힘써 병자호란 때 인조가 남한산성에서 오래 버틴 것도 그의 공이 크다.

* 인조반정은 묵재가 계획하고 동조자를 규합하며 군사를 동원함으로써 성공할 수 있었고 주화론이나 대동법 지지와 같은 평민을 위한 정치에 앞장 섰다. 인조반정 때 아들 셋을 끌어들이어 가족의 목숨을 걸었다. 청렴 검소 근신한 선비재상이라 평을 들었다. 강직한 언사로 인조의 총애를 받지 못하였으나 묵재가 졸하자 왕은 통곡하고 영의정에 올려주지 않은 것을 후회하면서 상지인(相地人)을 보내어 장사를 치르게 하였다. 초장지는 교하이었는데 2년 뒤 이 곳으로 이장하면서 배편으로 금강을 통하여 운구를 하자 도중에 많은 백성들이 나와서 애도하였다고 한다.

2. 묵재 이귀 가문의 발복지는 어디인가?

*묵재는 5남 4녀를 두었는데 장남 이시백(李時白, 1581~1660, 3남 1녀)은 정사공신 2등이 되고 이괄난과 병자호란 때 전공이 있다. 효종때 두루 요직을 거쳐 영의정에 오르고 연양부원군에 봉해졌다. 실록에 벼슬살이 38년 동안 청렴 근신 검소함에 변함이 없는 선비라고 적혀 있다.

*둘째 이시담(李時聃, 1584~1665)은 숙부에게 입양되었는데 인조반정에 참가하고 원종공신 1등에 녹훈되고 충주목사등을 역임하였다. 부임하는 곳마다 선정을 배풀어 명관이란 평을 받고 순창 능주 등지에 선정비가 있다.

*셋째 이시방(李時肪, 1594~1660)은 정사공신이고 연성군에 올랐다. 이괄의 난 때 토벌공훈이 있고 효종 때 병조판서를 역임하고 영의정으로 추증되었으며 보령 홍주지역의 연안이씨 입향조(이귀는 한양 출생)이다. 충청 전라도에서 김육의 대동법이 시행되도록 죽을 때까지 전력을 다했다.

*이귀 4부자는 반정에 책임감을 갖고 평생 근신하여 명재상이 되었다고 생각되는데 그들의 발복처는 어디인가? 먼저 윗대 선조 묘를 검토할 필요가 있다. 연안이씨의 시조 이무는 660년경 당나라 소정방을 따라 나당 연합군으로 참전하였다가 귀화한 인물이고(묘는 황해도 연안에 있고 대전 현충원에 단소), 그 후 계대(系代)를 잃고 고려 고종(1213~1259) 무렵 인물을 각기 기세조(起世祖)로 하는 10개파가 형성되었다가 현재 4개파(첨사공파, 판사공파, 통례문부사공파, 대장군파)가 뚜렷하고 나머지는 소멸되었다. 그중 판사공파는 이현려(1136~1216)를 기세조로 하고 <u>9세손 이석형</u>(판중추부사 연성부원군, 세종에서 성종까지 여섯 임금을 섬긴 명재상)이 6남을 두어 손세가 폭발하고 후손들이 현달하였다. 후손의 번성은 13세손 월사 이정구와 14세손 묵재 이귀가 쌍두마차격이 된다.

＊이석형(9세손)-이혼(10세손)-이수장(11세손)-이기(李夔,12세손)-이정화(13세손)-이귀(李貴, 14세손, 5남4녀)―이시백(15세손)으로 이어진다. 이석형의 묘는 정몽주 묘역에 있는데 명혈이라는 사람이 적지 않으나 필자는 소혈로 본다. 나머지 선조 묘는 이석형 묘의 청룡 너머(용인 능원리 산3)에 있는데 명혈이 있다고 말하는 사람이 없다. 결국 선조 묘에서 발복처를 찾기 어렵다. 다음으로 이귀父子 묘를 검토한다.

3. 이귀 부자 묘

＊이귀 묘는 공주시 이인면 만수리 산4-5에 부인 인동장씨와 합장 묘이다. 계룡산 일맥이 북상하여 공주 금강변에 이르러 개승산을 세우고 회룡고조로 개면(開面)하였다. 대국을 보면 산태극(山太極) 수태극(水太極)이다.

＊중국

사진출처 : 카카오맵 스카이뷰(https://map.kakao.com)

* 주산 개승산

* 안내판

충청남도 기념물 제183호
Chungcheongnam-do Monument No. 183

공주 이귀의 무덤은 연평부원군 이귀李貴, 1557~1633와 그의 부인 인동 장 씨가 함께 묻힌 곳이다.
이귀는 율곡 이이와 우계 성혼의 제자로 두 아들과 함께 인조반정을 주도하여 정사공신1) 1등에 올랐다.
그가 세상을 뜨자 인조는 매우 슬퍼하며 쌀과 베는 물론이고 어의2)까지 보냈을 정도라고 한다.
그런가 하면 그에게 가르침을 받았던 세자가 직접 조문하기도 하였다.
장례를 마친 후 경기도 파주에 장사를 지냈으나 2년 만에 공주로 묘를 옮겼다. 당시 상여를 실은 배가
서해를 지나 금강을 통해 이곳까지 오는 동안 그 뒤를 따르는 행렬이 굉장했다고 전한다.
묘비는 택당 이식의 글을 새겨 1641년에 세웠다. 묘비와 문인석은 조각의 화려함으로 보아 같은
시기에 만들어진 것으로 보인다. 마을 입구에는 신도비3)가 세워져 있다.

* 이귀 묘

＊이귀 묘의 안산

＊이 묘에 대하여 주산에서 입수로 내려오는 용맥이 여러 갈래로 흩어져 있어 진혈이 아니라는 견해가 있으나 주산에서 급전직하로 내려오므로 살기를 털어버리려면 래용(來龍)이 희미해야 된다. 겸혈이라는 견해가 있으나 겸혈은 두 어깨나 두 다리 사이에 결혈되는 형상이다. 돌(突) 가운데 와(窩)로 보는 것이 어떨까?

입수 직전에 가늘게 결인하면서 방향을 틀어서 왔고 당판이 확실하다. 중등상급의 장군대좌이다. 다만 안산이 너무 강하지 않을까?

＊장남 이시백의 묘는 천안 매당리 산11-4에 있는데 지도상으로 보면 좋은 것 같다.

＊차남 이시담은 대전 유성구 갑동 산1 현충원 변두리에 있다.

＊셋째 이시방 묘는 보령시 오천면 영보리 산20-1 영성재 위에 있다. 가보지 못했는데 이색의 묘처럼 길다란 골짜기 안에 있고 아마도 좋은 곳일 것이다.

4. 발복지

* 이정구와 이구는 10세손 때 선조가 나누어진다. 즉 이귀는 10세손 이수장의 후손이고 이정구는 이수장의 동생 이순장의 후손이다. 이귀의 발복처로 특별한 음택명당은 알 수 없으나 이귀의 묘가 명당이므로 아들들이 장후(葬後) 16년만에 효종이 즉위하자 무난히 큰 벼슬을 하였고 후손들이 번성하는 데에 도움이 되었을 것이다.(2024.1.)

충남 논산시 고정리 김장생 묘
(국은 좋은데 혈처는 시원찮다)

1. 김장생과 7대 조모(祖母) 양천 허씨

* 광주김씨 사계(沙溪) 김장생(金長生, 1548~1631)은 예학의 대가로 영남학파에 대립된 기호학파의 중심인물이다. 율곡의 수제자이고 인조반정 후 서인(西人)의 영수이었다. 형조참판을 역임하였고 주로 시골로 내려와 송시열 등 후학을 양성하였다. 사실 예학이란 것이 가정의례준칙(家庭儀禮準則)을 논하는 것으로 학문 반열에 끼일 수 없는 것이고 부국강병을 저해하여 임란과 호란에서 많은 피해를 입힌 원흉이다. 9남 2녀를 두었는데

3남 김집(1574~1656)이 학문과 가계를 이었다.

　＊김장생의 7대 조모 양천허씨(1377~1455)는 서울 정릉동에서 남편 김문과 살았는데 17세에 남편과 사별했다. 친정에서 개가를 권하자 유복자 김철산(김장생 6代祖)을 업고 논산에 있는 시가로 내려와 아들을 엄히 키웠다. 김철산은 사헌부감찰, 그의 아들 김록광은 좌의정을 역임했고 김장생과 김집이 대학자가 되는 등 후손에서 대제학 7명이 배출되면서 광산김씨는 연안이씨, 달성서씨와 함께 조선 3대 명문가가 되었다.

2. 김장생 묘역

　＊논산 고정리 산7-4에 있다. 왼쪽 와(窩)로 된 곳에 김장생, 그 아래에 양천허씨 묘가 있고 오른쪽 장유로 된 앝은 산등에 김선생(金善生 충좌위 부사과, 사계의 동생), 김철산(사헌부감찰사)의 처(妻) 안동김씨, 김철산, 김공휘(金善生의 父 파주목사)의 순으로 쓰여있다.

　＊김장생이 1631년 사망하자 진잠현(지금의 대전)성북리에 안장하였는데 10년 뒤 묘지가 나쁘다는 이유로 7대 조모 뒤에 艮向으로 이장한 것이다. 묘역에는 당시 이미 다른 묘는 쓰여 있는데 풍수를 보고 이 자리를 잡은 것이다.

　어느 묘가 진혈인가? 양천 허씨 묘, 김철산 묘, 김장생 묘가 거론된다. 결론을 말하자면 당국(堂局)은 중상급인데 김장생과 허씨 할머니는 생기는 있으되 국(局)의 일부를 차지하였을 뿐이고 당국의 중심으로서 전체를 차지하는 곳은 장유등(長乳嶝)이지만 당판이 뚜렷하지 않고 래룡이 약하다는 약점이 있다. 4기 중 세 번째 김철산(허씨의 아들이고 김장생의 6대조) 묘가 좋다. 세 곳 모두 중등초급 명당이다.

　＊사계묘역의 안산-- 사계와 허씨 묘는 전제 국(局)에서 볼 때 청룡 쪽으로 편향되어 있다.

*장유에 쓴 묘

*사계묘역 전체 모습

조선 100대 명당 간산기 · 299

*장유에 쓴 묘의 좌향

장유에 쓴 묘의 좌향

3. 발복처

*다수는 허씨의 정절과 후덕한 음덕으로 발복하였고 허씨 묘와 김장생 묘를 발복처로 본다. 그러나 이 묘역에는 앞서 본 바와 같이 3개의 중등초급 음택이 있는데 그 정도의 음덕으로 명문가가 될 수 없다. 사계는 퇴직 후 1602년 계룡 두마면 두계리 96 대2800평방미터 지상에 주택(은농재)을 건립하였고(고정리178 사계종택은 재실이다) 그 집이 사계고택으로 문화재로 지정되어 있다. 400년 동안 보존되고 있는 집이라면 일단 명당이다. 그 집은 사계의 8자 두계공의 종손이 거주한다고 하므로 가장 융성한 김집계열과는 방계가 된다. 고정리 산13-1에 있는 사계의 부친 김계휘 묘도 연화부수형의 좋은 음택이고 고정리293 사계의 조부 김호가 있는 집장지도 괜찮은 묘가 있을 것 같다. 대전 유성구 전민동581에 있는 사계의 3남 김반의 묘가 대명당이다(김반의 묘 간산기 참조)

*광산김씨는 신라 왕자 김흥광을 시조로 하고 2천 년 계통을 이어온 성씨로 인구92만명(2015년 8위)의 대성(大姓)이다. 고려때부터 고위직 벼

슬을 역임한 사람은 셀 수 없을 정도로 많다. 이조초(初) 김약채는 충청관찰사를 지내고 연산(현재 논산)고정리에 터전을 잡아 입향조가 되었고 아들 김문이 요절하고 유복자 김철산은 허씨 어머니의 교육을 받고 자라서 충청관찰사를 역임하였다. 철산의 아들 김국광과 김겸광은 세조등극에 공을 세워 후손들이 출세할 수 있었다. 결론을 말하면 김장생 가계는 머리좋고 출세할 수 있는 인맥이 있었으니 환경이 좋았다. 조선8대명당으로 평가 받는 김극뉴(순창 마흘리 산36)의 음덕이 클 뿐만 아니라 작은 음덕으로 큰 힘을 낼 수 있는 여건이었고 사계의 3남 김반의 묘도 100대 명당이다.(2023.9.)

충남 논산시 교촌리 명재 윤증 고택과 노산향교 (아름다운 음양택)

1. 명재고택(논산 교촌리306)

* 명재(明齋) 윤증(尹拯 1629~1714)은 숙종 때 학자이고 평생 벼슬길에 나아가지 않았으나 우의정까지 제수받았다. 다만 소론의 영수로서 노론의 영수 송시열과 꼬장꼬장한 논쟁을 벌린 일은 한심하였다.

* 선생님의 만년인 1709년에 제자들이 선생님을 위하여 저택을 지어주었는데 그 집이 명재고택이다. 정작 선생님은 부근에 있는 초가에서 살았다. 거주하지 않았으므로 古宅이 아닌 故宅이 정확하다고 한다. 조선시대의 명문가들은 공통적으로 선행을 많이 하였고 그 덕으로 살아 남기도 하였다. 명재는 일족에게 서민들의 고수입원이 되는 누에를 치지말라고 엄명을 내리고 매년 3백석 이상을 풀어 빈민을 구제하고 손님을 대접했다. 6·25한국전쟁 때 인민군이 사무실로 사용한 탓으로 미군이 폭격하려고

하자 마침 이 집머슴의 아들이 미군부대에 근무하다가 그 사실을 알고 역사적 건물임을 설명하고 적극 말려서 무사하였다고 한다.

  * 이 집은 풍광이 아름다워서 사진 찍으로 오는 관광객이 많다. 배롱나무와 장독이 유명하다.

* 생기가 집중된 곳

2. 노성 향교

노성향교는 1878년 명재고택 백호 쪽에 건립되었다. 보통사람의 눈에는 흔히 볼 수 있는 향교로 보일 것이나 대단한 음택 명당이다.

3. 풍수적 시각

이 곳은 태조 계룡산-중조 노성산-소조 옥재산-주산 옥리봉의 행로를 거쳤다. 소조산에서 혈처로 가는 용의 모습이 힘차고 혈처는 청백이 4겹으로 정열하여 위엄이 있고 수십 리 앞에는 조산(朝山)이 아련히 엎드렸다. 사람들은 명재고택이 옥녀탄금형이라고 한다. 그러나 양 옆에 기다란 다리가 있고 생기가 고택의 청룡 쪽에 집중되어 있어서 산실(産室)로 적합하다. 무슨 물형일까? 여근(女根)형이다. 향교는 입수룡이 묵직하게 일직선으로 내려와서 좌석을 만들었다. 대성당이 군신봉조형의 음택명당이다.

이 고택에 대하여 서(西) 사택(舍宅)이므로 기사생인 윤증에게 맞는다는 주장도 있으나 이 집은 윤증이라는 한 사람으로 생명이 끝날 집이 아니다.(2023.9.)

* 중국 지도

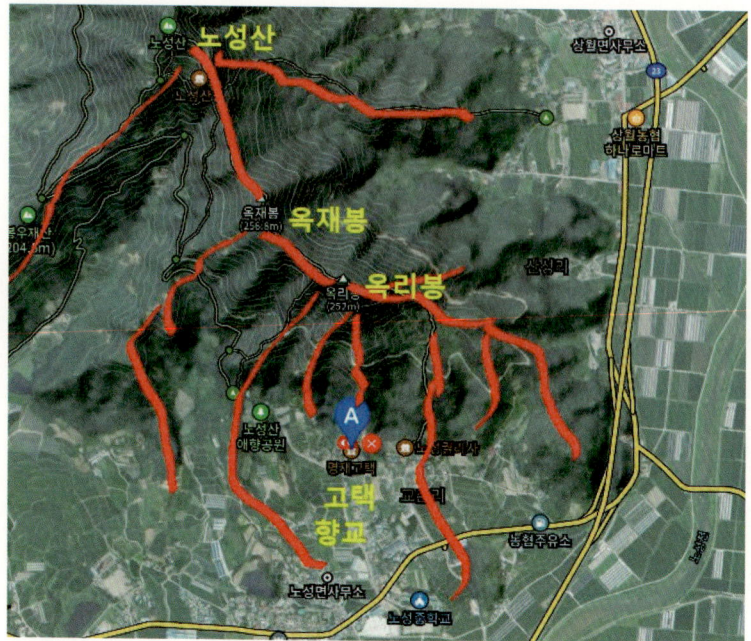

사진출처 : 카카오맵 스카이뷰(https://map.kakao.com)

* 래룡의 사진

충남 논산시 노성면 병사리 산1-3
파평윤씨 윤돈 묘역
(윤대통령 선조 묘)

1. 파평윤씨(坡平尹氏) 계보

* 파평윤씨 시조 윤신달(尹莘達, 893~973)은 아래와 같은 탄생설화가 있다. 신라말 윤씨 할머니가 파평산(현재 파주시 파평면) 용연 못에서 금 괴가 떠오르는 것을 건져서 속을 보니 옥동자가 있어서 자기 성씨인 윤씨로 키운 인물이라는 것이다. 고려 삼한벽상공신이고 포항에 묘가 있다. 5세손 윤관은 여진족을 평정한 공으로 유명한데 아들 7형제를 낳아 번성하면서 여러 대소 문파가 나누어졌다.

* 21세손 윤돈(尹暾, 1551~1612)은 임란 때 선조를 호종하였고 대사간 예조판서를 역임하였다. 윤돈은 원래 부모 형제와 함께 파주에 살았는데 논산 노성에 사는 유씨와 혼인하여 처가살이를 하다가 처가에 남자 자식이 없는 바람에 그대로 눌러 앉아 파평윤씨 논산 입향조가 되었다. 윤돈의 아들 윤창세(尹昌世, 1543~1593)는 효자로 신망이 있었는데 임란이 발생하자 수천명의 의병을 모집하고 팔자기(八子旗)를 내걸고 싸우던 중 유행병으로 진중에서 순사하였다(향토문화전자대전 참고). 윤창세에게는 다섯 아들(노종오방파라 한다)이 있었고 그 밑에 손자 21명 증손자 51명이 탄생하여 손세가 폭발함에 따라 지파들이 복잡하게 생겨났다.

* 윤창세의 5자 중 둘째가 23세손 윤황(1571~1639)인데 문정공파 파조가 된다. 그런데 고려 말 상장군 윤인첨(1110~1176)을 파조로 하는 문정공파가 있어서 이름이 같은 2개파가 있는 셈이다.(구별하기 위하여 후세의 문정공파를 소정공파라고 하는 것 같다). 윤황은 8자를 낳았는데 그 중 24세손 윤문거의 11세 후손(파조 윤황의 12세손이다)으로 윤석열 대통령

이 태어났다.(윤문거의 동생 윤순거의 아들이 유명한 명재 윤증이다) 이런 연유로 윤대통령을 파평윤씨 문정공(윤황)파 35세손이라 한다.

2. 윤돈 묘역

＊윤돈을 파시조로 하는 문중으로 파평윤씨 노종파 대종중이 있는데 문정공파 또는 소정공파는 지파가 되는 셈이다. 그러나 안내판에는 윤황에 관하여 별로 언급이 없다. 이 묘역에는 입향조 윤돈과 아들 윤창세 묘를 비롯하여 10여기가 있으나 공교롭게도 윤황의 묘는 이 묘역과 별도로 논산 장구리 산2-1 제실 부근에 있는데 대혈이다.

＊이 묘역 중앙에 윤돈부자(父子) 묘가 있는데 윤창세가 그의 부친보다 10여 년 먼저 졸(卒)하여 아래에 묻혔다. 어떤 이는 윤창세 묘가 와우형의 명당이라고 하나 멀리서 보아도 윤돈 묘의 전순에 점하였다. 묘역에 올라가 보니 윤돈의 묘는 국의 중앙을 차지하고 위엄있게 앉았고 안산도 저수지를 건너 멋있게 배치되어 있다. 어떤 유튜브는 이 묘역에는 진혈이 없고 장구리에 있는 윤황의 묘가 대혈이라고 주장하더라. 그렇다면 윤창세(22세손)와 아들 오형제(23세손, 윤황 포함), 손자(24세손)가 폭발적으로 손세를 불린 것은 어디에서 오는 발복인가? 모두 윤돈 묘의 발복으로 보아야 한다. 조선백대 명당에 포함되는 상등초급대혈이다.

＊윤대통령의 고조 증조 조부의 묘는 대전공원 묘원에 납골묘로 조성되어 있다. 그 곳도 생기가 있는 좋은 곳이다. 윤돈의 묘는 4백 년이 지나서 유골이 남아 있을 것 같지 않으니 지금은 후손의 발복에 영향력이 없을 것이다. 대권은 국운(國運)과 직결된 것으로 어느 개인의 음택 한두개로 결정될 일이 아니다. 타고난 팔자가 중요하다는 글을 쓴 바 있다.

＊안내판에 의하면, 입향조 윤돈을 비롯한 11기의 묘표 묘갈 신도비가 있다. 중앙 위로부터 입향조 승지공 윤돈, 임란 때 의병장으로 전사한 참

판공 윤창세, 윤수, 윤순거, 윤전의 묘가 있고 밑에서 보아 좌측 중앙에 윤진, 묘역 우측상단에 윤돈의 장인 유언의 묘가 있다. 둘러보니 윤돈 묘 이외에는 전부 평범하다. 다만 좋은 국세속에 있으므로 편안하다.(2023.9.)

* 묘의 위치도

* 묘역의 전경

충남 당진시 능성구씨 구예의 묘
(중국 지관이 잡아준 대혈인가?)

1. 능성구씨 4세손 구예의 묘와 설화

* 능성구씨 시조 구존유 묘는 실전하여 화순에 단소를 차렸고, 2세 구민첨 묘는 단소 위에 있는데 부인 묘가 초등급이고, 3세 구연 묘는 고창 아산면 반암선동길 19에 있고, 4세 때 3형제(구예, 구천용, 구의)가 태어나면서부터 후손이 번성하여 가지치기가 시작되었다.

* 구예의 계열은 5세손 구명검 외 2, 6세손 구위 외 2, 7세손 구흥 외 9, 8세손 구인문 외, 9세손 구치관으로 이어진다.

* 9세손 구치관(1406~1470, 충열공)은 세조가 총애한 청백리로 조선4대 명정승이라 평가받는데 그 후손들이 벼슬을 많이 하였다. 광주시 곤지암읍 열미리 산3에 후손들과 집장되어 있다.

* 구예(具藝)는 고려 충숙왕 때(1317년) 장원급제하여 판전의시사에 이르고 면천을 식읍으로 하사받고 면성(沔城)부원군에 봉해졌다. 가교리에 정착하여 입향조가 되고 사망 후 충남 당진 송악읍 가교리 산63에 묻혔고 부인 신씨가 수호사찰로 신암사를 창건하였다. 신암사는 금동여래좌상(보물 제987호)을 모시고 있다.

* 구예의 묘에 관하여 ①구예가 원나라에 사신으로 가는 길에 어느 노부부를 구해주었더니 이들이 보답으로 묘자리를 잡아주었다 ②구예가 중국 사신으로 갔을 때 어떤 청년이 공금을 횡령한 죄로 처벌받게 되는 것을 보고 사비를 들여 구해주었다. 귀국시에 그 청년이 따라와서 9대 정승이 날 天혈, 자손이 화목하게 살 地혈, 부귀를 하지만 자손간에 암투가 있을 人혈 가운데 한 곳을 선택하라고 했다. 구예는 자식이 화목할 곳을 선택하였다. 그런 까닭인지 구예의 후손인 LG 구씨들을 서로 재산다툼을 하지 않

고 화목하다고 한다.

2. 답사

* 이곳은 가야산 옥양봉에서 출행한 용의 일지맥이 회룡고조한 곳이고 야자(也字)형의 혈이라고 한다. 그런데 입수하기 전의 현무봉이 미약하여 대혈이 될 수 없다. 평평한 당판이 상중하의 3단을 이루고 있고 상단에는 구예의 부인 신씨 묘(구예의 묘비에 附後라 적혀있다), 중단에는 구예의 묘, 하단에는 5세손 구명검과 6세손 구위의 제단(祭壇)이 있고 청룡등에 7세손 구성량(태조의 공신)의 단이 있다.

* 당국의 지도

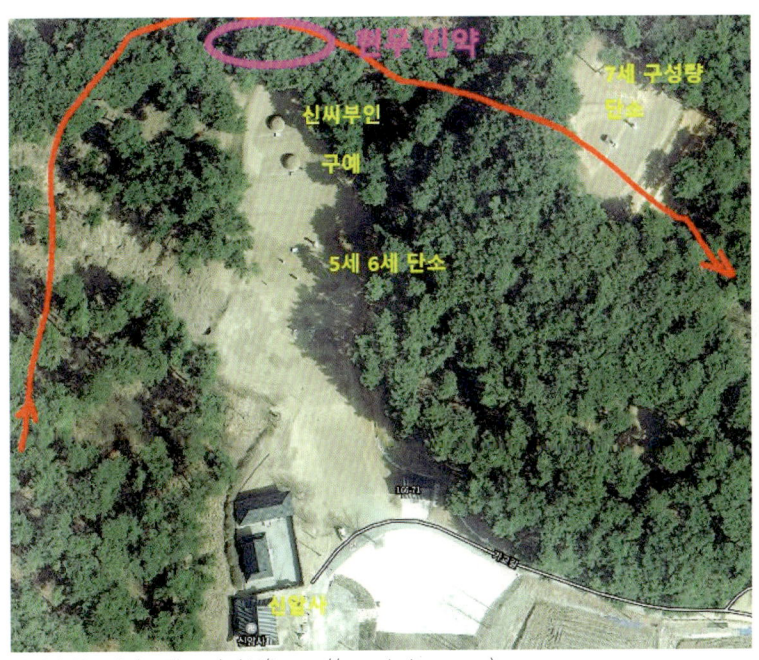

사진출처 : 카카오맵 스카이뷰(https://map.kakao.com)

＊구예 묘역

＊답사한 바 상단인 신씨 묘소와 하단인 제단 있는 곳은 생기가 없고 오직 구예 묘에 생기가 있다. 그러나 현무 쪽이 약하여 중등초급이다. 답사하기 전에는 구예 묘는 천지인(天地人)3혈 중 지혈(地穴)이고 나머지 2혈은 다른 곳에 있을 것이라 생각했는데 답사해 보니 용맥이 3단으로 구성된 것을 보고 이 곳을 천지인 3혈이라 말한 것으로 추측되었다. 그러나 생기있는 곳은 중단 하나뿐이므로 설화는 야담에 지나지 않는다.(2024.1.)

충남 당진시 도문리 이의무 묘역
(혈의 등급과 비례하여 인물이 나는 것은 아니다)

1. 덕수이씨 연헌 이의무

＊덕수이씨의 시조는 고려 때 거란을 물리친 중랑장 이돈수이고 그가 덕수현(황해 개평군)에 세거한 연유로 본향을 덕수로 정하였고 인구는 5만8천 명(2015년)이다. 조선조에서 문과급제 105, 상신 7, 대제학 5명을 배

출하였는데 대부분이 연헌공파이고(이이 파는 대제학1명) 충무공파는 무과급제만 267명이다.

* 덕수이씨는 4세손 때 이윤운(이명신, 이의무, 이이 선조)과 이윤번(이순신 선조)계로 나누어졌고 이윤운계에서 9세손 이추가 6子를 두었는데 그 중 이의석(이이의 증조부), 이의번, 이의무계가 번성하였다. 전체적으로 볼 때 연헌공(10세손)파, 충무공(12세손)파, 이이(13세손)파가 번성하였다.

* 덕수이씨 10세손 연헌(蓮軒) 이의무(李宜茂, 1449~1507 중종2)는 홍주 목사로 재직하면서 면천(당진)에 정착하였다. 이 곳은 덕수이씨의 주도 세력인 연헌공파 묘역으로 이의무와 아들, 손자 등 13기가 있고 이 골짜기 전체로는 30여 기가 있다.

* 연헌공 이의무의 가계를 보면, 7세손 이양-8세손 이명신-9세손 이추-10세손 이의무-11세손 이행 등 5남 2녀로 이어진다. 이의무의 다섯 아들인 이권(병마절도사), 이기(영의정, 뒤에 15세손때 양자로 이합을 들여 번성), 이행(좌의정, 송산면 입향조, 뒤에 15세손 택당 이식 배출), 이영(평해군수), 이미(한성판윤)는 모두 과거에 급제하여 오도문(五道門)이라 칭송받았다

* 덕수이씨는 세종에서 영조까지 전성기를 누렸는데 연헌공파의 전반기 음택발복지는 이 곳이다. 즉, 6세손까지의 선조 묘는 실전 또는 이북에 있다. 7세손부터 9세손까지는 파주 사목리에 있는 청송심씨 종산(산14와 111)에 있는 듯하고 달리 뚜렷한 음택이 공개되지 않았다. 이의무의 3남 이행의 후손인 15세손 이식 때 양평군 쌍학리에 명당을 잡아 부모 묘를 모시고 일파(一派)를 이루었다. 그러므로 후기의 발복지는 이식 묘역이라 할 수 있다.

* ①이 묘역은 어떤 물형이고 어느 묘가 진혈인가? ②8세손 이명신의 비

문에 의하면, 이명신 후손의 발복은 이명신의 부인 청송심씨 묘의 발복으로 외손 발복이라고 적혀 있다는데 외손발복지 또는 양자발복지의 혈이 달리 있는가?

2. 답사(당진 송산면 도문리 산78-1)

* 묘역의 중국-- 당진 땅은 모두 가야산 옥양봉에서 출행한 용이 펼쳐 놓은 것이다. 묘등에 올라보면 앞쪽 좌우에 많은 꽃잎이 나열해 있고 멀리 송악산이 학체(鶴体)로 찾아오고 있다. 옛날에는 바닷물이 입구까지 올라 왔다고 한다. 필시 연화도수형이었을 것 같다.

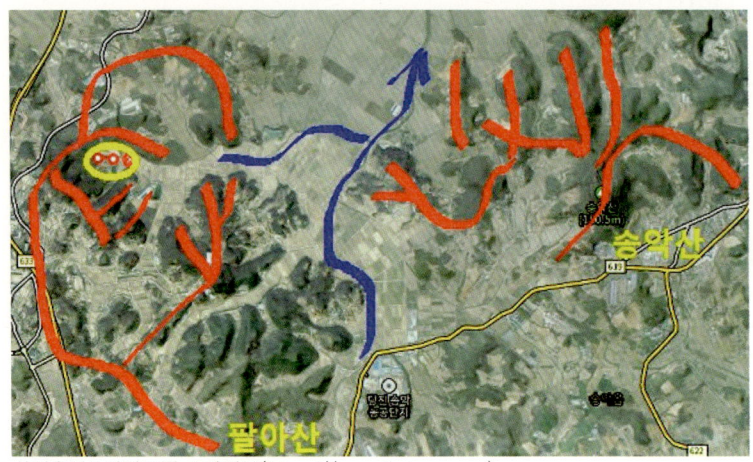

사진출처 : 카카오맵 스카이뷰(https://map.kakao.com)

* 연헌공 이의무 묘역 배치도

＊이의무 묘역 전체-- 원래 이곳에 대하여 능자리라는 소문이 있어서 왕실 지관이 도문리 창택산 백주봉 동편을 답사하였는데 이의무와 친분이 있었으므로 능자리가 아니라고 보고하였다. 그래서 이의무가 묘를 쓸 수 있었고 지명도 능안리라 부른다는 설화가 있다.

＊이의무 묘

* 이행 묘

* 이의무의 5남 2녀 중 이기와 이행이 현달하였는데 이기는 4대 후 15세 손 때 절손되어 이행의 후손을 양자로 들여 번성하였으므로 이행의 후손이 가장 번성하였다고 할 수 있다. 그런데 현장에서 천심십도 특히 청백을 보면서 관찰한 즉 하단으로부터 이주는 초등, 이기는 중등중급, 이의무는 중등상급, 이행은 초등이었다. 이행의 묘가 발복으로 보면 대명당이어야 하는데 그렇지 않았다. 또한 이기 묘는 명당임에도 고손자 때 양자를 들이고 양자가 번성하였으므로 양자발복지라 할 수 있다. 동기감응론자는 양자발복을 인정하지 않지만 송시열, 박문수, 정인지, 한명희도 양자발복이다. 꼭 명당의 등급에 비례하여 인물이 나는 것은 아님을 알 수 있다.

* 입수와 전순이 또렷하지 않고 조산인 송악산이 멀어서 대혈이 아니라는 설, 이원욱 묘가 진혈이라는 설이 있다. 지네형이라는 설도 있으나 산등에 발이 없으므로 지네 모습이 아니다. 소국만 보면 힘이 미약한 것 같으나 중국을 보면 이 곳을 향하여 산들이 집중하고 있는 것을 알아 볼 수 있다. 그러므로 간산시에는 중국의 국세도 반드시 검토해야 된다. 본신(本身)과 태조산이 혈처를 빙 둘러싼 하나의 지방을 대국(大局)이라 하고, 본신과 소조(小祖)산이 빙둘러 싼 권역을 중국(中局 또는 垣局)이라 하며, 본신과 수각

(手脚)을 내밀어 하나의 권역을 이루는 것을 소국(小局 또는 堂局, 또는 현무 주작 청룡 백호의 사신사로 둘러싸인 안쪽)이라 한다. 보국(保局)이라는 용어를 많이 쓰는데 소국을 뜻하는 것 같다.

 * 이의무의 조부 이명신은 청송심씨 심종과 경선공주(태조의 차녀)사이에 출생한 외동딸과 혼인하여 이추를 낳았다. 심종에게 다른 자식이 없었던 연유로 이명신과 이추 父子가 심종부부의 재산을 물려받았다. 이를 두고 심씨문중과 이씨문중은 이추가계는 외손 발복이라고 비문에 적어 두었다. 그러나 외손 발복지가 따로 있는 것은 아니고 심종부부 묘가 명당인 것도 아니다. 심종부부에게 후사가 없는 것을 안타깝게 생각한 나머지 재산을 물려받은 이명신 후손에게 외가 발복임을 알려서 제사봉행을 맡긴 것이라 추측한다. 경주 최부자도 2대에 걸쳐 부자집 외동딸과 결혼하여 종잣돈을 축적하였으나 외손발복이라고 말하지 않는다.(2024.1.)

충남 대전시 유성구 김반(金槃) 묘
(조선 百代 名堂, 음택의 발복 기간은?)

1. 광산김씨 김반의 가계

 * 광산김씨(光山金氏)는 김흥광(金興光)을 시조로 하고 전남 담양군 평장리에 세거하였다. 시조단 평장사(平章祠)가 大명당이다. 인구는 92만명(국내8위).

 * 광산김씨 김극뉴(23세손 1436~1496)는 조선8대명당으로 공인받고 있는 말명당에 안장되어 있는데 그의 4대 후손인 김장생(27세손, 1548~1631, 대제학)가계가 손세(孫勢)로 보나 벼슬로 보아 걸출하였다. 김장생은 주자학에 바탕을 둔 예학(禮學)의 원조인데 둘째 아들 김

집은 가학(家學)인 예학을 이어받아 송시열에게 전수시키고, 셋째 김반 (1580~1640 대제학 이조참판)은 가문의 번성을 이어 받았다(장남은 임란 때 행불). 즉, 광산김씨는 정승 5, 대제학 8, 문과급제 263, 왕비 1명을 배출하였는데 그 중에서 김장생과 김집이 대제학에 오르고, 셋째 김반 후손에서 상신 3, 대제학 5(김장생과 김집 별도), 과거급제 75, 왕비 1명이 배출하였던 것이다. 김반은 6子(익렬, 익희, 익겸, 익훈, 김익경, 다섯째는 요절)를 두었는데 모두 현달하였고, 그 중 3남 익겸은 병자호란 때 분사하였는데 그 후손이 광산김씨 가문을 가장 번창시킨 가계(家系)가 되었다.

＊조선 3대 명문가로 연안이씨 달성서씨 광산김씨를 들고 있는데 김장생의 후손이라면 맞선을 보지 않고 딸을 준다는 말이 있을 정도이었다.

2. 음택의 발복기간

＊필자는 김장생과 그의 7대 조모 허씨 묘에 대한 간산기를 쓰면서 소혈이고 발복처는 달리 있을 것이라고 결론을 지었는데 지금 보니 4대 선조 김극뉴 묘의 발복으로 김장생 父子와 손자가 탄생하고 그 이후에는 김반 묘의 발복이 큰 위력을 보였을 것이다. 물론 상당 기간 후에는 또 다른 음택의 영향을 받았을 것이다. 다른 견해로 김장생의 증조부 김종윤, 조부 김호, 父 김계휘, 아들 김반을 가문의 발복지로 보기도 한다.

＊요즈음 유튜브를 보니 음택의 발복은 언제까지 가는가에 대하여 논쟁이 한창이다. 물론 4대까지 간다는 주장이 우세한데 그것은 통상의 경우를 말하는 것이고 만물은 만상이다. 10대 장상지지 또는 만대영화지지라는 대혈은 10대 이상의 장기 발복지를 말하는 것이다. 성씨(姓氏)의 시조 묘 중 대혈은 지금도 생기가 감지되는 곳이 있으나 발복은 없고 추모장소가 될 뿐이다. 그 이유인즉, 첫째 천 년이 지나 백골이 남아있지 않을 것이므로 동기감응할 유골이 없으니 발복을 운위할 수 없고, 둘째 사람의 혼령

이 10만 명 이상의 후손들에게 영향을 미치는 역량이 있다고 생각되지 않는다. 그러한 역량은 신이라야 가능 할 것이다. 반대로 인시에 장사지내고 묘시에 발복하는 인장묘발(寅葬卯發)의 음택발복은 인물발복은 없고 재물발복이 있을 뿐인데 겨우 당대(當代)에 그치는 속발속패(速發速敗)의 경우를 흔히 본다. 사람들은 발복이 장원(長遠)한 곳을 명당이라 부르고 짧은 기간에 끝나는 곳은 명당이라 하지 않고 기혈이라 한다. 조선 8대 명당쯤 된다면 발복도 10대 또는 그 이상 갈 것이다

* 또 유의할 점은 아무나 명당에만 쓰면 발복을 받는다는 식으로 풍수제일주의 내지 풍수만능주의를 부르짖는 풍수인이 있는데 장삿속의 유언비어이다. 예컨대 사형집행을 당한 흉악범이 명당에 묻혔다 하더라도 발복받지 못할 것이다. 세상에는 인과응보라는 상위(上位)법 질서가 있기 때문이다.

3. 답사(대전 유성구 전민동 581)

* 김반의 묘에 대하여 모두가 명당임을 인정하는데 물형에 관하여 와우형이라는 견해가 있으나 국이 좁고 외부에 숨겨져 있으므로 새집으로 보고 싶다. 산등이 두 줄기로 내려왔는데 김반의 묘가 진혈이고 김익겸과 김만준 묘가 소혈이다. 혈장을 만든 좌석이 풍후하다는 점이 특장(特長)이다. 중등상급이다.

* 김반 묘역-- 김만준 묘(소혈이다) 방향으로 내려간 산등은 김반묘의 청룡등이므로 혈이 생성되지 않는다는 견해도 있으나 잘 발달되어 있으면 소혈이 생성되는 경우가 흔히 있다.(2023.10.)

*김반 묘의 전순

충남 보령시 토정 선생의 가족 묘
(명혈인가 아니면 허혈인가?)

1. 토정 이지함 선생은?

  *토정 이지함(1517~1578)은 이조 중종 선조 時代人으로 출생지인 청라면 장산리는 청라저수지에 수몰되었다. 목은 이색의 6대손으로 선비 권

세집안이다. 서경덕을 사사하고 율곡 이이와 친교가 있었다. 천문지리, 의술, 복술에 조예가 깊고 애민(愛民)정신을 실천하였다. 우리나라 기인 중 한 사람으로 많은 일화를 남겼다. 마포강변에 토굴을 짓고 살았고 쇠솥을 모자로 쓰고(기골이 장대하였다고 함) 전국을 유람하였다. 제주도를 몇 번 왕래하여 백성들에게 장사와 영농을 가르치고 서해 무인도에 콩을 심어 많은 재산을 모아서 백성에게 나누어 주고 자신은 항상 가난하게 살았다. 포천현감(1573년)에 등용되었으나 목민정책이 받아들여지지 아니하자 1년 남짓 재직하고 사임하였다. 그 뒤 1578년 아산현감으로 임용되고는 걸인청을 세워 빈민을 구제하였다.

* 아산현감으로 일년도 못 채우고 사망하였으나 선정을 추앙받아 동상을 아산에 세웠다. 그의 죽음에 관하여 두 가지 說이 있다. 아산현감 때 나병을 치료하는 약을 개발하려고 지네생즙을 먹고 즉시 생밤을 먹어 해독하여 왔는데 토정에게 감정을 품은 아전이 생밤을 대령치 않고 버드나무를 생밤처럼 깎아 주는 바람에 해독지 못하고 죽었다는 이야기가 있으나 율곡은 1578.7. 경연일기에서 토정이 이질로 죽었다고 한다. 또 다른 이야기로 토정은 딸이 나병에 걸리자 지네즙으로 치료를 하고는 딸에게 복술비법인 월영도를 전수하여 생계를 삼도록 하였는데 그 책은 어려워서 아무도 해독하지 못한다는 것이다.(현재 월엉도는 출판되어 있고 연구 카페가 있다)

* 우리들이 정초에 신수보는 토정비결은 144괘로 되어 있다. 토정의 운수풀이가 용하다는 소문에 많은 사람이 찾아 오자 중국에서 유행하던 술서를 참조하여 저술하였다고 한다. 흔히 반은 맞고 반은 틀린다고 한다. 토정비결은 토정 사후 2백 년이 지난 1800년대부터 유행하였다는 점, 선비집 출신으로 율곡 등 대학자와 교우하던 인품으로 보아 요망한 참언(讖言)을 저술할 리 없다는 점을 들어 토정의 이름을 판 위작이라는 견해가

유력하다. 그러나 남사고의 격암유록과 같이 현존하는 책에 그 당시 사용되지 않던 글자가 등장하는 등의 위작증거가 뚜렷한 것이 없는 점, 토정이 토정가장결(토정이 후손에게 남긴 예언과 번성할 주거지를 알려준 비결, 토정의 후손에게 적용되는 비결이므로 다른 사람이 위작할 리 없다)과 월영도 같은 예언서를 남긴 점, 신수풀이가 주역에 근거하여 수준이 높다는 점, 무엇보다도 토정비결 내용은 고난이 닥치더라도 참고 견디면 貴人이 나타나서 도와준다는 식으로 긍정적이라는 점이다. 혹세무민하는 폐해가 없고 누구나 즐겨 볼 수 있으니 토정의 애민 정서가 스며 있다. 토정이 아니고서야 어느 高人이 이런 책을 쓰겠는가?

2. 가족 묘(보령시 주교면 고정리 산27-3)

＊누구의 소점인가?

부친 찬성공 이치(1477~1530)사후 2년만에 모친이 사망하자 토정의 두 형은 당시16세(토정은 1517년생이다)인 막내 토정에게 구산책임을 맡겨서 이 곳 가족 묘지를 구하고 아버지를 이장해 왔다는 설이 있다. 또 다른 이야기로 토정이 구산하려 다니다가 이 부근을 지나던 중 밭갈이 하던 농부가 소를 보고 토정같이 어리석다고 나무라는 말을 듣고 돌아보니 흔적이 없었다. 토정은 산신의 계시라 깨닫고 이 곳을 찾았다(무학대사가 한양터를 잡은 설화에서 따온 것?)고 한다.

＊발복은 어떠한가?

토정은 장후 7년에 형제들이 득남하고 영의정 3명이 난다고 예언하였다. 과연 형제들이 각기 7년 후 아들 한 명씩을 낳았고 큰형의 아들 산해와 둘째형의 아들 산보는 임란의 어려운 시기에 정승을 지냈고 후손 한명이 영의정 추서를 받아서 세명의 정승이 난다는 예언이 적중했다고 한다. 그러나 또 다른 설화에 의하면 지관이 조부 장지를 구산하고 "형님 둘은 영의정을 낳겠으나 막내의 자식은 요절하겠다"라는 말을 하였고 이에 형님들이 망설이자 토정이 감내하겠다고 권유하여 조부장지로 용사하였다는 것이다. 어찌 되었든 형님 둘은 정승 자식을 두었으나 토정은 산두, 산휘,산룡과 서자 산겸을 두었는데 장자 산두(21세, 1560년)와 삼남 산룡(12세)은 역질로 죽고 산휘(39세)는 호랑이에 물려 죽었다. 서자 산겸은 임란때 의병장으로 활동했다.

또한 토정가장결은 자기가 죽은 후 40년째 되는 을사년에 장남이 아들을 얻으면 그 아이가 우리집 성을 이어 갈 것이라 예언하였다고 하나 실제로는 장남은 요절하고 다른 아들도 사후 40년 뒤에 득남(得男)할 처지가 아니었다. 이와 같이 설화는 모두 진실과 허위가 섞여 있다. 또 토정은 아들이 요절하는 것을 보고 상심하여 토굴에 박혀서 명리를 연구한 끝에 토정비결을 만들었다는 말도 있으나 토정이 사전에 아들이 요절할 것을 몰랐는지 알 수 없으나 토정비결은 평생의 사주를 보는 것이 아니라 매년 그 해의 신수를 보는 것이고 수명에 관한 내용이 없으므로 낭설일 것이다.

토정의 6대조 이색의 묘가 명묘라 하고(무학대사 소점, 서천군 기산면 영모리 산1-1, 기린하전형) 4대조 이우의 3형제가 장원급제한 이래 한산 이씨는 대대로 관직에 올라 명문가가 되었다. 좋은 선조 묘들이 있고 명문가였으니 딱히 이 곳 가족 묘의 발복인지 알 수 없다. 만약 가족 묘의 발복이라면 장후 7년에 발복한 것인데 뒤에 보는 바와 같이 부모 묘는 혈처가 아니므로 이 곳 발복으로 볼 수 없다. 설화가 있는 조부 이장윤 묘는 분당공원내 이씨집장지에 있다.

* 역장(逆葬)인가?

맨 위에 토정의 부모합장(1532년)이 있고 한 계단 밑에 토정의 3형제묘가 옆으로 있고 그 밑에 후손 묘등 총 합계 14기가 있다. 토정 묘(1578년) 바로 위에 요절(1559년)한 장남 이산두 묘가 있는 것에 대하여 역장을 쓰도 무방하다는 예로 들고 있다. 다른 곳에서 이장해온 것이 아니라면 토정의 부모 밑에 토정의 장자 묘를 쓴 다음(토정보다 장자가 먼저 사망하였다) 그 후에 토정이 돌아가자 장자묘 밑에 토정의 묘를 써서 결과적으로 역장이 된 것 아닌가? 토정은 후손에게 서서 있더라도 이 묘역에 묻히라고 말했다고 하는데 한지붕 밑에 가족이 모여 지내고 땅을 허비하지 말라는 뜻이 있었다고 생각된다. 유명한 이산해(1539~1609) 정승 묘는 충남 예산 대술면 방산리 산7-1(간산기 참조)에 있고 그 아들 이경전 정승의 묘가 여기 가족 묘의 맨 아래에 있다

  * 명혈인가?

  사람들은 명혈이라 하고 관광 코스로 삼아서 많이 찾아 온다. 묘로 올라가는 잔디가 반들반들하게 길이 나 있다.

  명혈이 아니라는 견해도 있는 바, 자좌오향인데 진방득수이므로 황천살이라는 견해, 주차장부근까지 내려야 하고 천광이 많으면 氣와 精이 흩어지는데 너무 많은 묘를 썼다는 견해, 자룡직래 오향이므로 투뇌살(鬪腦煞, 두뇌쪽이 서로 싸운다)이라는 견해, 이규상의 『천하명당 여기에 있다』 258p에 의하면 토정은 여러 곳에 명당 결록을 남겼는데 보잘 것 없는 곳에 가족묘를 조성하고 보완책으로 수천석을 투입하여 청룡끝에서 송학도까지 연결하는 공사를 시행하였으나 완공하지 못했다고 한다.(註; 지금은 정부가 도로를 놓았다.)

  명혈이라는 견해는, 청룡이 요대(허리띠)가 되면서 가까운 案이 되고 그 넘어 송학산 삼봉이 2중 안이 되었다. 안산이 되는 송학산이 어디에서 와서 어떤 모양새를 취하고 있는지 확인해 보면 이 곳이 명당임을 알 수 있으리라. 맹호입산형이라는 사람도 있고 고래가 바다로 들어가는 형이라는 사람도 있다.

＊ 대국

사진출처 : 카카오맵 스카이뷰(https://map.kakao.com)

＊ 뒤에서 찍은 사진-- 관광객들은 탁트인 전경을 보고 시원한 명당이라고 평한다.

* 주차장 모습-- 붐빈다.

* 혈처-- 맨 아래는 이산해의 아들 경전(慶全, 1564~1645 형조판서)의 묘이고 그 바로 위에 토정의 큰형이자 경전의 조부 이지번의 묘가 있다. 이 두 개의 묘가 진혈이다.

* 감평-- 한마디로 명혈이다. 다만 집장지 최상단에 올라가 사진을 찍기 때문에 송학산 안산 넘어 먼 바다가 보이고 진파 황천살이란 평이 나오는 것이다. 주혈은 토정의 큰형 이지번 묘이고 차혈은 그 아래 그 분의 손자 이경전 묘이다. 이렇게 아래로 내려오면 안정적이고 먼 바다가 보이는 것이 흉이라고 단정할 것은 아니다. 관룡자로 측정해보면 생기가 있는 곳이

확인된다. 만물(萬物)은 만상(萬象)이다. 직룡직좌(直龍直坐)가 다 나쁜 것은 아닌 바 부산 동래 정묘는 조선8대명당에 드는 名墓이지만 직룡직좌이다. 이 곳은 기복과 장유가 보이지만 정묘는 그런 변화도 없다.

* 제방공사-- 제방공사는 필요없는데 예전엔 공주까지 바닷물이 올라갔다고 하니 공사를 하였던 것 같다. 토정은 남루하게 차려 입고 천하를 주유하며 청빈하게 살았으니 수천석을 투입한 공사를 하였다면 형님들이 한 일이리라.

* 손자의 파묘를 예상한 비석-- 토정은 비석 2개를 만들어 한 개는 묘앞에 세우고 다른 한 개는 봉분 안에 묻었다. 삼도감사로 있던 손자 이경전이 풍수의 말에 꼬여 좋은 자리로 이장하기 위하여 무덤을 팠다. 그 안에서 비석이 출토 되었는데 "몇년 몇월 몇일에 불초손이 무덤을 팔 터인데 다시 개봉축하라"라고 적혀 있었다. 삼도감사는 얼굴을 들 수 없어 "내가 죽으면 선영 발치에 조그맣게 묻으라"라고 하였고 지금 맨 아래에 있는 묘가 그 묘라고 한다. 봉분을 개축할 기회가 있으면 정말 비석이 있는지 파보았으면 좋겠다. 임피술산 복구형에도 일이승이 4백 여 글자의 비결을 묻었다고 하는데 혈처를 파보고 싶다.(2021.12.)

충남 부여군 홍윤성 묘
(포악한 정승의 무덤, 절손되는 묘는 어떤 곳인가?)

1. 회인홍씨 홍윤성 묘에 관하여
* 홍씨는 남양홍씨와 풍산홍씨가 합계 56만명으로 대성이고 회인(충북 보은)홍씨는 고려 문하시중 홍연보를 시조로 하는데 상계는 불명이고 2000년 인구가 39명이다.(나무위키)

＊홍윤성(1425 세종 7~1475 성종 6, 초명은 홍우성)은 시조의 증손자로 평민이었는데 1453년 수양대군에게 계유정난(단종폐위 정변)을 일으키도록 조언하고 싸움에 앞장 섰다. 그 공로로 승승장구하여 1469년 영의정에 오르고 1470년 인산부원군에 책봉되었다.

＊바위를 드는 용력이 있었고 성질이 더러워서 집 앞을 말타고 지나가는 사람이 있으면 무례하다고 죽였고, 남의 논밭을 강탈하고, 어릴 때 보살펴주던 숙부가 벼슬자리를 부탁하자 논 20마지기를 요구한 탓에 시비가 일어서 숙부를 죽이고 암장하였다. 세조는 종을 처형하고 홍윤성에게는 책망만 하였다.

＊술과 여색을 밝혔는데 아전 고령김씨의 딸이 예쁘자 그 집으로 쳐들어가 첩으로 삼으려 했다. 그 처녀가 칼을 들고 본처면 몰라도 첩이 된다면 자결하겠다고 위협하자 본처 남씨와 이혼하고 혼인하였다. 죽고 난 뒤 전처와 유산을 반씩 나누었다고 한다

＊사람들은 살인마 정승이라 불렀고 사후에 비석글자를 훼손하고 오줌을 싸기도 하였다.

2. 신후지가 흉지인가?

＊충남 부여 은산면 경둔리 산56-10에 묘소가 있는데 과룡처이므로 3대 내(三代內)에 절손한다는 견해도 있고 카페에는 "원래 홍진이라는 아들 하나가 있었는데 일찍 죽고 후손이 끊겼다. 홍씨문중에서도 악명 때문에 봉사손 주기를 꺼렸다. 사후에 그가 지은 글은 모조리 불태워졌고 비석이 훼손되고 무연묘로 방치되어 있다"(위키백과 등)라고 한다. 반대로 후손 홍숙손이 임란 때 낙향하여 보은 회북면 죽암리에 정착함에 따라 죽암마을은 회인홍씨 집성촌이 되었다고 한다. 다시 말하면 홍윤성에게는 친손이 없었는지 아리송하다.

＊ 답사한 바 장유로 내려와서 당판을 만들었고 상석 아래가 진혈이었다. 부근에 결혈처가 없는 과룡처는 아니다. 그런데 부인 고령김씨 묘의 상석 (최근 설치?)을 보니 21세손 4명, 22세손 3명의 이름이 적혀 있었고 회인 홍씨를 소개 하는 글을 보면 중시조로 홍윤성을 기록하였다. 만약 양자를 들였다면 養선조할머니되는 고령김씨 묘의 상석에 21세손과 22세손의 이름을 새길 리 없다.

김씨 묘 앞 장명등은 2003년 도난당했다는데 다시 제작하여 설치하였고 묘지관리도 하고 있었다.

3. 사진
＊홍윤성과 고령김씨 묘-- 아래가 김씨 묘

* 김씨 상석과 장명등-- 새로 설치했다.

* 뒤에서 촬영-- 앞에 신도비 제각이 있다. 안산도 나쁘지 않다. 그러나 수구쪽 동산이 확연하게 배반했다.

4. 감상

* 고인의 행적이 워낙 나쁘다 보면 좋은 자리를 차지할 수 없다. 친손이 있다고 생각되지만 안산 바로 옆에 배신한 산이 뻔히 보이니 후손의 생활이 어떠하였겠는가? 550년이 경과한 지금 후손의 숫자가 겨우 39명이라는 사실은 무얼 뜻하는 것일까? 바람 앞 등불이었을 것이다.

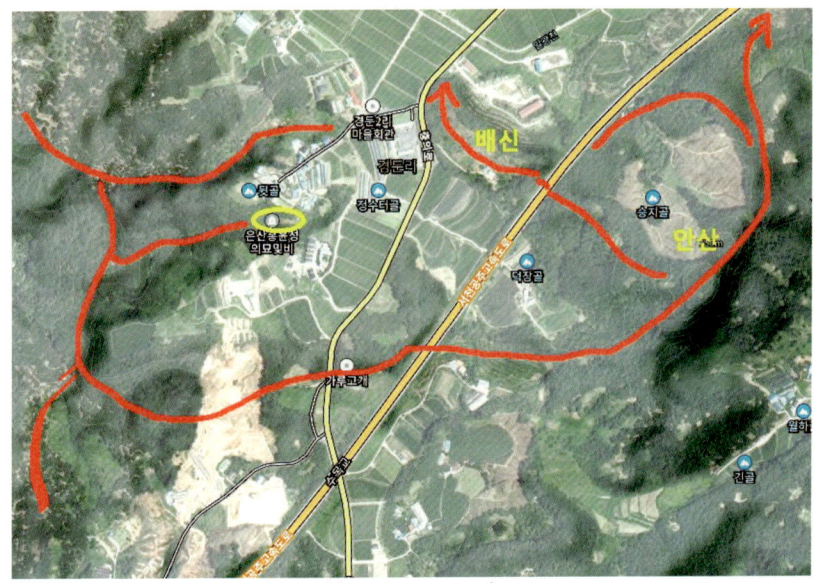

사진출처 : 카카오맵 스카이뷰(https://map.kakao.com)

* 세조의 아들과 손자들은 요절하거나 불행했고 계유정난에 가담한 공신들 중 정인지는 증손녀 1명을 남기고 남자손은 단절되었고, 한명회는 손자 한경기 때 절손되었고, 김종서를 제거한 양정은 부자는 참수당하였다. 권람은 사위 남이가 역적으로 몰려 처형당하고 이인손, 심회 등은 연산군의 갑자사화 때 일족이 참변을 당하였다. 사람들은 단종의 저주라고 말한다.

* 박문수 송시열의 묘는 명당이라는 평도 받는데 죽을 때 자식이 없어서 양자를 들였다. 동기감응론을 주장하면 양자는 절후로 보아야 된다.

* 절가(絶家)되는 경우는 박문수, 송시열과 같이 후손 없이 졸(卒)하거나 또는 정인지, 한명회처럼 사후에 절가되는 경우이다. 예로 든 인물들은 조상의 묘가 명당이므로 발복되었고(송시열의 신후지, 증조부, 고조부 묘를 100대 명당으로 치는 풍수도 있다) 그 분들 자신의 신후지도 명당이라 한다. 그렇다면 절손이 반드시 흉지 때문이라고 할 수 없다. 도선국사도 적덕선행하고 하늘에 맡기라고 한탄하였다.(2024.1.)

충남 아산시 외암리 외암마을
(품격 높은 명당마을)

1. 고택마을

 * 다음지도로 온양 남(南)시오리 음택을 찾던 중 고택이 즐비한 외암(外巖)마을을 발견하고 음양택을 함께 답사하였다. 고택이란 오래된 집으로 보존이 잘 되어 있고 보존가치가 있는 주택을 말한다. 국가는 고택 중 보호할 가치가 있는 곳을 중요민속자료로 지정하고 있다. 고택이 있는 곳은 풍수상 양택명당인 경우가 많은데 각기 개성이 있다.

2. 마을의 유래와 번성

 5백 년전 강씨와 목씨가 들어와서 살다가 16세기초 이사종(?~1589)이 장가와서 처가 동네에 정착하고 5대 후손 외암 이시간(1677~1737)이 명망 높은 학자(숙종 때 세자시강원 자의)가 되자 그의 호에 따라 외암마을이라 하고 예안이씨 집성촌으로 자리를 잡았다. 학자와 무신이 다수 배출되었고 조선후기에는 많은 사람이 과거에 급제하였다. 2012년 현재 기와 57동 초가 128동 주민 200명이고 절반이 예안이씨이다. 예안은 안동시 예안면이고, 전의이씨에서 분적, 인구는 17,748명(2015년).

3. 마을의 특성

 전국에 고택으로 이름난 곳이 적지 아니하지만 대체로 부자로 몇 대를 살았던 집이다. 이 곳은 마을 구조, 살았던 인물, 풍수적 지형으로 보아서 상당히 품격높은 명당마을이다. 물론 지금은 관광객이 년간 30만명쯤 쇄도(殺到)하는 바람에 주거지로 사용하기 어렵다.
 ① 자연 친화적이다. 마을 안길과 외각의 샛길로 나누고 개울물을 집에

끌어 들여 생활용수로 쓰거나 연못을 조성했다. 낮은 돌담(총길이 6.3km)이 특색이고 정원과 집 주위에 나무를 많이 가꾸었다.

② 인간미(人間味)가 있다. 보통 부자는 집을 대궐 같이 짓고 부근에 평민은 집을 못 짓게 하는데 이 곳은 예안이씨 집성촌 때문인지 모르겠으나 기와집과 평민집이 뒤섞여 있다. 개천 건너에 장승 솟대 등 공동시설을 잘 관리하였다.

③ 학자가 많이 배출되었을 뿐만 아니라 장군 충신도 배출되었다. 마을이 부유하여 건물들이 오랜 기간 잘 관리되어 왔다.

④ 유명한 집으로 홍경래난을 진압한 이용현 장군 6세손까지 살아 원래 병사집으로 불리우는 신창댁이 있다. 이정렬(1868~1950)은 고종 때 과거에 급제하고 이조참판까지 역임하였으나 일제에 항거하여 사직하고 충남 일대의 항일운동에 지주가 되었는데 그 집이 참판댁이다. 중요민속자료 제232호로 지정된 건재고택이 대표적 고택인데 영암군수를 지낸 이상식(1848~1897)의 집이다. 모두 9개의 고택이 있다.

4. 풍수적 관점

봉수산-광덕산-설화산의 행룡이고 설화산 3봉 중 금성봉에서 논으로 된 계단 형태로 내려와 외암천변에 넓은 마을자리를 펼쳤다. 조산인 광덕산을 바라보는 크다란 행주형이고 그 안에 여러 소국(小局)을 차려 고택을 실었다. 명당 중의 명당이다.(2022.12.)

* 외암마을 중국

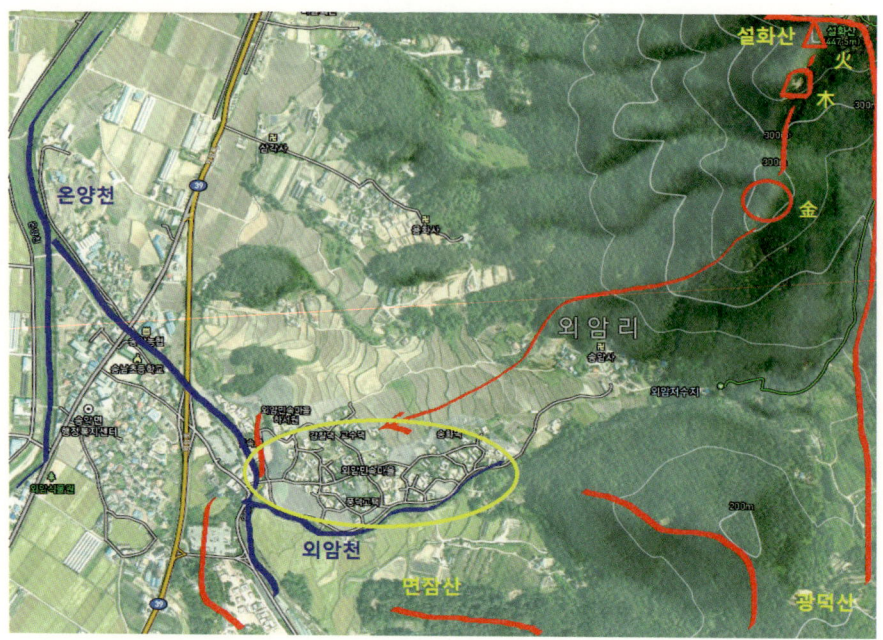

사진출처 : 카카오맵 스카이뷰(https://map.kakao.com)

* 설화산 삼봉

* 외암마을의 래룡

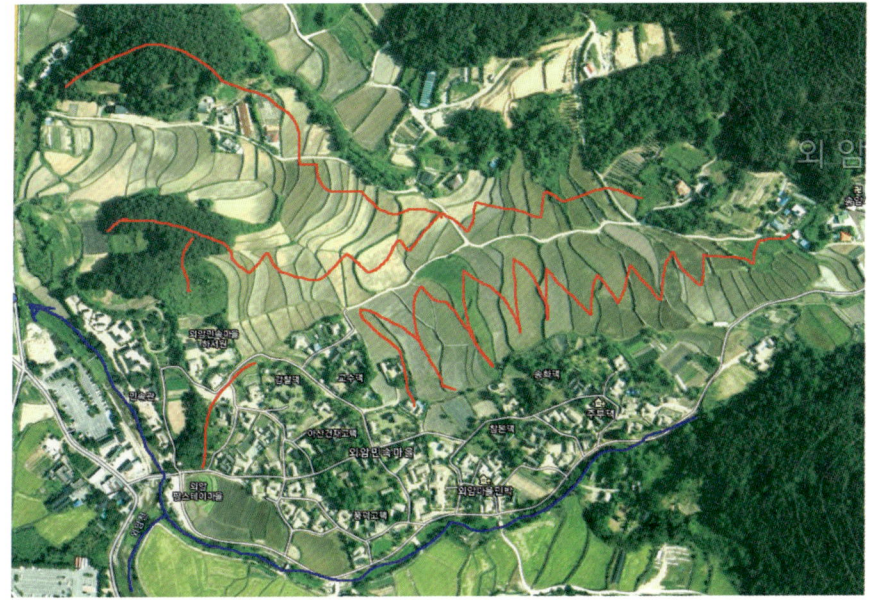

사진출처 : 카카오맵 스카이뷰(https://map.kakao.com)

충남 예산군 방산리 이산해 묘
(비보를 하여 명혈로 개선되었는가?)

1. 이산해와 토정

* 아계(鵝溪) 이산해(李山海, 1539~1609)는 토정의 조카로서 선조와 광해군 때 영의정을 지냈고 문인(文人)이다. 5세 때 병풍에 글을 쓴 신동이고 뒤에 이언적과 조광조의 묘비를 썼다.

* 토정이 10세 때 할아버지 이장윤을 장사지내게 되었는데 지관이 "이 자리에 묘를 쓰면 토정의 3형제 중 장·차남은 정승 아들을 얻게 되나 막내인 토정은 자식을 잃게 된다"라고 말하였고 이에 형님(이지번 이지무)들

이 망설였으나 토정이 자기를 개의하지 말고 쓰자고 강권하여 묘를 썼다. 그 뒤 형님들은 정승자리에 오른 이산해와 이산보를 낳았으나 토정은 자식 넷을 일찍 여의었다는 설화가 있다.(나는 토정의 부친 이치의 묘를 결혈지로 보지 않기 때문에 이산해를 이치 묘의 발복으로 보지 않는다. 토정의 가족묘 간산기 참조)

2. 이산해의 묘

＊중국-- 예산군 대술면 방산리 산7-1에 있다. 광덕산이 태조, 봉수산이 소조산이다.

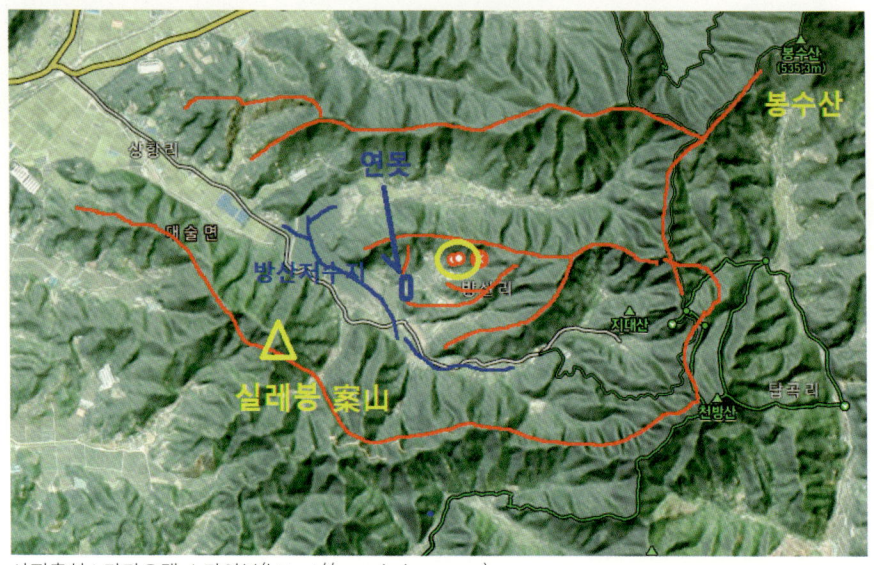

사진출처 : 카카오맵 스카이뷰(https://map.kakao.com)

＊묘역-- 양주조씨와 단분합장이다. 외형상 보기로는 주산에서 내려온 맥이 높은 곳에 유돌을 이루면서 혈장을 만든 것같이 보인다. 안산도 가깝고 좋으며 방산저수지의 일부가 파구를 만들었다. 다수는 대혈이라 한다. 혈장은 원래 비스듬히 경사진 곳인데 입구에 연못(삼신선도)을 파고 그 흙

을 옮겨서 혈장의 아래 부분을 보토하여 평평하게 만들었다고 한다. 입구에 만든 연못은 헤픈 수구를 보완하기 위하여 사위 이덕형과 아들 이경전이 조성하였다. 다수설은 이렇게 묘역의 아래 부분을 보토하여 빈약한 혈장을 보완하고 연못을 파서 수구를 보완하는 비보(裨補)를 함으로써 명혈이 되었다는 것이다.

＊봉분 뒤에서 본 모습

＊그러나 이곳은 혈이 맺히지 않는 느낌이 들고 관룡자로 재어 보아도 기운이 자주 끊어진다. 무엇 때문인가? 여기(餘氣)기 내려오는 모양이 혈처와 상충되기 때문이다. 이 곳과 같이 높은 곳에 혈이 생기면 밑에서 올라갈 수 있도록 여기(餘氣)가 지각(枝脚, 일종의 전순이라 할 수 있다)을 만들어야 하고 지각의 모양은 적당한 경사를 이루고 넓어야 된다. 만약 높은 곳에 돌(突)의 형태로 생겼다면 아래 부분에 수염이 달려 있어야 된다. 이 곳 혈처에서 아래로 내려간 지각은 경사가 급하고 좁고 뾰족하여 코뿔소의 코와 같이 생겼다. 위에 있는 기운을 끌어 내리는 모습이다. 대구서씨와 춘천 신숭겸의 묘와 비교해 보라.

* 밑에서 본 모습

* 지각 지도

* 대구서씨 시조 서한 묘-- 지각이 비교된다.

* 춘천 신숭겸 묘-- 지각에 생기가 내려오지 않아야 된다.

* 이덕형과 이경전이 옥녀탄금형에 맞추어 연못을 파고 나무 3개를 심어 三神仙島를 만들었다. 옥녀탄금형이라고 하나 글쎄다.

3. 벼슬발복을 기대하기 어려운 여건

* 이산해의 아들 경전 이하 14세손까지 절손된 가정 없이 대를 이었고 큰 벼슬은 못해도 작은 벼슬은 끊이지 않았다. 비보의 효력으로 명혈이 되었는가? 상당한 약효는 있었겠지만 등급을 격상시킬 정도는 아니라고 본다. 다만 당시의 정치지형(地形)이 이산해 후손에게 정승급으로 올라가기 어려웠을 것이다.

* 이산해(1539~1609)는 北人의 우두머리로 西人의 정철(1536~1594)과 대립하였다.(두 사람은 비슷한 나이이다) 정철은 정여립 모반사건 때 (임란 3년 전, 기축옥사) 위관으로 조사를 맡으며 3년에 걸쳐 1천여 명을 숙청하였는데 정적 이발의 80세 노모와 어린 아들을 곤장으로 죽였다. 이 사건은 선조가 주동이 되어 왕권강화 목적으로 선비들을 숙청한 것인데 東人이 많이 희생되었고 조사가 악독하였던 것이다. 이발은 호남 명문가이었는데 일가족이 멸문당하고 이발문중원은 그 원한으로 지금도 고기를 썰 때 "정철 정철"이라 하고 정씨들과 혼사를 하지 않는다고 한다. 이산

해도 엮일 뻔하였으나 선조의 신임으로 화를 면했다. 이산해는 정철과 원수지간이 되어 뒤에 정철이 실각하자 사형에 처할 것을 강력히 주장하였다.(서인의 처벌을 두고 동인은 강경파인 大北과 온건파인 小北으로 분할된다) 정철은 세자책봉을 건의한 건저사건으로 선조에게 밉보여 실각하고 1593년 명나라에 왜적이 조선에서 철수하였다는 허위보고를 한 죄로 강화도로 귀향가서 그 해 굶어 죽었다. 주색에 망가져서 가산을 탕진하고 민심을 잃어 현지인들이 도와주지 않았기 때문이다.

＊동인은 광해군이 1608년 즉위할 때 적극 지지한 덕으로 이산해의 大北이 집권하였으나 1623년 서인이 인조반정을 성공시키고 대대적으로 숙청하여 북인의 씨를 말렸다. 다행이 이산해의 아들 이경전은 당색이 약하여 살아 남았다. 숙종 때는 서인이 노론과 소론으로 분할되고 정조 사망후에는 특정 외척 가문이 주도하는 세도정치가 정착되었다. 대북의 수령인 이산해 가계는 서인의 집권기간과 외척의 세도정치 아래에서 출세하기 어려웠을 것이다. 이 묘가 명당이라 하더라도 발복이 기대되는 2~5세 후손까지는 정치지형이 불리하여 인물이 날 수 없었다고 본다.

＊방산저수지 아래에 아계의 12대 후손 수당 이남규 고택이 있는데 아계의 청상(靑孀)이 된 손자며느리가 1637년 건축하였다. 수당 이남규가 태어난 집인데 수당은 일제시 부자(父子)가 함께 순국하였다. 수당으로부터 4대(증손 이장원은 해병장교로 6·25 때 전사)가 훈장을 받았다. 선비기상이 연연히 이어진 존경받을 가계이다.(2023.7.)

충남 예산군 남연군(南延君)의 묘는 풍수상 어떤 곳인가?

1. 여러 의견

예산 남연군 묘는 대원군(大院君)이 가야사(寺)를 불사르고 부친 남연군 묘를 이장하여 그 발복으로 고종과 순종이 왕이 되었다 하여 2대 천자지(天子地)의 대명당이라고 일반인에게 알려져 있다. 그러나 풍수인들 사이에는 회의적인 사람이 더 많다.

* 대명당이란 견해 : 김○설(복호형의 명산대지), 유산록(전편 318p 군봉들이 환공하는 대혈), 논정 김석○(세종 세조와 더불어 조선왕족 3대 명혈), 김○암(대혈), 이○삼(4정4강이 합행4번으로 4태기가 많으니 천자지)
* 약점 많은 명당 : 야초(국세앞이 터져있다), 김정○(백호강세와 수구허약)
* 종국적으로는 패망지 : 초계(백호인 원효봉이 청룡인 서원산을 압도하여 결국은 룡을 죽게 만들어 패망한다), 심○(내외기가 순환할 수 없는 수구로 2대 亡地)
* 주관적 대명당 : 은천(객관적으로는 흉이 많아 명당은 아니지만 주관적으로 2대 천자로 만족하겠다는 사람에게는 대명당이다)
* 허무지 : 지종○(주산이 화산이고 래룡이 길게 내려왔지만 기복이 없어 건강한 맥이 아니다, 당판이 강한 암반이다, 혈장이 둥그런 돌인데 전순이 없다, 물이 곧게 빠져나간다. 청백이 골바람을 안내한다)
* 기혈 괴혈이요 금혈 : 필자의 의견(혈처와 사람이 합작한 발복처)

2. 검토의 방향

첫째, 이 곳에 대원군이 묘를 쓰고 2대 천자 합계 47년 집권이라는 결과가 나타나 있으므로 이에 맞추어 평가하는 경향이 있다. 그러나 대원군은 온갖 모욕을 견디면서 절치부심하는 집념과 조대비를 미리 포섭하는 권모술수가 있었으니 여기에 묘를 쓰지 않더라도 아들을 왕위에 등극시키지 않았겠나 하는 생각이 들고, 반대로 대원군 아닌 다른 사람이라면 절을 방화하고 용사(用事)할 수 있었겠는가? 용사하였더라도 자식을 왕위에 올릴 수 있었을까? 하는 의구심이 든다.

그러므로 2代 천자는 대원군과 이곳 혈이 합작한 결과로 보아야 되므로 용사하기 전 처녀지 상태를 염두에 두고 검토해야 된다.

둘째, 건강하고 품격있는 삶을 최고의 덕목으로 보는 보편적 가치관을 잣대로 삼아 발복을 객관적으로 평가해야 한다. 과연 고종과 순종의 일생을 볼 때 복을 누린 영화지지라고 평가할 수 있겠는가?

3. 형세

가) 거시적으로 용의 형세를 보면, 덕숭산(495m)에서 서북으로 진행하여 가야산(677m)을 세우고 가야산은 동쪽 뒤로 원효봉(600m)을 내려서 뒷받침을 받은 다음 북진하면서 석문봉(653m)을 세우고 석문봉 북서쪽 간룡은 일락산(500m)을 거쳐 서산시를 만들고, 석문봉 동쪽 일지 끝에 남연군 묘가 있고, 석문봉 북쪽 간룡은 옥양봉(621m)을 세우고 옥양봉 동쪽간룡은 산봉우리 기점에서 뒤에 서원산(484m)을 만들어 뒷받침을 받고 북상하여 당진을 만들었다. 혈처는 주산인 석문봉의 배면에서 내려온 지룡이고 간룡에서 내려온 맥이 아니다. 백호는 원효봉 줄기이고 청룡은 서원산 줄기인데 원효봉은 가야산을 받처주는 후각(後脚 뒷다리 역할)이고 서원산은 산봉우리 기점을 받혀주는 후각이다. 모두 산정상을 향하고 있다. 그러한 탓으로 주산은 혈처를 배신하고, 청·백은 혈처에 무관심하다. 청백이 만나는 수구는 끝이 조여주지 못하고 헤퍼서 골짜기 안에 기운을 모아주지 못한다.

* 남연군 묘의 국세

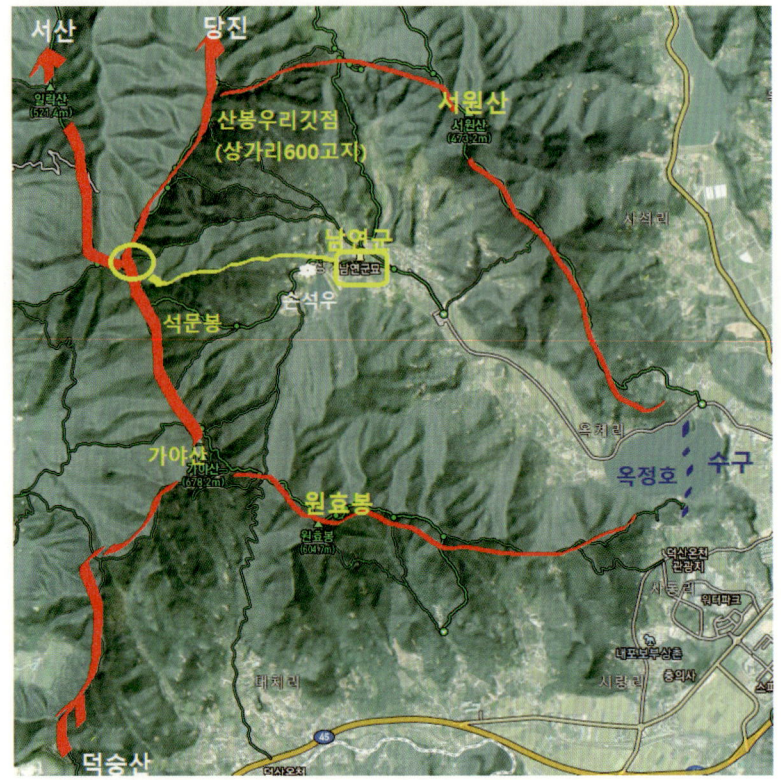

사진출처 : 카카오맵 스카이뷰(https://map.kakao.com)

나) 미시적으로 혈장주변을 보면, 허무지로 본 견해가 옳다.

그러나 이 묘의 발음을 보면 어떤 혈도 맺지 못하는 허무지라 할 수는 없다. 골짜기를 올라 가면서 이 묘와 마주치면 "야 희한하게 생겼다"라는 생각을 하게 된다. 약간 타원형으로 생긴 동산에 산위는 평평하다. 왕의 가마가 골짜기에 있으되 주위에 감싸 안거나 유정한 곳이 없어서 내던져져 있는 형세이다. 많은 분이 복치형(伏雉形)이라고 하지만 꿩이 엎드리는 형은 독수리를 피하여 숨는 형상이므로 독수리가 있고 피하는 가림막이 있어야 된다. 이 곳처럼 사방이 노출되어 있는 곳은 꿩이 숨지 못한다. 이 혈은 기운은 대단하지만 가야봉, 석문봉, 옥양봉이 서산과 당진으로 가는 탓에 뒷전이고 주산으로부터 거치른 기운을 받고 내려왔는데 혈장 뒤에 이르러 험기를 모두 털어버린 것 같지만 당판 아래가 강한 암반이어서 도끼로 파내었다고 하니 험기가 숨어 있었다. 청백 어느 쪽도 유정하지 않으니 자력으로 버티다가 소진하겠지만 강한 기운을 잘 제어할 수 있으면 크게 발복할 것이나 고약한 자는 패망할 것이다. 백성을 사랑하고 영민한 사람을 만나기는 어렵고 영악한 자가 탐내기 쉬우니 가야사로 남겨두는 것이 나았다. 그런 차원에서 이 혈은 기혈 괴혈이요 금혈이다.

대명당이라는 말이 나오지 않도록 경계하기 위하여 대원군 가족사를 게재한다.

4. 가족의 비극

대원군은 지사 정만인의 점지로 1846년 부친 남연군 묘를 이장하고(마을 입구 대원군 신도비에 근거함) 1852년 고종(1919년 死)을 낳고 고종은 12세(1863년)에 조선 26대왕으로 등극하였으나 10년간 대원군이 섭정하였고, 1897년 대한제국 초대 황제에 스스로 등극하였으나 열국이 간섭하는 바람에 허수아비 노릇하다가 1905년 을사보호조약으로 외교권을 뺏기고 1907년 일본의 강요로 순종에게 양위하였고 1910년 한일합병으로 나라가 멸망했다. 고종은 역사적으로 사실상 마지막 왕으로 낙인찍혔고, 개인적으로는 명성황후가 1895년 한일 연합폭도들에게 살해되어 시간(屍姦)당하고 불태워져 야산에 버려지는 말하기 부끄러운 치욕을 겪었다.(당시 대원군이 사건 현장인 경복궁에 있었던 사실로 보아서 폭동을 교사하였다는 말도 있다) 순종과 영친왕을 합쳐 3대 천자지라는 말도 하는데 그들은 사실상 일황(日皇)의 신민이다. 고종과 순종은 각자 후궁까지 20여 명의 부인을 둔덕에 많은 자녀(각자 10여 명)를 낳았으나 요절하거나 절가되고 가수 이석 父女 외에는 미미하다.

고종은 경기 남양주 홍릉에 묻혔는데 그 곳도 매화낙지 대명당이라 하나, 후사가 시원찮으니 무슨 명당이겠나? 대원군(1898死)은 김씨의 세도를 꺾어 분풀이는 하였을지 모르나 반체제라는 이유로 천주교인 8천명을 살해하였고(1866, 순교자박물관 참조, 이 업보로 가족사가 비극이었는지?) 2년 후인 1868년 남연군 묘 도굴사건으로 탄압을 가중하여 2천 명을 더 살해했다. 쇄국정책으로 나라의 멸망을 앞당겼다. 임종에 고종이 오지 않을 정도로 사이가 나빴다. 콩가루 집안이다.

5. 가치관

천자가 2대 탄생한 것만으로 대명당이라 하는 이들은 제정신이 아니다. 호의호식을 따지자면 이완용(李完用)이 훨씬 낫다. 나라 팔아 먹는 대신에 후작작위를 받고 가족들과 호의호식하면서 장수하였다. 자식들은 일찍이 국내에서는 발붙일 데 없음을 깨닫고 이완용의 묘를 파묘하여 화장하고 하사받은 땅들을 매각하여 캐나다로 이민가서 잘 산다. 다른 친일파들이 미적거리다가 토지를 몰수당한 것과 대조적이다.

고종은 김옥균에 대하여 끝까지 자객을 보내어 살해했지만, 명성황후는 서인으로 폐위하고 왜적은 손보지 아니하였고 수 년 전에 왜적의 후손이 사죄하려 한국에 온 적이 있다. 고종 후사가 지리멸렬한데 왜적 후손이 번창한 것을 보면 하늘도 무심하다. 박인○ 편저 풍수지리학대사전의 첫머리에 명당중의 명당이라는 설명과 함께 남연군의 묘 사진을 올린 걸 보면 기가 찬다. 바른 가치관이 없는 풍수는 백해무익한 법이다. 나는 어떤 음양택에서 몇 사람의 고관대작이 탄생하였느냐 하는 외형보다는 어떤 역할을 한 인물이 배출되었는가 하는 기능과 가치를 추구하는 간산이 바람직하다고 생각한다.

이완용, 박영효 같이 지탄받는 자는 명사를 동원하여 신후지를 잡아도 명혈을 차지하지 못할 뿐만 아니라 온전히 보전하지 못한다. 무슨 연유로 이런 인물이 태어났는가를 풍수적으로 연구하는 간산기를 보았으면 좋겠다. 이완용 묘는 익산군 낭산면 낭산리 선인봉 아래에 있었는데 훼손당하는 일이 잦자 1979년 파묘하여 화장하였다. 현재 채석장 주변으로 추측된다. 낭산 아래에 있는 일이승의 연소형 결록지를 찾으려 부근에 가보았는데 혈이 생길 국세가 아니었다.

6. 만년향화 지지

이 골짜기는 명혈이 생길 수 없는 형세이다. 손석우 묘가 위쪽 상가 저수지 오얏골농장 부근에 있으나 나쁘다는 게 중론이지만 명당이란 분도 있다.

남연군 묘는 비운(悲運)에도 불구하고(지금은 기운도 없다) 문화재로 지정되어 방문객이 끊임 없으니 만년향화지(萬年香火地)는 된다. 만년향화지는 의외로 세속적인 발복이 없는 음택이 누리는 경우가 많다. 진묵대사 어머니 묘(無子孫千年香火地 고수레, 김제군 만경면 화포부락 성모암내)는 어머니가 장래에 후손이 없어 제삿밥 못 먹게 될 것을 걱정하자 대사가 어머니를 위하여 잡은 터인데 이 묘를 벌초하면 농사가 풍년 된다는 소문에 인근 농부들이 서로 앞다투어 벌초하고 돌본다.(2019.6.)

전북·전남·광주(24)

전북 남원시 풍산리 황희 정승 조부 묘
(어떻게 파악할 것인가?)

1. 나옹대사가 소점한 명혈인가?

* 간산기들은 나옹대사가 소점한 명혈이라고 이구동성으로 쓰고 있다. 나옹대사가 소점했다는 것은 팩트(사실)가 아니고 형기풍수 입장에서 볼 때 바람이 불고 혈장(묘역)이 좁아서 명혈로 보기 어렵다. 그러나 황희의 시조가계(始祖家系)가 흐릿하던 중 황희라는 특출한 인물이 배출되어 장수황씨의 시조(조부를 시조로 보고 있지만 사실상 황희 정승이 시조이다)가 되었으니만큼 이 묘를 대혈이 아니라고 한다면 뭇 풍수로부터 몰매를 맞을 것이다. 이런 점을 염두에 두고 간산해 보는 것도 유익하리라.

2. 황희와 조부 묘의 전설

* 황희는 1363년 개성출생, 1452년 사망하여 파주 금송리 산1(사목리 산122은 유적지로 4키로 떨어져 있다)에 묻혔다. 18년 동안 영의정으로 세종을 보필했다. 청렴 충효하고 강직하여 파직과 복직을 거듭했다. 그러나 사위가 아전을 버릇없다고 때려 죽인 사건에 관하여 맹사성과 공모하여 사실을 조작하였고, 서자가 궁중물건을 훔친 사건을 은폐하여 물의를

일으켰다. 그리고 지붕에 비가 샐 정도로 가난하였다는 일화도 사실이 아니라고 한다. 조선 4대 名재상으로 황희, 맹사성, 류성룡, 이원익을 꼽는데 황희와 맹사성은 세종 때 함께 근무했다. 두 분을 비교하면 황정승 선조들은 광한루 부근에 살았던 부자이었고 맹정승은 두문동 72현 후손으로 원천적으로 가난하였다. 맹정승은 허름한 집 한 채, 피리, 타고다니던 검은 소 한 마리를 유산으로 남겼다고 하니 더 청렴하였다.

*장수황씨는 신라말 황경이 원 시조인데 계대(系代)가 불명한 탓으로 18세손 황석부(황희의 증조부)가 장수황씨의 기세조(起世祖)가 되었고 인구는 17만 명이다. 황희 이후 자손이 번성하자 본관을 장수로 한 장수황씨를 표방하였다.

*조부의 묘는 남원 풍산리 산촌마을(풍산리 산6)에 있는데 아래와 같은 전설이 있다.

무학스승 나옹대사가 윤지사에게 명혈을 구해주기로 하고 3백냥을 시주받아 절을 고쳐지었다. 나옹대사가 이 혈을 찾은 다음 윤진사를 대동하고 찾아가면 눈이 흐려져 혈처가 보이지 아니한 탓으로 혈을 점지해주지 못했다. 참지 못한 윤진사가 나옹을 사기꾼이라 욕하면서 저자거리로 끌고 다니며 창피를 주자 황희의 아버지 황군서가 삼백 냥을 대신 갚아 주었다. 나옹은 그 보답으로 이 혈을 가르켜주려고 황군서를 대동하고 혈을 찾아가자 혈처가 확연하게 보여서 소점해 주었고 황군서는 그의 아버지 황균비 묘를 이장했다. 묘지 이장 후 고향을 떠나야 발복받는다는 말에 개성으로 이사 가서 4년 뒤 황희를 낳았다.

3. 답사

*홍곡단풍(鴻鵠搏風, 큰 기러기가 날개로 바람을 일으키는 형) 또는 秋谷丹風穴 또는 명홍조풍(鳴鴻遭風形, 기러기가 바람을 마주치자 길게 울면

서 날아가는 형상)이라고 한다.

＊마이산-부귀산-묘복산-풍악산의 경로를 거쳐 갈지자를 그리며 내려와서 입수하였다. 주산도 몇 개 봉우리의 중심이므로 입수까지는 나무랄데 없고 명당(明堂)과 조안산도 좋다. 물이 명당(明堂)에서 직수로 흐르고 있어서 재물이 弱하겠다는 중론이 있다. 그런데 5부 능선 쯤되는 높은 곳에 자리 잡고 있고 안산이 멀어서 바람막이 역할을 할 수 없다. 등산길에 있는 조망점 같다. 가장 큰 문제는 혈장이 좁은 점이다. 커다란 봉분을 만들었는데 청룡쪽은 봉분 가장자리에서 한 발짝 여유밖에 없고 그 밑으로는 깊은 수직절벽으로 벌초할 때 발밑을 조심해야 될 지경이다. 봉분을 크게 조성한 것은 바람을 막으려는 의도와 투장을 막으려는 의도(오랜 기간 묘지 송사를 하였다고 한다)가 있었을 것이다(파주에 있는 황정승 본인 묘도 봉분이 엄청 크다). 원래 陳씨 묘가 있었는데 그 위에 이 묘를 썼다. 관룡자로 측정해보니 가운데 쪽으로 미미한 생기가 있었다. 대혈로 보기에는 머리를 갸우뚱할 수 밖에 없다. 물형은 안산이 큰 까닭에 명홍조풍형이 맘에 든다.

＊나옹선사는 경북 영덕 갈천리에서 1320년 출생하여 1341년 출가하고 공부가 어느 정도 이루어지자 1347년 원나라로 유학가서 지공화상 밑에서 공부한 뒤 실력을 인정받고 1355년 원 순제의 명으로 광제사 주지를 맡았다가 1358년 순제의 만류를 뿌리치고 귀국하여 오대산 상두암에 은거하였다. 1361년 공민왕의 간청에 따라 신광사의 주지를 맡았고 그 뒤 용문산 금강산 등지를 순례하고 회암사 주지를 맡았다. 일시 송광사에 온 일이 있으나 곧 회암사로 돌아갔다. 회암사에서 교화활동을 할 때 신자들이 몰려들어 길이 메어질 지경이었다. 1371년 왕사로 봉해지고 1376년 순례중 여주 신륵사에서 입적했다. 고려 말 보우와 함께 국사 칭호를 받고 노래를 많이 지어 나옹집으로 남겼다. 스님들이 즐겨 쓰는 "청산은 나를

보고 말없이 살라 하고(靑山兮要我以無語)…"라는 청산가는 나옹선사 작품이다.

　＊전설은 황정승이 탄생(1363년)하기 4년 전 조부 묘를 소점받았다고 하니까 1359년경인데 그때는 나옹대사가 중국에서 귀국한 이듬해로서 오대산에 막 은거한 시기이다. 첫째 귀국 직후인데 언제 윤진사 돈을 빌려서 어떤 사찰을 중창하였단 말인가? 둘째 나옹화상은 원나라 왕사로 있다가 귀국하였으므로 이미 고승으로 이름나 있었으니 상좌를 데리고 다녔을 터인데 윤진사에게 끌려다니면서 얻어 맞았다는 일은 상상할 수 없다. 셋째 나옹화상이 명혈을 소점해주기로 약속하였다면 다른 명혈을 구해주면 될 터인데 이 혈을 고집하여 얻어맞고 다녔겠는가?

4. 어떻게 이해해야 될가?

　＊나옹 소점설은 허구인데 원나라와 고려 2개국의 왕사(王師)를 지낸 나옹의 위상을 깎아내리고 있다.

　＊혈처의 모양을 단순하게 본다면 생기가 느껴지지 않아서 동네 길지급 수준이라는 생각이 든다. 그러나 정상에서 내려오는 입수래룡이 좋고 안산과 전면의 사격이 좋다는 점, 황정승이라는 걸출한 인물이 배출되어 장수 황씨 문파를 세운 계기가 된 점을 고려한다면 이 혈은 명혈로 보아야 될 필요성이 있다. 그렇다 하더라도 이 혈처는 전면에서 바람이 불어오고 혈장이 빈약하고 무엇보다도 생기가 미약하다는 약점이 있다. 이런 여러 사정을 종합해보면 복흥 황앵탁목형(기정진의 조모묘, 기정진의 묘가 명혈이다)처럼 일회용 발복처로서 황정승을 배출하고는 역량(力量)이 소진된 奇穴이 아닌가 생각된다. 황정승 후대가 번성한 것은 황정승 본인 묘 등 다른 명혈의 덕택으로 보아야 될 것 같다. 김두규 교수는 전북 7대 명당이라고 평가하였고 명혈이라는 데 異說이 없다. 그럼에도 의문을 제기

한다면 "공부 더 하라"라는 뭇매를 맞기 십상이다. 그러나 이 묘가 나옹대사의 소점이 아니라는 사실을 염두에 두고 기탐지기로 측정을 해보면 장기 발복할 혈처가 아니라고 판단하는 풍수도 있을 것이다.(2023.2.)

5. 현장 사진

*산등-- 묘 아래 산등이 왼쪽으로 굽어지면서 내려왔다. 그 곳에 있는 묘 또한 혈이 된다는 견해도 있으나 지각으로 보인다.

*봉분-- 백호 쪽이 여유가 없는데다가 수십 길 절벽에 잇대어 있다.

＊좌향-- 당판 중앙으로 한걸음 옮긴 재혈이 맘에 든다(백순호 작품, 감사)

＊파주 황정승 묘-- 이 정도로 후덕해야 오래가는 법이다.

전북 순창군 유등면 건곡리 조원길 묘
(무학대사 소점이 맞는가?)

＊옥천조씨 조원길은 시조 조장의 4세손이고 고려 말 오은(五隱)중 한 사

람이다. 안내판을 보면, 조원길은 공민왕 18년(1369년)과거에 급제하고 옥천(순창의 옛 이름)부원군에 올랐으나 이성계가 득세하자 순창에 은거하다가 1390년(공양왕 2년) 사망하였다. 나라에서 예장을 명하니 무학대사(1327~1405)가 점혈하였다. 계혈 또는 홍안남비(鴻雁南飛형, 큰기러기가 남쪽으로 날아가는 모습)이라 한다.

　차남 조유가 부친을 순창에 묻고 시묘를 한 뒤 순천으로 이주하였는데 근자에 도로공사 중 1391년 조유가 만든 비석이 발견되었다.

＊순창 유등면 건곡리 산86-14에 있는 묘를 찾아 오르면서 살피니 입구가 넓게 열려있고 볼품이 없었다. 묘역에 올라서 보니 역시 들판바람이 그대로 침범하고 생기가 모여있지 않았다. 공양왕은 1389년 이성계에 의하여 왕위에 즉위하였다가 3년 후인 1392년 쫓겨난 고려 마지막 왕이고 이성계가 실권을 행사했는데 이성계 측이 순창에 은거한 반대파인 조원길에 대하여 예장을 치르고 무학대사가 소점하였을 리 없다.(2023.9.)

　＊조원길 묘 지도

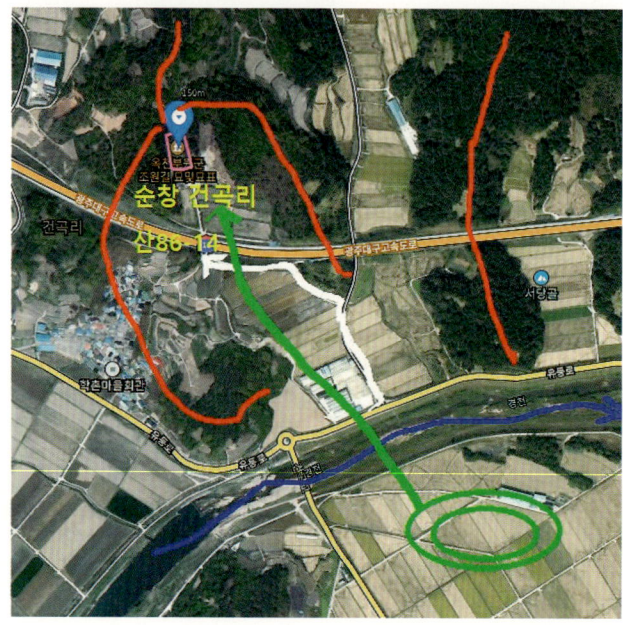

사진출처 :
카카오맵 스카이뷰
(https://map.kakao.com)

전북 순창군 인계면 마흘리 산36 김극뉴 묘
(말 명당, 조선 8대 명당)

1. 광산이씨 김극뉴(金克忸, 1436~1496)

＊김극뉴는 광산김씨 23세손으로 대사간을 역임하였고 김장생의 4대조이다. 광산김씨의 인물은 대부분을 김극뉴의 후손 그 중에서도 김장생의 후손이 차지하였다.

＊김극뉴의 첫부인 함양박씨는 2남 2녀를 낳고 남편보다 17년 먼저 사망하였고 재취부인 남씨와 사이에는 자식이 없었다. 남씨는 남편과 가정을 잘 돌본 공이 커서 후손들이 논산 고정리 선영에 영사재를 짓고 재실 바로 뒤에 모셨다. 김극뉴의 장남 김종윤은 4형제를 두었는데 첫째 김석은 자식이 없어서 셋째의 차남 김은휘를 양자로 데려왔고, 둘째 김송은 4형제, 셋째 김호는 4형제(그 중 김계휘의 손자가 김장생이다), 넷째 김만은 3형제를 두었는데 모두 현달했다.(이렇게 족보를 열거한 이유는 김극뉴의 묘는 2대 때 절손하고 양자가 들어와서 크게 영달한다고 감평한 학회가 있기 때문이다). 김장생 묘와 김반 묘에 관한 간산기 참조.

2. 답사

＊이 묘를 쓴 경위에 관하여 여러 가지 설화가 있다. ①함양박씨 박이 감찰은 풍수지리에 밝아 이 곳을 찾고는 자신은 외동딸만 있으므로 자기는 만년향화지지를 차지하고 딸부부에게 만대영화지지를 양보하였다. 김극뉴 후손들은 고마움에 제사를 지낼 때 먼저 박감찰 제사를 지낸다. ②박이의 딸이 아버지 신후지 천광에 물을 부어 흉지로 오인하게 한 다음 이곳을 양보받았다. ①설이 합리적이다.

＊천마시풍형, 갈마음수형 등 여러 말이 많으나 혈장에 오르면서 뒷산을

보면 아름답기 짝이 없다. 말머리에 해당하는 곳에 위로부터 박감찰 부부 합분, 김극뉴 부인 박씨, 김극뉴 묘, 김극뉴의 사위 동래징씨의 부부 묘가 있다. 말고삐에 해당하는 부위(금채형이라는 견해가 있다)에 현손 김휘, 차남 김소윤(장남 김종윤은 논산고정리 선영에 장사), 손자 김개, 사위 정광조 순으로 쓰여 있다.

물이 만궁이 아니므로 천마시풍이나 천마등공처럼 보이고 옥녀가 없으므로 금채형은 아니다.(2023.11.)

* 김극뉴 묘

* 주등에 있는 묘-- 장인 박씨, 부인 박씨, 김극뉴, 사위 동래정씨

354

* 고삐에 있는 후손 묘

전북 익산시 용화리 진주소씨
익산 입향조 소자파와 풍류남 소세양 묘

1. 진주소씨(晉州蘇氏)

* 소씨의 먼 시조는 기원전 2400년경 중국 길림성에서 소풍이 하백에 봉하여 진 사실이 있고 그 후손 일부가 기씨조선을 거쳐 신라에 이주하였다고 추측한다. 소알천(蘇閼川 577~686)이 신라 경주에서 최고 관직인 상대등의 벼슬을 하다가 손자가 없던 중 80세 무렵 꿈에 계시를 받고 진주 구시동(九枾洞, 아홉가지 감나무라는 뜻이다, 지금의 상대동)으로 이주하고 손자 3명을 보았고 3세손부터 11세손까지 대를 이어 아홉 명의 장군이 태어났다. 80세에 손자를 둔 기쁨에 이름을 경(慶)으로 개명하였고 공의 외아들 이벌 또한 기쁨에 노흔(老欣)이라 개명하였다.

* 15세손인 소계령(1034~1107)은 딸이 헌종의 비로 들어간 덕에 진산(지금의 진주)부원군에 봉해졌고 이를 계기(契機)로 본을 진주로 하고 소

경(蘇慶)을 시조로 모시기에 이르렀다. 고려조에서 정승 10명 당상관 27명을 배출했다.

*인구는 15만 명인 때도 있었으나 몽고와의 전란으로 감소되어 5만명(2015년)이라 한다. 전란으로 인구가 3분의 1로 줄고 불어나지 않았다는 것은 이해하기 어려우나 풍수적 입장에서 보면 선조의 묘에 명묘가 없었다고 말할 수 있다.

2. 익산 입향조 소자파와 풍류남 소세양

*29세손 소효식은 자파, 기파(중종 때 무장으로 병마절도사), 계파(도사)의 3아들을 두었는데 그들의 아들이 13개 지파를 형성하고 진주소씨의 주류가 되었다.

*30세 소자파(蘇自波, 1451~1524)는 성종 14년 사마시에 합격하고 의빈부도사가 되었는데 7남 1녀를 낳고 번성함에 따라 소씨종중 익산파 시조가 된다. 그의 아들 중 소세량(蘇世良1476~1528, 대사간), 소세양(蘇世讓1486~1562, 좌찬성 대제학)이 뛰어났다.

*특히 소세양은 문인으로 유명한데 여색쯤은 절제할 수 있다고 큰소리치고 친구들에게 개성 기생 황진이가 절색이라고 하지만 딱 한달만 살고 오겠다고 내기를 하였다. 소세양은 황진이를 만나 한달을 동거하고 떠나려고 하자 황진이가 누각에 올라 이별시(離別詩)를 지어 노래하자 그만 눌러 앉아 여러 날 더 머물고 말았다 서울에서 관직을 살아야 했으므로 오래 있을 수 없었다.(한국구비문학에서) "전략(前略)---明朝相離別後 情與碧波長"(내일 아침 서로 이별한 다음에는 깊은 정이 푸른 물결같이 흐르리). 개성 황진이(생몰불명이나 1506~1567로 추정)는 부안 매창 이향금(1573~1610)과 더불어 조선 2대 기생으로 모두 시에 능하였고 시로써 유명인사를 사귀었다. 소세양이 황진이 보다 20세 연상이니 아마 40대

중반에 만났을 것이라 추측한다. 매창은 황진이가 죽은 뒤에 태어났는데 20세에 시인 유희경(1545~1636)을 만나서 잠깐 살다가 임란으로 헤어졌으나 평생 연인으로 지냈고 15년 뒤 유희경(서민이었는데 임란때 공으로 양반이 되었다)이 63세되던 때 재회하여 열흘 간 같이 지내고 이별했다. 황진이는 헤폈으나 매창은 절개를 지키고 유경희와 헤어진 다음 시름시름 앓다가 2년 뒤 37세의 나이로 죽었다. 매창의 絶詩 "…배꽃 흩날릴 제 울며 잡고 이별한 님, 추풍낙엽에 저도 나를 생각하는가…"가 있다.(왜 매창을 들먹이는가? 연평부원군 이귀의 묘에 대하여 말이 많은데 그가 매창과 교분이 두터웠다고 하니 의아스러워서 생각해 보았다)

3. 소자파 묘역(전북 익산시 왕궁면 용화리 산33)

  * 시조 소경의 묘는 진주시 상대동 선학산록에 있다고 족보에 기록되어 있으나 오랫 동안 실전하였다가 1975년 되찾아 묘역을 정비하였다. 公이 묻혔는지 의문이고 단소로 보아야 될 듯.

  * 소자파 묘역의 중국-- 천호산에서 간룡은 용화산을 거쳐 미륵산으로 가고 한 가지가 역용으로 절터산 큰날산을 거쳐 혈처에 이른다. 대룡대세는 용화산 미륵산으로 가는 탓에 이 곳에는 상등혈은 맺지지 않는다.

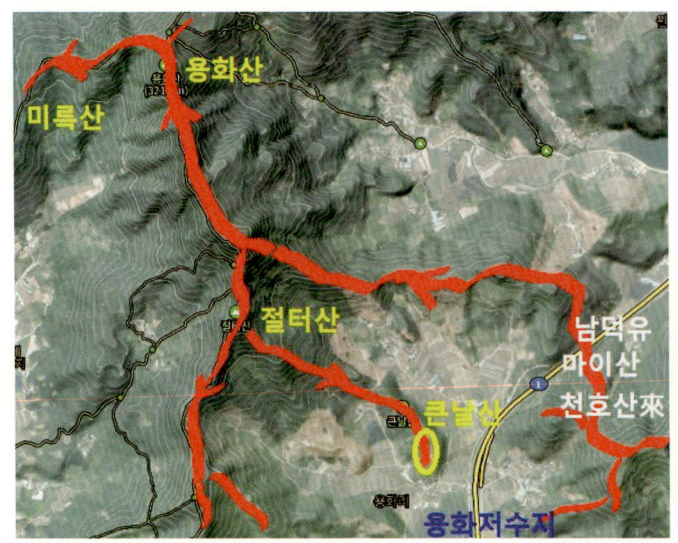

사진출처 :
카카오맵 스카이뷰
(https://map.kakao.com)

*묘의 분포와 혈장-- 속기 후 소세량 묘에 소혈이 맺히고 장유 끝 소세양 묘에 중등상급의 혈이 맺힌다.

사진출처 :
카카오맵 스카이뷰
(https://map.kakao.com)

*소자파와 왕주석 묘-- 뒤에 소자파의 장인 왕주석 묘가 있다.

*소세양 묘-- 뒤에 주산인 큰날산이 仙人体로 서있다.

*뒤에서 본 선경-- 용화저수지가 있고 아름답다.

＊왕주석은 노승을 개호해주고 보은으로 연화출수형의 명당 2개를 점지받았는데 소자파가 왕주석의 외동딸에게 장가를 든 덕에 왕주석과 소자파 부부가 명당을 한 개씩 차지하였다는 설화가 있다. 그리고 소세양의 밑에 있는 소세공의 묘가 진혈이라는 견해가 있다.

＊조산 절터산에서 내려와서 주산 큰날산을 세우고 큰날산에서 길게 내려와서 단상(壇上) 두 개를 펼쳐 놓고 혈처를 만들었다. 윗 단상에는 왕주석과 소자판 부부 묘를 쓰고 아래 단상에는 소세량, 소세온, 소세양 부부 묘를 썼다. 단상 아래에 후손들의 묘가 있다. 전부 부부 쌍분을 써서 화목하게 보인다.

＊혈처는 어디인가? 윗 단상은 보기가 훤해서 좋지만 바람을 탄다. 윗 단상에서 아래 단상으로 내려오는 곳에 용맥을 한 주먹으로 가늘게 묶고 방향을 틀어서 아래 단상을 만들었다. 이러한 속기가 좋아서 아랫 단상은 생기가 있고 그 생기는 단상 끝머리에 있는 소세양 묘에 집결하였다. 단상에서 보면 주산이 선인처럼 우뚝 서서 단상으로 내려오는 것 같다. 선인하산형(仙人下山形) 또는 소세양의 풍류를 생각하면 풍류남주유천하(風流男 周遊天下)형이다. 소세공 묘는 혈구(穴溝, 혈처의 흐드렛물이 모이는 곳)로 보인다. 다시 요약하면 선인처럼 생긴 주산이 단상으로 내려오는 모양, 그리고 상·하 단상 사이에 속기하면서 방향전환을 하는 변화가 이 혈의 요체이다. 흔히들 균형과 조화(인자수지)를 거론하지만 변화와 조화(균형은 조화 속에 포함되는 개념이다)가 음양의 요체이다.(2024.1.)

전남 고흥군 도천리 1064-1 잉어꼬리 고흥고씨

고흥유씨들의 유명한 음택인데 기혈 괴혈이다. 입수를 보고 역룡으로 썼다. 비어 있다면 명혈이라고 말할 풍수가 몇 사람이나 있을까. 내 정도의 수준으로는 그 역량을 알 수 없더라.(2022.11)

*중국

사진출처 : 카카오맵 스카이뷰(https://map.kakao.com)

*묘역

전남 고흥군 화산리 송영길 생가와 11대 조모 묘 (3백 년만에 발복?)

1. 송시장의 숙부를 만나다

*7~8년 전에 지인과 함께 4형제 급제로 유명하다는 명당터를 구경 갔다. 당시만 하여도 송시장(1963년 生, 94년 사시 합격, 2000년 국회의원, 2010년 인천시장)은 지금처럼 유명하지 않은 때이었다. 송시장의 생가터는 고흥 화산리 평촌마을 안에 있었다. 마을 입구에 차를 세우자 할머니들이 무엇 때문에 왔는지 알겠다고 하더라. 그 만큼 사람들이 많이 답사온다는 말이다. 골목 안을 기웃거리다가 때마침 어떤 집 담장 너머 노인이 있는 것을 보고 말을 걸었다.

*그 노인은 송시장 숙부된다면서 자기 맞은 편 집이 송시장 집이라 하고 선영은 뒷산에 있다면서 친절히 그 분의 트럭에 태워 안내해 주더라.

2. 평촌마을의 생가

* 생가는 위에서 세 번째 집(화산리1631-2)인데 조부 때 이사왔다고 하고 지금은 다른 사람의 소유라고 한다. 양택은 특별한 점을 느끼지 못하였고 골목 맨 윗쪽에 있는 채소밭이 좋게 보였는데 그 노인의 소유라 했다. 최근에 다음지도로 보니 2017년경 예전의 채소밭에 집을 크게 신축하였더라.

* 숙부의 말에 따르면, 평촌에는 양택명당이 있는데 처음에는 송씨가 발복받고 그 다음은 임씨가 발복받는다는 전설이 있다. 평촌은 송씨들 집성촌이고 양택명당이 될만한 곳(내가 좋다고 본 채전밭을 말하는 것 같았다)은 자기 소유이고 팔지 않을 터인데 어찌하여 임씨가 거주한다는 것인가? 아마도 평촌에서 30리 거리에 任씨 집성촌이 있는데 훗날 임씨 총각이 평촌 송씨 처녀에게 장가들어 와서 명당터에 사는 것이 아닌가 생각한다고 하였다.

3. 집장지

* 선영은 자동차로 20분쯤 간 뒤 걸어서 7분쯤 갔다. 고조부모 묘 이하 부모 묘까지 10기가 있었는데 조모 묘 외에는 2000년경 이장하였다. 명당급은 아니고 겨우 동네 실지급이었다. 내가 별 반응을 보이지 않자 노인은 서울 풍수들의 말에 의하면 청룡쪽 맨 아래 묘(입수에 바위가 있는 조모묘)가 명혈이고 쌍용그룹 선산 중 시집가지 아니한 딸이 이와 같은 모양의 혈에 묻혀서 발복을 주었다고 한다는 것이다. 속으로 웬 시답잖은 소리인가 생각하고 있는데 노인도 시큰둥한 내 모습을 보고는 여기 묘는 근년에 이장하였다고 하면서 비중을 두지 않는 눈치였다. 그리고 아래와 같은 이야기를 들려주었다.

4. 장후 10대에 발복한다는 할머니 묘

바다 건너(고흥)에 자기 선조 할머니 묘가 있는데 지관이 10대 후에 발복할 것이라 하였고 마침 자기代가 10代이어서 자기를 비롯한 10대들이 모두 은근히 기대하였으나 아무런 소식이 없다가 한 대 아래인 송시장집에서 4형제 등과(여동생과 형은 행시 합격)를 하였다고 한다. 바다 건너에 있는 10대 할머니 묘는 아무에게도 알려주지 않고 비밀에 붙여두고 자기가 쭉 벌초하면서 관리해 오고 있다. 집안에 술이나 먹고 건들거리는 조카가 있는데 먼 곳에 있는 할머니 묘를 가까운 곳으로 이장하자고 제안하기에 야단을 쳤으나 자기가 죽고 난 뒤 어찌될지 모르겠다고 걱정이 태산 같았다.

5. 간산 소감

*평택마을의 주산인 취령산은 장군봉에서 봉두산을 거쳐 과협을 잘하고 왔다. 그러나 주산은 규모가 작고(노쇠한 듯 보였다) 근안은 요대처럼 잘 펼쳤으나 미약하다. 원안은 바다 건너 고흥반도의 산인데 힘차다(운암산과 팔영산이 보인다). 양택 자체로도 래룡(來龍)과 근안이 약해서 발복에 장시간이 소요될 징조가 보이고 고흥에 있는 먼 안산은 너무 멀어서 발복에 5대이상 시간이 필요하겠다는 생각은 할 수 있으나 10대 이상 기다려야 된다는 것을 점치기는 어렵다.

11대 발복지라는 조모 묘는 연구감인데(노인이 거짓 말한다고 보이지 않았다)비밀이라고 하므로 묻지 않았다.

*양택 하나로는 부족하고 아마도 음양택이 합쳐서 역량을 발휘하였으리라. 평촌에서 출생한 송시장 동기라하여도 모두 등과하는 것도 아니고 생가지가 그 동네에서 제일 좋은 곳도 아니고 보면 연(緣)이 맞아야 발복을 받는 것이다.

＊이러한 기혈은 발복이 일회성이다. 고흥 과역리 일이승결의 대사당도형은 6백 년 후 발복지라 하고, 5자 등과형으로 장흥 봉미산 오공형(일이승결)이 있고, 경남 의령 오방리 335에 4자 등과(사법2 외무1 행정1)한 양택(형님 집에 더부살이를 하면서 4남을 출산), 노사 기정진의 조부 묘인 순창 황앵탁목 등의 기혈이 있으나, 기혈은 대개 한번 크게 발복하고 소진된다. 몇 대에 걸쳐 4자 등과가 계속되면 세상은 불공평하여 천지운행에 반하지 않겠는가. 지금은 장례후 3년이 되면 발복이 없는지 애태우는 세상인데 3백 년 뒤의 발복을 믿고 비용을 투자하겠는가? 3백 년 동안 묘를 관리할 후손들이 있겠는가? 끝으로 그 묘를 잡아준 지관은 어떤 실력자일가. 풍수신안으로는 부족하고 영기가 있는 사람이 아닐까? (2022.11.)

사진출처 : 카카오맵 스카이뷰(https://map.kakao.com)

전남 광양시 옥룡면 옥룡사지(玉龍寺址)

*옥룡면 추산리에 있는 옥룡사는 청룡등 넘어에 있는 운암사와 함께 도선국사(827~898)가 창건하여 35년간 머물면서 제자를 양성한 절인데 유명풍수 이규택씨는 허혈(虛穴)이라 하고 전하는 이야기로는 도선국사가 비보풍수적 차원에서 길지가 아닌 늪지를 숯으로 메우고 동백을 심어 절터를 조성하였다고 한다. 그런 연유로 큰 기대 없이 풍수시조가 장기 주석한 곳을 기념 삼아 탐방하였는데 결론을 말하면 기대 이상으로 중등중급 이상의 명당이었다. 옛날에는 산상(山上)에 식수가 없으면 집을 지을 수 없으니 山中에 좋은 샘이 있다는 사실 하나만으로도 양택혈이 된다. 재물도 풍족하여 수백 명의 제자를 길렀다. 1800년대 후반에 소실되고 현재 빈터만 있는데 뜻있는 사람들이 재건을 위하여 활동하고 있다

*물형으로 보면 연소형(燕巢形)이고 당처는 대와(大窩)로 중앙에 샘이 있고 혈장주위로 둥글둥글한 산봉우리들이 둘러 싸고 있으며 청룡이 천재같아 제비들이 드나드는 출입로 역할을 한다. 절터의 물은 짧은 거리이지만 태극으로 흘러서 내려간다. 백호 너머로 저 멀리 매(鷹)가 있어서 제비가 긴장하니 기운이 모이는 것이다. 혈장을 보면 왼쪽은 둥글고 넓은 입수가 있는 곳이 있는데 기운이 넓게 퍼져있고 순전이 좋아서 대웅전터가 될수 있겠으나 오른쪽은 암석 2개가 뾰족하게 입수를 이룬 곳이 있는데 혈장이 좁고 전면이 골짜기로 이루어져 있어서 법당 터로는 빈약하고 관음전이 적합할 듯하다. 전체적 국세를 보면 혈장 전면이 비스듬히 경사져서 동백숲을 조성한게 절묘했다. 트인 앞면도 가리고 반대로 울창한 소나무숲으로 막히는 것도 방지할 수 있다

*그러나 혈장이 넓지 않으므로 2동을 예쁘게 건축해야 하고 욕심을 부려서 한 동으로 크게 높이 지으면 독수리 눈에 띄여 화를 당할 수 있지 않

을까? 전국에 연소혈의 암자가 적지 아니한데 대개 몇 백 년 유지된 다음 소실되었다가 100년 전후로 재건되는 경우를 많이 본다. 제비는 겨울 한 철을 강남가는 철새이므로 소실되었다가 재건되는 현상이 되풀이되는 것은 아닐까, 옥룡사도 시기적으로 재건될 때가 되었다.(2019.3.)

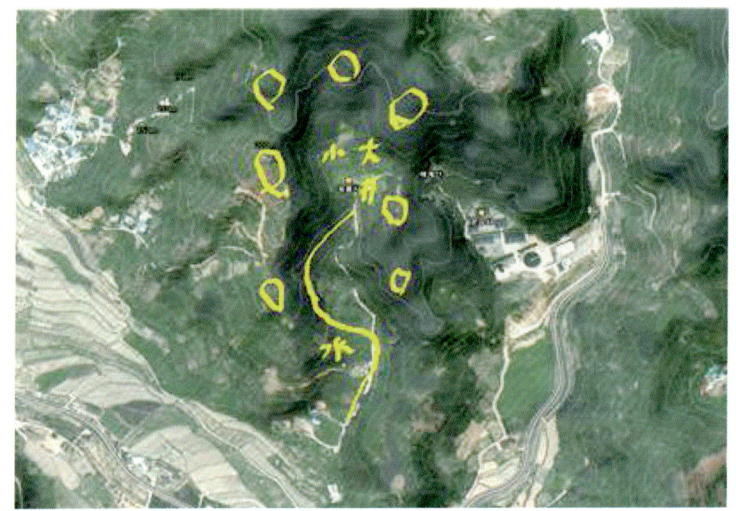

사진출처 : 카카오맵 스카이뷰(https://map.kakao.com)

전남 담양군 불태산 아래 광산김씨 유허비자리는 비봉포란인가?

1. 유허비자리는 비봉포란형인가, 연소형인가?

* 김이중 씨의 친절로 삼인산과 광산김씨 유허비를 구경하였는데 유허비 자리는 대단한 명당이었다. 지금 기억으로는 양택이었다는 말을 들은 것 같다. 급한 경사지를 몇 단의 계단으로 만들어 건물을 몇 동 지었으므로 음양택을 따질 수 없다. 지창룡국풍이 비봉포란형이라 하였다고 하나 주변에 봉체가 없고 급경사지에는 연소혈이 제격이다. 마을도 있으나 기운

이 좋은 곳은 유허비자리 뿐이다. 뒤에 불태산의 험한 암봉이 매처럼 살기를 띠고 있어서 암봉(岩峯)이 보이지 않는 곳을 찾아야 된다. 제비가 절묘하게 매를 피하여 집을 지었다. 마을 백호 쪽에 쭉 뻗은 산줄기가 제비가 앉는 장대이다. 불태산 연봉이 암봉으로 험하기 짝이 없는데 그 아래 풍후한 곳이 있으니 음양이 조화롭다.

* 불태산 등줄기는 험준한 암봉으로 봉체가 아니고 매의 형상이다. 포란형이 되려면 알(卵)이 있어야 된다.(2020.3.)

* 불태산

* 유허비와 마을 백호--제비가 앉는 장대

사진출처 : 카카오맵 스카이뷰(https://map.kakao.com)

전남 담양군 용연리 담양국씨 묘
(어느 묘가 진혈인가?)

1. 담양국씨(潭陽鞠氏)

*담양국씨의 시조는 국주(鞠周)인 바 그는 중국 송나라에서 공경대부를 지내다가 1128년(고려 인종6년) 고려로 귀화하고 금나라와의 외교에서 공을 세워 삼중대광에 오르고 추성군(秋城君)에 책봉되었다. 중시조는 국경례(1428~?)로 아들 6명 후손이 크게 번성하였다. 인구는 2만명(95 순위). 시조 이하 9위까지는 개성에 있어서(다만 5세조는 부여에 묘가 있다) 담양 학동리 306-7에 사당을 지어 모신다. 담양입향조 국무의 무덤은 사당 뒤에 있다.

*9세손 국유(호는 복애)가 1392년 두문동 72현 중 한 사람으로 순사하자 그의 장남 국무(鞠珷)는 중종2년(1400년) 과거에 응시하라는 조정의 회유를 뿌리치고 담양으로 이주하여 담양입향조가 되었다. 후손들은 관직에 나아가지 않고 농사와 장사에 종사하였는데 담양(고려 이래 추성군이다)땅이 비옥한 덕으로 만석꾼이 여럿 있었다. 일제 때 28세손 국채웅은 만석꾼으로 독립군을 지원하고 민심을 얻어 생일 축하객 1만 2천명이 줄을 섰다고 하며 그의 증손 31세손 국창근은 국회의원을 하는 등 대표 가문이 되었다.

2. 국공(鞠公)의 묘

*담양 용연리 산335은 국씨선산으로 상단에 있는 창덕궁위장을 지낸 국공(鞠公) 묘와 하단에 있는 무명 고총(無名古塚)이 유명한데 묻힌 분은 국씨 선조인 것은 분명해 보이지만 구체적인 내력을 알 수 없다. 여러 간산기도 담양국씨 선조 묘라고 쓰고 있는데 국공의 묘를 말하는가 아니면 무명고총

을 말하는가 애매하게 보일 수 있으나 무명 고총을 말한다고 이해된다.

 * 비석없는 무명고총은 그렇다 치더라도 비석있는 국공의 묘 또한 비석 앞면에 이름이 없고 비석 뒷면은 글자가 마모되어 판독이 불가능하다. 앞면의 비문은 아래와 같다.

 "호조참판(주; 판서보조)겸 동지의금부사(주; 의금부 종2품) 行 가선대부(주; 조선시대 종2품) 동지중추부사(주; 종2품) 창덕궁위장"인 바, 요약하면 망인은 가선대부로서 종2품이었고 창덕궁위장직에 있었다는 것이다.

 창덕궁은 태종 때인 1405년 건축되었는데 임란 때 소실되고 1610년 광해군 때 재건되어 1867년 경복궁 재건 때까지 활용되었다. 창덕궁위장은 무과급제자가 임명받는 경우가 많았고 영조 때부터 고종때까지 임명되었다. 전택리가 1774년(영조 50년) 가선대부(종2품 품계) 동지중추부사(중추부소속 종2품 관직) 창덕궁위장의 임명장을 받았다는 기록이 있는는데 이 곳 국공과 꼭 같은 계급과 벼슬이다.

 인터넷 정보를 모아 보면, 담양국씨는 문과 2명 무과 1명의 급제자가 있었는데 무과급제자는 국감(1604~1637)이다. 국감은 창덕궁위장 보다 더 높은 벼슬을 하였다. 14세손 국효채가 첨지중추부사, 국민중이 동지중추부사를 지냈다고 하는데 국민중일 가능성이 있다. 여기의 국공은 종2품과 그에 걸맞는 창덕궁위장을 맡았던 사람이므로 국씨문중에서 상당한 유력자라고 생각된다. 비석의 낡은 정도로 보아 2~3백 년전 인물이 아닐까. 국씨문중에 확인해보지 못했다.

2. 답사

 * 사람들은 담양국씨는 만석꾼 집안이고 이곳은 3천년 향화지지이며 금구하수형이라고 한다. 상단에 3기, 하단에 4기가 있는데 어느 묘가 진혈일가? 여러 묘주 사이에 어떤 관련이 있는가? 물형은 무엇일까? 어떤 등

급의 대혈일까?

　*소국-- 내장산 래룡으로 추월산을 거쳐 비네산으로 왔다. 산331은 당판이 동그랗게 올라 있는 곳으로 성불명인의 집장지로 중등초급 명당이다. 산335는 국씨 묘가 있는 곳으로 당처도 당당하지만 주위의 사격이 엄청 강하다.

사진출처 : 카카오맵 스카이뷰(https://map.kakao.com)

　*산335의 묘-- 다수는 상단에 있는 창덕궁위장 국공의 묘가 좋다고 하나 그곳은 혈이 맺히지 않고 하단 가운데 제일 위에 있는 크다란 봉분 묘 하나(아래 도면표시 무명 고총)가 정확하게 앉았다. ①생기는 국공 묘로 왔다가 방향을 틀어 무명 고총으로 내려가 결혈하였다. 가만히 보면 무명 고총에 은은한 태극훈이 보인다. 국공 묘는 과룡처이다. ②국공 묘에 전순이 없다. ③왼쪽 어깨 뒤가 낮아서 바람이 침범한다. ④외청룡에 험악한 바위가 있는데 하단 묘는 청룡이 두 가닥 생겨서 살기를 완화시켜주는데 대하여 국공 묘는 살기를 직면한다. ⑤국공 묘는 좌판이 기울었다. 당판이 안정되지 않았다는 증거이다.

이에 대하여 하단 묘 중 제일 위에 있는 무명 고총은 국공 묘에서 방향을 들어 장유로 내려오다가 개팔(開八)하고 미미하게 와(窩)를 만들고 앉았다. 池국풍은 무명고총 부근에 진혈이 비어 있다고 간산하였는데 필자가 보기에는 무명고총이 정확하게 들었고 그 상하에 빈자리는 없다.

 * 세상에 완벽한 것은 부처님 상호밖에 없다. 무명 고총에도 결점이 있으니 ①전순이 넓게 퍼지면서 밋밋하게 내려가야 좋은데 뾰족하게 내려간다. 금구하수형이란 당치 않다. 송곳 같은 거북이 입이 있든가. ②백호방에서 바람이 침범한다. 그런데 백호 끝 부근은 수구이고 잘 짜여 있으므로 국외(局外)바람은 들어오지 못하고 국내(局內)바람이 침범할 것이다. 풍수에서 골바람은 해롭지만 들판바람은 넓게 퍼지면서 들어오므로 피해가 적다고 한다. 꽉 짜인 국내에서 바람의 침해는 적다고 보아야된다. 혈처에서 보면 수구에 있는 추월산 상봉이 수문장 역할을 하고 있다.

 * 이곳 묘들의 상관관계는 어떠한가? 국공 묘의 봉분 뒤에 유인(孺人) 전주이씨 묘가 있고 그 뒤에 무명 묘 1기가 있다. 국공은 권세가 있었으므로 국공 묘가 쓰인 후에는 봉분 뒤에 다른 묘를 쓰기 어렵다. 좌판의 풍화현상을 보드라도 전주이씨 묘가 오래 된 것 같다. 결국 전주이씨 묘가 쓰여져 있었는데 그 아래 국공 묘를 썼다고 추측된다. 무명 고총은 봉분이 상당히 크다. 고려 말 내지 조선 초기의 묘가 이렇다. 예컨대 고령신씨 시조 묘와 황희정승 묘를 들 수 있다. 무명 고총 아래에 무명 쌍분이 있는데 크기가 작고 근래에 쓴 묘로 보이고 계속하여 그 아래 무명 묘1기가 있는데 봉분이 상당히 크다. 담양입향조는 10세손 국무이지만 시조 국주가 추성군이라는 봉호를 받을 때 담양 땅을 식읍으로 하사받았을 것이니 땅 관리를 위하여 그 후손들이 담양을 왕래하였을 것이다. 무명 고총의 봉분 또한 고려말이나 이조 초기의 묘와 유사하다.

 그렇다면 무명 고총은 10세손 입향조보다 윗대의 선조 묘로 추정할 수 있고(개성에 선조 묘8기가 實存하는지 의문이다) 창덕궁위장을 지낸 국공보다 훨씬 윗대의 선조 묘가 된다. 그런 연유로 담양국씨들이 현재까지 묘지를 소유하고 관리해 오고 있다고 생각한다.

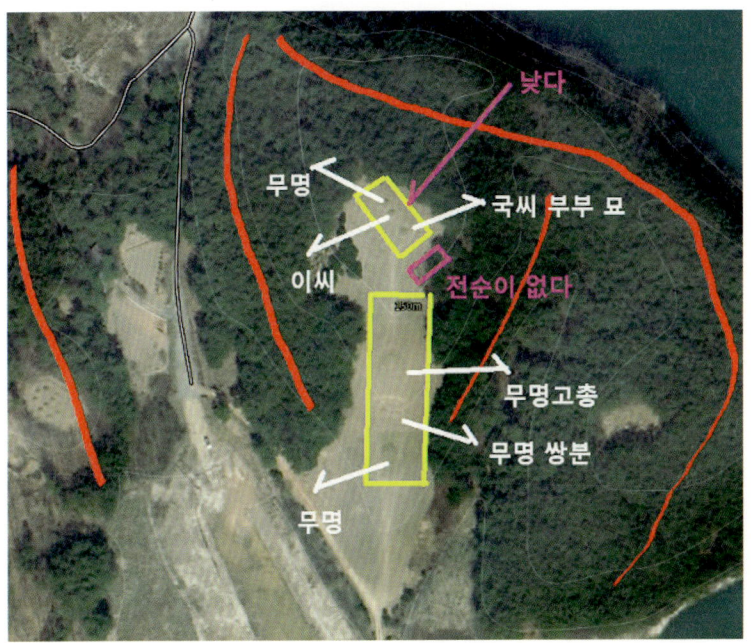

사진출처 : 카카오맵 스카이뷰(https://map.kakao.com)

＊결론을 말하자면, 이곳에는 창덕궁 위장의 묘와 무명의 고총인 국씨선조 묘가 있는데 선조 묘가 진혈이고 장군대좌형으로 상등초급 명당이다. 마땅히 조선 100대 명당에 올려야 하나 묘주와 발복을 알 수 없어 옳은 대접을 받지 못 하고 있다. 추측한 내용이 많아서 오류가 있을 터이니 틀린 부분은 지적해주시기 바랍니다.(2024.5.)

3. 관련 사진

*국공 부부 합장묘 비석

*유인 전주이씨-- 국공 묘 뒤. 무명 묘 1기가 더 있다.

*하단의 무명 고총

*무명 고총에서 본 안산-- 앞에 무명쌍분과 무명 묘1기가 있다.

*백호방 수구

*청룡방 바위-- 하단의 묘들은 금구하수형이라는 이유로 흙으로 좌판을 만들고 석물이 없다.

전남 담양군 월산면 용암리 황앵탁목
(願하는 福도 시대에 따라 変한다)

1. 천하 기혈

풍수계에 입문한 지 오래 되면 한번쯤 구경하게 되는 奇穴이다. 黃鶯啄木(目이라는 주장도 있다) 즉 누런 꾀꼬리가 나무를 쪼는 형상이다.

순창군 복흥면 대방리 629 금방동 마을회관에서 좌회전하여 낮은 고개에 오른 다음 비스듬히 좌회전하여 2~300m 쯤 가면 애들 머리 크기의 자연석으로 두 단의 축대를 쌓은 묘가 있다. 2017년 처음 갔을 때에는 이름난 대학자의 조모 묘이니만큼 비석이나 상석이 있을 터이므로 쉽게 찾을 수 있을 것이라 생각했는데 그 일대에 석물 있는 묘도 없고 명당으로 보이는 묘도 찾을 수 없어서 한참 헤매다가 그냥 내려왔다. 두 번째(2018년 가을)에는 마을사람이 그 묘가 일대에서 유일하게 석축이 있다는 말을 듣고 가서 찾았다. 노사는 대학자이고 그의 묘는 좋은 명당(장성군 동화면 남산리 산51-3)에 잘 차렸는데 정작 발복 원인된 조모 묘는 초라하여 흉을 보았다. 흉보는 소리를 들었는지 2019년 가을의 간산 사진을 보니 둘레석을 하고 큰 상석을 설치하였더라.

* 둘레석과 상석-- 담양 무량사 카페에서 원용(감사합니다).

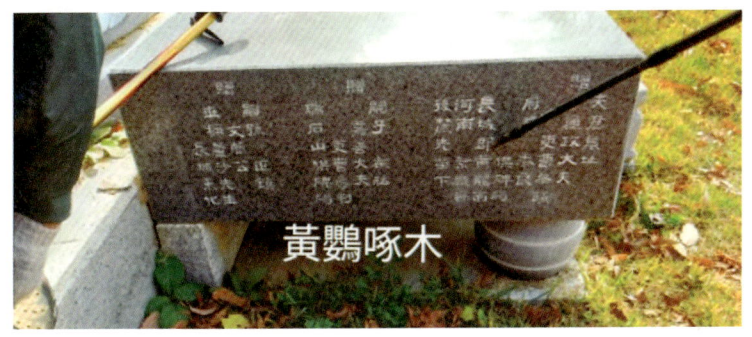

2. 결록

옥룡자 유산록에 간단하게 "황앵탁목 이 혈은 富貴 長遠하리로다. 주인을 바라보니 목성이 얻으리라." 하였다. 그러나 奇覽錄에 "복흥 남10리 장성과 담양경계를 이루는 곳, 아래 금방동에서 처음 起峰한 곳, 적색바위가 火山처럼 생겼고 석맥 위로 혈이 있다. 거부, 진사2인, 문무 각 3인, 맹인 1명 나는 것 말고는 흠이 없다"(요지를 발췌)라 적혀 있고 도선국사 유산록에 동일한 내용이 있다. 기람록은 작자, 시기가 미상이고 호남지방 명당을 기록한 필사본인데 이 혈은 순창109개 혈중 하나로 소개되었다 한다. 문제는 기람록이 口傳설화인지, 누가 언제 작성하였는지 모른다는 사실이다.

3. 노사 기정진(奇正鎭 1798~1876)

노사의 조부가 3년 간 구산하여 이 묘를 썼다고 한다. 노사의 할아버지는 묘를 쓴 뒤 맹인 손자가 나기를 기다렸는데 멀쩡한 손자가 출생하여 실망하던 중 기정진이 화살놀이를 하다가 한 쪽 눈을 맞아 실명하자 크게 기뻐하였다. 노사 연구회는 홍역으로 한쪽 눈이 실명했다고 한다, 외눈 실명을 맹인이라 할 수 있는지?

노사는 9세에 경서와 사기에 통달한 신동이었다. 중국 황제가 조선왕을 氣죽일 요량으로 시제(詩題)를 보내었는데 신하들이 풀지 못하자 장성에 사는 노사에게 보였더니 쉽게 풀어 체면을 살렸다. 이에 임금은 장안만목(長安萬目)이 장성 일목(一目)보다 못하다고 칭찬하였다. 어떤이는 고봉(高峰)기대승(奇大升 1527~1572 주자학 대가)의 조부묘라 간산기를 썼으나 착오이다.(윗대를 거슬러 올라 가면 고봉이 노사의 큰집에 해당한다)

4. 형세

이곳 행룡은 내장산 가인봉, 도장봉, 생화산, 황앵바위로 진행한 다음 황앵바위에서 미미한 줄기가 역행하여 서쪽으로 내린 가지에 맺혔다. 의산이 좋은 자리라 하기에 자세히 보라 하였더니 地氣가 없다고 하더라.

래맥도 희미하고 전순이 약하여 밑에서 오는 바람에 자연석 축대도 흐트러져 있었다. 꾀꼬리가 뒤돌아보고 나무에 벌레 있는 것을 발견하고 한번 쪼아 먹고 고개를 제자리로 돌린 형국이다. 일회용이다. 발복이 장원할 자리는 아니라고 보인다. 노사의 묘가 대혈이다.

5. 발복의 기준은 많이 변했다

지금 기준으로 본다면 노사는 청렴한 애꾸눈 대학총장쯤 된다. 지금 젊은이들은 금수저 물고 태어나서 편하게 살든가, 훈남으로 태어나서 여자들의 인기를 독차지하든가, 의대생이 되든가, 아이돌그룹의 리더가 되기를 바랄 것이다. 아무리 大학자라도 애꾸눈 꼴통에 청빈하고(결록에는 큰 부자난다고 했지만 노사는 평생 병약하고 가난했다) 선조제사 모시기를 깍듯이 해야 한다면 여자들에게 인기가 없으니 어느 젊은이가 바라겠는가? 이 글은 황앵탁목을 폄훼하자는 것이 아니고 시대가 흐름에 따라 좋든 싫든 간에 사람들이 원하는 발복 내용이 많이 변했다는 사실을 지적하자는 것이다.(2019. 말)

사진출처 :
카카오맵 스카이뷰
(https://map.kakao.com)

전남 보성군 광주이씨 입향조 이수완 묘와 강골마을 입향조 이유번 형제 묘

1. 보성 일원의 광주이씨와 입향조

　＊광주이씨는 신라말 이자성을 도시조로 하고 그 아래 기세조를 달리하는 4개 파가 있는데 둔촌계는 이당(李唐)을 시조로 하고(그의 다섯 아들중 둘째 둔촌 이집의 후손이 가장 번성한 바 둔촌을 기세조로 삼는 분도 있다) 10대(大) 지파(支派)가 있다. 그 중 광원군파는 4세손 이극돈(1435~1503)이 파조(派祖)가 되고, 아래 위로 무려 7대를 과거급제한 수재집안이다.

　＊이극돈의 아들 이세정(1461~1528, 5세손)은 전라관찰사(1520년)로

있던 중 아들 이수완(6세손)을 보성 대곡리 부자(富者) 이언정의 외동 딸과 결혼시킨 덕에 이수완은 부자가 되고 다시 그의 아들 이유번(7세손)을 보성읍 죽산안씨 안수장의 외동딸과 혼인시킨 덕택에 이유번은 큰 부자가 되었다. 특히 이유번은 처가 안씨의 소유이던 강골마을 일대의 많은 토지를 물러 받은 연유로 강골마을에 정착하였다.(이때 이유번의 동생 이유창이 강골마을에 함께 정착하였는지 여부는 확인해 보지 못하여 아쉬움이 남는다). 강골마을에서 후손들이 번성함으로써 강골마을은 광주이씨의 집성촌이 되고 나아가 전남 일대에 후손들이 널리 퍼져나갔다. 말하자면 보성 입향조는 이수완이고 강골입향조는 이유번이 되는 셈이다.

  * 경주 최부자가 2대에 걸친 처가재산 상속에 힘입어 부자가 된 것과 같은 사례인데 풍수적으로 말할 때 처덕(妻德)이라 하지 않고 외손발복이라 말한다.

  2. 이수완 묘(보성 겸백면 수남리 산77-3)와 이유번 묘(수남리 산78)
  * 이수완 묘역-- 두 묘는 같은 中局 內에 있다.

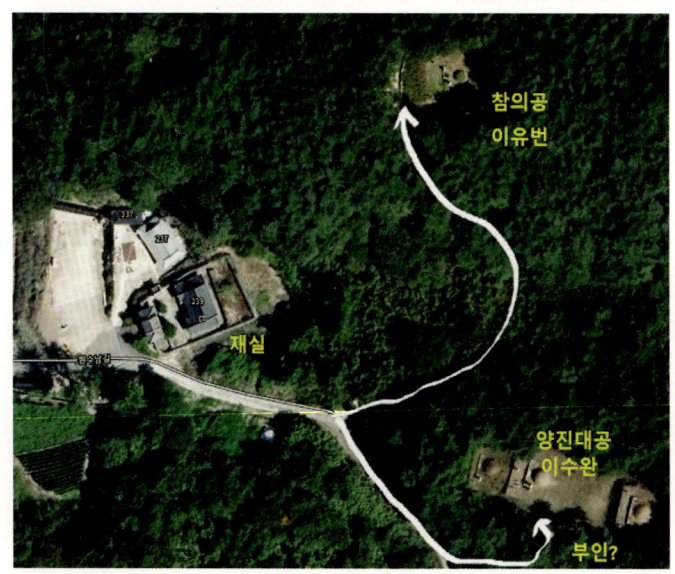

사진출처 :
카카오맵 스카이뷰
(https://map.kakao.com)

* 이수완의 묘 위에 조모의 묘가 있다는 간산기가 있다. 시조 이당-다섯 아들 중 둘째 둔촌 이집(둔촌공파시조)-세 아들 중 장남 이지직-3남 중 둘째 이인손-다섯 아들 중 넷째 이극돈(1435~1503, 광원공파 시조)-네 아들 중 셋째 이세정-이수완-이유번인데 이수완의 부 이세정(부인 전주이씨) 그리고 조부 이극돈(부인 안동 권씨) 묘는 성남 하대원동 산3-1에 쌍분으로 설치되어 있다. 나는 남의 간산기를 믿고 비석을 확인하지 않았으나 이 곳에 있는 묘는 이수완의 조모 묘가 아니고 부인 이씨 묘가 아닌가 생각한다.

* 양진재공 이수완의 묘는 올라가면서 오른쪽이다. 위에 있는 묘는 부인 이씨묘로 추측한다. 장유로 내려왔는데 경사가 급하다. 이런 경우에는 중간에 잠시 멈춘 듯 보이는 곳이 혈처이고 그냥 변함 없이 내려 왔다면 과룡처이다. 이수완 묘소는 멈춤이 미미하여 중등초급이다.

* 왼쪽은 참의공 이유번의 묘소인데 입수에 변화가 없고 평범하다. 비석을 보니 "이세정의 3남으로 1572년 태어나 죽산 안씨와 혼인하고 4남을 두고 1572년 28세에 요절하였다. 4자 현룡의 군공적덕으로 형조참의로 추증되었다."

3. 이유창 묘(보성 겸백면 석호리 산129)

* 이수완 묘를 찾아가던 중 어느 곳을 지나면서 보니 산줄기가 기복하면서 내려와서 앉은 모양이 비범하였다. 차를 돌려 찾아가니 숲속에 3기의 묘가 있고 중앙에 있는 이유창 묘가 정확히 재혈되어 있었다. 전형적인 돌(突)인데 하수사(수염)가 아름답다. 중상급에 가까운 대혈이다. 조금 떨어진 곳에 재실이 있는 것으로 보아서 후손이 발복을 받은 것 같다. 강골 이유번의 동생인데 형제가 모두 죽산안씨에게 장가 들었다. 아마도 이유번이 10세 이하의 어린 자식 4명과 많은 농토를 남겨 두고 요절하자 동생이

이웃에 살면서 형님의 재산을 돌보아주지 않았겠는가 하는 상념(想念)에 잠겼다.(2024.3.)

* 이유창 묘의 지도

사진출처 : 카카오맵 스카이뷰(https://map.kakao.com)

* 당판과 하수사

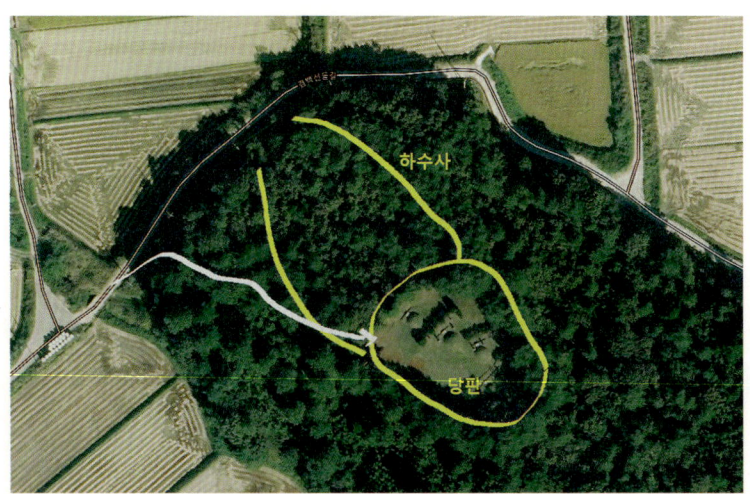

사진출처 : 카카오맵 스카이뷰(https://map.kakao.com)

*이유창 묘비석

전남 보성군 박실마을
(두 집에 한집 비율로 100여 집이 명당)

1. 보성 양택명당의 순서

보성 양택명당으로 다섯 곳을 들고 그 순위를 아래와 같이 매긴다. ①도개(미력면 도개리) ②당촌(복내면 봉천리) ③박실(득량면 송곡리) ④강골(득량면 오봉리) ⑤예동(보성읍 옥암리)이다. 전부 답사해 보니 박실이 으뜸이고 그 다음이 강골, 당촌, 도개, 예동의 순서이었다. 양택명당의 등급을 매기는 기준은 발복의 등급뿐만 아니라 함께 어우러져 사는 이웃들의 숫자와 수준을 고려해야 한다. 이것이 음택명당과 다른 점이다.

2. 박실마을과 애국의 역사

* 박실마을은 원래 다전마을을 포함하였고 풍수적으로는 하나의 중국내(中局內)에 있는 인접한 가신마을과 기동마을을 합쳐서 한 개의 큰 마을을 이루고 있다. 나아가 역사적으로는 인접 파청마을과 공동운명체이었다.

* 정유재란 때(1597.4.) 백의 종군하던 이순신 장군은 원균이 칠천량해전에서 대패하고 전사함에 따라 삼도수군통제사로 복직되었다. 장군은 즉시 진주 수곡면 원계마을 손경래 고택에서 출발하여 구례 곡성 벌교를 거쳐 보성에 도착하고는 일주일간 머무르면서 수군재건(水軍再建)에 진력하였다. 당시 원균이 1597.7. 거제 칠천도 앞 칠천량해전에서 판옥선 122척 수군 1만 7천 명을 동원하여 일본군 600척과 싸우다가 판옥선 12척만 살아남고 수군 1만 4천 명을 잃어서 지리멸렬한 상황이었다.

이순신은 8.9.(이하 음력) 고내마을 조양창에서 군량미를 회수하면서 2박을 한 뒤 8.11. 친분 있는 박실마을 양산원(족보상으로 양산향, 영해군수이었는데 피난 가고 부재 중)집에 도착하였다. 부하장수들을 소집하고 정보를 수집하였으며 득량 일대에서 군량미를 보충하였다. 장군은 8.14. 보성 열선루로 옮겨 업무를 보던 중 8.15. 조정으로부터 육군에 편입하라는 명령(8.7자)을 받고 저 유명한 "신에게 아직 12척의 배가 있다"라는 상소를 올렸다. 8.17. 장흥을 거쳐 390키로를 행군한 끝에 해남에 도착하고 1587.9.16. 13척으로 적선 100여 척을 침몰시킨 명량대첩을 이루고 1598.11.18. 노량해전에서 전사하였다. 장군의 행군길에 백성들이 울면서 술을 바치는 바람에 장군이 거절하지 못하고 만취하는 일이 있었다. 호남행정당국은 수군재건의 길이라는 이름으로 순례길을 단장하고 있다.

이순신 장군은 보성군수 방진의 외동딸에게 장가들어 무과시험을 준비하였고 충남 아산에 있는 가산은 방씨의 재산이었다.

* 박실마을의 백호방에 모의장군 최대성이 주둔한 군두(軍頭)라는 지역이

있고 장군이 1598.6 안치고개에서 전사하자 군두에 충절사를 건립하였다. 최장군은 보성 겸백면 출신으로 무과에 급제하고 훈련원정이 되어 임란 때 이순신 휘하에서 많은 전공을 세웠고 보성에서 이순신장군을 다시 만났다. 최장군이 명량해전에 참가하였는지 알 수 없으나 아들과 가노까지 동원하여 수천 명의 의병을 모아 20여 곳에서 전공을 세우고 1598.6. 박실에서 멀지 않는 안치(雁峙, 기러기고개, 그럭재)에서 전사했다.

　난중일기에 행군 중에 왜적이 나타났다고 헛소문을 퍼뜨린 자를 처벌하였다는 기록이 있는 점으로 보아 왜군은 9월 초쯤 보성일원에 출몰하였다고 추측된다. 왜군은 임란 때에는 해전에서 패하는 바람에 호남지역을 장악하지 못했고 정유재란 때에는 소규모 부대를 보내어 노략질을 하는 바람에 농토가 피폐해졌다. 안치전투 60년 뒤에 일이승이 안치고개를 넘어면서 비안상천형의 결록을 지었다.

　*항일 의병장으로 보성 출신 안규홍(1911년 대구교도소에서 사형)과 부장 김도규(1885~1967)는 1908년 파청 진산 원봉에서 승전하였는데 그들의 첫 전투지가 박실마을의 청룡등인 파청이었고 김도규 의병장 기적비가 고갯마루에 있다.

3. 박실 마을의 풍수

　*박실마을은 다전마을과 함께 같은 小局내에 있고 가신, 기동마을과는 같은 中局에 있으며 이웃에 있는 파청마을 또한 좋은 양택이다. 현지 유지들은 2005년 박실마을史 편찬위원회를 결성하여 자료를 모우고 있다(지금 쯤 책을 발간하였는지 모르겠다.)

　*중국-- 마을사편찬위는 비조나방형, 와우형, 어망형이란 말이 있다고 한다. 그러나 다섯 개의 자연부락이 모두 명당이므로 다섯 그루의 매화나무에 꽃이 피어 있는 형상이다. 옛날 다섯 그루 매화가 있었다는 연유로

마을 연못가에 오매정이 있다.

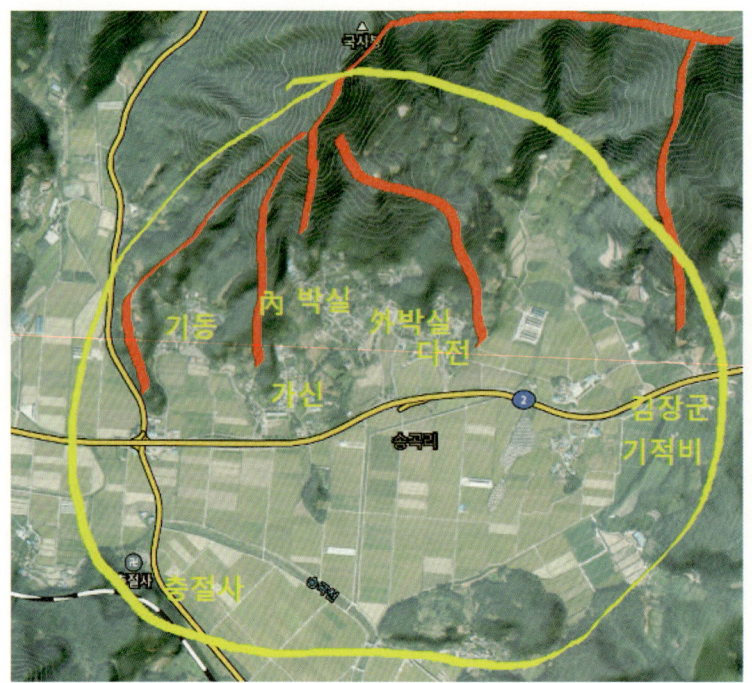

사진출처 : 카카오맵 스카이뷰(https://map.kakao.com)

* 주산-- 덕암산 삼봉이 풍부한 삶을 보장한다.

＊조안산--오봉산 책상바위가 문과벼슬을 보장한다. 강골마을도 이바위를 안산으로 한다. 아래 사진이 2023년 8억 원에 매물로 나온 집이다.

＊물이 좋고 넓은 들이 있고 기상이 청정하다. 거기에 애국의 역사가 있으니 명당이 아닐 수 없다. 다전마을에는 430년 된 다(茶)나무가 있고 이순신장군이 다맛이 좋다고 애용하였다고 한다.

＊제주양씨와 진원박씨가 주류이고 한때는 2백여 호가 살았다고 한다. 그중에서 1백여 호는 명당이다. 박실마을 안내판에는 60여 호의 주택이 그려져 있다. 마을 사람들은 명당마을을 자랑하고 빈집이 되어도 팔지 않는다고 한다.

＊고관과 거부는 없으나 알찬 인물은 많이 배출된다. 현대에 와서 행시 2, 사시 4, 교수 10, 의사 13, 관계(官界) 13인이 배출되었다고 하고 마을 중앙에 만석지기 집(10년 전에 주인이 바뀌었다는데 개방하지 않아 구경을 하지 못했다)이 있다. 으뜸박실이란 표지석을 세울만 하다.(2024.3.)

전남 보성군 박팔만 부자가
속발과 속패한 풍수적 원인

1. 박팔만 부자(富者)와 풍수

* 박남현(朴南鉉, 1864 고종1년~1930 제5대 조선총독부)은 전남 보성 사람으로 8만석지기(1석은 250평)로 소문난 호남 제일의 땅부자이었다. 본명보다는 박팔만이라는 별명으로 더 알려져 있다. 당대에 팔만석을 모았으나 죽고 난 뒤 재산이 흩어졌으므로 당대(當代) 속발, 속패하였다고 말한다.

* 그의 발복과 속패에 관하여 조부 묘라는 설이 다수설(김두규)이지만, 그 윗대 선조 묘라는 설(농거), 집터라는 설(필자)이 있다.

2. 일화(逸話)

* 필자는 어떤 풍수의 간산기에 적혀있는 박부자의 생가지라는 곳(덕림리 348)을 찾아 갔더니 그 동네는 박부자의 작은 마누라가 살던 동네이었다. 마침 박부자의 증손과 절친한 동네 영감을 만나 여러 가지 이야기를 들을 수 있었다. 수편의 간산기가 있으나 모두 김두규선생의 글을 인용하는 수준이고 후손들로부터 들은 이야기를 바탕으로 하였기에 미화된 부분이 있다고 생각한다.

* 박부자는 재운이 좋아서 7년 가뭄에도 그의 논에는 샘물이 마르지 않는 덕에 농사가 잘되었다. 흉년에 굶주린 농민이 쌀을 빌리려오면 농민에게 농지를 팔도록 유도하여 헐값에 사들여서 많은 땅을 확보하고 머슴을 채용하여 자경하는 토지가 많았다.

* 수년에 걸쳐 대룡산 일대에서 곧게 자란 육송(陸松)을 엄선(嚴選)하고 기와를 주문하여 본가를 건축하였다. 더래마을에 작은 마누라집을 짓고

윗쪽에 하녀들 집 그리고 아래쪽에 수십 채의 초막을 지어 목수와 머슴을 살게 하였다. 지금은 작은 마누라집은 없으나 장독대가 남아 있고 초막은 모두 현대식으로 개조되어 있다.

＊임금(고종?)이 궁궐 건축비를 수탈할 의도로 전국 부자를 궁중에 초대하고 환담하면서 각도 부자들에게 들깨를 얼마나 보관하고 있는지 물었다. 부자들은 기껏해야 한 가마니를 보관한다고 대답하는데 박부자는 말 없이 있다가 임금이 재차 묻자 해묵은 들깨 세 가마니를 보관하고 있다. 임금께서 필요하면 묵은 들깨 말고 새 들깨를 보내드리겠다고 아뢰었다. 그 뒤 관에서 독촉하자 새해 들깨를 미처 수확하지 못했다는 핑계로 미루었고 일제의 통치로 바뀌면서 흐지부지 되었다.

＊박부자는 여자를 좋아하여 예쁜 여자를 보면 만금을 아끼지 않고 쓰는 바람에 팔만석을 채우지 못했다. 땅은 보성일대 뿐만 아니라 서울에도 상당히 많이 보유하고 있었으나 해방 후 관리가 안 되어 잃고 일부는 소송으로 찾았다.

＊사람들이 겨우 등잔불을 켜고 지낼 때 박부자는 일본에서 수입한 크다란 석유등을 밝히고 자랑했는데 박부자가 죽고 난 뒤 마나님이 잘못하여 석유등불을 엎지른 탓에 본가의 기와집이 모두 불타고 말았다.

＊이상은 필자가 직접 들은 이야기이고 다음과 같은 일화도 있다. 박부자는 향교건축비를 부담하고 참봉으로 호칭받으며 유지가 되었는데 어느 때 향교에서 제사를 지내려고 밀주를 마련하자 일본 관리가 밀주단속을 하였다. 박부자는 크게 노하여 일본 단속관원을 잡아 묶고 관청의 사과를 요구하였다. 일본 경찰은 일단 사과하여 관원을 석방받은 뒤 박부자 일당을 체포하고 처벌하려고 하자 전국적으로 밀주단속법 폐지운동이 일어났다. 이를 계기로 제사 술은 밀주를 사용할 수 있게 되었다. 박부자는 많은 재산을 독립자금으로 지원했다.

* 이상의 일화를 미루어 보면 박부자는 영민하고 배짱 있는 사람이었으나 이기적인 사람이라고 짐작된다. 독립자금으로 전 재산을 내어 놓았다는 이야기는 믿기 어렵다.

김구선생은 일본 경찰에 쫓겨 박부자 동네 뒷산 넘어 삼정리 572 친족 집에 석 달 간 피신한 적이 있다. 그러므로 김구선생은 박부자 이야기를 들었을 것이다. 김구선생은 독립자금을 받은 장부를 꼼꼼히 작성해 두었다. 귀국후 경주 최부자를 만나 장부를 펼쳐 놓고 안희제를 통하여 보낸 독립자금을 대조해본즉, 한 푼도 틀리지 않아서 안희제가 정확하게 전달한 사실에 감탄하였다고 한다.

경주 최부자는 많은 토지를 저당잡히고 돈을 빌려서 자금을 조달한 증거가 있다.

박부자가 성금을 내었다면 1919~1932년 기간의 상해임시정부 시기일 것이고 김구선생이 장부에 누락할 리 없다. 보성 인근 장흥에 고영완의 무계고택(장흥읍 평화리 89, 1852년 건축)이 있는데 도로개설에 수천평의 토지를 내어놓고 독립자금을 희사하였다. 그 집은 여전히 보존되고 있으며 대문에 "독립유공자의 집"이라는 작은 팻말이 붙어 있어 한층 아름답다. "박팔만이 전재산을 독립자금에 헌납하였다"라고(일부 카페 글) 함부로 역사를 창작해서는 안 된다.

3. 관련 지도

* 중국-- 보성강을 경계로 북쪽은 무등상-발산-천운산-계당산에 이르런 다음 화순 증리 산114 오백고지에서 분지하여 남동행룡이 보성강 건너에 멈추고 박부자의 동네인 송림리를 감싸고 있다. 증리산 오백고지에서 분지하여 서행한 룡(龍)은 제암산을 거쳐 활성산-봉화산으로 수백리를 돌아서 주산(主山)인 대룡산으로 왔다. 계속 진행한 룡은 존제산-광양 백운산

으로 행로한다.

사진출처 : 카카오맵 스카이뷰(https://map.kakao.com)

* 산은 경계에 개울이나 강을 만든다. 댐의 제방과 같이 인공적인 연결이 아니라면 두 개의 산줄기가 합쳐져 하나로 되는 일은 없다. 이러한 질서가 산수(山水)의 생리이다. 보성강을 사이에 두고 마주한 대룡산과 석호산이 어떤 경로로 와서 대면하는지를 추척해 보면 알 수 있다.

4. 조부 묘(보성 화방리 산258)

* 박부자의 조부 박성환(朴星煥)에게는 큰 아들 박중무와 작은 아들 박회룡이 있었다. 어느 날 박중무의 부인 신씨가 밭을 매는데 밭둑에서 지관일행이 어떤 묘를 가르치면서 비룡망하(飛龍望河)의 명당인데 좌가 틀렸다고 이야기 하는 것을 들었다. 귀가하여 남편과 상의한 다음 매일 밤 지관이 가리킨 묘에 물을 부어서 땅을 질펀하게 만들었더니 묘주가 흉지인 줄 알고 이장하였다. 박중무가 파묘자리를 매수하여 아버지 묘를 이장하였다. 이장 후 박팔만이 태어났다. 박중무는 석호산에서 지관을 따라다니다

가 탁목조형(啄木鳥形, 새가 나무를 조는 형)이라는 또 다른 명당을 구하여 썼다.(전남의 전설 참조)

  * 대룡산 북쪽에는 비룡망하(河)형이 있는데 박부자의 조부묘이고 남쪽으로는 비룡망해(海)형이 있는데 정상 아래에 있는 하동정씨 묘라고 한다. 더래마을 노인의 말에 의하면 박부자가 비룡망해를 찾기 위하여 서울에서 유명한 지관을 초청하였더니 대룡산 정상중 김구일가(구 안동김씨)소유지에 있다고 하므로 포기하였다고 한다. 정씨 묘역은 혈처로 진행해 오는 곳을 향하여 앉은 소위 도장(倒杖, 옛날 지관이 재혈할 때 작대기를 사용했는데 작대기를 거꾸로 놓은 자리라는 뜻이다)에 해당되는데 안산이 낮아서 진혈이 아니다. 지도로 보면 구 안동김씨 땅에 있는 듯 보인다.

  * 재물이 불꽃처럼 피고진 바위명당이고 바위명당은 속발속패하는 특성이 있다는 설(김두규), 조부 묘는 명당이나 뒤에 있는 조모 묘가 대흉지라는 설(김정인)이 있다.

  * 조부 묘의 위치-- 묘의 위치를 덕림리 산3-1라는 간산기도 있다.

사진출처 : 카카오맵 스카이뷰(https://map.kakao.com)

＊박성환 묘비-- 간산기에 따라서 장소가 다른데 박성환이라는 비석이 없는 묘는 아니다. 부좌(祔左) 고령신씨 보성선씨라 하였으나 별도로 부인 묘를 쓰지 않았으므로 한 개의 봉분에 함께 묻은 합폄(合窆)이 맞다.

＊박성환 묘와 현무-- 손좌건향. 현무가 사납다.

＊박성환 묘의 앞 전경-- 우리가 갔을 때 일대를 벌목하고 수종 교체작업을 하여 사방이 잘 보였다.

＊박사현 24세손-- 최근 화장하여 이장한 묘이다. 박성환 묘 아래 2단으로 후손 묘(맨 아래 박태종)를 설치하였다.

＊조부 묘역은 혈이 되지 않는다. 현무가 험악하고 혼잡스러워서 살기가 있고 전순이 약하여 기운을 잡아주지 못하고 안산이 낮아 공허하다. 허화(虛花)의 비룡망하형이다.

5. 선조 묘역(보성 해평리 산40)

　*진원(珍原)박씨는 고려 대장군을 지낸 박진문(朴進文)을 시조로 하고 8세손 박희중(朴熙中, 1368~1446)을 중시조로 한다. 박희중은 세종 때 영암군수를 역임하고 청백리로 록선되었으며 진원(장성군 진원면)군에 봉해졌다. 사마시27, 문과급제1, 무과급제 3명으로 관직에 나아간 사람은 적으나 시골에서 교육에 힘썼다. 박희중의 장남 휘생은 보성종파의 파조가 되었고 후손 중 죽천 박광정은 광해군의 사부이었고 임란 때 고령에도 불구하고 의병을 일으켜 공을 세웠고 재란 때 진중에서 졸하였다. 박팔만의 생몰은 1864~1930인데 24세손 박사현의 생몰이 1886~1926인 점으로 보아 24세손으로 추측할 수 있다.

　*선조 묘역-- 구룡쟁주형이라 한다. 이 묘역에 진사 2명, 참봉 1명의 묘가 있다.

＊선조 묘에서 본 전경-- 공허하다.

＊선조 묘역은 주산이 전개한 모습이 웅장하고 강기가 있으나 묘역으로 기운이 내려오지 않는다. 전면에 허허벌판이 전개되고 바다가 시원하게 펼쳐진 허화이다. 박팔만의 몇 대 선조인지 확인하지 못했다.

6. 본가(보성 덕림리 707)

＊더래마을이 있는 덕림리 348은 작은 부인이 하녀와 머슴을 통솔하면서 살림살던 집이다. 평범하다.

＊본가 터에는 박부자의 증손 박형준 가족이 살았는데 그는 2022년 죽고 현재는 부인이 살고 있었다. 사람들은 3천 5백 평에 8동의 기와집과 정자가 있었다고 하는데 다소 과장된 것 같다. 증손부의 말에 의하면 지금 있는 집 앞 밭에 초가 오두막이 있었고 그 집에서 박팔만이 태어나서 재산을 모으면서 현재 있는 집 위로 집을 짓고 옮겨 살았다고 한다. 특이한 점은 대문과 본가의 방향이 술좌진향이다. 이 집터에 들어서면 한눈에 부자되는 사격이 들어온다. 그리고 그 옆에 규봉이 장난스럽게 웃고 있다. 부(富)를 이루되 규봉이 장난친다는 뜻이다. 박부자가 근신하지 않고 여자를 좋아 한 것은 이해된다. 박부자의 재산도 농지개혁으로 정부에 뺏

겨서 쪼그려 들었겠지만 무엇보다도 흉년에 농토를 사들인 마음 쓰임새로는 재산을 오래 유지할 수 없을 것이다. 또 다른 진혈은 비어 있는데 좌향을 달리하여 집을 짓고 근신한다면 거부(巨富)를 기약할 수 있지 않을까?(2024.2.)

* 평사낙안 마을-- 대룡산에서 수십 마리의 기러기가 날아서 보성강변에 내려앉는 형상이다.

사진출처 : 카카오맵 스카이뷰(https://map.kakao.com)

* 태어난 곳-- 신축 가옥과 밭. 밭에 있던 초가 오두막 집에서 출생.

* 부(富)의 사격과 규봉

* 집터와 사격의 방향-- 현존하는 집에서 아직도 명맥을 유지하고 있다.

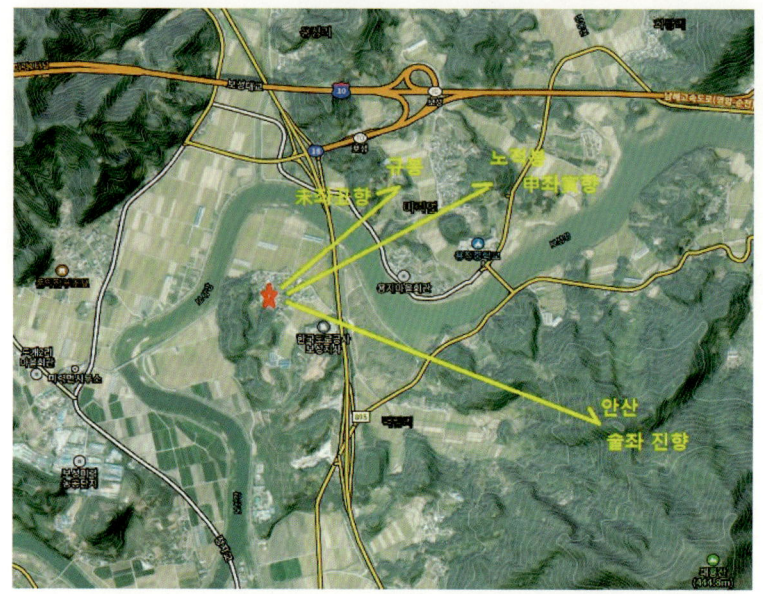

사진출처 : 카카오맵 스카이뷰(https://map.kakao.com)

7. 죽천(竹川) 박광전 묘(보성 사곡리303, 화산재)

* 진원(珍原, 장성군 진원면)박씨는 고려 대장군 박진문을 시조로 한다. 8세손 박희중은 예문관직제학을 역임하고, 세종 때 진원군에 봉해졌다. 14

세손 죽천 박광전(1526~1597)은 퇴계문인으로 광해군 사부를 맡은 바 있고 임란 때 67세의 노령에도 의병을 일으켜 용약하였고 정유재란 때에는 72세의 노령에도 의병을 지휘하여 용전하다가 진중에서 졸하였다. 손자도 병자호란 때 의병대장을 하였다.

* 박광전은 보성일원의 진원박씨 중 제일 유명한 분이다. 묘소는 화산재 뒤에 몇 기가 집장되어 있다.(진입로는 큰길로 나와서 돌아들어 가야 된다) 재혈에 아쉬움이 있지만 내가 본 박씨 선조 묘 중 제일이다. 중등중급. 죽천선생은 14세손이고 박팔만은 24세손이므로 발복처로 보기 어렵다.(2024.2.)

전남 보성군 5대 양택마을 중 당촌, 도개마을, 예동

1. 보성 5대 양택마을

사람들은 ①도개 ②당촌 ③박실 ④강골 ⑤예동의 순서로 매기고 있다. 그러나 답사해보니 박실, 강골, 당촌, 도개, 예동의 순(順)이다. 박실과 강골에 관한 간산기는 별도로 쓰고 여기서는 나머지 세 곳에 관한 간산기를 쓴다.

2. 당촌마을(복내면 봉천리 706)

* 두봉산에서 주암댐 상류에 이르러 비봉산을 세우고 그 아래 당촌마을을 전개하였다. 금남고택은 봉서(鳳棲)형으로 중등중급 대혈이다. 청룡이 길게 감싸고 내려가 배가 지나갈 수 없도록 좁게 수구를 만들었다. 그 아래 동네에는 명당은 없다. 멀지 않는 반석면 산적골도 초등급 양택이다(2024.3.)

* 당촌지도

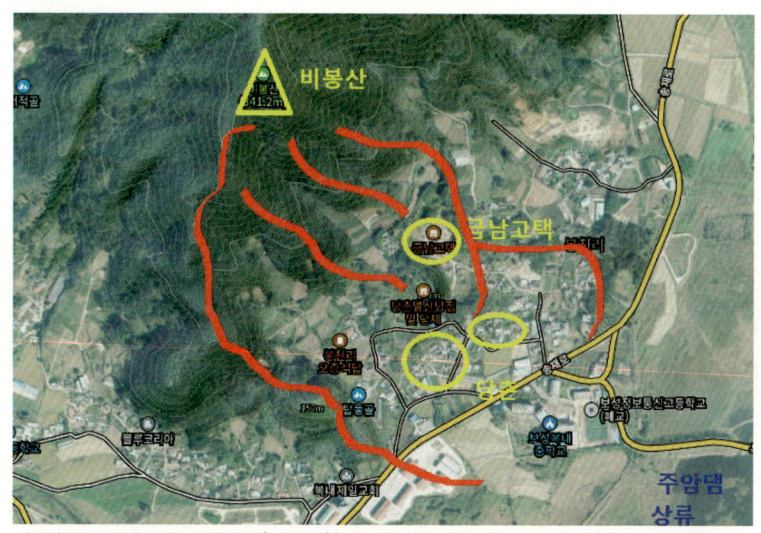

사진출처 : 카카오맵 스카이뷰(https://map.kakao.com)

* 금남고택

3. 도개마을(미력면 도개리 528-1)

 문익점부조 묘 일원이다. 산청단계에 있는 문익점 신위를 문익점의 처가 동네로 이전하였다. 산청에는 별도로 재사가 있고 묘도 있다. 여기는 선인단좌형인데 마을 면적이 좁다.

* 문익점 부조 묘(廟)

사진출처 : 카카오맵 로드뷰(https://map.kakao.com)

4. 보성읍 옥암리 예동

활성산에서 북으로 행진하던 간룡에서 일지맥이 분리되어 서쪽으로 방향을 틀고 1km를 기어가다가 이범재 가옥에서 복치혈을 맺었다. 이용우 고택은 사랑채에 기운이 있고 이종선가옥은 평범하다. 동네가 좁아서 볼품이 없다.(2024.3)

전남 보성군 오봉리 강골마을
(국회의원 3명 대법원장 1명을 배출한 명당)

1. 강골 마을과 광주이씨 집성촌

* 보성 오봉리 강골(江洞)마을은 물이 많아서 붙인 이름이라 한다. 연못 2개소와 우물 2개가 있다. 1943년경 제방을 쌓기 전에는 마을 앞까지 바닷물이 들어 왔다고 한다.

* 광주이씨 둔촌계는 둔촌 이집을 기세조로 하고 10대지파가 있는데 그

중 광원군파는 4세손 이극돈(1435~1503)이 파조(派祖)이고 아래 위로 무려 7대를 과거급제한 수재집안이다. 이극돈의 손자 이수완은 전라관찰사로 있던 아버지 이세정(1461~1528)의 주선으로 보성 대곡리 이언정의 외동 딸에게 장가들어 부자가 되고 그의 아들 이유번(7세손)은 죽산안씨 안수장의 외동딸에게 장가들어 강골마을 일대의 재산을 물려 받고 강골마을에 정착하였다. 강골마을에서 후손들이 번성함으로써 강골마을은 광주이씨의 집성촌이 되고 나아가 전남 일대에 후손들이 널리 퍼져나갔다. 경주 최부자가 2대에 걸친 처가 재산 상속에 힘입어 부자가 된 것과 같은 사례인데 풍수적으로 말할 때 처덕(妻德)이라 하지 않고 외손발복이라 말한다.

2. 배출된 인물

＊마을에 현재 40호의 주택이 있으나 해방 무렵에는 30여호가 있었다고 추측된다. 중앙에 세채의 고택(이금재 이진래 이준회)이 있고 이 집들의 주인은 대대로 부자로 살았다고 추측된다(다만 이금재가 큰집인데 해방후 친북 정치인으로 고생하였다고 함).

＊일제 때는 항일 인물도 있었고 해방 후에는 이중재(1925生~2008死, 6선 국회의원), 큰 아들 이종구(3선국회의원), 셋째 아들 이종오(서울고법 부장판사), 이경재(2선 국회의원 이중재 4촌 동생), 이용훈(1942生 대법원장)이 있다.

3. 답사

＊고가 관리인의 말에 의하면 이 동네는 여자 자궁혈이고 안산인 오봉리 오봉산(비봉리 오봉산이 큰 산) 정상바위가 책상 바위로서 공부하여 인물 3인이 배출된다는 설화가 있다는 것이다. 현장을 둘러보니 태조 장흥 제암산에서 출발하여 주산인 방자산에 이르고 주산에서 마을로 내려 오는

용맥이 생동감 있고 백호가 휘감아서 자궁을 감추는 모양새이다. 자궁은 자식들의 번성을 상징하고 안산바위는 인물의 배출을 상징한다. 이 대법원장 생가는 건물이 철거되어 나대지이다

* 중국

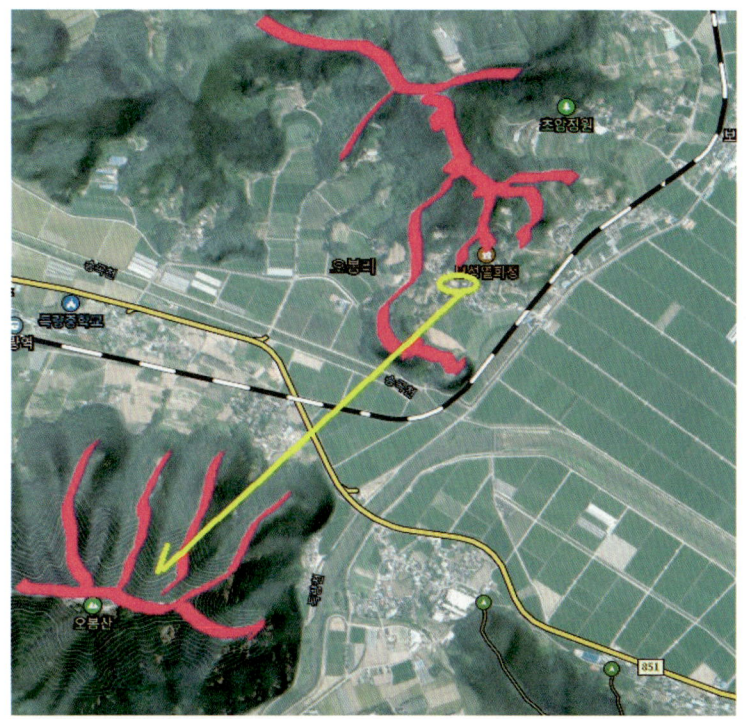

사진출처 : 카카오맵 스카이뷰(https://map.kakao.com)

* 인물들의 탄생지는 혈이 맺힌 곳인가? 이 국세에서 혈처는 세 고가(古家)임에 대하여 이중재 가옥은 좁은 골짜기에 있고 이용훈 가옥은 국세의 변두리에 있는 평범한 곳이다. 그럼에도 큰 인물이 된 것은 ①원래 머리가 좋은 가계이고 ②안산인 오봉산 바위가 강력한 힘을 발산하고 ③나아가 혈처 부근을 자주 지나다니면서 명혈의 기운을 받은 덕택이라 생각한다. 안희재, 이후락, 이명박, 송영길이 양택명당 부근에 살면서 명당 기운을 받았던 경우와 같다.(2024.1.)

* 소국

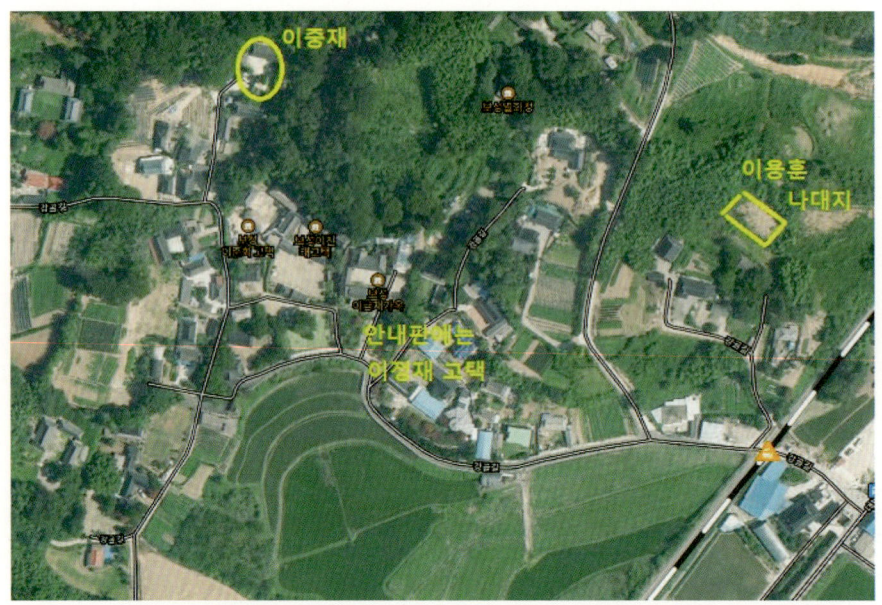

사진출처 : 카카오맵 스카이뷰(https://map.kakao.com)

* 강골 안산-- 책상바위

* 이금재(이정래) 고택안내-- 서열상 큰집이다.

보성 이정래 고택
寶城 李井來 古宅

● 종 목 : 국가민속문화재 제157호
● 지정일 : 1984.01.14.
● 소재지 : 전남 보성군 득량면 강골길 32-3 (오봉리)

이 집은 오봉산을 마주하여 남향으로 자리 잡은 옛 가옥이다. 안채는 1900년 전후에, 맞은편

* 이진래 고택 안내

보성 이진래 고택(寶城 李進來 古宅)

● 종 목 : 국가민속문화재 제159호
● 지정일 : 1984. 01. 14.
● 소재지 : 전남 보성군 득량면 강골길 34-6 (오봉리)

이 집은 강골마을에서 가장 아름다운 마을 중앙에 위치하는데, 조선 헌종 1년 1835에 이진만이 지었다고 한다. 안채와 사당은 원래 초가로 지었으나

* 이준회 고택안내-- 초가

보성 이준회 고택 (寶城 李駿會 古宅)

● 종 목 : 국가민속문화재 제160호
● 지정일 : 1984.01.14.
● 소재지 : 전남 보성군 득량면 강골길 34-9 (오봉리)

이 집은 보성 이진래 고택(중요민속문화재 제159호)의 서쪽에 자리한 옛 가옥이다. 집 주위에 대나무 숲이 우거져 있어 그윽한 느낌을

* 이진래와 이준회 고택사진

조선 100대 명당 간산기 · 405

전남 보성군 일이승 2혈

1. 보성에 있는 결록

일이승 결로서 비안상천형(飛雁上天形)과 단봉함서형(丹鳳含書形)이 있다.

2. 일이승 비안상천혈

* 비안상천형 산도

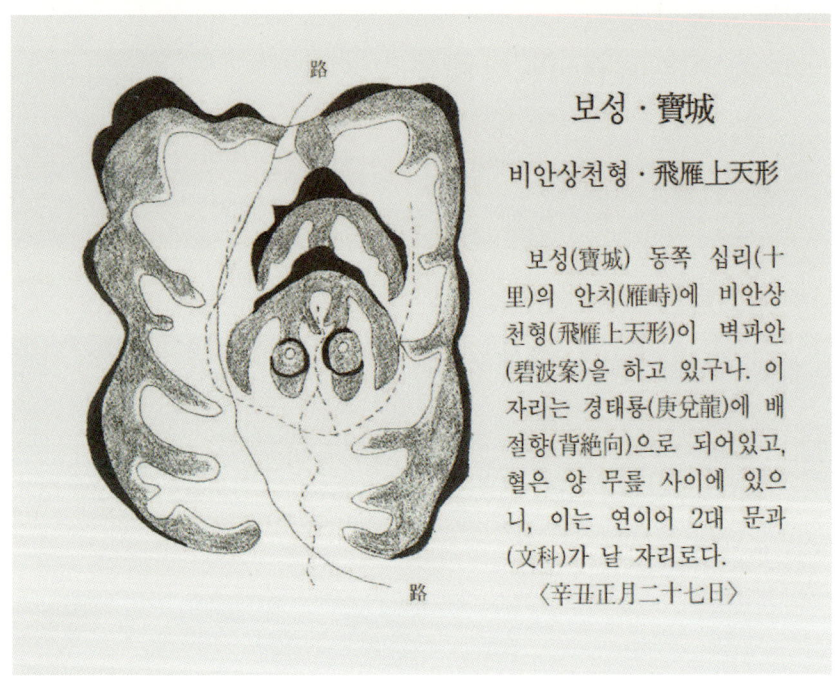

*지도-- 보성 삼정리 산@@. 벽파안이라 하는데 예전엔 바닷물이 상당히 깊게 골짜기 안으로 들어 왔을 것이다.

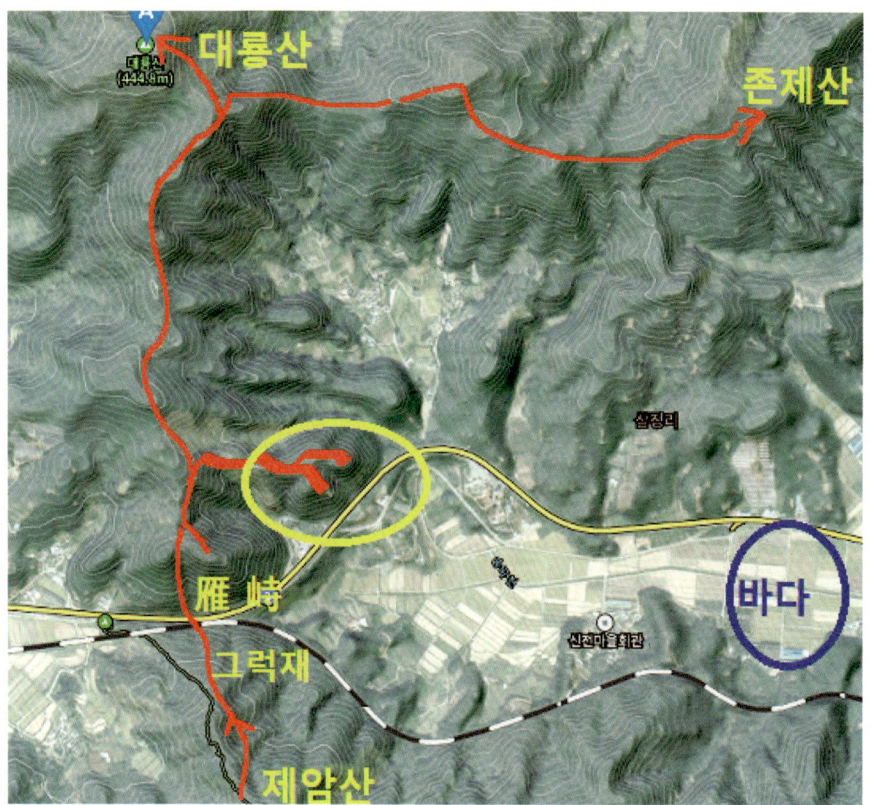

사진출처 : 카카오맵 스카이뷰(https://map.kakao.com)

3. 일이승 단봉함서

* 산도

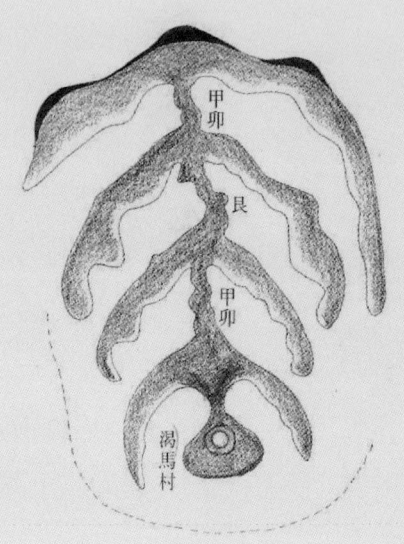

보성·寶城

단봉함서형·丹鳳含書形

보성(寶城) 동쪽 오십리(五十里)의 열개치(烈開峙) 과협(過峽)의 고강(高崗)에서 내려온 갑묘맥(甲卯脈)에 단봉함서형(丹鳳含書形)이 좌선안(坐仙案)을 하고 갑좌(甲坐)에, 건득을파(乾得乙破)로 되어있구나. 이는 12대 홍문관지지(弘文館之地)로다. 〈辛丑正月二十九日〉

*단봉함서 지도-- 보성 조성면 신월리 1@@

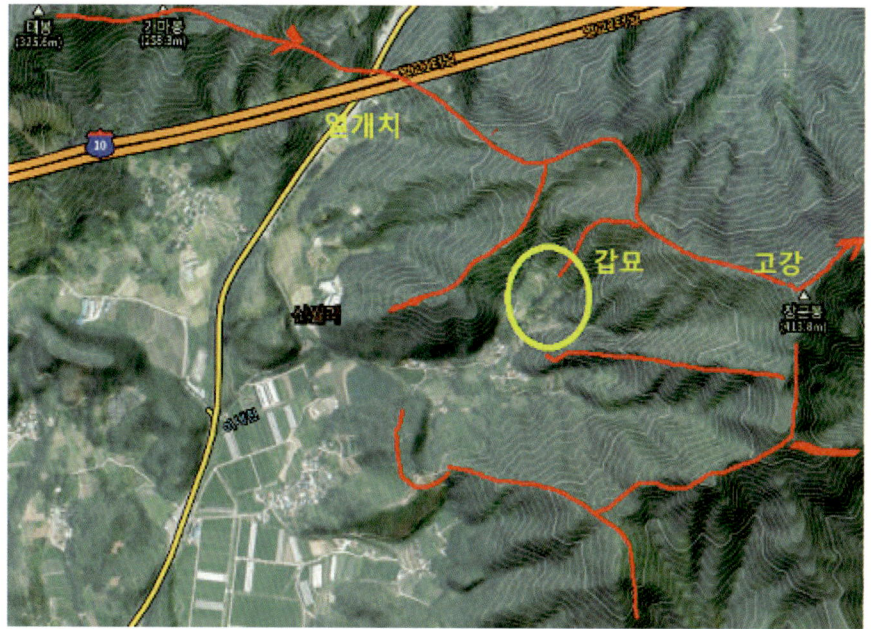

사진출처 : 카카오맵 스카이뷰(https://map.kakao.com)

전남 보성군 장익호 2혈

1. 보성의 음양택

상익호 결은 6~7개가 있으며 지방 설화로 명당마을 5개가 있다. 짧은 기간에 간산한 탓으로 이미 사용한 음택에서 중상급의 대혈은 보지 못했다. 양택명당이 많은 편이다.

2. 존제산 중출맥 장군대좌

*장익호 유산록 후편 174p-- 존제산이 좌우개장하고 중축(中軸)이 흐르는 곳에 천하의 대혈 장군대좌 혈리대결하였다. 천리열군안(千里列軍案)이

되었고 극귀지혈(極貴之穴). 우리나라 최대혈의 하나이다.

＊율어면 장동리, 사입수(巳入首), 사자해향(巳坐亥向), 중상급에 가까운 대혈이다. 국기봉에서 열지은 천리열군과 동소봉에서 열 지은 천리열군이 두 줄로 서서 안산이 되었다.

3. 보성군 남양리 갈룡음수

＊장익호 유산록 후편 174p. 겸백면 남양리 北에 보성강이 九曲朝堂하여 현무(玄武)를 돌아가고 천산만수가 천심취적(天心聚積)하니, 이런 길지(吉地) 어디서 찾아 볼수 있으랴. 부귀장원무궁지(富貴長遠無窮之地).

＊답사해 보니 눈에 들어나지 않는 조용한 혈이다. 발복은 과장되었으나 보성 갑부로 장원할 것 같다. 초암산에서 서편으로 행룡하여 최일봉을 세우고 구룡고개에서 과협한 뒤 보성 강변에 앉았다. 보성군 미력면과 겸백면 일원은 보성강이 굽이치며 흐르는 덕에 산태극수태극한 곳이 많고, 곳곳에 좋은 음양택을 많이 맺었다.(2024.2.)

전남 보성군 주봉리 산58 호근공 정세 묘
(일만 명의 후손이 있는 문파 시조 묘)

*하동정씨 정세 묘역의 유래

*장흥 봉동리 황추산에서 동으로 행룡하여 보성 주봉리에 관주산을 세우고 남으로 가지를 내려 회룡고조한 국(局)이다.

*정세 묘 사진-- 명당이 좁으나 야물게 둘러 쌓았다. 석축을 높이 쌓아 원형을 알 수 없으나 조금 내렸으면 좋겠다.(2024.2.)

사진출처 : 카카오맵 로드뷰(https://map.kakao.com)

전남 순천시 주암리 옥천 조씨 5세손 조유의 묘(나옹 소점?)와 조순탁 가옥

1. 조유 묘

＊옥천(순창의 옛 지명)조씨(趙氏)는 시조가 조장(趙璋)이고 1세 고려 광록대부 조장-4세 옥천부원군 조원길(고려 말 五隱中 一人)-차남 5세 조유(趙瑜 1346~1428, 두문동 72현)로 이어진다. 조유는 아버지 조원길의 묘를 3년 시묘한 뒤 순천으로 이주하여 순천조씨 입향조가 되었다. 인구는 5만3천.

＊조유의 묘는 순천 주암리 산72-3에 있고 밑에 정헌재라는 재실이 있다. 나옹소점이고 오공(지네)혈이라는 말도 있다. 나옹대사는 공민왕의 국사로서 호남에서 일시 활동한 적은 있으나 법랍은 1339~1376이므로 1428년에 사망한 조유의 묘를 소점해 주었다는 것은 빈 말이다. 당판이 길게 내려간 장유의 중간에 결혈되었다. 묘역에 올라서면 앞에 펼쳐진 전경이 화려하다. 토산일색인 것이 약점이지만 중상급대혈이다.

＊조유 묘

2. 조순탁 가옥

옥천조씨 상호정파가 1934년 종가로 건립하였다. 거북형이라 주장하더라. 예전엔 전남대 풍수학생들을 비롯한 내방객이 많이 찾아 왔는데 지금은 뜸하다고 한다.(2023.8.)

* 초가 안채-- 여기에 살면서 재산을 모았다고 한다.

전남 장흥 녹양리 산1 남평문씨 묘
(봉분에 대나무 기르는 묘)

* 녹양리 산1에 위에서 아래로 몇기의 남평 문씨묘가 있다. 그 중 맨 위의 묘는 크다란 봉분에 대나무가 보존되고 있다. 아래에 백초당이란 남평 문씨 사당이 있는데 때마침 그 동네 태생이라는 사당 관리인이 낙엽을 쓸고 있었다. 그 분의 말인즉, 봉분에 대나무가 자라는 특이한 모습에 국내 방송사들이 모두 취재하고 방송하였다고 한다. 혹시 복취(伏雉)형이기 때문에 독수리에게 보이지 않을 요량으로 봉분에 대나무를 가꾸는 것이냐고 물어보니, 자기들 문중에서는 그런 말이 없고 옛날부터 봉분에 대나무가 있었고 자손이 잘 되기 때문에 베어버리면 나쁠 수도 있으므로 그냥 보존한다는 것이다.

＊복치형은 꿩이 독수리를 보고 딱 엎드리는 형이다. 통상 독수리는 옆에 위치하고 있어서 꿩을 쳐다보지 않아야 된다. 여기 묘소는 독수리라고 볼 만한 물형이 없다. 노서하전형으로 보인다. 남평문씨는 본관이 남평 하나 뿐이므로 문재인 대통령도 이 묘의 후손이라 하면서 자랑이 대단하였고 문익점은 백초당(17세손)의 5대 후손이라 하였다.(2022.11.)

＊봉분에 대나무가 있는 모습

＊공조판서 남평문공 묘비

전남 화순군 운주사
(어떤 절이고 누구가 세웠는가?)

1. 화순 운주사(雲柱寺 또는 運舟寺)와 천불천탑

 운주사는 조계종 제21교구 송광사의 말사이고 출토된 유물을 보면 늦어도 11세기초 이전에 건립되었다는 것이 학계의 의견이다. 정유재란 때 소실되었고 수차 중건되었다. 운주사라 하면 千佛, 千塔으로 유명한데 근대에 관리가 소홀하여 1942년 석불 213기 석탑 30기가 있었는데 현재는 석불91기 석탑 21기가 보존되고 있다고 한다. 석불과 석탑의 크기가 작은 것이 다수 있으므로 현재 남아 있는 숫자에 대하여 셈이 일치하지 않는다.

 * 석조불감, 9층석탑, 원형다층석탑의 3점이 보물로 지정되어 있다. 석재는 인근 바위(응회암)에서 떼어내었고 조각솜씨는 동일인의 작품이다.

 * 무등산 래룡(來龍)이고 거북이가 군데군데 있는 형상이며 영구산, 운주산, 천불산으로 불린다.

2. 운주사의 신비

 * 운주사는 불상 모습이 우리나라의 다른 곳에는 볼 수 없는 기이한 형상이고 석탑중에도 특이한 모습이 많다. 석불은 몸체가 비율에 맞지 않고 얼굴모습이 투박하고 기이하다. 석탑도 원반을 다층으로 올린 것이 있다. 섬세하고 예술적이거나 장엄 미려한 신라시대 모습과 판이하고 사각의 무뚝뚝한 고려 불상과도 다르다. 언제 누구가 이러한 특이한 조성을 하였는지 문헌이나 유물상으로 확인되지 않고 신비에 싸여 있다.

 * 창건 설화로 도선국사說, 혜명스님說, 고려 토호說, 백제난민說, 마고(麻姑)할미說이 있다. 운주사에만 있는 특이한 석상을 근거로 운주사를 누가 언제 세웠는지를 규명해 보고자 한다.

특이한 점으로, ①천불천탑의 숫자이다. 예전엔 천불천탑을 조성한 사찰은 없었다. 기껏해야 목각으로 정성들여 조각한 오백나한상을 만들었다. ②기이한 불상과 불탑 모습이다. 우리나라는 중국을 통하여 전래한 북방불교가 주류를 이루고 있고 간혹 남방불교의 사찰이 있으나 불상과 불탑의 모습은 북방불교와 같다. 그런데 운주사는 다른 사찰과 다른 독특한 모습이다. 그 바람에 운주사는 유명사찰이 되었다. ③칠성석이다. 절에 있는 산신각이나 칠성각은 민속신앙을 수용한 포교적 산물이다. 운주사는 별자리 모양과 크기에 맞추어 칠성석(큰 것은 지름3.8m, 작은 것은 2.3m)을 땅바닥에 깔아 놓았다. 북두칠성을 유심히 관찰하는 사람이 아니라면 위치잡기가 어려울 것이다. ④남녀 부부 와불(臥佛)이다. 12.7m, 10.3m 국내 최대 석조와불이다. 부처님은 여자는 성불하기 어렵다고 하셨는데 그 의미는 여자는 신체조건상 더욱 열심히 정진해야 된다는 뜻이다. 그럼에도 여성은 부처가 될 수 없다고 단정하고 여자불상은 없는데 이곳에는 크다란 女子臥佛이 있다. ⑤대웅전 뒤 왼쪽 어깨에 공사 감독관 바위가 있다. 거기서 석물작업을 일괄 감독 지도하는 사람이 있었다.

* 기이한 모습의 석불

＊기이한 석탑-- 앞의 것은 원반석탑(보물이다.) 중간 것은 석불감으로 속에 부처님 두 분이 등을 맞대고 있다. 우리나라에 유일한 덕에 보물로 지정 되었다.

＊운주사 중국

사진출처 : 카카오맵 스카이뷰(https://map.kakao.com)

* 석불군-- 이런 석불군이 많다.

* 칠성석

* 부부와불

3. 창건 설화

＊도선국사 창건설-- 도선국사가 우리나라 지형이 배와 같은데 배에 중심 잡을 물건이 없으면 안정되지 않으므로 배의 중심되는 곳에 도술을 부려서 하룻밤새 운주사를 창건하였다는 설화가 있다. 도선국사의 비보풍수에 걸맞는 이야기이지만 허구이다. 도선은 젊어서 화엄종에 정진하다가 선종으로 전환하였고 35년 간 옥룡사에서 수백 명의 제자를 양성했다. 도술을 부릴 승려가 아니다. 도선이 중국에 유학갔다는 건 허구이지만 북방 대승불교에 속하였으므로 북방불교에서 찾아볼 수 없는 이런 불상을 조성할 리 없고 그가 있었던 옥룡사를 비롯한 여러 사찰에 운주사의 불상에 유사한 면모를 가진 불상은 없다.

＊고려 혜명스님說-- 동국여지지(東國與地志 1656 유형원 편찬)에 고려 승 혜명이 천여 명의 무리와 함께 천불천탑을 세웠다는 기록이 있다고 한다. 혜명은 조정의 명으로 968년(고려 광종 때) 논산 관촉사에 은진미륵을 조성했다. 은진미륵은 높이18.2m, 둘레9.9m, 귀의 길이 3.3m로 국내 최대 석불이고 몸매가 8등신이 아닌 4등신인데 얼굴을 크게 만든 것은 참배객이 가까이서 잘 볼 수 있게 하기 위함이다. 석굴암 부처님 상호가 4m 높이이고 약간 숙인 자세인데 6m거리에서 가장 잘 보인다는 점을 상기하면 알 수 있다. 100여 명의 석공이 37년 간 조성하였고 천여 명을 동원하여 상반신과 얼굴을 연산에서 옮겨 왔다. 은진미륵불의 상호가 특이 하지만 운주사와는 다르다. 혜명 작품이라면 기록이 있을 것인데 말이 없다.

＊고려 토호(土豪)설-- 신라 말기부터 왕건이 918년 고려를 세우고 936년 후삼국을 통일하기까지는 혼란기로서 왜구의 행패가 심했다. 고려 토호가 창건하였다면 왕건이 토호세력을 이용하여 후삼국을 통일하고 왕권과 토호세력이 안정된 950년경(3대 성종~4대 광종)으로 보아야 된다. 그때 쯤이면 기록에 남아 있어야 이치에 맞는다. 운주사의 석물이 한 사람의

작품임을 고려하면 토호가 주도하였다기 보다는 불교에 심신 깊은 장인이 초기부터 완성시까지 일관되게 주도하였다고 보아야 된다.

　*백제인 창건설-- 고려 치하에서 억눌려 살던 백제인(후백제인)이 미륵부처의 출현을 기원하며 세웠다는 주장이다. 백제는 미륵신앙이 강하여 견훤과 궁예가 자칭 미륵불이라 하였다. 독일 힐트만이 미륵이란 책에서 운주사를 미륵사찰이라 하고 그 징표로 미륵두상(1.2m. 사찰 입구 9층석탑뒤 잔디밭에 있고, 많이 훼손되어 오른쪽 눈 부위만 온전)을 들고 있다 한다. 그러나 이러한 장기간에 걸친 대역사는 경제적 뒷받침을 하는 창건 주도세력이 있어야 하고 관청의 비호가 있어야 된다. 그렇게 보면 은진미륵처럼 자연히 문헌상 기록이 남게 된다. 견훤 등 후백제 세력은 활동지역이 충남지역이었고 전쟁 때문에 장기공사를 할 수 없었을 터이다. 운주사를 미륵사찰로 볼 특별한 징표도 없다.

　*마고할미說-- 무당할매가 창건하였다는 말이다. 운주사 불상처럼 자유분망하고 파격적인 모습 그리고 夫婦불상은 계율이 느슨한 남방불교에서나 가능한 발상이다. 사람의 지식은 이전에 획득한 지식을 바탕으로 새로운 지식을 쌓아 올린다. 우리나라 불상밖에 보지 못한 사람이 남방불교적 조각을 할 수 없다. 다수는 와불은 장차 일으켜 세워둘 기획으로 새겼다고 하고 와불이 일어설 때 신천지가 온다는 설화도 있다. 그러나 다른 석불은 석재를 떼어내어 조각하였는데 와불은 바위에 그냥 새겼고, 때어낼려고 시도한 흔적도 없다. 장소도 칠성석과 연관될 수 있으므로 와불은 바로 세울 계획이 없지 않았나 생각된다.

　여기서 부부와불, 북두칠성과 공사 감독바위에 착안하여 상상을 해보면 아래와 같은 假說(무당부부 창건설)이 가능하다. 신라말 서남해안 출신의 어떤 청년이 선원으로 취업한 뒤 우연히 태국 등지의 남방으로 들어가서 남방불교 조각을 보고 귀국하였다. 귀국 후 그는 사교의 교주 노릇을 하던 무당여자와 결혼하여 강진 등지에서 살았는데 왜구의 노략질이 극심하자 다수의 무당신자들과 함께 장흥 유치면을 거쳐 내륙으로 피난가서 화순 운주사 계곡에 정착하고 운주사를 창건하였다. 그곳은 해안지역으로부터 침입하기 어렵고 동구밖은 농토가 풍부하다. 무당 남편은 남방불교에서 본 불상에서 영감을 얻어 불상을 조각하고 항해에서 방향타가 되는 칠성석을 설치하였는데 그가 공사감독 바위에 앉아 공사를 총괄 지휘한 덕으로 공사가 일관성있게 진행되었다. 추종집단이 신심으로 무아지경에서 새긴 것이다. 어떤 이는 백성을 강제 동원하여 조성한 것이니 당시 동원된 백성의 고통에 연민을 느낀다는 기행문을 올렸다. 근거없이 민중적 감상에 젖은 망상이다. 강제동원하면 만리장성은 쌓을 수 있으나 감동을 주는 불상은 만들 수 없다. 여기 불상은 초연한 듯 보이기도 하고 약간 슬픈 듯 보이기도 한다. 저 큰 바위 밑에 있는 주먹만한 불상은 석공이 자신만의 부처를 새겨둔 것이리라.(2021.3.)

광주시 용진산 우제봉 아래 선인단좌
(금혈이 있는가?)

1. 용진산 우제봉 아래 선인단좌와 금혈

옥룡자결록의 만월괘서형(滿月掛西形, 보름달이 서쪽에 걸려 있는 모양)은 나주 지역편에 적혀 있고 결록에 있는 삼태칠성 만월의 지형에 부합되는 곳도 나주 국사봉 아래 만월봉 지역임이 분명하고 그에 관한 간산기를 쓴 바 있다. 광주 용진산에도 만월괘서가 있다는 말이 있기에 용진산에 가 보니 의외로 우제봉 아래 선인단좌 대혈이 있고 호남파 청안이씨 시조묘가 쓰여 있더라. 그 뒤 ○○스님으로부터 광주 본량동의 신촌에 만월괘서가 있다는 산도를 입수하고는 일대를 다시 답사한 바 우제봉과 본량동은 서로 용맥이 다른 곳이었다. 이에 간산기를 다시 작성한다.

2. 용진산 일대의 구조

용진산(湧珍山, 토봉351m 석봉337m, 광주 선동)은 방장산 - 축령산 - 수련산 - 금강산을 거쳐 왔다.

*용진산 일대의 지도-- 금강산에서 蓮의 줄기처럼 가늘게 내려와서 왕동 산5(200m 고지)에서 가지가 나누어져 하나는 용진산으로 가고 다른 하나는 신촌 등지의 마을로 가서 멈추었고 둘 사이에 왕동저수지가 있다. 용진산과 마을이 있는 곳을 합치면 마치 황룡강과 평림천 사이에 커다란 연잎이 뜨있는 것 같다. 연잎같은 용진산 일대를 본량동이라 부르고 있다.

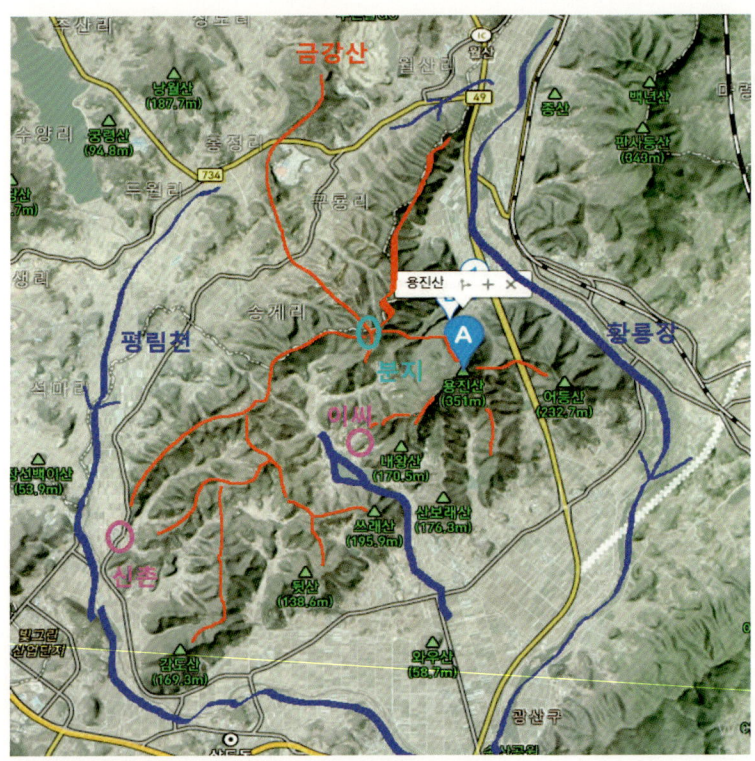

사진출처 : 카카오맵 스카이뷰(https://map.kakao.com)

3. 용진산 우제봉 아래 선인단좌형

용진산을 찾아가니 아름다운 왕동저수지가 산상호수로 펼쳐져 있다. 일주도로로 한바퀴 둘러보니 호수와 용진산 석봉인 우제봉이 잘 어울렸고 (용진산은 석봉과 토봉이 있다) 산자락에 풍후한 집장지가 보였다. 보기만 좋을 뿐 생기없는 묘가 많은데 이 곳 묘는 호수 건너에서 보아도 생기가 느껴지고 풍광이 아름다운 대혈이다.

* 용진산(석봉)과 이씨 재각-- 현재 재각은 지각 일부를 잘라 내고 건립하였다.

* 이씨 묘-- 위에서 세 번째 묘까지는 지금도 생기가 있다.

＊이광경 묘

　＊청안이씨는 이양길(고려 공민왕 때 충원공)을 중시조로 한 영남파, 이한번(고려 충열왕 청안백)을 중시조로 한 호남파로 나뉜다. 두 파는 이학년을 공동 선조로 한 혈연관계가 있다고 알고 있었으나 여러 자료를 검토한 결과 혈족이 아니라는 사실이 밝혀져 1800년대 후반부터 서로 갈라졌다고 한다. 2015년 통계청 조사에 의하면 인구가 18,270명이다. 영남파는 경주일원이 집성지이고 호남파는 광주 일원이 집성지이며 호남파가 소수이다. 여기에 있는 청안이씨 대종회 왕산재각도 호남파에 한정된 대종회소속이 아닌가 생각한다.

　＊용진산 석봉은 엄숙한 선인이고 묘역은 선인이 단정히 앉아 있는 자리이다. 선인이 단정히 앉아 詩想을 가다듬는 선인단좌형이다. 석봉은 날카롭되 묘역은 장유로 풍후하고 생기도 넓게 퍼져 3단까지 결혈되었다. 맨위에 있는 묘는 전라병마절도사 이광경(1390~1466)의 묘로 시조 이한번의 아들이라고 기재되어 있으나 이한번과 120년 차이가 있으니 손자 또는 증손자가 맞을 듯하다. 이한번의 묘가 불상임에 대하여 이광경은 왜적을 소탕한 공헌이 있고 여기에 묻혔다는 묘갈이 있으며 광주 일원의 청안이씨는 그의 후손이므로 이광경이 호남파 파시조라 하겠다.(본이 다르니

따로 본관을 만들어 分本함이 可?) 묘갈에 왕산西 艮坐라고 하였다.

이광경의 후손들은 일제 때 애국지사 오준선 선생에게 이 곳 종산 땅을 희사하여 용진정사를 짓게 하였다. 선생은 제자들에게 항일정신을 가르쳤고 용진정사는 항일의병의 활동무대가 되었다. 호남파 시조 이광경이 왜적을 토벌하였고 후손이 그 정신을 이어 받아 항일지사들을 지원하였으니 애국심이 연연히 이어졌다.

4. 용진산에 금혈이 있다는 견해도 있다

금혈이 있다면 아래 지도의 묘이겠으나 필자의 공부로 보면 금혈급의 대혈이 아니다. 첫째 우제봉이 청안 이씨묘를 향하여 머리를 숙인다. 둘째 주봉 또는 현무로 보아야 될 곳이 확실하지 않다. 丁字맥으로 떨어졌다면 출맥한 산등이 힘차야 되는데 그렇지 않다. 셋째 청룡이 유정하지 않다.(2021.11.)

＊금혈?

사진출처 : 카카오맵 스카이뷰(https://map.kakao.com)

경북·대구(23)

경북 경산시 곡란리 난포고택
(『조선의 풍수』에 길지로 소개된 곳)

1. 고택 건립자는 누구인가?

* 경북 경산시 용성면 곡란리 526-6에 난곡(蘭谷) 최철견(崔鐵堅)이 1546년(명종원년) 건립한 고택이다. 임란 때 병화를 입지 않았다. 1809년 보수 이래 현재까지 보수를 거치면서 17대(1990년 현재) 종손이 살고 있다.

* 경북지방유형문화재 제80호로 지정하면서 고택을 창건한 사람의 인적사항을 조선시대 문신, 청주부사, 전라도사로 소개하고(지식백과 등도 같다) 있으나 오류이다.

> **난포 고택 | 蘭圃古宅 Nanpo House**
>
> 종 목 : 경상북도 유형문화재 제80호
>   Tangible Cultural Heritage No. 80 of Gyeongsangbuk-do Province
> 위 치 : 경북 경산시 용성면 운용로 792(용성면 곡란리 526-6)
>
> 난포(蘭圃)는 영천 최씨(永川崔氏) 최한(崔漢)의 14세손인 최철견(崔鐵堅/1525~1594)의 호(號)이다. 난포 최철견은 조선시대 문신으로, 청주부사, 전라도사를 지냈으며, 임진왜란 당시 70세의 고령에도 손자인 인수, 증손인 준립 등과 함께 향리에서 의병을 일으키고, 아화산성(阿火山城) 전투에서 큰 공을 세웠다고 한다. 난포고택은 난포 최철견이 경북 영천 창수(현 영천 금호)에서 현 위치로 이거(移居)하여, 명종 원년(1546년)에 축조한 전형적인 조선시대 상류층 주택 양식으로, 원래는 정침(正寢)과 정침(停寢), 뒤편 사당(祠堂), 좌우 행랑(行廊), 방앗실, 맞은편에 큰사랑채, 좌우에 고방채, 중사랑채가 있고,

* 또 어떤 글에는 최철견은 학행이 뛰어나 경주부윤의 천거로 청주목사와 전라도사를 지냈다고 한다. 그러나 임란 때 전라도사로 있던 몽은(夢隱) 최철견(崔鐵堅,1548~1618)은 전주최씨이고 그는 임란 때 사민(士民)과 함께 결사항전하여 전주를 수호하고 1592.10 수원 독산산성에서 권율장군이 불리한 전황 중에 지원군으로 참전하여 전공을 세웠고 뒤에 수원부사, 황해도 관찰사를 지냈다.

이에 대하여 난포 최철견(1525~1594)은 영천최씨 14대손이고 청주목사와 전라도사를 지낸 바 없고(그 정도의 고위직에 올라가려면 과거에 급제해야 된다) 향리의 유력자였다고 추측된다. 난포는 임란 때 67세임에도 의병을 모아 경산 아화산성 등지에서 왜구와 전투를 하였는데 전주에서 결사항전할 시간이 있었겠는가?

영천최씨는 6대손 최무선이 왜구를 토벌할 목적으로 화약 총포제작을 한 이래로 대대로 화약제조의 맥을 이어왔고 이순신의 해전에도 이용되었다. 난포는 같은 자인출신으로 14대손인 성재 최병문(1557~1599)과 함께 의병대장 권응수의 휘하에서 영천읍성 탈환전(임란 4대 대첩중 하나)과 경산 아화산성 전투에 참전하여 전공을 세웠다. 최병문은 전투에서 화약을 사용하여 공을 세웠고 한서우윤에 추증되고 자인의 충현사에 제향되었다. 그가 타던 말안장은 보물 747호로 지정되었다. 이에 대하여 난포와 손자 증손자는 모두 임란의병장으로 최병민과 함께 싸웠지만 그보다 못한 선무원종공신록에 3등급으로 등재되었다. 난포가 청주목사를 지낸 경력이 있었으면 벼슬을 추증받았을 것이나 그런 문헌이 없다. 국민의 세금으로 관리하는 문화재로 지정된 이상 좀 더 책임있는 고증이 필요하다고 본다.

2. 오백 년 역사를 지닌 고택

＊조선의 풍수는 일본 총독부의 의뢰에 따라 무라야마지쥰(村山智順)이 地官전기응(이왕직 참봉)의 자문 아래 1931년 저술한 책인데 많은 풍수학인들이 한 번씩 읽어 보는 책이다. 양택 길지로 36곳의 예를 들었는데 그 중 22번째로 이곳을 지적하고(발복지를 예로 든 것이고 혈처의 등급순위를 말한 것이 아니다) 지형이 부용화(芙蓉花)이며 구한말 정부에서 특사를 보내어 택지를 시찰한 적이 있다고 한다.

＊한편 조리형이므로 100년을 주기로 하여 한 세대가 재산을 모으고 다음 세대는 다 써버리는 과정을 되풀이 한다는 견해도 있다. 이 견해는 창건(최철견), 발전(고택증축), 쇠퇴(고택일부가 채권자에게 넘어가다), 복원(고택복원), 재도약(관광)의 과정을 밟고 있다는 것이다.

3. 간산

＊고택 행룡

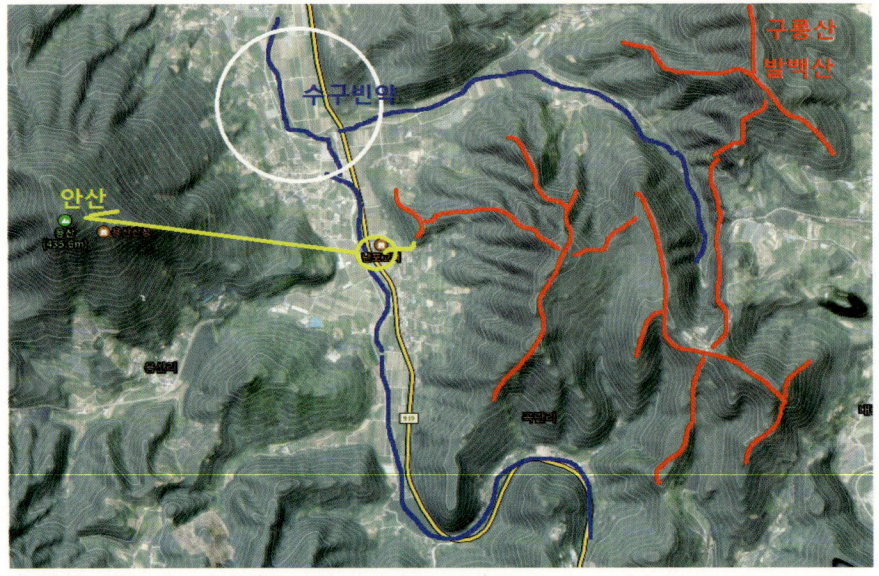

사진출처 : 카카오맵 스카이뷰(https://map.kakao.com)

＊주산에서 혈처까지 행룡 여정(旅程)이 을자(乙字는 之字보다 각도가 급하다)형이다. 청룡은 두텁지만 백호는 낮고 안산은 강하며 수구는 열려있다. 비보로 마을 입구에 방풍림을 심었으나 수구를 보완하기는 역부족이다. 평지에 낮게 떨어지고 와(窩)로 생겼기 때문에 볼품없는 부용낙지보다는 조리형이다.

＊냉정하게 본다면 이 혈은 수구가 짜여주지 않아서 중등초급에 턱걸이 할 등급이다. 오백 년 간 부침(浮沈)을 하면서 이어져온 것은 후손들이 혈처의 역량을 잘 흡수하고(전성기의 재산은 일천석이라 한다) 고향을 지키려는 성향이 강한 덕택이라 하겠다.(2023.8.)

＊고택 전경

경북 경주시 최부자와 발복처

1. 본보기가 되는 부자 그리고 발복처
＊경주에서 최진립(1568~1636, 최치운 17세손)부터 최준(1884~1970)까지 약 350년 간 12대에 걸쳐 만석꾼(벼만석을 수확하는 부자, 농지 만

마지기 즉 250만평이 필요)을 한 잡안이다. 품격있는 부자로 존경받는다.

　*최부자 가계의 富者代數는 최진립을 1대로 계산한다. 그러나 최진립에게 종잣돈이 되는 재물을 물려준 사람은 그의 아버지 최신보(1531~1577)이다. 첫 부인 황씨와 둘째 부인 강씨의 친정에 후사가 없는 바람에 이조리 일원에 있는 처가 재산을 물려 받아서 최진립에게 많은 유산을 물려주었다. 이퇴계가 첫째 부인과 둘째 부인이 많은 재산을 지참하고 오는 바람에 노비가 백 명에 이르는 부자가 되었다고 한다. 예나 이제나 妻德이 부자되는 지름길이다.

　*1대 최진립은 종자돈을 모으는 시조가 되고, 2대 최동량은 농법을 개발하면서 식산을 장려하였고, 4대 최의기는 만석꾼을 완성하였고 12대 최준은 만석 재산을 정리하고 부잣집의 막을 내렸다.

　*최부자의 발복처를 양택과 음택으로 나누어 보고 다시 양택은 1대 내지 6대가 살았던 이조리와 7대 내지 12대가 살았던 교동을 검토한다. 음택은 1대 최진립의 묘(울주군 반연리 산157)를 검토하고 최진립을 기준으로 선조가 안장된 석장동 산24, 산29-1 남사리 산42-1 그리고 후손이 안장된 화곡리 산210을 검토한다.

2. 1대부터 6대까지의 양택(이조리)

　*충의당이 있는 집터(경주 내남면 이조리 492)는 교동으로 이사하기까지 7대 약 2백 년 간 살았던 곳이다. 상등초급의 행주형(行舟形) 대명당으로 지금도 넓은 지역에 생기가 감지되었다. 필자에게 이렇게 넓은 지역에서 집터를 잡아보라고 한다면 정확을 기할 수 있을까? 고개를 절레절레 흔들고 왔다.

　*경주 이조리 충의당-- 멀리 수무산에서 강따라 가느다란 줄기가 내려와서 높은 고위산 옆에 넓게 자리를 펼쳤다.

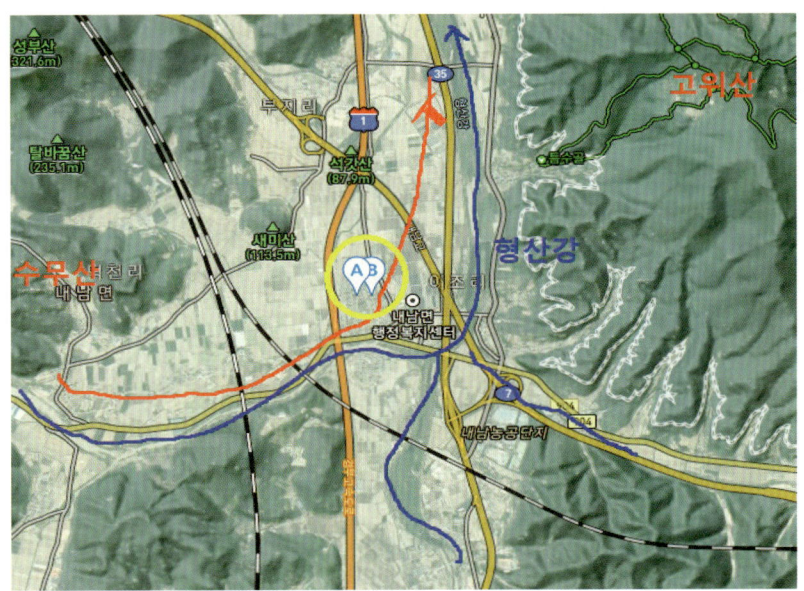

사진출처 : 카카오맵 스카이뷰(https://map.kakao.com)

3. 7대부터 12대까지 양택(교동)

＊7대 최언경(1743~1840)은 1779년 이조리에서 경주 교동69 요석궁터로 이주하여 이후 최준까지 5대를 만석꾼으로 살았다. 조용헌 씨는 이조리 집터가 좁아서 손님 접대에 불편한 탓에 넓은 요석궁터로 이사하였다고 한다. 그러나 충의당 주변에는 빈터가 많고 요석궁터도 향교가 있어서 이조리보다 넓지 않다. 최부잣집에는 과객이 많았으니 그 중에는 지관도 많았을 것이고 최부자 음택비결집이 전해오는 점에 비추어 보면 풍수상 길지를 찾아 이사하였을 것이다. 이조리 충의당 터는 풍수상 행주형인데 행주형은 배가 짐을 싣기 위하여 강변 또는 항구에 정박하고 있는 물형이므로 배는 짐을 가득 실으면 떠나야 된다는 말이 있다.

＊요석궁터 역시 행주형으로 일대에 생기가 가득하지만 이상하게도 물길은 만궁이 아니더라. 고택의 안산은 좋기는 하나 높아서 압력을 받는 듯하여 권세는 없겠다. 그런데 고택(壬.子坐)에서 오른쪽(坤方)을 보면 예쁜 노

적봉 망산(望山)이 있다. 그 아름다운 모습이 최부자의 명망을 가져오는 것 같다.

*교동고택의 중국

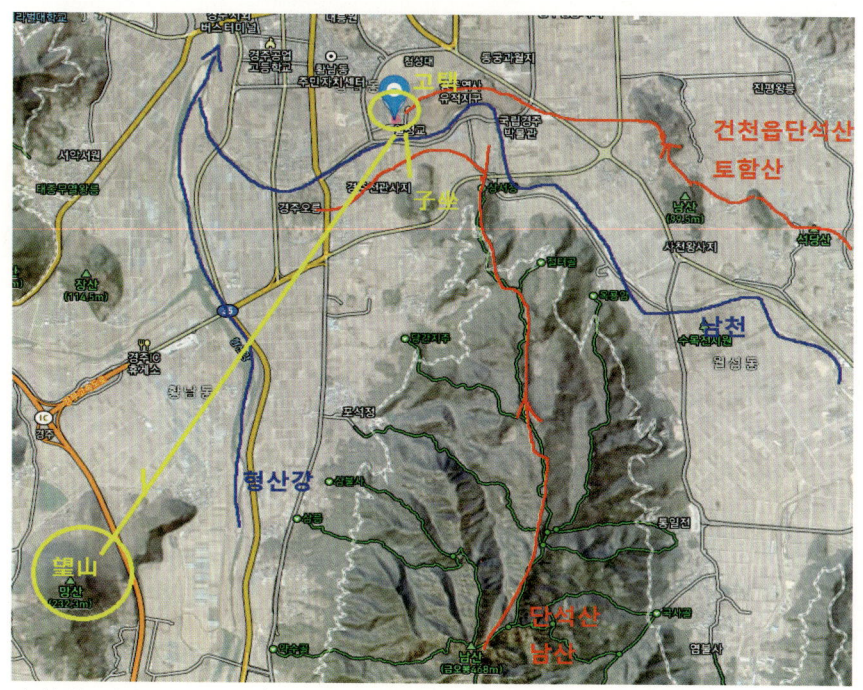

사진출처 : 카카오맵 스카이뷰(https://map.kakao.com)

*곤방의 아름다운 사격

4. 1대 최진립의 음택

* 만석군 1대 최진립은 이조리 492(경북민속문화재 제99호 충의당)에서 태어나 임란과 정유재란 때 형제 등과 의병을 일으켜 승전한 공이 있었기에 선무원종공신 2등을 받고 병자호란 때는 69세의 고령에도 군사를 일으켜 남한산성에서 청군과 전투중 온몸에 화살을 맞고 전사하였다. 함께 전사한 노비 2명을 기리는 충노비가 이조리에 있다. 장군은 6남 1녀를 낳아 최부자계열의 중시조가 되었다. 나라가 장군의 묘소(울주군 언양읍 반연리 산157, 교수아파트 입구)를 잡아주고 일대를 사패지로 하사하였다.

* 최장군 묘는 국사가 잡았다는데 장군등단행진형으로 중등상급 명당이고 위쪽에 시묘하였던 삼남(三男)묘는 중등초급이다. 특이한 점은 장군과 삼남의 묘 사이에 무연고 묘 2기의 흔적이 있고 삼남묘 위에도 1기가 있다. 장군보다 먼저 명당을 찾아서 온 사람이 세 사람이나 있었지만 임자가 아니어서 헛걸음한 묘이다. 재산보다는 권세의 발복이 있을 듯이 보인다. 장기간 富를 유지하려면 외부에서 만만히 볼 수 없는 위세가 있어야 될 터인데 아마 그 역할을 하였을 것이다.

* 최진갑과 三男의 묘(역장이다)-- 신(辛)좌

5. 최진립 윗대의 음택

＊남사리 산42-1에 조부 최상빈, 증조부 최덕정을 비롯한 8기가 내리닫이로 쓰여 있다. 협곡 사이로 좁게 내려온 산등이다. 처음부터 대혈이 생길 국세가 아니고 래룡도 출처가 약하다. 맨 위에 있는 최지관 묘가 중등초급이고 나머지 묘들은 평범하다. 그러나 위에서 넷째 조모 영양최씨 묘가 대명당이라는 견해가 있다. 화곡리 산210의 집장지와 흡사한데 화곡리는 국세가 넓고 화려함에 대하여 이 곳은 좁은 협곡에 끼여 있고 물이 直去한다.

석장동 산24, 산29-1에도 최부잣집 묘가 여러기 있으나 평범하다.

＊남사리-- 길 찾기가 어렵다. 재실 뒤로 임도가 있고 임도 끝에 집장지 입구가 있다.

사진출처 : 카카오맵 스카이뷰(https://map.kakao.com)

6. 최진립 후손의 집장지(경주 화곡리 산210)

＊한 개의 산등(山嶝)에 3대 최국선과 4대 최의기(3대와 4대가 만석을 완성) 묘를 비롯한 10여 기가 위에서 아래로 쓰여 있다. 많은 사람들이 찾는다.

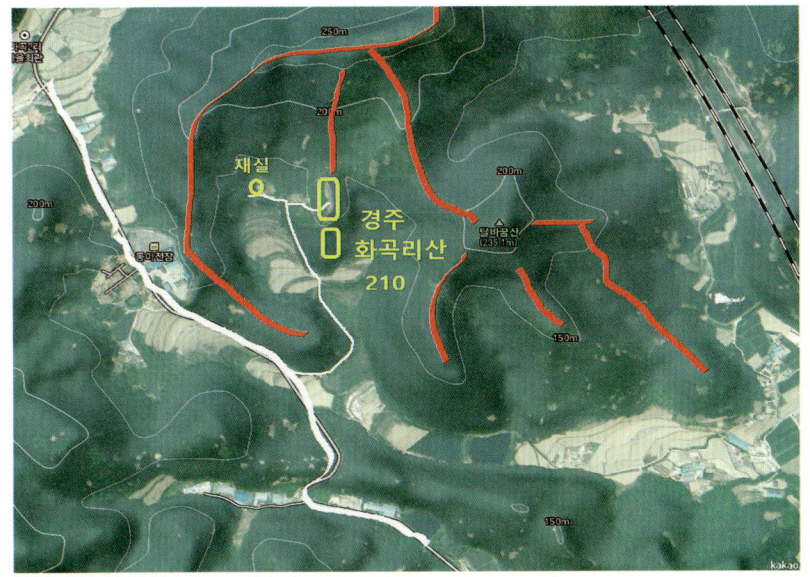

사진출처 : 카카오맵 스카이뷰(https://map.kakao.com)

* 임도로 올라가면 재실이 있고 재실 왼쪽 산등에 집장지가 있다. 맨 위에 3대 최국선 부부묘가 상하로 쓰여있다.(비석 판독이 어려운데 윗뫼가 영일 정씨 묘이고 아래가 최국선 뫼인 듯, 소위 역장인 婦後墓로 추측된다.) 묘에서 보면 뒤에서 큰 황새가 날개를 펴고 목을 내밀면서 날아오는 학정(鶴頂)형이고 멀고 가까운 산이 보기에 참 좋다. 그러나 래용(來龍)이 약하고 혈장이 뚜렷하지 아니한 채 장유(長乳)로 내려가는 산등의 꼭지 역할을 한다. 맨 위의 묘(최국선의 부인 묘)가 진혈이고 위에서 네 번째 묘하단에 또 혈이 맺혔다. 중등중급이다. 청룡에 있는 탈바꿈산이 무정하기 때문이다. 4대 최의기 묘는 그 아래 있는데 평범하다.

7. 아름다운 재산 운용

* 최부자가 존경받는 이유는 대대로 여섯 가지 가훈(六訓)을 지켜왔기 때문이다.

① 진사 이상의 벼슬을 하지마라(1대 최진립)
② 흉년에는 전답을 사들이지 마라(3대 최국선)
③ 사방 백리 안에 굶어죽는 사람이 없게 하라(3대 최국선)
④ 1년에 만 석 이상을 모으지 마라(4대 최의기)
⑤ 나그네를 후하게 대접하라(4대 최의기)
⑥ 며느리는 3년 동안 무명옷을 입으라(6대 최종률)

최부자는 농경방법을 개량하고 소작료를 50%(70%가 일반적이었다)로 낮추고 검소하였기에 만석 재산을 유지하였다. 3천 석을 수확하여 가용(家用) 과객용(過客用) 빈민구제용에 천 석씩 나누어 사용하였다.

＊12대 최준은 일제 때 안희재와 백산상회를 운영하면서 독립군 자금을 조달하고 옥고를 치르기도 하였다. 김구 선생님은 임시정부의 재정 중 6할(지금의 추산으로 1천억)은 최준의 주머니에서 나왔다고 했다. 1949년 토지와 고서화 8,900점을 출연하여 대구대학(영남대학의 전신)을 설립하였고 6·25 직후 주택 등 잔여재산을 출연하였다. 대구대학은 5·16 후 경영이 어려워 삼성 이병철에게 경영을 맡겼는데 한비사건 후(後) 박정희에게 넘겼다.

＊12대 최준은 만석 재산을 정리하고 평민으로 내려왔다. 참으로 아름답고 존경받아야 할 재산운용이요 끝맺음이다. 대구대학을 박정희에게 넘긴 것을 억울하게 생각하는 사람도 있으나 그 덕으로 대구대학은 더 많은 토지를 보충하고 영남대학으로 발전하였다. 해방 당시 전체 농지의 80%가 소작농인 상황에서 1949.6. 농지개혁법이 제정 공포되고 1950.4. 시행되었다. 지주는 자경을 하더라도 3정보(9천 평)이상을 보유할 수 없었다. 지주에게 지급된 지가증권은 후에 인프레와 전쟁으로 액면가의 1할 가치조차 없었다. 최부자만의 몰락이 아니고 농지를 기반으로 하는 만석꾼들이

소멸되는 사회적 변화이었다.

8. 기타

* 최부자집은 풍수를 중히 여겨 음택비결이 전해오는데 성지대사 결록이라는 말도 있다. 최부자는 이 비결에 따라 묘를 썼다는 말이 있으나 몇 곳을 간산해보니 음택대혈은 1대 최진립뿐이다. 양택대혈의 발복이다. 宋나라 채씨가 쓴 발미론(發微論)에 땅 좋은 것보다 맘 좋은 것이 낫다(陰地好不如心地好)는 구절이 생각나는 대목이다.

* 3백 년 부자는 세계적으로 보기 어렵다. 어떤 이는 유명한 이탈리아 메디치 가문이 2백 년 정도이었다는 점을 비교하고 있으나 차원이 다르다. 메디치 가문은 은행업과 무역으로 거금을 모아 예술 건축에 투자하여 르네상스시대를 열었고 세계사에 이름을 남겼다. 또 어떤 이는 최부자의 재산 규모를 오늘날 국내 상위 재벌 규모이었다고 주장하나 국내 최고 부자 순위를 따지는 것은 가능하겠지만 평면적으로 재산 규모를 비교할 수는 없다. 최부자는 3백만 평을 보유하였지만 1조(兆)는 50만 원짜리 농지 2천만 평을 살 수 있는 규모이다.

* 여담이지만 풍수들이 대혈을 진혈이 아니라고 하고 소혈을 대혈이라 주장하는 경우를 자주 보게 된다. 무엇을 근거로 진위를 가릴 수 있을까? 많은 돈을 주고 매수할 의사가 있느냐 여부를 기준으로 삼으면 어떨까, 남사리 묘지는 그냥 주어도 사양하겠고 이조리 또는 교동 양택은 살 수 있다면 논을 팔아서라도 사겠다.(2023.9.)

경북 김천시 상원리 이말정 묘
(금채낙지형, 살아 있는 아버지가 발복처가 되는가?)

1. 간산 포인트

* 연안이씨(延安李氏) 이말정(李末丁, 1395~1461)은 5남 1녀를 두었는데 다섯아들이 모두 급제하고 후손들이 번창하여 8판서 12목사가 배출되었다. 그의 묘는 경북 김천 구성면 상원리 산6의 가족묘지에 있는데 많은 사람들이 후손들의 발복처는 이말정의 묘라고 하며 금채낙지형(金彩落地形)이라 한다. 조선 8대혈에 든다는 견해도 있다.

* 부인 곡산한씨(谷山韓氏, 1446死) 묘와 이말정의 묘가 上下로 쓰여 있는데 비석이 위쪽 묘에는 없고 아래 묘 앞에 세워져 있다. 어느 묘가 이말정의 묘인가? 여러 기의 묘 가운데 어느 묘가 진혈인가? 금채낙지형인가? 진혈의 역량은 어떤 등급이가? 또 다른 후손의 발복처가 있는가?

2. 이말정의 가계

* 연안이씨 시조 이무(李茂)는 660년 당나라 소정방이 신라와 연합하여 백제와 싸울 때 부장으로 따라왔다가 귀화한 사람이다. 이후 계대를 실전하여 고려 때 연안(황해도 연안)이씨들은 각기 다른 기세조(起世祖)를 둔 10개 대파가 형성되어 있다. 인구는 16만 명(2015년)이다.

* 이말정은 통례문부사공파(기세조 이지 李漬)의 5세손인데 그의 증조부는 이양, 조부는 감정 이백겸, 아버지는 예조판서 이보정으로 서울에서 세거하였다. 이말정은 예빈시소윤을 역임하고 연성부원군을 추증받았는데 1400년경 김천 구성면 지품으로 내려와 터를 잡았고(김천 입향조 또는 지례 입향조) 후손들이 번성하여 인근 상원리 등지로 퍼져나갔다.

3. 어느 묘가 진혈인가?

*상원리 가족묘지에는 이말정부부와 후손 등 10여 기가 있다. 부인 한 씨의 묘는 지나던 스님이 잡아주면서 3년 뒤 큰 인물이 나기 시작할 것이라 예언했는데 3년 뒤부터 다섯 아들이 모두 과거에 급제하였다.(스님이 잡아준 묘소가 이말정 묘라는 간산기도 있으나 부인 한씨 묘를 이장해왔다는 말이 없으니 한씨 묘가 맞다) 이말정은 부인 死後 15년이 지나서 사망하여 부인 뒤에 안장하였고 30m 뒤에 후손들 묘가 있다.

문제는 이말정 묘를 부인 묘와 가깝게 쓰는 바람에 비석을 아래에 있는 부인 묘에 세웠고 비문에 考上妣下(아버지는 위에 있고 어머니는 아래에 있다)라고 기재했다. 그런데 사람들은 비석에 큰 글자로 쓰여있는 이말정이란 기재에 홀려서 고상비하라는 작은 글씨를 못 보는 탓에 비석있는 묘가 이말정의 묘라고 오인하고 있다.(종손의 말이다)

*가족묘의 분포도

사진출처 : 카카오맵 스카이뷰(https://map.kakao.com)

* 금채낙지의 구조도

* 금채낙지의 大局-- 금환낙지 또는 금채낙지는 옥녀가 단장을 하기 위하여 금가락지 또는 금비녀를 내려놓은 곳의 모습이다. 옥녀, 거울, 빗이 있어야 제격이다. 옥녀가 단장하는 것은 낭군을 만나기 위함이므로 멀리서 옥녀를 만나러 오는 선인이 있어야 금상첨화가 된다.

사진출처 : 카카오맵 스카이뷰(https://map.kakao.com)

＊금채 몸통

＊금비녀에 쓴 묘-- 이석조, 한씨, 이말정

 이말정 부부묘는 당판이 좁고 강기가 뭉쳐 있는 두뇌(氣탱크)이며 바람을 염려해야 된다. 그 아래에 있는 이석조 묘는 두뇌로부터 기운을 내려받아 순화되고 당판도 풍후하여 안정적이다. 그러므로 이 곳 중국(中局)에서 진혈은 이석조 묘이고 한씨부인 묘는 차혈이며 이말정 묘는 평범하고 그 뒤에 있는 후손들 묘 역시 모두 평범하다.

* 선인 모습

* 옥녀와 금채

4. 발복에 관하여

* 이말정 가계는 다섯 아들이 과거에 급제하고 모두 고위직에 오르면서 그 자식들이 번창하였다. 그러므로 五子등극이 폭풍 성장의 시발점이라 하겠는데 그 발복처를 이말정 부부에서 찾는 것은 무리라 생각된다. 우선 한씨부인 묘는 지나가던 스님이 잡아준 것이고 3년 내 발복한다고 예언한 것이라 한다. 그러나 재물발복은 속발이 가능하지만 인물이 배출되는 것은 손자 이후로 본다. 실제 사례도 그러할 뿐만 아니라 인물로 성장할 인

재를 먼저 출산해 두어야 하기 때문이다. 한씨 장 후 3년만에 다섯 자식이 과거에 급제하였다면 죽기전에 인재 다섯 명을 이미 출산해 두었다는 말이 된다. 그런 인재를 놓는다는 것은 대단한 발복이므로 조부쯤에서 발복처를 찾아야 될 것이다.

 이말정 묘는 부인 묘의 上下 어디에 있든 발복처가 될 수 없다. 왜냐하면 이말정은 한씨부인 사후 15년 뒤에 죽었으니 다섯 아들이 모두 출세한 것을 보고 죽은 것이다. 4남 이숙기가 무과에 급제한 것은 24세인 1453년임에 대하여 이말정이 사망한 시기는 8년 뒤인 1461년이다. 물론 생시에 자식들 교육을 잘 시킨 것을 발복원인으로 볼 수 있겠으나(연안이씨들은 다른 성씨보다 자식교육열이 높은 것을 자랑한다) 풍수논리는 아니다.

 * 이말정의 다섯 아들(성균관직장 이숙황, 지평 이숙형, 감찰 이숙국, 정양공 이숙기, 이조참판 이숙감) 중 가장 고위직에 오른 이는 4남 정양공 이숙기(1429~1489, 형조 호조판서)이다. 다른 형제들이 문과에 급제하였는데 그는 무과에 급제하고 이시애난을 평정할 때의 공헌으로 연안군에 봉해졌고 용인 완장천로 288-11에 있는 그의 묘가 명묘라고 한다. 다만 그의 장남 이세범은 아들이 없어 삼촌 이형례의 아들 이국주가 양자로 들어가서 번창하였다. 양자발복에 관하여 종래의 동기감응설은 부정한다.

 * 정양공의 2남 이세칙은 상원리 원터 마을을 개척하여 상원리 입향조가 되었는데 그의 묘는 실전하고 이곳 집장지에 초혼장이 있다. 이말정의 장남 이숙황은 군위로 이주하는데 그의 2남 교수 이형례계(系)가 번창함에 따라는 이형례가 군위 입향조가 되었고 그의 묘는 군위읍 외량리 오지산에 있는데 명묘라고 한다.

 * 결론을 말하자면 이말정의 선조 중에 발복처가 있을 것이고 이말종 묘역중에는 이석조 묘가 진혈이며 후손들이 번져가면서 각기 명혈을 씀에 따라 선조 묘와 협력하여 발복역량을 발휘하였다고 본다.

5. 설화

　임란 때 이여송이 조선에서 인물나는 것을 방지하기 위하여 압록강 교량을 명당 묘의 곽으로 건설하도록 요구했는데 이말종 묘는 상부에 후손 묘를 섰으므로 명당이 아니라고 판단되어 파묘를 면했다고 한다. 그러나 아래와 같은 이유로 이 설화는 거짓이다. 임란 때 왜적이 전국을 휩쓸고 다녔으므로 명당묘의 곽을 수집할 행정력이 없었다. 이말정 묘는 130년이 경과하여 곽이 썩어 교량건설에 쓸 재목을 얻을 수 없으므로 파묘대상이 될 수 없다. 이여송의 풍수참모 두사충은 전국의 명당을 찾아 비결을 남겼을 뿐 명혈을 훼손하지 않았다.(2023.9.)

경북 상주시 안동권씨 권민수 묘와 권찬 묘 (잉어명당과 베틀명당) 외 채수 묘

1. 권민수와 관련 묘

　* 안동권씨 검교대장군파 권민수(1466~1517)는 세조와 중종 때 대사헌 동지중추부사를 역임하고 충청관찰사로 재임중 병사하여 고향인 율곡리 산67-1에 묻혔다. 사람들은 이 묘를 조선 100대 명당이라 한다.

　* 율곡리에는 권민수 아들 좌찬성 권찬(율곡리 373)의 묘가 있고 산 넘어에 동생 교리 권달수(산71, 난재제실 뒤)의 묘가 있으며 산70-1에 권민수 일족이 속한 고려 검교대장군파 시조 권척(權倜, 1171~1197, 묘 실전)의 제단이 설치되어 있다. 권민수 묘의 상석 글자를 세로(縱)로 읽어야 되는데 가로(橫)로 잘못 읽는 바람에 권찬도로 알고 있는 사람이 많다.

2. 권민수 묘

* 권민수 묘의 주산은 속리산에서 소조 국사봉을 거쳐서 온 숭덕산이다. 숭덕산은 회룡고조로 개장하면서 중출맥에 높은 유등(乳嶝)을 만들고 계좌정향으로 결혈되었다. 다수가 잉어명당이라 한다. 잉어같이 보이지 않는데 왜 잉어라고 하는가? 설화에 의하면 지관(무학이라는 말도 있으나 무학은 1405년 졸하였다)이 천광(시신을 묻을 구덩이)을 깊이 파지 말라고 신신 당부했는데 상주가 불안하여 깊게 파서 내려가자 잉어가 튀어나와 밑에 있는 연못에 들어갔다. 못을 뒤져 잉어를 잡으려 했으나 실패하고 그대로 묘를 썼다. 파혈된 줄 알았는데 그래도 8대를 벼슬살이 했다. 즉 물형이 잉어라하기 보다는 잉어가 나왔다는 유래에서 붙인 이름이다. 주산에서 길게 내려온 몸체하며 조안산이 훌륭한 점으로 보아 비룡등공형이 어떨까? 지금도 밑에 못이 있는데 못을 메우니 농사가 흉작이 되어 다시 복구하였더니 풍작이 되었다고 한다.

* 숭덕산 개장

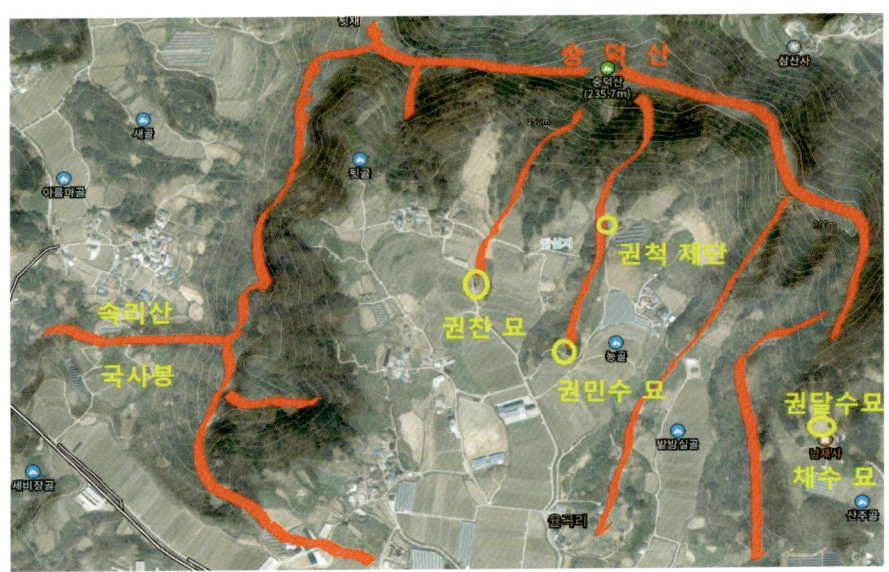

사진출처 : 카카오맵 스카이뷰(https://map.kakao.com)

＊권민수 묘역 모습

＊권민수 조안산-- 좌우가 낮고 묘소의 토질이 거칠며 조안산이 멀다는 점을 들어 대혈은 아니라는 견해도 있다.

3. 권찬의 묘

＊권찬은 권민수의 장남으로 이조판서를 역임했다. 전순 앞쪽이 약간 솟아서 권찬 묘는 자기안(自己案)을 삼았는데 그 곳에 아들 묘를 쓰게 되어 아들 묘의 봉분이 자기안을 확실히 만들어 주었다. 아들이 효자역할을 하는 것이다. 흔히 베틀형이라 하나 잉어처럼 보이고 잉어형이라는 권민수 묘는 베틀로 보인다.

* 권찬의 묘역

사진출처 : 카카오맵 스카이뷰(https://map.kakao.com)

4. 인천채씨(仁川蔡氏) 채수(蔡壽)와 권달수 묘

* 채수(1449~1515)는 형조판서를 역임했고 중종반정에 공헌하여 인천군에 봉해졌다. 퇴직 후 함창에 내려와 선비생활을 하였다. 부부 묘와 재사는 율곡리 산71에 있고 묘 입구에 1517년 세운 신도비가 있다. 교리 권달수(권민수의 동생) 묘는 채수부부 묘 위에 있는데 벌 명당이라 한다. 권달수가 무후하자 권민수가 차남 권소(안동부사)를 양자로 입양시켰다. 종래 견해는 양부와 양자 사이에는 동기감응이 없어서 발복이 없다고 한다.

* 이 국세는 숭덕산의 좌측 배면이므로 동네길지 이상의 혈은 없다.

5. 발복에 관하여

권민수의 고조, 증조(권희, 서천군수를 지내고 상주 입향조, 화심혈 명당에 썼다고 한다. 失傳?), 조부, 부(권임)까지 벼슬을 하였고 권민수 이후 8대까지 관직을 차지하였다고 한다. 권민수의 묘는 중상, 권찬의 묘는 중중이다. 권민수의 가문이 십수대에 걸쳐 권세를 쥘 수 있었던 것은 이 묘 외에 여러 음양택의 도움이 있었다고 본다.(2023.9.)

경북 상주시 진주정씨 우복 정경세 묘
(두사충 소점, 조선 100대 명당)

1. 진주(진양) 정씨

진주정씨는 신라촌장 지백호가 원시조인데 이후 계대(系代)를 실전하고 정예, 정자우, 정장, 정현을 각기 시조로 하는 4개의 계통이 있다. 고려 때 번성하였으나 세조 이래 사화를 당하여 몰락하고 임란 무렵 정경세, 정기룡 등의 활약으로 재기하게 되었다. 두 위인은 모두 상주지역에서 의병과 관군으로 공을 세웠는데 정경세(13세손)는 정현의 후손이고 정기룡 장군(15세손)은 정자우의 후손이다. 인구는 32만 명(2015년).

2. 우복 정경세

진주정씨 상주입향조는 판의부사 정의생(어사공파 파조 정택의 아들)이고 우복 정경세(1563~1633)는 그의 9세손이다. 우복선생은 23세로 선조 때에 문과급제를 한 수재이고 임란 때 의병을 모집하여 활약하였고 난중에 어머니와 동생을 잃었다. 광해군에게 만언소(萬言疏)를 올려서 간언하다가 파직당하였다. 인조반정으로 복권되어 대제학 이조판서 경상관찰사 등을 역임하였고 지방관에 있을 때에는 선정과 청백리로 칭송받았다. 유성룡의 수제자로 김장생과 쌍벽을 이루는 예학의 거두였다.

3. 우복종택(상주 우산리193-2)

선생은 38세 때 고향에 내려와 주택(계정)을 짓고 살았는데 선생 사후 영조가 선생의 선조와 인조 때의 공을 치하하여 1750년경 계정을 중심으로 남북 10리와 동서 5리를 하사하였고(일대를 우복동천이라 한다) 선생의 5대손 정주원이 종택을 지어서 대대로 내려온다.(국가민속문화재지정 사유 참조) 4명의 문과 급제자가 배출되었다. 선생이 우산천 주변의 절경을 노래한 우곡잡영이십절(愚谷雜詠二十節)이 유명하다.

*우복종택-- 400년간 후손들이 이어온 집이니 명당임에 틀림이 없다.

4. 우복 정경세 묘(상주 부곡리 산53-1)

*속리산에서 온 용은 상주 공검면에서 국사봉을 세웠다. 노기를 풀면서 들판으로 내려와 넓게 개장하고 왼쪽 출맥에서 와(窩)로 혈장을 만들었다. 국세의 중심이고 기운이 후덕하게 뭉쳤다. 물형은 소쿠리형이고 거부지지이겠으나 안산 방향에서 거북이 찾아오니 귀(貴)하기도 하다. 문중에서 두 사충 소점이라 하는데 과연 명사의 소점이다. 중상급의 대혈로 조선 100대 명당에 해당한다.

* 첫 부인 전의이씨가 소생없이 28세로 요절하고(첫 부인과 6~9세조들의 묘는 송지리산 13-2에 집장) 두 번째 부인 진성이씨와 1587년 혼인하여 2남 2녀를 낳았다(서출 1남이 있다). 어머니와 동생을 임란에서 잃었고 장남 정심(鄭杺)은 대과에 급제하고 예문관검열로 임명되어 장래가 촉망되던 중 마마병으로 29세(1625년)에 1남1녀를 두고 요절하였다. 차남 정학은 26세에 후사 없이 요절하였다. 가정적인 어려움이 결인(結咽) 역할을 하여 후손이 번성을 얻을 수 있었던 것일까?(족보는 개미실사랑방, 풍수자료는 삽짝풍수 블로그가 유용하다.)

　* 이 곳은 소쿠리형인데 백호방에 있는 오른쪽 손잡이에 장남 묘를 쓰고 (문중기록에는 공검지 서쪽 묘향에 묘가 있다고 한다) 청룡방에 있는 왼쪽 손잡이에 차남을 썼다. 우복선생이 돌아가시기 전에 장차남 묘를 썼는데 (두사충은 1620년대 초 또는 1627년에 졸한 것으로 추정) 당시는 우복선생 자리는 비어있었을 것이다. 이런 대혈은 산신이 우복선생 몫으로 남겨두었던 것일까?(2024.5.)

　* 中大局-- 3단 개장 후 좌출맥에서 결혈

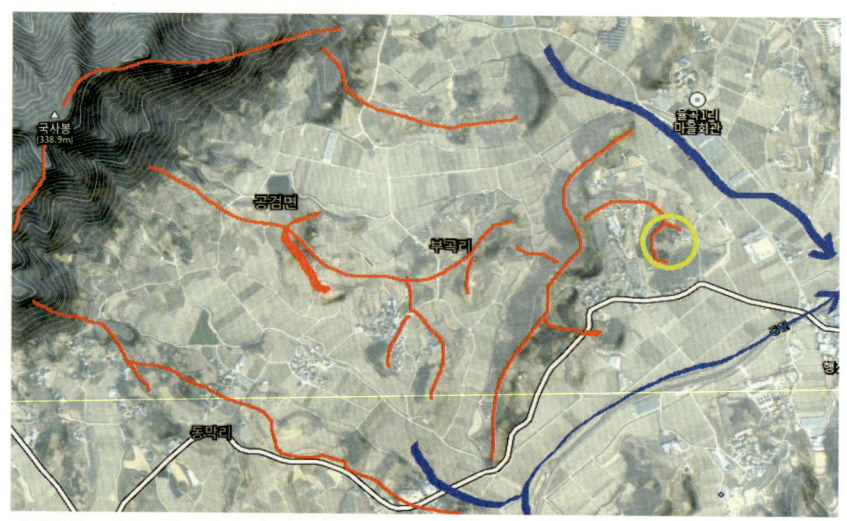

사진출처 : 카카오맵 스카이뷰(https://map.kakao.com)

* 뒤에서 본 전경-- 안산에서 거북이 찾아온다.

* 우복 소쿠리 터-- 입수가 거부지지의 양택처럼 두텁다. 아래에 天基가 있다.

경북 상주시 취은고택(360년 된 고택)과 여산송씨 묘(지창룡 소점)

1. 취은 고택(醉隱古宅)

* 상주 공성면 봉산리560에 여산송씨 취은 송덕부(宋德溥, 1603~1674)의 고택(경북문화재)이 있다. 여산송씨는 익산 여산면을 본관으로 하고 고려진사 송유익이 시조이고 4세손 송송례가 중흥조이다. 6세손 때 정가공파 등 5개파가 분파되고 인구는 30만명(2015년)이다.

* 정가공파의 파시조는 6세손 정가공 송서(宋瑞 1278~11353 공민왕 때 우정승)이고 11세손 송세휘(생몰불상, 상장)가 연산군때 사화를 피하여 상주 공성에 이주하여 입향조가 되었다. 송세휘의 손자가 13세손 송량(1534~1618, 문인)이고 그의 손자가 15세손 취은 송덕부이며 현재 27세손이 살고 있다. 송세휘는 상주 공성의 입향조이고 이 곳 골가실마을에 입주한 사람은 송덕부이다.

* 송세휘가 상주 공성으로 이주한 이래 그 후손 중에는 큰 벼슬을 한 사람이 없다. 송덕부 종손은 이 곳 고택을 근거로 살림에 전념하여 해방 무렵까지 2백 년 이상 만석꾼이었다. 6·25한국전쟁 때 장남 송주식이 32세 나이로 요절하고 농지개혁 때 문경까지 있었던 농지를 많이 잃었으나 청상과부가 된 벽진 이씨가 길에서 쇠똥을 주워 거름을 만들 정도로 근검절약하여 부흥하였다. 고택은 3천평의 대지를 차지하고 있으나 부러운 것은 이(李)여사의 2남 2녀가 모두 부유하고(2남 석환은 중견기업 회장이다) 서로 이웃해 살면서 고택을 잘 관리하고 있다는 점이다. 이보다 더 큰 명당에 있는 고택들이 폐허화되는 것을 보면 명당의 크고 작음이 문제가 아니다.

* 집주인은 일대가 연화부수형이라 알고 묘소에 상석을 놓지 않고 프라스틱판으로 대체하고 있었다. 풍수적으로는 큰 강변이나 논밭에 맺힌 혈

이 아니므로 행주형이 적합할 것 같고 거부들의 양택은 모두 행주형이다. 당판은 조금 솟아 있고 야무지지만 특히 자랑할 만한 사격이 없고 산들이 연약하여 중등중급에 못 미친다. 그러나 문제는 혈의 등급이 얼마나 크느냐가 아니고 그 위에 사는 사람들의 인성과 땅과의 인연이 얼마나 잘 조화로운가 하는 점이다.

2. 송주식(松柱植) 묘

* 필자는 평소에 유명한 풍수가 잡은 음양택은 어떠한가를 챙겨보고 있다. 마침 상주 봉산리 여산 송공 묘가 국풍 지창룡의 소점이라는 카페글을 읽고 지도를 탐색해보니 취은 고택이 뜨기에 고택을 찾아가 여러 이야기를 들을 수 있었다. 여산송씨 26세손 송주식(1919~1951)은 취은 고택의 주인으로 일본 중앙대 법대를 졸업하고 학병 거부운동을 하여 옥고를 치른 바 있고 해방 후 농림부 지도과장으로 재직하였다가 육이오 사변 때 흉사를 당하여 32세에 요절하였다. 당시 유명지관인 지창룡을 초빙하여 구산한 끝에 지금의 자리에 망인을 모셨고(초장지는 아니고 사후 몇 년이 지난 뒤에 이장하였다는 느낌을 받았다) 2006년경 부인 벽산이씨가 돌아가시자 합장하였다.

* 속리산-백학산 래룡(來龍)이다. 곡식 껍질을 걸러내고 알맹이만 남은 키의 속 같은 형상이다. 일원에서 제일 좋은 음택으로 지(池)국수의 안목이 돋보인다. 풍수학인의 시각에서 보면 입수와 당판은 좋으나 주산이 약하여 문(文)이나 권(權)은 보이지 않으므로 겨우 중등중급이다. 취은 가계의 10대에 걸친 부와 평안은 양택의 발복이고 송주식의 묘는 육이오 이후의 융성에 역할을 한 것이리라. 선조의 묘는 주변 산에 산재해 있다는데 국세를 볼 때 큰 명당이 생길 곳은 없다. 다만 집주인의 말에 의하면 지국수가 고조묘에 대하여 대명당이라 극찬하였다고 하더라. 정치적 찬사가

아니었나 생각한다.(2024.5.)

3. 관련 사진

*곰가실 마을 일원-- 동북방향이 터여 있으나 부근에서 제일 높은 서산이 막아준다.

사진출처 : 카카오맵 스카이뷰(https://map.kakao.com)

*취은 고택

*송주식 묘-- 정확하게 재혈된 듯 보이는데 천기룡으로 재어 보니 몇 걸음 뒤가 더 좋았다. 필자의 눈에는 간혹 기구로 재어 본 곳과 다른 경우가 있다.

*묘 뒤에서

* 고조 묘

경북 상주시 개운동 황영웅 선생 소점지

1. 황영웅 선생

선생님은 김영삼 전(前) 대통령(1929~2015) 묘지를 소점한 지관으로 유명하다. 상주 개운동 산105-2에 있는 묘소는 선생님이 2014년 지인의 부탁을 받고 청주와 상주 일원을 3일 간 답사하여 찾은 곳이라 한다. 선생님은 이 묘를 쓴 다음해에 유명해졌다.

2. 답사

 * 대국-- 속리산에서 출발한 용은 백학산을 거쳐 상주시가지를 전개하기 전에 할미산과 국수봉으로 넓게 개장하였다. 개장한 여러 줄기가 멈추어 과협을 만든 가운데 국수봉의 한줄기가 내려가 과협을 건너가서 첫 봉에서 나온 가지가 이 묘소를 만들고 간룡은 둘째 봉에서 2개의 가지로 분지하여 상주시가지와 청리면을 만들었다.

사진출처 : 카카오맵 스카이뷰(https://map.kakao.com)

* 중국-- 과협후 올라선 첫 봉에서 진행방향의 좌측으로 한 개의 가지가 뻗어서 과협으로 내려가 수구가 되었다. 묘소는 그 도중에 위치해 있다.

사진출처 :
카카오맵 스카이뷰
(https://map.kakao.com)

말하자면 이 산줄기는 과협을 보호하고 수구를 만드는 역할을 하는 것이고 음택혈을 만드는 것은 제 역할이 아닌 것이다. 이 줄기 뒤에서 상주시가지로 가던 산줄기가 이 줄기를 보호함과 아울러 과협처의 두 번째 수구가 되었다. 안산은 적당한 높이로 편안하고 청룡 끝에 있는 과협 건너 높은 산면이 유정하다.

 ＊소국-- 현무봉에서 판자처럼 편편한 한가닥이 내려왔고 그 끝에 미미한 와(窩)가 있던 곳을 정지하고 사성을 만든 다음 묘소를 썼다. 묘지에 생기가 내려 왔는가 여부는 혈처여부를 판단하는 결정적 요소가 되는데 이 곳에는 입수래룡에 생기가 거의 없다고 보인다. 그러나 안산을 비롯한 사격이 좋고 국세가 유정하므로 동네길지급은 된다. 요컨대 예쁘다고 말할 수 없지만 밉상은 아니라는 말이다.(2024.5.)

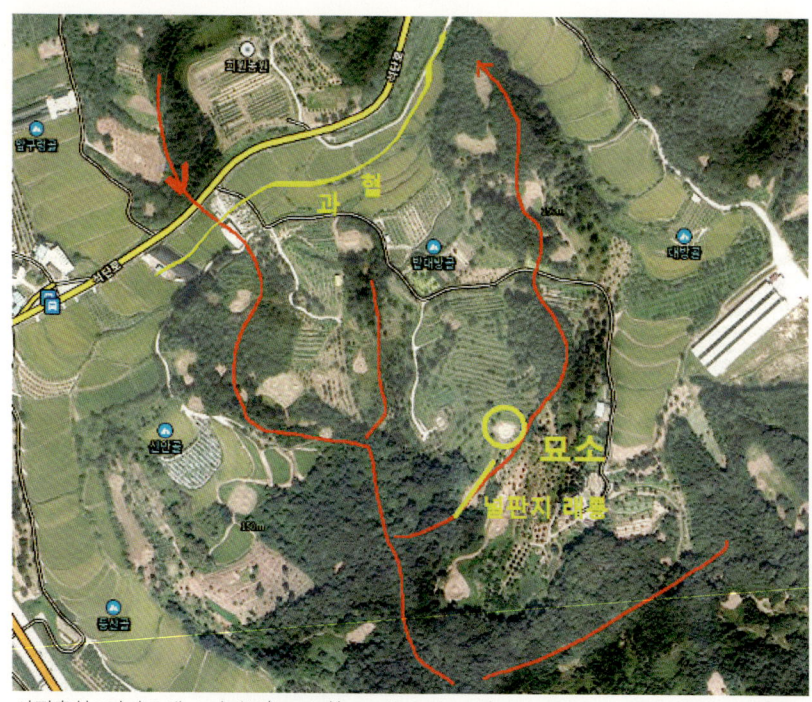

사진출처 : 카카오맵 스카이뷰(https://map.kakao.com)

경북 성주시 월곡리 명곡 완정고택
(성주 제일의 양택?, 두사충이 극찬한 곳)

1. 벽진이씨 집성촌 명곡

  * 벽진이씨 6세손 이실까지는 벽진 수촌(樹村)에 세거하였고 7세손 이방화(李芳華)가 고려 인종 때(1109~1146) 당(송나라?)풍수의 소점에 따라 홈실(홈실, 호음곡, 酉谷)마을로 이주하였는데 그의 고손 산화(山花, 시인으로도 유명한데 사람들이 그가 지은 산 꽃 시를 보고 山花라고 이름붙여 주었다) 이견간(李堅幹, 11세손)이 1317년 원나라에 사신으로 갔을 때 순황제가 홈실(虎音谷)을 명곡(椧谷, 물이 부족할 염려가 있으므로 물을 끌어 써라는 뜻)으로 개명(改名)해주었다. 원래 홈실(명곡)이란 월곡저수지 윗쪽에 있는 5개의 자연부락을 의미하였다. 현재 저수지 옆 산화공원에 명곡동천(椧谷洞天)이란 표지석이 있다.

  * 15세손 이건지의 5형제(이휘경의 아들이자 이방화의 8대손이다)가 크게 번성하여 숙질간에 8판서가 배출되자(1450~1500년경으로 추측) 여러 곳으로 뿔뿔이 흩어졌다. 큰집과 셋째는 칠곡으로, 넷째는 창녕으로, 다섯째는 밀양으로 이주하였다.

  * 2백년 뒤 21세손 浣亭 이언영(李彦英, 1568~1631, 임란의병장, 선산 도호부사)이 1622년 두사충을 대동하고 명곡을 탐사하였던 바, 두사충이 성주 제1의 명당이라 했다. 칠곡에 살던 산화 후손들이 이주하여 부흥했는데 특히 이언영은 7남 3녀를 두어 부흥의 기틀이 되었다. 중앙부처 과장급 이상이 50명이었다고 하며 박사 수십명이 배출되었다고 한다. 전체 약 60호가 있는데 50세대 이상이 벽진이씨로 추정되고 빈집이 상당히 많다. 현재 완정고택에는 公의 13세 종손이 거주하고 있다.

2. 명곡 지도

아래의 1~5가 사람이 사는 명곡동천이다. 1(신계)은 평범하다. 2(도산)는 문곡서원(월곡리600, 산화 이견간을 배향)이 있는 곳인데 봉소형의 명당이지만 국이 좁아서 현재 들어선 20여 호의 기와집으로 가득하고 확장할 여지가 없다. 3(이동인 듯?)은 물이 내려가 것이 보이지 않은 미와로 된 곳이 좋다. 4(내곡인 듯?)는 고려말 山花 후손이 살았던 곳이고 5(제남)는 임란 후 두사충이 잡아준 양택이다.(3. 4의 동네 이름은 틀릴 수 있다)

* 명곡동천(榆谷洞天)-- 동천은 산천으로 둘러싸인 아름다운 작은 동네를 말하는데 5개의 동천이 명곡(자연지명은 홈실)을 이루고 있다.

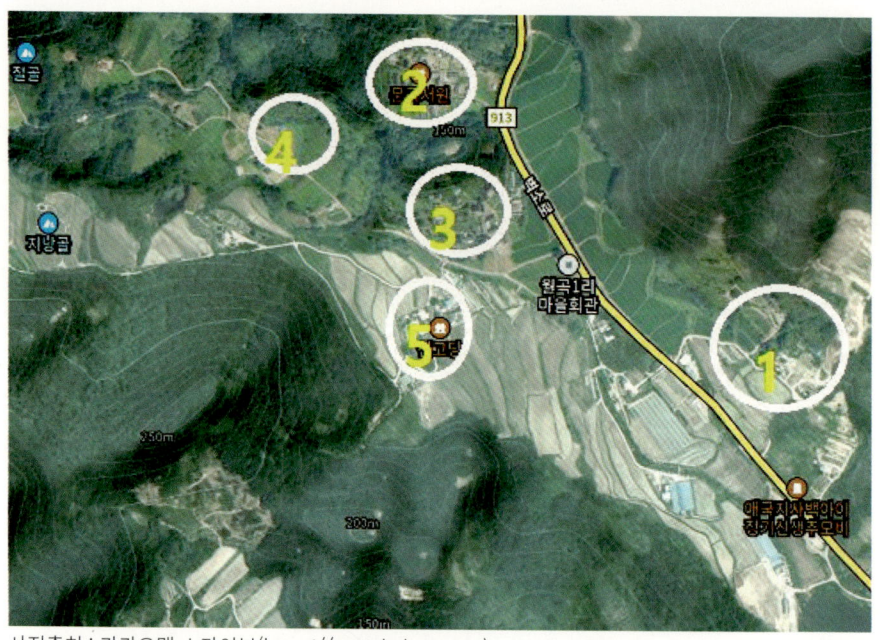

사진출처 : 카카오맵 스카이뷰(https://map.kakao.com)

＊표지석-- 월곡저수지 상단 길가에 있다.

3. 옛 명곡동네(지도표시 4, 내곡?)

＊7세손 이방화가 1100년대에 입향하였고 11세손 산화(山花) 이견간이 1317년 중국황제로부터 명곡이라는 지명을 하사받은 이래 유명해졌고 15세손 때 8판서가 배출된 다음 1400년대 말경 동네를 떠났다. 살던 마을 떠난 이유에 대하여, 입향조 이방화가 풍수의 말에 따라 자손이 크게 번성하면 떠나라고 유언하였기 때문이라 하나 계곡물이 범람하여 마을이 폐허가 되었으므로 부득이 이주하였다는 의견이 다수설이다.

＊지도 표시4를 보면 계곡이 깊고 경사가 진 반면에 언덕은 높아서 물이 범람할 지형이 아니다. 다만 홍수 때 거센 물살이 계곡을 깊이 파고 내려가서 마을 통행이 어렵게 되었을 것이다. 무엇보다도 내곡의 당판은 아래쪽으로 경사가 지거나 골 바람을 맞는 지형이므로 길지가 아니다. 임란 이후부터 지금까지 약 450년 간 비어 있었다고 보인다. 지금 내곡 일원에는 주택 3가구가 있는데 두 집은 농사집으로 사람이 살고 있으나 한 집은 전원주택인데 폐가가 되어가더라. 무엇인가 매력없는 점이 있다는 말이 된다.

* 내곡의 지형

사진출처 : 카카오맵 스카이뷰(https://map.kakao.com)

4. 제남(완정 고택과 정언 고택, 월곡리 809와 806)

* 건지 5형제가 1500년경 내곡을 떠난 뒤 이언영이 1622년경 두사충을 대동하고 제남 완정고택 터를 잡은 사실은 기록이 있는 것 같다. 이에 관하여 어떤 블로그의 글을 인용한다(감사합니다)

> 벽리(碧李)가 명곡을 떠난 뒤 문화유씨(文化柳氏)가 입거(入居)하여 6형제가 모두 수만석부자가 되었다고 하며 지금도 그 유적이 남아 있다. 유씨 이후에는 야성송씨가 살았다. 임술년(1622년 광해14년) 정월에 완정 이언영(李彦英,1568~1639) 모암(慕巖) 이충민(李忠民, 1588~1673) 양공(兩公)이 술사(術士)두사충(杜思忠)을 대동하고 산화선생고기(山花先生故基)인 명곡(榠谷)을 방문했는데 두(杜)씨가 동네 입구에서 재배(再拜)하면서 "이 곳은 횡기(橫旗)가 앞에 펄럭이고 있는 장군패검형(將軍佩劍形)으로 실로 희귀한 명당이다"하면서 성주의 5 명기(名基)중 마땅히 제1이라 했다.

그러나 유씨 6형제가 수만 석의 부자로 살았다는 말은 믿기 어렵다. 유씨와 송씨가 부유하게 살았다면 왜 흔적없이 사라졌는가?

＊장군패검형-- 앞산 봉악산은 장군검이고 담장뒤는 장군대좌라는 견해도 있다.

사진출처 : 카카오맵 스카이뷰(https://map.kakao.com)

＊혈장

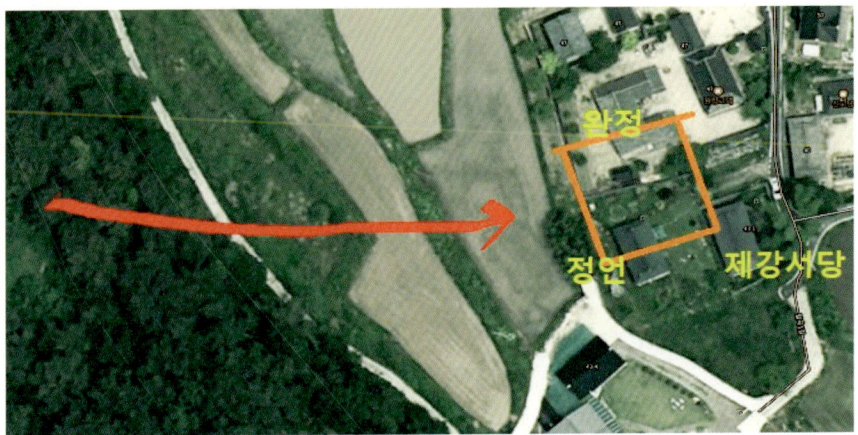

사진출처 : 카카오맵 스카이뷰(https://map.kakao.com)

*완정과 정언고택--정언고택이 혈장을 많이 점하고 있고 완정고택은 주거용 건물 일부가 혈장을 점하였다. 그런데 건물규모를 보면 완정고택이 몇 배로 크다. 제강서당은 정언고택에서 관리하는 것 같은데 전성시에는 학생이 백명에 이르렀다고 한다. 그러나 최근 정언공의 종손이 돌아가시고 빈집이 되었다. 도산마을 문곡서원 옆에도 서당이 있다.

5. 결론

*1(신계), 3(이동)은 길지급이고 2(도산)는 국이 좁아 초등명당 4(내곡)은 평범하고 5(제남, 완정과 정언고택)은 중등중급명당이다. 다시 말하면 성주제1의 양택이라 할 수 없다. 그런데 발복을 보면 중견 관리와 문인이 많이 배출되어서(정승집이 없으므로 솟을 대문집은 없다) 성주 제1의 양택이라 할 수 있다. 발복은 중등상급 수준이다. 명석한 머리와 교육열이 명당의 등급을 뛰어넘은 것이다. 작은 산골에 서당이 두 개나 있고 며느리를 볼 때는 학교성적을 본다고 한다. 참고로 성주 5대 명당이란 수륜리 윤동마을, 칠봉리 사도실, 오도리 오도마을, 칠곡창평 웃갓마을을 말한다.(2024.6.)

경북 성주시 성주이씨 중시조 이장경 묘(백대명당)와 도은 이숭인 묘(천년향화지)

1. 성주이씨(星州李氏) 이장경(李長庚)

* 성주이씨는 신라 경순왕 때(927~935) 재상을 지낸 이순유(李純由)가 시조이고 인구는 20만 명(2015년)이다. 이순유는 신라가 망하자 성주읍 경산리에 은거하였던 연유로 성주는 그 후손들의 집성지가 되었다. 12세손 이장경(생몰불명이나 고려 고종 때 즉, 1200년경)이 5남(이름을 특이하게 백년, 천년, 만년, 억년, 조년으로 지었다)을 두었는데 모두 과거에 급제하고 문장가가 된 이래 후손이 번창함으로써 이장경은 중시조가 되었다. 명나라 장군 이여송이 성주이씨이고 이순자 여사가 이조년의 후손이다.

* 이장경 묘는 원래 성주 월항리 세종왕자 태실(18명의 왕자와 단종)자리에 있었는데 태실자리를 조성(1438~1442)하면서 성주 대가면 옥화리 산2로 이장하고 사패지로 받았다.

* 답사한 즉, 덕유산에서 나온 수도산이 태조이고 삼방산-임속산-적산이 중조산이다. 주산인 삼봉이 나래를 펴고 중출맥이 목을 내밀어 봉두를 만들었는데 혈은 봉정에 있다. 안산도 3첩안이고 백호방 끝에 먼 조산이 상당히 높고 험하여 권세도 있겠다. 당시 부인 묘를 위에 모시는 풍속이 있었는데 남편 묘를 정확히 혈처에 모시고 부인 묘를 아래에 모셨다. 규모는 작지만 봉정으로 중상급 대혈이다. 옆에 오현재를 상당히 큰 규모로 지었고 시조 이순유 묘를 실전하고 단소로 모셨다. 세종왕자 태실처는 백대명당이라 할 만큼 대혈이지만 묘가 아닌 태실이므로 발복처는 될 수 없다. 이 자리는 태실처 못지 않게 좋게 보인다. 작은 봉정이므로 석물을 치장한다면 봉두가 꺾어질 것이다. 묘를 조성한 역사적 연유가 있고 중시조라는

발복이 있으며 후손들이 잘 가꾸고 있으므로 지방 문화재로 대접할 가치가 있다. 오현재도 개방하였으면 좋겠다.

* 이장경 묘소

* 이장경 묘 안산

2. 성주이씨 이숭인 묘

　＊도은(陶隱) 이숭인(李崇仁 1347~1392)은 이장경의 4세손(이백년의 증손자)으로 고려 후기의 대표적 문인이다. 목은 이색, 포은 정몽주, 야은 길재와 더불어 고려 四隱 중 한 사람이고 대제학을 역임하였으나 정쟁에 휘말려 곤장 백대를 맞고 졸했다.

　＊성주 용암 본리리 산7-1(길조암 위) 높은 곳에 있다. 진입도로를 집 앞 길 같이 깨끗이 쓸고 닦아 놓았더라. 높은 곳에 있어서 멀리 조산도 보이고 내명당도 수구에 못이 있고 좋았다. 명혈처럼 보였으나 기운이 없었다. 그 이유는 돌(突)처럼 생겼는데 전순이 바위로 받쳐주지 않고 하수사도 없어서 기운이 모이지 않기 때문으로 보인다. 그러나 다른 곳에서 발복받은 후손들이 잊지 않고 향화를 바치는 천년향화지지이다(2024.4.)

경북 성주시 월항면 인촌리 산8 세종왕자 태실

　세종 20년(1438년)부터 4년간 건립하였고 태19기가 안봉되어 있다. 사람들이 명당이라 하여 많이 찾는다. 영암산을 소조산으로 하여 선석산에서 중출맥이 가느다랗게 길게 끌면서 오다가(月航) 홀연히 옆으로 옮겨 올라섰다. 보름달이 구름 위로 오르는 듯하다. 원래는 금반혈처럼 생겼던 것을 뒤쪽을 깎아 기다랗게 옆으로 가로질러 단상처럼 조성하고 19기를 모신 것으로 추정된다. 등급이 의미없지만 재미로 매겨보면 중등상급 (2018.4)

성주시 청주정씨 한강(寒岡) 정구(鄭逑)의 묘

* 정구(1543~1620)는 강원도 관찰사 형조참판 대사헌을 역임하였고 임란 때 공이 있었다. 학자요 문인으로 여러 방면에 박학하였으며 풍수지리에도 밝았다고 한다. 성주의 경치 좋은 곳 9경을 노래한 무흘구곡이 유명한데 제자를 가르치던 회원서원에 돌비를 세워 관광재료로 삼고 있다.

* 아버지 정사춘이 성주이씨에게 장가들어 성주에 정착하였고 둘째 형 정곤수가 예조판서 좌찬성을 역임하고 충익공의 시호를 받아 정구보다 벼슬이 높았다. 출생지인 성주군 수륜면 수성리 854에 한강 종택이 있고 그 위(수성리 산6)에 부모와 형님 묘가 있다. 종택과 부모 형님 묘는 동네 길지금.

* 정구의 묘는 고향 뒷산에 부인 이씨와 합장하였다가 1663년 성주 금산리 산57-17에 이장하였다. 입수까지 잘 와서 길게 장유로 전개했다. 외형상 혈이 될 것 같았으나 이상하게도 산만하고 생기가 부족했다. 아래에 한강의 6대 종손 정위부부 쌍분이 있는데 그 뒤에 은은하게 사성을 두르고 태극훈이 생겨있다. 초급 명당이다. 한강 묘는 당판이 원만하고 앞이 시원하여 천년향화지지이다. 직접 세속적인 발복을 부여하지 않으나 다른 곳에서 발복받은 후손이 향을 바치는 곳이다. 공부감이다.(2024.4.)

경북 안동시 북후면 물한리 산70-1 이정(李禎) 묘
(퇴계의 선조, 과대평가?)

*많은 사람들이 진성(眞城)이씨 중흥조이고 퇴계의 증조부로서 퇴계의 발복처로 보고 100대명혈 심지어 조선8대혈 운운 한다. 답사한 바 혈 뒤

에 뭉친 도두(倒頭또는 頭腦, 입수하기 전 두툼한 곳. 보통 월아 꼭지 뒷부분) 일절(一節)은 상당히 좋고 도두에 묵뫼 1기가 있다. 이정 묘보다 먼저 들어온 묘로 짐작된다. 그러나 도두 일절은 기(氣)탱크 역할을 하는 것이고 혈처는 그 아래에 있으므로 묵뫼가 된 것이다. 풍수속담에 도두 일절은 버려야 된다는 말이 있다.

  * 약도-- 간산기에 이 묘의 소재지를 물한리96-1로 적은 것이 많은데 오류이다. 기룡혈이라고 하나 당판이 칼날같이 좁은 산등에 있으므로 고달프다. 이정 묘 아래에 조모 묘와 이희열 묘가 있으나 평범하다. 이정(4세손)은 세종 때 여진족 정벌의 공이 있다. 3남을 두어 모두 번성하였다고 하므로 발복처를 찾으려면 이정의 윗대 또는 후대(퇴계는 7세손이므로 5세, 6세손)를 찾아보아야 될 것 같다. 이정을 위한 묘재사로 1480년(성종 11년)에 건축한 가창재사가 있고 다른 곳에 있던 고려 후기 문신 이자수를 기리기 위한 작산정사를 옮겨왔다. 이정 또는 그 아래 묘에 대하여 명혈 운운하는 것은 이해하기 어렵다. 입수하나만 힘차니 한번 발복하고 그치는 혈이다. 중등초급. 안동 온혜리604 퇴계태실을 발복처로 보아야 된다.(2023.8.)

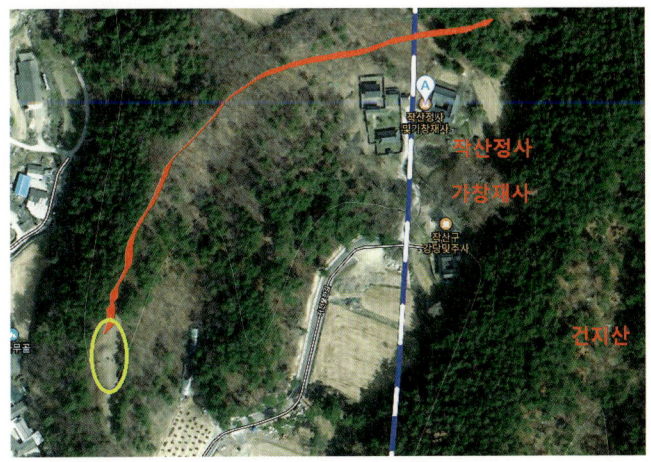

사진출처 : 카카오맵 스카이뷰(https://map.kakao.com)

안동시 풍산읍 양소당과 김계권 묘
(대청마루에 누워서 조정을 좌우하다)

1. 양소당(안동시 풍산읍 소산리 218, 안동김씨 종택)

* 성종 때 양소당(養素堂) 김영수(金永銖, 1446~1502)가 지었다. 안동김씨 김삼근(1419~1465)이 1420년경 소산리에 들어와 집성촌을 이루었고 그의 아들이 김계권, 손자가 김영수이다. 김영수는 무예가 출중하였고 의금부 도사, 영천군수 등을 역임하였고 김번(1479~1544, 평양부서윤)의 아버지이다.

* 김번은 손자대에 김상헌이 척화파로 심양에 끌려가 고생을 하였고 그 후손들이 조선 후기에 세도정치를 하여 망국을 촉진하였다는 비난을 받게 된다. 사람들은 남양주 와부읍에 있는 김번의 묘를 옥호저수형의 명당으로 후손 발복지로 보고 소산리 음양택은 소홀히 한다. 그러나 김번은 양소당에서 태어나고 성장하여 처가동네인 와부읍으로 이사갔다. 한편 김번의 조부 김계권의 묘는 종택 뒷산 너머에 있는데 중등상급의 명혈이다. 양택의 발복으로 김번이 태어나고 종택으로 사용되는 동안 발복이 계속되었을 것이고 음택의 발복은 최소한 6~7대까지 영향력이 있었을 것이다.

2. 학조대사의 소점

* 김계권(1410~~1458)은 5남을 두었는데 그 중 장남이 학조대사(속명은 영형, 1431~1514)이고 다섯째 아들이 김영수이다. 대사는 세조 때 국풍으로 임금의 신뢰를 받았는데 유교사상에 젖은 선비들로부터 요승이라는 비난도 받았으나 훈민정음으로 불경을 번역하는 등 훈민정음 보급에 공이 크다. 학조대사는 27세 때에 김계권의 묘를 소점하였고, 김영수에게 양소당, 김번에게 옥호저수와 장동 가옥을 점지해주었는데 모두 명혈이

고 후세에 신안동파라는 명문거족을 결성하고 세도정치를 하는 풍수적 기틀이 되었다. 학조가 소점하지 아니한 후세의 여러 묘 중에는 김달행의 묘 하나만이 명혈이다.

  * 양소당과 김계권 묘-- 학가산-보문산-대봉산-검무산을 거쳐 래룡(來龍)한 안동의 진산 학가산의 말락지이다.

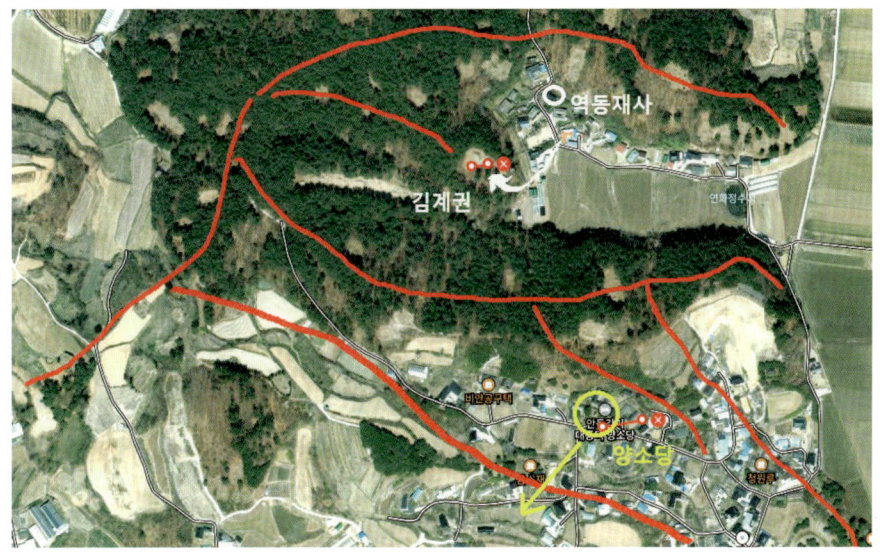

사진출처 : 카카오맵 스카이뷰(https://map.kakao.com)

  * 양소당 정면에서

* 입수바위

* 옆에서-- 본채 마루끝과 마당 일부

　* 김계권 묘는 창평(蒼萍, 푸른개구리 밥)부수형(浮水形)이라고 하나 묘역에 올라가면 장군등단형이라 해도 좋을 정도로 당당하다. 김계권은 일찍 서울로 올라가 서울에서 죽었다. 원래 역참자리인 것을 학조대사가 세조에게 아뢰어 허가를 받았다고 한다. 그래서 역골길이란 지번이 붙여졌다.

* 안산과 조산(朝山) 사격

* 김계권 묘는 교과서적 명당이므로 누구나 찾을 수 있으나 양소당 터는 신안이 아니면 찾기 어렵다. 내 정도의 눈에는 보이지 않는 상등중급의 대(大) 명당이다. 탄식하고 있자 의산이 옆에서 이 마을에 살면서 지나다니면 찾을 수 있지 않겠는가 하고 위로를 하더라. 마을이 연화부수라고 하니까 양소당은 연실(蓮實,연밥)이 아닐까? 대청벽에는 후손들과 그들이 차지한 벼슬을 가득 써서 도매를 해 놓았더라. 양소당 대청에 누워서 조정을 좌지우지하였던 것이다. 그러나 세도정치가 무슨 자랑거리인가?(2023.8.)

경북 안동시 서후면 금계리 학봉 김성일 종택

* 학봉 김성일(金誠一. 1538~1593)은 퇴계의 제자로 동인(東人)이다. 1582년 처가가 있는 이곳 금계리 855로 집을 지어 이사왔다.
* 학봉은 1590.3. 풍신수길이 조선을 침략할 의도가 있는지 정세를 살피기 위하여 통신사 부사로 정사 황윤길과 함께 일본에 가서 11월 풍신수길

을 만나고 1591.2. 부산에 귀항하였다. 귀국 보고를 함에 있어 황윤길(西人)은 왜군이 반드시 침범한다고 함에 대하여, 학봉(東人)은 풍신수길은 쥐 새끼같이 생겨서 두려워할 존재가 아니고 침략할 위인이 못된다고 하였다. 일설에 의하면 풍신수길은 맨발에 전립 쓰고 아기를 안고 통신사일행을 맞이하였다고 한다. 류성룡도 같은 동인인 학봉을 편들고 당시 사대부들도 전쟁을 꺼려하던 터이라 학봉의 의견이 수용되었다. 그런데 1년이 안 되어 왜구가 임란을 일으켰는데 학봉은 왜구가 침범할 태세라고 보고하면 민심이 혼란에 빠질 것을 염려하여 거짓 보고를 하였다고 변명하였다. 풍신수길에게 속았다면 무능이고 당파 감정에 허위 보고를 하였다면 만고의 죄인이다. 왜군은 한달만에 서울에 무혈입성하였고 백성 2백만 명이 죽었으니 민심동요를 겁내어 거짓 보고를 하였다는 것은 말이 안 된다. 왜군이 부산에 상륙하자 다행히 학봉은 경상우도관찰사를 임명받아 민심을 수습하고 의병장과 관군을 격려하여 진주대첩을 일구었으나 3차 진주성 싸움을 앞두고 아들과 함께 역질로 병사하였다. 당시 전쟁 없기를 바라던 사대부와 무능한 선조의 죄가 크지만 당파 폐단에 휩싸인 학봉도 적지 않은 책임이 있다.

* 학봉의 묘는 안동 와룡면 서지리 산75-3에 있는데 잔산(殘山)같아서 답사지 않았다. 학봉의 후손들이 목숨을 걸고 항일 독립운동을 함으로써 학봉의 죄과를 다소나마 씻어준다.(2023.8.)

경북 영덕군 괴시리 외 2개 마을
(종택과 고택이 즐비한 양택마을)

* 위성 지도상으로 ①영덕군 괴시리에 고택8, 종택1개 ②원구리에 고택1, 종택1개 ③인량리에 종택2, 당 3개가 뜬다. 2km 거리에 이렇게 많은 양택이 있는 경우는 드물다. 모두 후손들이 현재 거주하고 있고 생기가 넘치며 관광객이 드문드문 찾아온다.

* 괴시리 마을은 영남남씨들 집성촌인데 기와집 고택이 가득하고 전통마을로 가꾸어 놓았다. 거창 황산마을, 보성 오봉마을, 아산 외암마을과 비슷하지만 풍수상 안산이 없고 특이하다. 남씨괴시댁 종택이 볼 만하다.

* 원구리에 있는 밀양박씨의 경수당종택은 애국의 역사가 있는 집인데 중상급 명당이다.

* 인량리 충효당은 권씨들 종택인데 중상급 명당이고, 선산(일선)김씨들의 용암종택은 뒷집에도 생기가 있더라.(2024.5.)

경북 예천군 도장리 정사 묘
(조선8대 명당인가? 3국을 다 보아야 된다)

1. 동래정씨 정사(鄭賜, 1400 정종2년~1453 단종1년)

정사는 동래정씨 13세손으로 과거에 급제하고 예문관직제학을 거쳐 진주목사를 역임했다. 후손이 번성하여 동래정씨의 핵심적 계파인 직제학공파의 파시조가 되었다. 동래정씨는 정승 17명을 배출했는데, 정사의 후손이 그 중 13명을 차지했다.

2. 묘에 관한 설화

 * 정사가 진주목사 재임 중 졸(卒)하자, 유족들은 배편으로 낙동강을 거슬러 고향인 예천 용궁으로 운구하던 중이었다. 배가 도장리에 이르러 동행하던 지관이 혈 맺힌 곳을 예감하고 배를 멈추게 하고 찾아 갔더니, 한 무리 사람들이 이미 천광을 파놓고 웅성거리고 있었다. 내막인즉, 구덩이에 물이 나서 매장을 포기하려 한다는 것이었다. 지관이 포기하는 곳을 양보 받고 인근 도마마을 논두렁 밑에 세 곳을 파자 우물 3개가 생기면서 묫자리의 물이 말라서 묘를 쓸 수 있었다. 그러나 정문익공의 유고에는 고향에서 졸하고 아들이 구산하였다고 쓰여 있다.

 * 묘지에 관한 설화는 허위 또는 과장이 많다. 정문익공의 유고가 정확하리라 본다. 아마 모친이 위독하여 관직을 사임하고 고향에 있던 중 졸하였다고 추측된다. 그리고 도마마을까지는 산등을 넘어서 직선거리로 1.2km 거리에 있고 해발도 높아서 이 곳의 물이 도마마을로 흘러갈 리 만무하다. 자신이 있으면 묘 앞 낮은 곳에 샘을 파고 색소를 풀어 도마마을 샘물에 반응하는가를 검증하면 된다. 생극 권근 3代 정승 묘도 광중에 물이 나는 것을 상당히 떨어진 거리에 있는 산 정상에 샘을 파서 물을 막았

다는 설화가 있다. 이야기거리(스토리텔링)를 만드는 것도 좋지만 황당한 설화를 사실인 양 강조하는 것은 풍수를 미신으로 치부하는 빌미가 될 우려가 있다.

3. 답사

*흔히 이 곳을 조선 8대 명당의 하나로 친다. 그러나 청룡·백호가 혈처를 감싸주지 않고 넓게 열려 있어서(이런 탓으로 옥녀가 다리를 벌리고 누워있는 玉女開脚形이라 한다) 생기가 새어나갈 형상이고, 안산이 뚜렷하지 않고, 전면 백호 쪽에 우뚝 솟은 비봉산이 압권인데 옥녀와 마주보지 않고 강 건너에 있어서 도움이 되지 않는다는 결점을 지적하는 풍수도 있다. 그러나 정승 13명 배출이라는 발복에 눌려서 혈이 아니라고 말하는 이는 없는 것 같다.

*필자는 세 번 가 보았는데 생기가 약한 느낌이 있었으나 명혈임에 틀림이 없다. 이 혈을 파악하려면 소국(小局, 현무나 주산이 안산과 합쳐 혈처를 싸안고 있는 구역), 중국(中局, 소조나 중조가 조산과 합쳐 혈처를 싸안고 있는 지역), 대국(大局, 태조산이 혈처를 안고 있는 지방, 혈처와 거리가 멀어서 혈처까지의 행룡을 파악하는데 의의가 있을 뿐이다)을 전부 살펴야 된다. 산들이 어연 지역을 담장 처럼 빙둘러 쌓은 모양을 원국(垣局)이라 하는데 원국 안에 혈처가 없는 경우도 있다.

＊소국-- 백호는 직선으로 열려 있는 등 소수설이 지적하는 약점이 있는 것처럼 보인다. 예전에 갔을 때 트럭을 동원하여 백호등을 높이고 길이를 연장하는 작업을 하고 있었다. 봉분 양 옆에 작은 흙무덤은 옥녀 유방이라 했다. 유방성형 수술을 하고 의족을 붙인다고 흉 보고 왔다.

사진출처 : 카카오맵 스카이뷰(https://map.kakao.com)

＊중국-- 물을 돌렸다는 도마마을은 직선거리 1.2km이다. 주산까지 흘러 오는 용맥이 아름답다. 여근은 개방적이나 外청백이 치마로 감싸서 숨겼다.

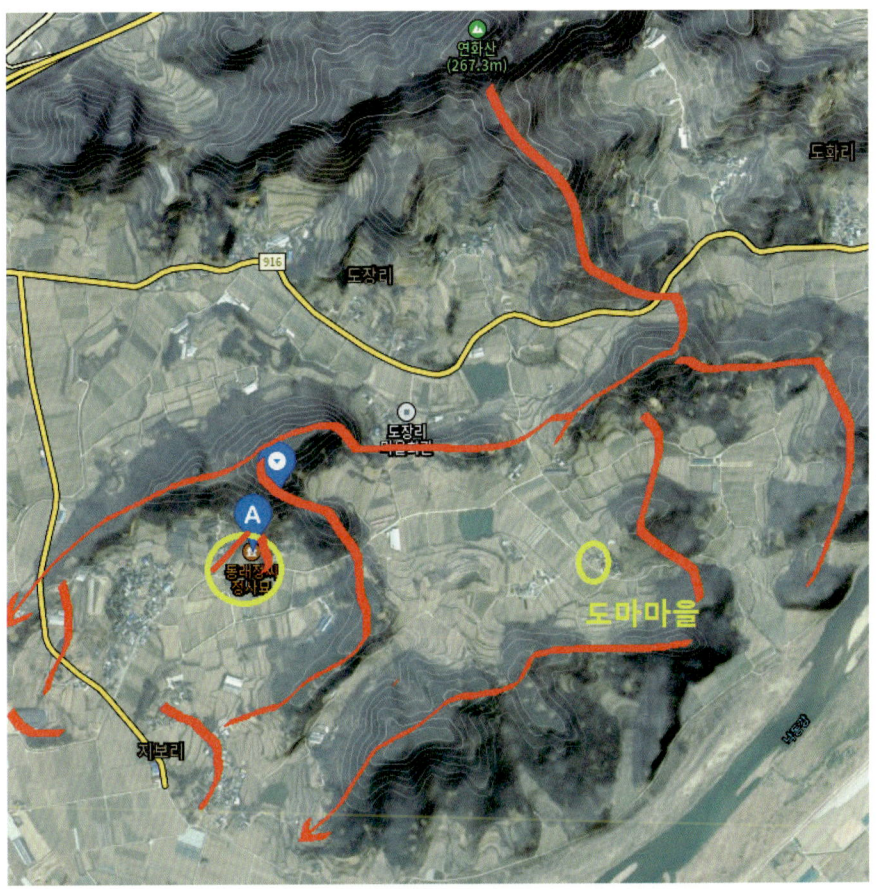

사진출처 : 카카오맵 스카이뷰(https://map.kakao.com)

*中大局-- 비봉산이 수구역할을 하여 낙동강을 만궁으로 만들었다. 아울러 권세발복을 주는 사격으로 정승 발복에 영향력이 있었다고 본다. 소국은 순둥이인데 비봉산이 웅장하게 솟아 음양의 조화를 맞추었다. 정면으로 대립하게 되면 조화롭지 않다. 비봉산을 어느 곳으로 배치한다면 좋을까? 지금의 배치보다 더 나은 구도를 생각하기 어렵다.

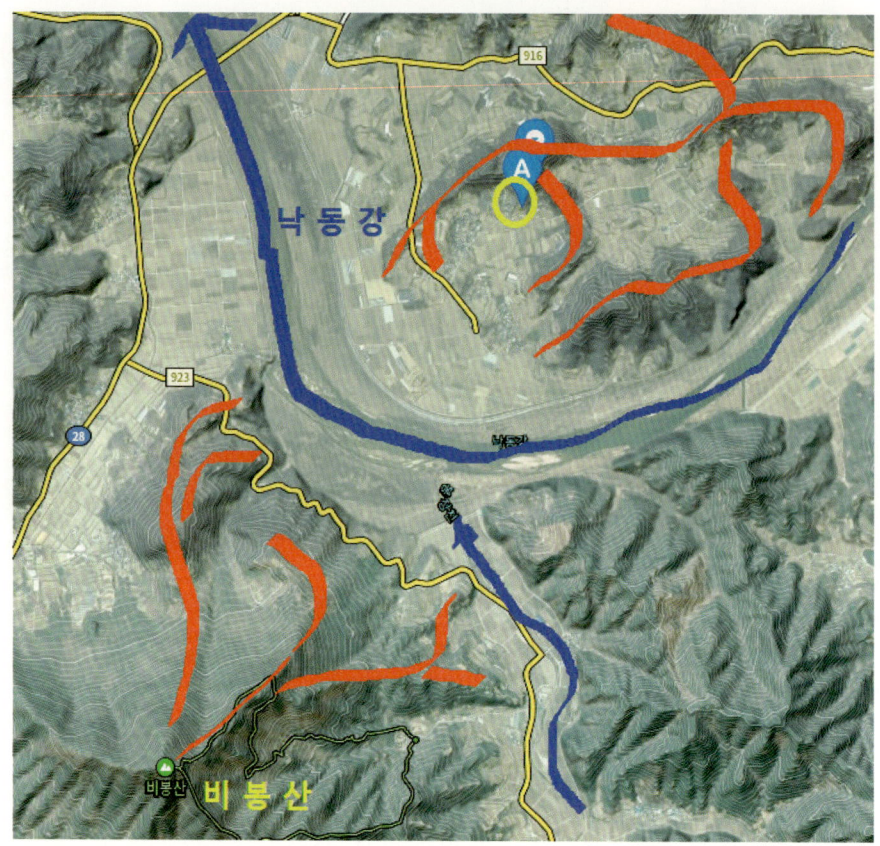

사진출처 : 카카오맵 스카이뷰(https://map.kakao.com)

* 정사 묘

4. 조선 8대 명당인가?

* 사람들은 정승 13명 배출의 발복에 방점을 두어 8대 명당이라 하는 것이다. 동래정씨들은 크고 작은 명당을 많이 썼다.

13세손 정사 후손 중에서 정난종 묘역(14세손, 군포 속달동 산3-1) 정유길 묘역(18세손, 서울 사당동 산32-83, 동래정씨 임당공파 묘역, 후손 9정승)이 100대 명당으로 꼽힌다. 정사의 아들 정난종(1433~1489)은 호조판서, 전라관찰사 등을 역임하였고 서예가이었다. 정난종은 아들 넷을 두었는데 둘째 정광필(중종반정 공신, 영의정) 계열이 가장 번성하였다. 5대손 정유길은 좌의정, 정지연은 좌의정을 지냈다.

* 양택으로 정난종의 종택이 명당이고 정광필의 집터(서울 중구 소공로 51, 우리은행 마당)가 12정승을 배출한 대명당이라 한다

* 정승을 많이 배출한 성씨는 전주이씨 22명(인구 260만, 3위), 신안동김씨 19명(인구 4만 8천), 동래정씨 17명(47만 명, 16위)의 순이다. 전주이씨는 왕족이라는 배경으로 정승이 많았고 신안동김씨는 세도정치를 한

탓으로 비난을 받았는데 동래정씨는 무난하고 사화에도 피해가 적었으나 황희, 맹사성 같은 名재상이 없는 것은 아쉽다.

 * 결론을 말하자면, 정사의 묘는 발복과 명당 구조가 좋아서 상등중급에 가까운 대명당이다. 그러나 부산 화지산 정문도의 묘에 미치지 못하므로 8대 명당에 올리기는 어렵다. 20대 명당 안에 들겠다. 그리고 정사 후손의 발복은 오로지 정사 묘에 기인한다고 볼 수 없고 정난종과 정유길의 음택, 정광필의 양택이 상당한 역할을 하였다고 본다.(2024.6.)

경북 울진군 근남면 수곡리 남사고 부친 묘

1. 남사고는 어떤 사람인가?

 * 격암 남사고(1509~1571)는 이조좌랑 남희백의 아들. 유학자, 천문지리학자, 예언가이다. 슬하에 1남 2녀를 두었으나 아들이 일찍 사망하고 절가(絶家)가 되었다. 천문에 능하여 임진왜란과 자신의 사망시기를 예언

하였다. 선생은 주역 대가이었는데 과거에 수차례 낙방하자 친지들이 왜 자신의 낙방은 점치지 못하느냐고 물어보니 욕심에 흐려졌기 때문이라 대답했다. 격암유록을 남겨서 정감록에 많은 영향을 주었으나 현존하는 격암유록책은 당시에 사용되지 않는 글자가 들어 있으므로 해방 후 위조되었다는 견해가 다수이다. 토정선생님과 비슷한 시기에 살았던 이조의 기인이다. 풍수에 관한 限 토정은 고수이지만 격암은 한 수 아래로 보인다.

2. 생가 터와 구천십장

* 생가는 경북 울진군 근남면 수곡리이고 당국이 관광지로 조성해 놓았다. 복원된 생가 건물보다는 대문쪽 마당이 좋고 집터는 뾰족한 기이한 봉우리로 외각이 싸여 있고 행주형으로 음미할만 하였다.

* 선생은 더 좋은 음택지를 찾아서 부친 묘를 아홉 번이나 이장하고 열 번째에는 더 이상 옮기지 않을 것을 토지 신에게 맹세하고 이장하였는데 산일을 마치자 일꾼을 따라 왔던 동자가 하늘로 날아가면서 "남사고 야 그 좋은 비룡은 다 버리고 죽은 뱀이 고목에 걸린 자리에 쓰느냐"라고 비꼬았는데 선생은 맹세한 바 있어 더 이상 이장하지 못했다고 한다. 선생은 신후지(身後地)를 잡아 두었으나 딸이 시갓집 묘를 쓰는 바람에 친구들이 터를 잡고 선생을 장사 지내었다 한다. 또 선생이 이장한파 묘 터에 뒤따라 다니면서 묘를 쓴 사람들은 큰 덕을 보았다는 이야기도 있다. 수곡리 일원에는 남씨들이 많이 살고 있어서 선생의 부친 묘를 잘 관리하고 있었다. 구천십장은 빈말이고 한 번 이장하였다고 한다. 아들이 요절하고 난뒤 이장한 것이 아닌가 추측해본다.

풍수적으로 선생의 부친 묘와 선생이 선정한 십승지 중 풍기 금계리가 의미 있다. 부친 묘는 생가터로부터 한참 비포장길로 가면 임도와 연결되는데 그 골짜기 맨 위쪽 집에 물어서 찾을 수 있었다. 임도가 우회전 하는 곳에 산 정상으로 가는 오솔길이 있고 작은 팻말이 있는데 옛날 과거시험 치러갈 때 한양 가는 길이었단다. 그 임도에 차를 세우고 길 아래쪽으로 한참 내려가면 남씨 묘 2기가 있는데 아래 묘(수곡리 산93 북쪽?)가 남희백 묘이다. 어떤 풍수학자가 이 묘를 보고 과연 명당이라고 평하였는데 그렇다면 동자로 화신하고 구천십장을 놀렸던 설화는 엉터리라는 말인가?

　행룡이 양 옆에 깊은 골짜기를 만들고 길게 내려오면서 다리 하나 달지 않았고 토질이 마사로 흘러내렸다. 전형적인 사사룡(死蛇龍)이다. 유산록 후편 70~71면을 보면 울진과 영덕에 많은 혈처를 기록하고 있는데 다 놓쳤으니 격암 선생님은 적어도 지리에 관한 한 본받을 게 없다. 격암유록에 십승지를 기록하였는데 그 중 7개 가량을 정감록이 십승지로 채택하였다. 전쟁, 기아, 질병을 피할 수 있다는 십승지는 외부진입이 어려운 오지로 오늘날에는 생활여건이 어려워 전원주택으로도 부적합한 곳이다.(2020.9.)

경북 의성군 단양우씨 이연리 마을(250년 역사)과 음택(장용득 소점지)

1. 단양우씨(丹陽禹氏)

＊시조는 우현(禹玄)으로 고려 4代 광종(949~975) 때 중국에서 건너와 정조호장(正朝戶長)을 역임하고 단양에 터를 잡았다. 조선 문과급제자 35명이고 2015년 인구는 19만 명이다.

＊우선희(禹善希, 통정대부)는 영조 때 의성 이연리에 이주하여 이연리 입향조가 되었다.

2. 양택

 예전에 우씨들은 이연리에 집성촌을 이루고 살았다고 하며 대표적인 유명인은 1994년 서울시장을 역임한 우명규와 박근혜 대통령 시절 청와대 비서였던 우명우 검사이다. 동네 사람에게 물어보니 이연리 면사무소 뒤에 있는 넓은 주택(이연리751)이 우시장의 생가지라고 하는데 실제는 우 국회의원의 집인 것 같다. 그 일대는 수십 칸을 지울 수 있을 만큼 넓게 생기가 퍼져 있는 중등 초급명당이더라.

3. 선영(의성 연제리 산41-11)

 우씨들의 묘가 몇기 산재해 있는데 그중 옛 비석이 있는 묘가 입향조 우선희(영조 갑자년=1744년 卒)의 묘이다. 비문을 본 즉 의석장(衣舃葬, 옷과 신발을 묻은 초혼장이다)이라 새겨져 있다. 시신을 찾지 못하여 의복과 신발을 묻고 장사 지내는 것을 보통 衣履葬이라 하는데 동기감응론자는 발복과 무관하다고 하고 혼령론자도 약효가 미미하다고 생각한다. 무해무득한 곳이다.

＊입향조 우선희 묘

4. 우시장 선친 묘(의성 연제리 산41, 장용득 선생 소점지)

 * 필자는 장용득 명사의 소점지를 구경하고 싶어하던 중 이 곳에 관한 정보를 얻고 한걸음에 답사해보았다. 이곳은 장용득 명사를 초빙하여 구산한 곳이라 한다. 중등중급에 가까운 명당이다. 용맥이 건강하다. 우원필 부부의 쌍분이고 좌향은 생가지 방향(비석에 자좌)이다. 상주에 있는 지창룡 소점지와 이 곳에 있는 장용득의 소점지는 중등 초.중급 명당으로 두 명사가 고수이었음을 알 수 있다. 장익호 선생의 소점이 이상한 것과 대조가 된다.(2024.5.)

 * 우원필 쌍분

 * 뒤에서 본 전면

＊음양택 래룡의 지도

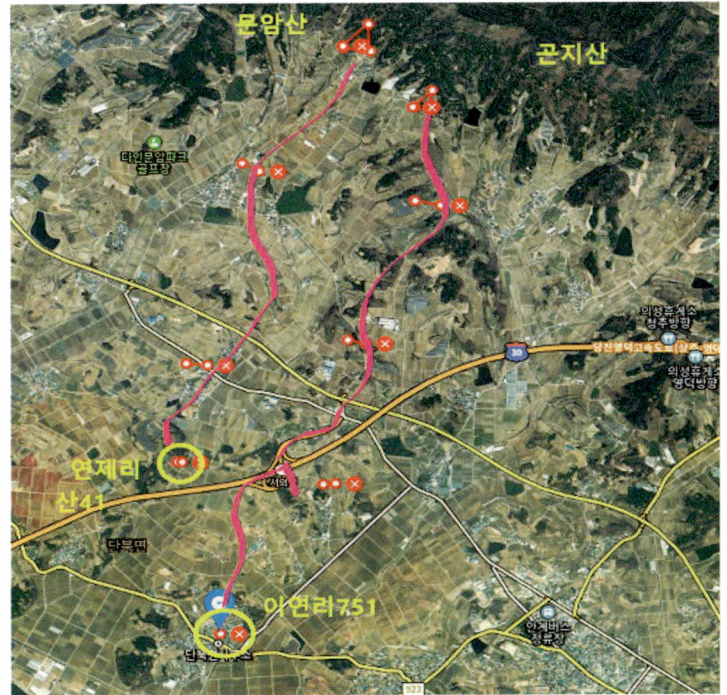

사진출처 : 카카오맵 스카이뷰(https://map.kakao.com)

경북 청도군 금천면 고택 2혈
(같은 행주형이라도 천지 차이가 있다)

1. 금천면 임당리 631 운림고택

임란 직전부터 16대에 걸쳐 내시(內侍)가 대를 이어 온 곳이다. 이조시대 내시는 이곳 김씨가계와 경기 이천가계가 있었다. 이 집에 들어서면 어쩐지 싸늘한 귀기(鬼氣)가 느껴진다. 가난한 집 아이를 사서 거세하고 궁중 교육을 시켜서 내시로 키웠고 거세를 당한 아이가 울고 다녔다는 이야기가 전하여 온다. 이 집 풍수는 래용이 부(富)스럽지만 좌청, 우백이 빈약하고 사룡이다. 전체적인 물형은 행주형인데 인근 신지리 운강고택과 비교하면 이 곳은 폐선임에 대하여 운강고택은 호화로운 여객선이다.

2. 금천면 신지리 269-1 운강고택

박하담(1479-1560)선생이 은거하면서 정착한 박씨 마을이다. 지금도 생기가 도는 좋은 양택 마을이다. 박정주가 1809년 확장하였다는데 8대로 부자가 배출되었다. 도래도래 5개의 고택이 지정되어 있다. 인근 운림고택과 비교하면 공부가 된다.(2020.2.)

* 운림고택과 운강고택

사진출처 : 카카오맵 스카이뷰(https://map.kakao.com)

경북 청도군 삼족당 김대유 묘
(鍾鼓形, 보기 드물고 귀한 물형)

1. 삼족당 김대유

* 김해김씨 판도판서공파는 대성(大姓)중의 하나인데 삼현의 후손들이 대부분을 차지하므로 흔히 김해김씨 삼현파라고 불리운다. 삼현은 절효공 김극일(節孝公 金克一), 탁영 김일손(濯纓 金馹孫), 삼족당 김대유(三足堂 金大有)을 말한다. 절효공은 조부모와 부모를 모시며 효성을 다함으로써 국가가 공인한 효자이었고 탁영은 춘추관 사관으로 절개를 꺾지 않았으며 삼족당은 벼슬을 마다하고 후학을 기르며 유유자적한 선비이었다. 그리하여 위의 三人을 청도 삼현(三賢, 청도 현인 세사람)이라 하였다. 김극일이 6명의 자식을 두었고 그들이 각기 한 개의 지파를 형성하여 번창하였다(김극일이 사실상 청도입향조이고 삼현파의 중시조라 할 수 있다). 김극일의 묘는 호랑이가 잡아준 명당터에 안장되었으므로 별도 간산기를 쓰고 여기서는 김대유 묘에 대하여 본다.

* 무오사화(1498, 연산군4년)때 김일손은 처형되고 김대유(1479~1551)는 연좌되어 호남에 유배되었다가 1506(중종1년)에 풀려났다. 기묘사화로 파직되었다가 복권되었으나 관리에 대한 애착을 버리고 삼족당을 지어 후학을 가르쳤다. 조식, 조광조 등과 교우하였다.

2. 래룡(來龍)과 묘역

* 래룡-- 태백, 주왕, 운주, 구룡-태조 대왕산-중조 학일산-소조 어분산-주산 갓등산

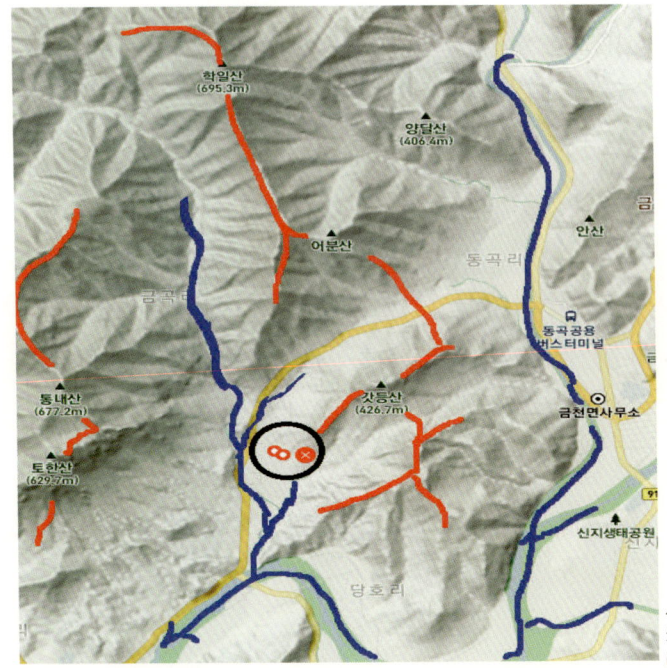

사진출처 :
카카오맵 스카이뷰
(https://map.kakao.com)

*종고형의 자태

* 남쪽에서 본 종고형

* 종고형의 전면

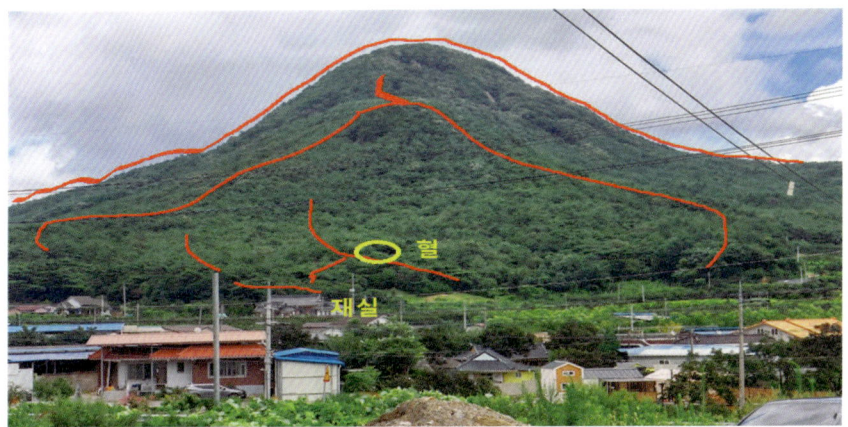

* 가족 묘 -- 묘는 매전면 금곡리 산30-2, 재실 유현당은 금곡리504.

3. 간산

* 흔히 주산을 장군으로 보고 장군대좌로 본다. 그러나 주산은 종을 걸어 놓은 듯 예쁘다. 종의 몸체에 종을 치는 나무 막대기가 붙어 있고 그 밑에 종치는 사람이 서서 종을 치고 있는 모양새이다. 장군으로 보기에는 주산과 일자로 걸려있는 막대기가 너무 아름답다. 장군대좌는 도처에 있는 물형이지만 종고형은 찾기 어렵고 기품이 고고하다.

* 비문은 남명 조식이 1556(명종11년)에 지었는데 정실은 자식이 없고 측실에서 아들 둘을 낳아 후계를 이었다고 한다.(2023.8)

경북 청도군 유등리 고성이씨 묘
(내가 본 가장 아름다운 여근형)

1. 고성 이씨 청도입향조 이육 묘

경북 청도 화양읍 유등리 모헌공 이육 묘는 내가 본 중에 가장 아름다운 女根形이다. 물론 발복정도는 동래 정씨 묘를 따라갈 수 없으나 아름답기로는 최고이다. 이 묘는 여근형임에도 후손들은 금계포란형이라고 주장하고 있다. 옛날 양반들은 男女七歲 부동석을 규범으로 삼고 정사(情事)는 추잡하다고 생각하였기에 물형을 점잖은 금계포란으로 위장한 것이다. 모헌공도 아래쪽에 넓은 연못을 조성한 것으로 보아 여근형임을 알고 있었던 것이 아니겠는가.

2. 묘소 유호지 군자정

* 재실

* 군자정과 유호연지 -- 인용, 감사

* 이육 부부 묘소 -- 갑좌 금계포란이라 쓰여 있다.

＊묘앞 전경

3. 국세

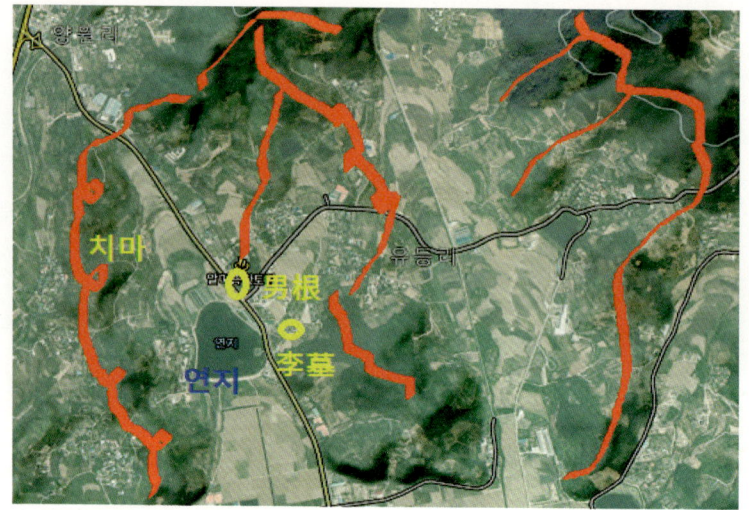

사진출처 : 카카오맵 스카이뷰(https://map.kakao.com)

주산에서 혈처까지 작은 옥봉을 맺으며 청전과협하였다. 옥녀의 치맛자락으로 연지를 둘렀고 남근은 옥수에 접하고 있다. 얼마나 생산력이 왕성하겠는가. 아마도 이육선생님의 후손은 백자천손하였을 터이다.(2020.2.)

4. 次穴

유산록 후편 36p 용각산 갑묘행진 蓮池 군자정 下에 평야 중 백자천손 佳穴맺었다. 재혈 어렵다.

경북 청도읍 박씨 고택
(원조 백운학의 후손집, 구수형)

1. 박유붕 후손집

경북 청도읍 원정리 802에 99칸(지금은 60칸 보존) 박씨 고택(田字形 고택이라고도 하나 지금은 일부 멸실)이 있다. 박유붕(1806~1866, 실제는 고종의 아들 완화군이 출생한 1868 이후에 사망)의 양자 박풍혁이 1874년 청도읍 무릉리에 건축(기와장에 同治13년이라 새겨져 있다)하였던 것을 1920년경 손자 박영재(1889~1966)가 현재의 위치로 옮겼다. 박풍혁의 양자로 박병석이 있고 그의 아들 박종화(제헌국회의원)는 6·25 때 납북당하였다. 박영재는 일본에서 대학을 나오고 1800석을 상속받아 만석을 일구었으며 독립군에 자금을 지원하고 많이 베풀어 민심을 얻었다. 육이오때 이 고택에서 피난민 2천 명과 함께 생활했다.

2. 원조 백운학

*박유붕은 고종 때 조선 최고의 관상가로 별호가 白雲鶴이다. 오늘날 백운학이라는 간판을 단 관상 사주보는 집이 허다한데 박유붕이 원조(元祖)이다. 박유붕에 관한 기록은 매천야록에 쓰여있다.

*박유붕은 과거시험에 자꾸 떨어지자 부인 두씨가 관상 점술에 관한 자기 친정집 비전서를 주면서 공부하라고 했다. 두씨부인은 임란 때 명나라 이여송의 참모로 와서 정유재란 때 우리나라에 귀화한 풍수 관상 대가인 두사충(1620年代 死)의 후손이었다. 두사충은 산신의 방해로 미리 잡아두었던 신후지에 묻히지 못하였고 현재 후손이 1백여 가구에 지나지 않는다고 한다. 박유붕은 관상학을 통달하고 더욱 고수가 되려고 한쪽 눈을 찔러 애꾸가 되었다. 대원군이 천하를 쥐어 잡을 것이라 점치고 운현궁을 찾아

가서 놀고 있는 명복(1864년 고종이 된다)을 보고 상감마마 뵈온다고 말하며 큰 절을 한 다음 4년 뒤 등극한다고 예언했다. 박유붕의 예언이 적중하자 대원군은 운현궁 옆에 45칸짜리 집을 지어주고 많은 토지를 하사하고 책사로 곁에 두었다. 대원군이 민비를 데려와서 관상을 보이자 장차 대원군을 실각시키고 비참한 최후를 맞을 것이라는 것을 예견하고 세 번에 걸쳐 반대하였다. 대원군이 고집을 꺾지 않는 바람에 소원하였다. 고종이 1868년 귀빈 이씨와 사이에 완화군을 낳고 원자를 삼으려하자 박유붕은 원화군이 단명(12세에 요절)할 것을 예감하고 반대를 한 탓에 쫓겨나서 청도 고향으로 내려 왔다. 민비측에서 관상을 보아달라고 하자 남은 한쪽 눈마저 멀게하고는 맹인이 되어 볼 수 없다고 거절하였고 얼마 지니지 않아 의문사를 당하였다. 현재 고택에 보관되어 있는 초상화는 애꾸가 아닌 바 박유붕에 관한 기록은 픽션이 가미되어 있다.

3. 구수형의 명당

*박유붕 사후에 양자 박혁풍이 서울에 있는 재산을 정리하여 청도 무릉리에 집을 지었고 30~40년 후 박영재가 현재의 고택자리로 옮겨 지었다고 하는데 옮겨 지은 까닭을 알 수 없다. 이 부근은 죽산 박씨의 집성촌이라 한다. 두사충은 風水神眼인데 박유붕이 풍수에도 정통하였는지 알 수 없다. 이 자리 양택지는 시기적으로 보아 박유붕의 소점지는 아닐 것이다. (2023.7.)

* 고택의 래룡

사진출처 : 카카오맵 로드뷰(https://map.kakao.com)

* 고택자리는 구수형(소먹이 통)의 명당이다.

사진출처 : 카카오맵 스카이뷰(https://map.kakao.com)

경북 청송군 덕천리 176 청송심씨 송소고택
(풍수적 시각에서 본다)

1. 풍수적 시각(視覺)

*송소고택(松韶古宅)에 관하여 인터넷에 백여 편의 글이 올라 있으나 관광기행 또는 한옥관람 글이고 풍수적 시각에서 본 글은 손가락으로 꼽을 정도이다. 생기가 어디에서 와서 어디에 분포되어 있는가? 어떤 경로로 재산을 모았으며 어떻게 사용했는가? 땅이 그 위에 사는 사람에게 어떤 영향을 미쳤는가?

*원래 덕천리 일대는 청송심씨들 집성촌인데 영조 때(재위1724~1776) 심처대(沈處大)가 세거지를 떠나 지경리 호밭골로 이사가서 후손들이 7대를 살면서 2만석을 모은 다음 7대손 심호택(沈琥澤 1862~1930)이 1880년(고종17) 덕천마을로 금의환향하여 건축한 집이다. 호밭골 집터는 2만석을 축재할 명당인가?

2. 흥망성쇠(興亡盛衰)

*송소고택은 심호택이 1880년 13년에 걸쳐 건축한 99칸 한옥이고 현재 보존상태가 좋다. 강릉 선교장, 보은 우당고택, 청송 송소고택을 3대 고택으로 친다. 송소고택 옆에 1914년 심호택의 2남 도산서원장 심상관을 위하여 송정고택(松庭古宅)을 지었다

*청송심씨는 심홍부(心洪孚)를 시조로 하는데 행적이 전해오지 않고 증손(4세손) 심덕부는 이성계의 위하도 회군에 공적이 있어 청성부원군이 되었고 후손들이 왕후 3명, 부마 4명, 재상 13명을 배출한 명문가가 되었다. 심덕부의 동생 심원부는 두문동에 들어갔고 조선의 벼슬살이를 하지 말라는 유훈을 남겼다. 심원부 가계는 11대손 심처대 이래로 부자로 살았

고 청송 일원에 후손이 많다.

＊송소고택은 1990년대 중반 많은 빚을 지고 5억 원에 경매가 되었는데 출가한 딸이 매수하여 종손에게 주었다고 동네 사람이 말하였고 지금은 민박집으로 활용하고 있다. 이 동네는 관광명소가 되어 일 년에 9만 명의 관광객이 찾는다.

＊송소고택은 완공한 때(1893년)로부터 경매가 진행된 때(1993년)까지 약 백년간 번화를 누리다가 망하였고 다시 관광업으로 부흥하였다고 하겠으나 예전처럼 부자 소리를 듣기는 어렵게 되었다.(1930년경 전국 만석꾼은 40명이었다)

3. 어떻게 재산을 모아 어떻게 사용하였는가

＊농경사회에서 축재방법은 소작영농이었다. 경주 최부자는 농지개량으로, 우당 고택은 해산물수출로, 공주 김갑순은 토지투기와 개발로 축재하였다. 소작인에게 모질게 대하면 축재하기 쉬웠을 것이다. 송소고택은 어떤 방법으로 축재하였는지 알 수 없다. 특히 호밭골 심심산골에서 150년간 2만 석을 모은 비결이 무엇인지 궁금했다.

＊풍수는 적덕선행을 최고의 덕목으로 삼는다. 인터넷에서 찾아보니 영덕 의병 30명이 송소고택에 숨어들자 며칠간 환대했다는 글과 정유재란 때 전사한 의병장 심청이 있었다는 글이 있었다. 자랑할 적덕선행을 찾을 수 없어 못내 아쉬웠다.

4. 명당인가?

* 송소고택 지도-- 물은 만궁이고 앞산은 둥근 알봉 세 개가 유정하다. 그러나 생기는 두 고택 사이에 작은 면적에 모여 있다. 중등중급.

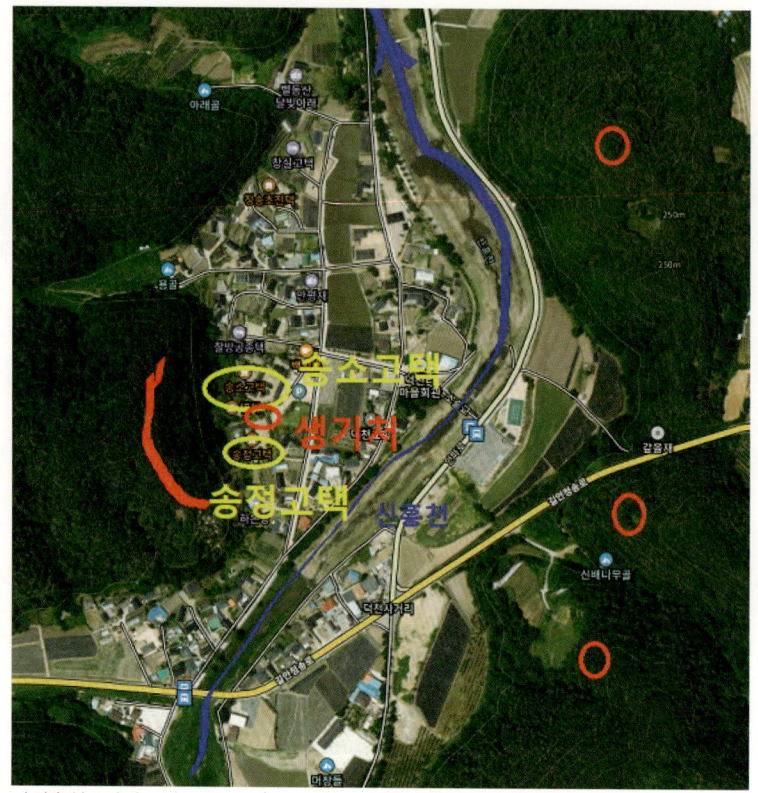

사진출처 : 카카오맵 스카이뷰(https://map.kakao.com)

* 2만 석을 일구어낸 지경리 호밭골-- 수구는 잘 짜여있고 앞산도 잘 다가오고 청백이 겹겹이다. 복호형이라 볼 수 있다. 그러나 깊은 골짜기이므로 햇볕이 짧고 답답하여 부자가 살기에는 환경이 열악하다. 지금도 10여 채의 집이 있다.

사진출처 : 카카오맵 스카이뷰(https://map.kakao.com)

* 현재 철거된 집터-- 청송군 파천면 지경리 62

　* 이 곳 양택의 발복만으로 2만 석을 모았다고 보기 어렵다. 설화로 심 처대가 늙은 스님을 구해주고 그 보은으로 부모 묘를 소점받았다는 말도 있고 처의 묘가 명당이라는 말도 있다. 소재를 몰라서 답사하지 못했다.(2023.8.)

경북 포항시 달전리 이언적 묘
(설화가 있는 곳, 역장은 이조중기 以前의 관행)

1. 이언적은?

* 회재(晦齋) 이언적(李彦迪,1491~1553)은 중종, 인종, 명종 때 이조 예조 형조판서, 경상관찰사, 한성부윤을 거치고 명종 2년(1545년) 소윤(小尹, 윤원형)이 대윤(大尹, 윤임)을 숙청한 을사사화 때 판의금부사를 맡았는데 大尹처벌에 소극적이었다는 이유로 小尹에게 밉보여 1547년 평북 강계(江界)로 귀향가서 7년 간 귀향살이 끝에 사망하였고 1556년(명종 21년)복위 되었다. 선생은 인종의 스승인데 인종이 즉위 8개월만에 사망함으로써 불행이 시작된 것이다. 당파에 중립적이었고 중앙정치에서 벗어나려고 여러 곳의 지방관직을 맡아 선정을 베풀고 청백리상을 받았다.

* 선생은 주자의 성리학을 깊이 연구하여 이(理)가 기(氣)보다 우선한다는 理優位說을 주장하였고 그의 사상은 이황을 거쳐 영남학파의 기틀이 되었다. 선생의 주요 저술은 어려운 귀향살이에서 이루어졌고 서자 이전인의 노력으로 빛을 보았다. 동방 오현(五賢, 김굉필, 조광조, 이언적, 이황, 정여창) 중 한사람이다.

2. 탄생지

* 선생은 외가에서 태어 났는데 그곳이 현인 3인이 탄생할 명당이라 한다. 경주 양동마을은 6백년 역사를 지닌 마을로 경주손씨와 여강이씨의 집성촌이다. 대표적 양반 마을이고 잘 보존된 한옥(기와 54채, 초가 110채)과 문화환경으로 유네스코에 등재되어 있다.

* 영남대 발간의 고문서 집성에 의하면, 처음엔 여주(여강)이씨 이광호가 거주하였는데 이씨 딸에게 풍덕류씨 류복하가 장가와서 살았고 류씨의

무남독녀에게 경주손씨 손소(1433~1484)가 결혼하여 청송 안덕에서 이사하고 처가 재산을 상속받았다. 손소는 세종 때 문과에 급제하고 이시애의 난을 진압한 공헌이 있었고 그의 둘째 아들 손중돈(1463~1529)은 문과에 급제하고 이조판서 우참찬 등 40여 년 간 요직을 두루거치고 청백리에 올랐다. 입향조 이광호의 증손 찬성공 이번(1463~1500)은 손소의 딸 (1469~1548, 7남매 중 장녀, 이하 손씨부인라고 한다)과 혼인하여 영일에서 이주해 왔다. 이번과 손씨부인은 회재 이언적과 농재 이언괄을 낳았는데 처가살이를 하는 바람에 손소의 집인 송첨종택의 사랑방인 書百堂에서 이언적을 낳았다. 위의 서백당에 관하여 현인(賢人) 세사람이 난다는 말이 전하여 오는데 손중돈과 이언적이 탄생하고 한 사람이 남았다고 한다. 그러나 지금은 병원에서 애를 낳는 세태이므로 서백당의 역할은 끝났다고 본다.

  * 양동마을은 풍수상 물자형(勿字形 또는 也字形)이고 손소의 주택인 서백당과 이언적의 주택인 무첨당이 가장 명당터라고 한다. 이씨와 손씨(손소의 처가였던 풍덕류씨는 절가)를 합쳐 과거합격자가 110명에 이르고 학자 명장 독립운동가가 줄을 이었으니 명당마을임에 틀림없다. ①송첨종택(손소가 1459년 건축) ②무첨당(이언적종가 16세기 건축) ③향단(1543년 중종이 이언석으로 하여금 병중인 어머니를 돌보도록 지어준 집, 원래는 99칸) ④관가정(청백리 손중돈의 옛집)이 볼 만하다. ①③⑤는 보물 ②④는 문화재.

* 勿字形-- 나의 느낌으로는 안산까지를 포함하여 봉들이 어우러 춤추는 형상(鳳凰群舞形)이었다.

사진출처 : https://www.ksilbo.co.kr

* 서백당

3. 음택

* 이언적 가족 묘 9기는 포항 달전리 산81-1에 집장되어 있다.

* 전해오는 이야기에 의하면, 어머니 손씨가 친정이 장사지내려는 터가 명당이라는 말을 듣고 밤에 천광(땅 파놓은 곳)에 물을 부어놓자 다음날 상주가 와서 보고 물이 나는 곳으로 오해하고 이 곳의 백호 되는 곳으로 옮겨 장사를 지냈다. 이에 손씨부인이 터를 양보받아 남편 이번을 장사를 지냈다는 것이다. 양보받은 터에는 원래 누구가 묻힐 예정이었는가? 그 무렵 친정집에서 사망한 사람은 1484년 사망한 손소이고 그의 묘가 백호 등에 있으니 손씨부인이 가로챈 못자리는 친정아버지 자리로 예정된 곳이다(달전재사 관리인도 잘 모르기에 추정한 것이다)

* 손소와 이씨 집장지

사진출처 :
카카오맵 스카이뷰
(https://map.kakao.com)

＊이언적 가족 묘의 배치도-- 신도비는 고봉 기대승의 작문, 아산 이산해의 글씨.

사진출처 :
카카오맵 스카이뷰
(https://map.kakao.com)

＊이번 부부 묘-- 윗쪽이 손씨부인 묘.

*이언적 묘와 신도비-- 위가 박씨, 중간이 이언적묘, 아래가 신도비.

*그렇다면 양보받은 곳은 명당인가?

손씨부인은 남편 이번이 1500년 38세 나이로 요절하자(이언적이 10세 때 사망하였고 삼촌 손중돈이 글을 가르쳤다) 양보받은 터에 장사 지내고 자신은 1548년 사망하여 남편 위쪽에 묻혔다. 이번의 묘가 진혈이라는 견해와 손씨 묘가 진혈이라는 견해가 있는데 손씨 說이 다소 우세하다. 래룡이 미약한 기세로 내려오다가 우뚝 올라서서 혈판을 만들고 다시 미약하게 내려갔다. 이런 곳은 생기가 다소라도 강한 곳을 찾아야 되므로 손씨 묘가 혈처가 된다. 그러나 혈 뒤에서 올라서는 기세가 약하고 당판이 빈약하므로 대혈은 아니고 중등초급이다. 그 아래로 내려간 곳에도 동네 길지 급 이상의 대혈은 없다. 그렇지만 일원의 손씨 종산 4만 평 중에 이 산등만큼 좋은 곳도 없다.

*발복은 어떤가?

이언적은 성리학의 영남파 시조로 이름이 드높았고 동생 이언괄은 시골에서 어머니를 모시고 살림을 맡았다. 이언적은 부인 박씨(1493~1576)가 외동딸인 덕에 양동에 있는 처가 재산을 물려받아 무첨당을 지었으나 아들을 낳지 못하여 서자만 있고 동생 이언괄도 아들이 없어서 모두 양자를 들이었다. 이언적은 서백당이라는 좋은 곳에서 태어나 현인이 되었고 형제들이 모두 양자를 들였으니 음택의 도움은 없었다고 생각된다. 다만 이언적에게는 잠계(潛溪) 이전인(李全仁)(1516~1568)이라는 聖人級의 서자가 있었다. 이언적은 젊을 때 경주부사로 있으면서 관기 석씨와 정분을 맺고 아들이 잉태된 뒤 두 달만에 전근을 가고 후임부사 조씨 또한 석씨와 내연을 맺었다. 석씨가 아들을 낳자 조씨는 자기 자식인 줄 알고 귀여워 하였으나 주변 사람들은 이언적의 아들이라는 것을 알았다.

조식선생이 제문을 쓸 때 이전인의 이름을 빼버리는 것을 보고 이전인은 그 연유를 어머니에게 물어 실정을 듣고 강계에 귀양가 있는 이언적을 찾아가니 이언적이 반기며 이름을 李全仁이라 개명해주었다. 이전인은 어려운 귀양살림에도 정성으로 아버지를 봉양하여 그 덕으로 이언적이 많은 저술을 할 수 있었다. 이언적은 귀양 가있는 중에 어머니 손씨(1548死, 이언적 1553死)를 여위었다.

이언적이 죽자 이전인은 호곡하며 3개월에 걸쳐 운구를 하였는데 나무꾼들도 따라서 울어주고 동네사람들은 얼음길에 흙을 뿌려 도왔다. 이전인과 이준 부자는 이황을 찾아가 이언적의 글을 보여주어 책 발간과 명예회복에 진력했다. 이전인이 없었으면 이언적도 없었을 것이라는 말이 있다. 양동의 무첨당 본가는 양자 이응인이 물려받고 잠계는 옥산서원과 독락당을 물려받았다. 1568년 53세 때 예빈판사를 제수받았으나 사양하고 그 해 죽었고 여주 이씨 옥산파 시조가 되었다. 후손의 숫적(數的) 번성을 중시하는 내 견해에서 본다면, 이곳 묘는 大발복했다고 말하기 어렵고 서자 잠계가 있으므로 위안이 된다 하겠다. 당시의 법으로는 적자가 없는 경우 서자가 있으면 서자로 가계를 잇고 양자를 들이지 못하게 되어 있었으나 서자는 과거시험을 볼 수 없으므로 가계가 미천하게 되는 탓에 서자가 있어도 공공연히 양자를 들였다. 율곡이이는 적자 없이 서자를 두고 양자를 들이지 않았다. 이언적은 퇴계 이황의 학파인 탓으로 가문의 출세를 중시하였는지 모르겠다.

4. 역장(逆葬)의 관행

* 이곳 집장지를 보면 부인묘가 전부 남편 묘의 위쪽에 모셔져있다. 이조 초기까지는 남녀평등 내지 여자 우위 사상이 지배하였으므로 혼인초기에는 처가살이를 했고 묘소 또한 부인 묘가 남편 묘보다 상단에 설치되었다. 부부묘는 합장 쌍분 상하장의 유형이 있는데 부인을 상단에 모신 것을 부후묘(婦後墓)라 한다. 이조 중기를 넘어서면서 남존여비사상이 확립되고 출가외인이라 하여 상속에서 배제되기에 이르렀고 부후묘를 역장이라 흉보았다.

* 그러나 以前의 묘는 부후묘가 많았으니 조려, 율곡, 정인지, 한명희, 김근, 희안대군, 이번과 이언적 묘 , 경주 최부자 3대 최국선과 연일정씨 등. 창녕조씨와 기계유씨 시조묘 뒤에 거의 붙여서 시조묘와 크기가 같은 봉분을 한 묘가 쓰여있는데 부인의 묘이라고 추측할 수 있다.

그리고 선대와 후대를 역순으로 모신 역장(逆葬)도 반남박씨 시조 박응주와 손자, 김장생, 율곡, 월사 이정구, 김반과 김익겸(子), 경주 최부자 1대 최진립과 3男, 토정과 장남, 그리고 이 곳 묘 등 종종 볼 수 있다. 세상사(世上事) 생각하기 나름인 것이다. 龍이 지나가는 도중에 진행방향과 거꾸로 쓴 묘 또한 역장이라고 하나 역룡장이 정확한 명칭이다.(2023.6.)

경남·부산 (25)

경남 거창군 동계 정온 고택
(명가인가? 흉가인가?)

1. 동계 정온

　동계(桐溪)정온(鄭蘊1569~1641)선생은 초계정씨로 이조참판(남인), 기호남인 학풍 수립에 기여한 학자이다. 광해군이 영창대군을 죽인 것을 비난한 죄로 제주도에 귀향가서 10년을 보내던 중 인조반정으로 복권되어 요직을 거쳤다. 병자호란에서 김상현과 함께 대표적인 척화파로 인조가 항복하자 자결을 시도하였으나 실패하고 거창 북상면 농상리 산속(모리재)으로 들어가 5년 뒤 졸(卒)하였다. 이후 임금들은 청(淸)에 항복한 것을 분하게 여겨 척화파를 충신으로 대접하였다. 주자학은 명분과 예절을 중시하고 부국강병을 외면함으로써 망국의 학문이 되었는데 척화파가 무슨 충신이겠는가.

2. 무신난(戊申亂)과 가계의 몰락

　＊권력에서 멀어진 소론과 남인이 주도하여 영조4년(1728년, 무신년)에 영조와 노론을 제거하려는 무신의 난(이인좌의 난)을 일으켰다. 청주지역은 반란군의 원수 남인 이인좌, 영남(嶺南)은 경상 남인 정온의 현손 정희량, 호남(湖南)은 소론 태인현감 박필현이 대장 역할을 담당하였고, 평안

510

병사 이사성등이 내통자이었다. 이인좌는 1728.3.15. 기병하여 청주성을 접수하고 한양으로 북상하던 중 안성에서 3.23. 오명항이 이끈 관군과 접전을 벌였다가 대패하고 체포되어 현장에서 참형을 당하였다. 정희량은 3.19. 거창 안음현(현재 거창 위천면)에서 기병(起兵)하여 합천 조성좌의 도움을 받아 거창 합천 등 4개 군현을 석권하고 병력이 7만이라 호언하였으나 4.3. 위천면 전투에서 대패하고 현장에서 처형되었다.

  * 무신난은 전국적 규모의 반란이었으나 한달이 못되어 진압되고 4.19 오명항이 남대문에서 영조의 영접 아래 개선식을 가짐으로써 진압이 종료되었으나 남인에 대한 숙청은 수 년 간 지속되었다. 무신난의 결과는 수천명이 희생되고 노론의 장기집권과 거창 등 경상우파의 몰락으로 이어졌다.

  * 정희량은 무신 10역적으로 낙인찍히고 두 아들은 참형당하고 막내 정철흥은 나이 어린 덕으로 처형을 면하고 제주 추자도로 귀양갔다(이후 1787년 그의 아들 정함이 반란에 연루). 정희량의 부인 송씨와 며느리 안씨(큰 아들 정의황의 처)가 교형에 처해지고 동계의 형 정율의 다섯 아들도 절손되고 8촌 정세유 부자 등 가까운 친족은 전부 처형되어 양자를 들일 때 직계(直系)후손을 구할 수 없었다.

3. 양자(養子)와 등룡

  1738년(영조14년) 정온을 봉사(奉祀)할 후손을 논의한 끝에 임경업의 예(例)에 따르기로 하고 무후로 요절한 종손 정의호(정희량의 장조카)의 양자로 정계주를 입적시켰다. 정계주는 정의호의 24촌? 조카인데 정온의 진손(眞孫)은 모두 참형 또는 유배되어 부득이 방계에서 선정한 것이다.

  1764년에는 봉사손을 조정에서 공식 등용하기로 결정함에 따라 1797년 정계주의 손자 정식이 광릉 참봉으로 특채되었고 정기필(1800~1860)의 활약으로 부흥하였다. 정조가 정온의 충절을 기린 시를 받아 현판에 새겨

두고 있다. 그러나 정계주는 정온이 소론인 것을 망각하고 노론행세를 하였으며 7세 종손 정태균은 동학란을 진압하러 온 일본군에게 동계고택을 막사로 제공하고 일제 아래에서 중추참의 등 친일반역자로 호의호식했다. 의친왕은 정태균과 친분이 있어 두 달 간 동계고택에 머문 적이 있다.

4. 고택 건축

무신난은 경상우도(낙동강 동쪽지역인 성주, 거창 등)에서는 무신혁명으로 부르고 반란군의 명예회복을 기리는 비석(碑石)을 세우는데 반면에 진압공로를 인정받아 양반 행세를 하던 쪽은 진압 공적을 새긴 비석을 세워서 상반된 비석이 뒤섞여 있다. 동계고택은 무신난 이후 10년 이상 폐허로 있다가 양자 정계주가 물려받고 증손 정종필(1797~1821)이 1820(순조20년) 본가 대지에 재건축했다. 이때 고택 뒤에 사당 역할을 하는 종택을 지었다. 무신난 때 적몰된 전답 1만 4천 평을 1819년 되돌려받아 재력이 있었다.(고죽 네이버 블로그 무신난 일지를 참조함)

5. 명가인가, 흉가인가?

* 발복을 기준으로 본다면 동계선생은 현손 정희량의 반란실패로 인하여 수십명의 후손이 처형(심지어 부인 2명도 교형)당하고 진손이 전멸지경에 이르렀는데 명당이라면 이런 화를 당하지 않았을 것이다. 동계후손에게는 흉지이다. 그러나 양자입양된 자식들은 동계선생 봉제사 덕으로 능참봉도 하고 재산도 취득하여 잘 살고 있으니 동네 길지급은 된다. 길손들은 동계선생의 아픈 역사를 모르고 "충신의 제사를 끊지 않으려고 자식하나는 살려두었다"라는 이야기를 하면서 지나간다.

* 풍수상으로는 어떤가?

남덕유-금원산-모리산-성령산의 경로를 거쳐서온 말락지이다. 래룡이 힘차고 물이 잘 둘렀다. 들판이 모두 혈처의 재산이다. 중등중급의 비룡음수형인데 고택은 생기가 내려온 곳을 지나고 만궁된 곳도 지나서 자리를 잡았다. 만궁된 곳에 있는 몇 집은 밖에서 보아도 잘사는 분위기를 느낄 수 있더라.(2023.10.)

* 고택 소국

사진출처 : 카카오맵 스카이뷰(https://map.kakao.com)

* 고택 모습

사진출처 : 카카오맵 로드뷰(https://map.kakao.com)

* 중국

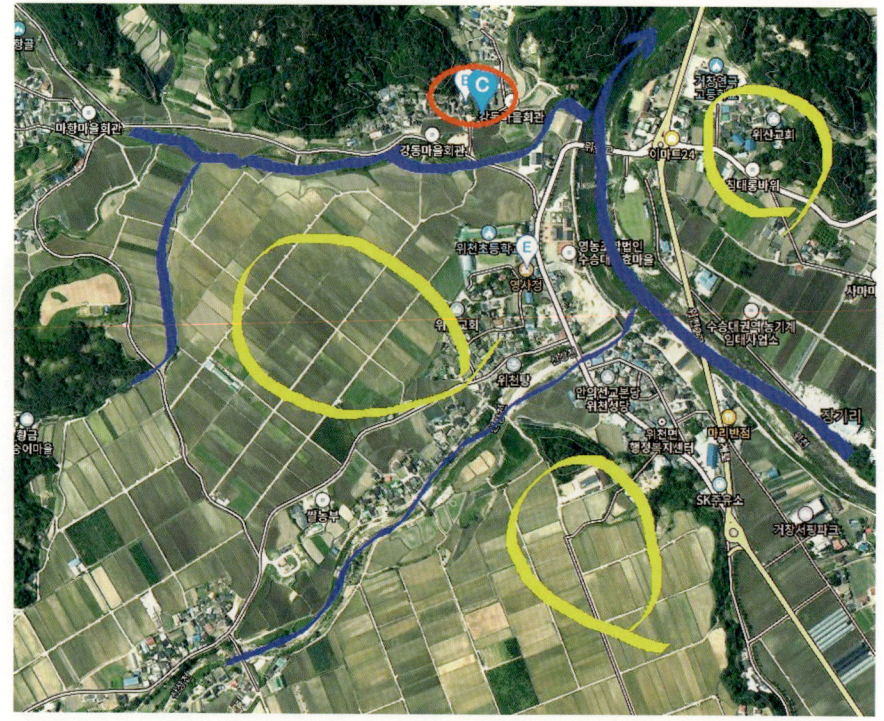

사진출처 : 카카오맵 스카이뷰(https://map.kakao.com)

경남 거창군 황산리 황산마을
(신씨 집성촌, 자식들 공부 잘하고 출세하는 명당)

1. 황산마을의 지도와 안내

 * 소국-- 덕유산에서 호음산 부종산을 거쳐 가느다란 줄기로 내려와서 황상 들판에 전개하였다. 연엽부수형(蓮葉浮水形)이다.

사진출처 :
카카오맵 스카이뷰
(https://map.kakao.com)

* 중국-- 오귀조원국(五歸朝垣局)인가는 모르겠으나 웅장한 산들이 멀리서 옹호하고 물길은 굽이굽이 묶어주면서 흘러 나간다.

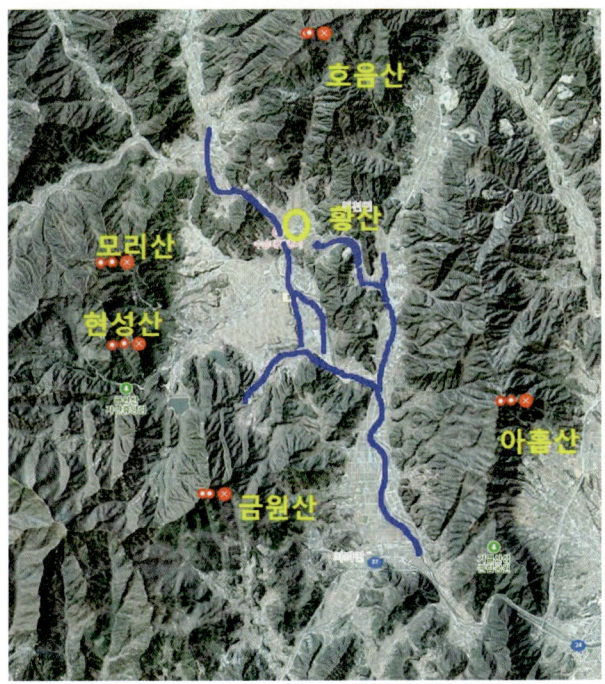

사진출처 :
카카오맵 스카이뷰
(https://map.kakao.com)

＊마을 설명서

　황산전통한옥마을의 뒷산은 호랑이 울음소리가 난다고 하여 호음산으로 불리었으며, 땅의 색이 누렇게 보이고 아침에는 안개가 끼어 있어 하얗게 보인다고 하여 '황토백산(黃土白山)'이라고 하였고, 줄여서 '황산(黃山)'이라고 전해 내려오고 있다.

　또 한국에서 가장 아름다운 마을 제7호로 지정될 만큼 고풍스럽고 아늑한 모습으로 명승 수승대 바로 앞에 위치하고 있다.
이 곳은 1540년(조선 중종 35년)에 요수 신권 선생이 은거하며 후학들을 양성한 이후로 번성하여 거창신씨 집성촌이 되었다.

　마을 안에 약 1.2km의 옛 담장(등록문화재 제259호)은 전통고가와 어우러져 매우 고즈넉하고 아늑한 느낌을 준다. 마을 입구에는 나라에 큰 일이 있을 때 소리로 알려준다는 나이 600년에 이르는 '안정좌(案亭座)' 느티나무가 반겨주고 있다.(거창 문화관광자료에서)

* 원조 고가-- 원학(猿鶴)고택, 1927년 건물을 재건축했다.

* 마을과 외백호방-- 외백호 외청룡이 좋다.

2. 발복

 * 거창신씨는 8세손 신성이 1206년 친원(親元)세력을 피하여 거창으로 이주한 뒤 12세손 신이충(거창신씨 중시조라 할 수 있다) 이후 15세까지 크게 현달(顯達; 세상에 나아가 이름을 드날림)하였다. 거창신씨들은 무신

의 난(이인좌 난, 1728년) 때 거창에 거주하는 동계 정온의 현손 정희량을 따라 반란군에 가담하였다가 실패한 탓으로 한때는 몰락했다. 황산마을은 요수 신권(1501~1573, 신이충의 6세손, 학자로 수승대에 요수정을 건립하여 후학을 가르쳤다)이 개척한 마을이고 황고 신수이(1688~1768, 요수의 5대손, 첨지중추, 후손들이 번창)가 내려와서 부흥시켰다. 거창신씨가 80%를 차지하는 신씨 집성촌이다.

　*중허리를 기점으로 상부는 부(富)가 나고 하부는 귀가 난다고 한다. 거창신씨가 이조 말 부흥한 것은 황산마을의 발복으로 볼 수 있다.(전체 거창신씨 중에서도 요수의 후손이 다수이다) 자식이 공부 잘해서 이름을 날릴 수 있는 마을이다. 상등초급.(2023.10.)

경남 밀양시 양택 5혈
(지명에 陽字가 들어 있는 곳은 양택이 많다고 한다)

1. 부북면 퇴로리 벽진 이씨들 집성촌
　재력 있고 공부 잘한다는 소문이 있다. 행주형인데 부두 쪽에 신선 같이 살 수 있는 금반형이 있다. 유산록 후편 46p 화악산 건해맥 부북면 가산저수지 근처 행주형 거부지지는 이곳을 말한다.

2. 교동향교 일대의 손씨들 집성촌
　일제 때 철로개설을 반대하여 철도가 둘러 갔다고 할 정도로 발언권 있었다. 마을 안산에 일제 때 광산개발로 산이 무너져 손해를 많이 보았다. 이 곳 손씨들의 종산이 종남산 비봉포란이고 마을에서 종남산이 아름답게 보인다. 서로 호응하니 상승효과가 있을 터이다. 물형은 오봉귀소형으로 뒷산이 왼쪽으로 돌아서 안산을 만들었고 봉황들이 아름답다. 유산록 후편 44p은 "… 옥교산에서 밀양시에 내려와 천하가혈 맺었는데 추화산이 청룡이다.…"라 하였다. 이 곳은 교동 손씨 양택이 분명한데 음택인 것처럼 기술하였다.

3. 산외면 다죽리 다원(茶園)마을
일직 손씨 집성촌이고 6백년 된 茶나무가 있다. 鶴형이다.

4. 산외면 엄광리 127 태양실업 박연차 회장 생가
복치형인데 독수리(촛대봉)에게 훤히 보이도록 개발하면 좋지 않다.

5. 밀양시 東갈대와 西갈대
설화에 의하면 동쪽 갈대 밭(동갈대)과 서쪽 갈대 밭(서갈대)의 양택이 있다고 한다. 모두 봉집형이다. 동갈대는 내일동에, 서갈대는 하남에 있다.(2019.3)

경남 사천시 사남면 우천리 복시면장혈
(전국에 몇 안 되는 물형)

1. 복시면장혈(伏屍面葬穴)
시체를 엎어서 얼굴을 땅으로 보게 묻는 혈이다. 전설은 있지만 확실한 혈자리는 전국에 몇 안 되리라 생각한다. 이기론으로는 해명할 수 없는 괴혈에 속한다.

2. 사천시 우천리 산92 안종능지(安宗陵址)

　고려 태조 왕건의 8남 욱(郁)은 과부가 된 조카며느리(5대왕 경종의 비, 효숙왕후, 순을 낳고 산고로 사망)와 불륜을 맺어 아들 순(詢)을 낳았다. 성종은 욱을 사천 사남면 우천리 능화마을로 귀양보내었는데 두 살배기 순이 아비를 찾는 것을 불쌍히 여겨 순을 아비 있는 능화마을 고개 너머 배방사(寺)로 보내어 만나게 하였으나 부자가 함께 사는 것은 허락하지 않았다. 욱은 매일 아들 만나러 배방사를 다니는 것을 낙으로 삼다가 귀양온 지 4년만인 서기 996년 사망하였다. 욱은 죽을 때 이 곳 성황당 동남쪽 귀룡동에 시체를 엎어서 묻도록 부탁하였다. 아들 순은 배방사에서 4년을 살고 6살 때 개성으로 귀경하여 13년뒤 왕위에 오르니 고려 8대 임금 현종이다.(현종은 고려의 기초를 다진 훌륭한 임금이 되었다)

　엎드려 묻은 연유는 욱이 풍수에 정통하여 발복을 빨리 받도록 재혈하였다는 말도 있고(이를 근거로 왕욱을 우리나라 명사로 꼽는 견해가 있다) 불륜을 저지르고 죽은 탓으로 임금이 하늘 부끄러우니 엎어 묻으라고 하였다는 말도 있다. 현종은 이곳 아버지 시신을 개성으로 이장하여 건릉을 지었고, 여기는 안종능지라 추서하였는데 파묘 터로 남아 있다. 지금은 사천시가 돌계단을 만들고 공원화 하였다.

　산의 높은 곳에 평평한 안종능지를 만들었고 산등이는 150M 가량 가파르게 옆가지를 내지 않고 내려갔다. 주변 산들이 모두 능지 위 산봉을 향하여 올라갔다. 하늘로 날아 오르는 제비꼬리形?

　*혈처 지도-- 시신을 보통의 장법에 따라 바르게 눕혔으면 전순이 비스듬이 경사져서 밑에서 오는 바람을 인도하는 모양새가 될 것이다. 여기는 땅속에서 땅 위로 기운이 솟아오르는 형국인지 모르겠다. 13년만에 발복하였으니 속발지이다. 만약 정상대로 매장하였다면 나는 혈이 안된다고 주장하였을 것이다.

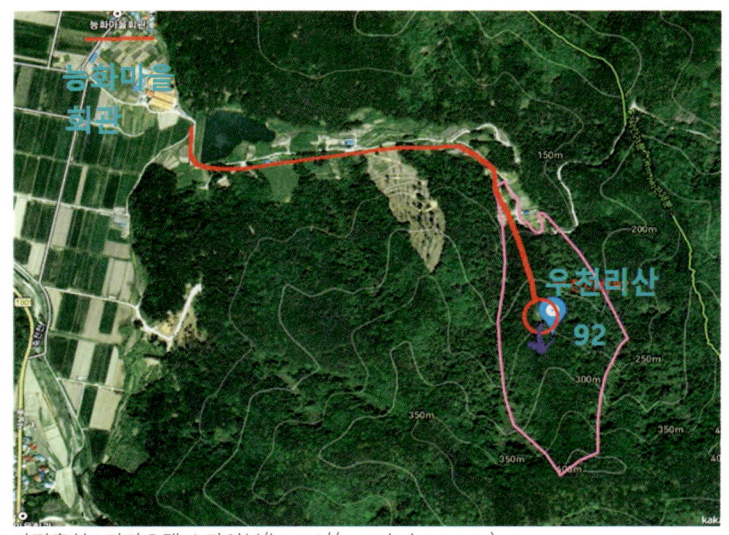

사진출처 : 카카오맵 스카이뷰(https://map.kakao.com)

안종능지에는 조선개국공신 남재가 지었다는 詩 한 수가 적혀 있다.

「와룡산 남쪽 궁벽한 곳에 왕자가 멀리서 와 놀았더라.
 옛 무덤 허물어져 풀만이 무성하고
 까마귀 슬피 울어 석양의 수심을 보내네」

* 안능 안내판

* 멀리서 본 안능

3. 성지결의 또 다른 복시혈

경남 김해 상동에 또 다른 복시혈이 있고 국세와 행룡은 안종능지보다 몇 배 좋다. 성지결(訣)중 봉부향림혈(蜂附香林穴)인데 복시라고 밝히지 않았으나 안산을 주산의 봉우리 방향으로 삼으라고 하였으니 복시밖에 없다. 복시혈은 그럴 만한 이유가 있다. 봉부향림이란 벌이 나무에 붙어 있는 모습이다. 벌이 꽃에 붙지 않고 나무에 붙는 이유는 바람이 세게 불기 때문에 날려갈까 겁내어 나무 둥지에 딱 붙어 버티는 것이다. 벌이 얼굴을 나무에 붙이는 복시 자세이다.(2019.1.)

경남 사천시 세종과 단종 태실지
(태봉은 천하명당인가?)

1. 단종태실지(端宗胎室址)의 문제점

경남 사천시 곤명면 은사리 산27에 세종(1418~1450)태실지가 있고 은사리438에 단종(1441~1455)태실지가 있다. 세종태실지는 제자리 보존을 못한 허물이 있는데 그치지만 단종의 경우에는 태(胎)의 주인이 과연 단종인가? 단종태실지에 대하여 일반인이 천하명당이라 하여 명당 둘레길 산책로로 이용하는데 풍수적으로 명당인가? 소위 태봉(胎峯)이라는 곳은 모두가 명당인가?

2. 태실의 선정(選定)과 관리

* 왕실 자녀탄생시 의식을 거쳐 태를 항아리에 밀봉하여 전국길지에 묻고 무병장수를 기원하는 풍습을 안태(安胎)라고 하는데 이런 풍습은 예컨대 김유신의 태를 진천 태령산에 묻은 것과 같이 예부터 있었고 이조초기부터 영조 때까지 안태와 태실관리는 국가적 사업이었다. 영조 때인 1765년 태실관리의 어려움과 태실조성에 민폐가 많다는 사유로 궁궐후원에 태를 묻으라는 지시를 함으로써 간소화되었다.

* 세종의 명으로 1442년 전국에 흩어져 있는 왕자의 태를 성주 선석산에 모아서 왕자 18기과 단종 1기의 집단 태실지를 만들었다. 세조 때 반대파 3기를 파손하였다

* 사전에 태실예정지를 미리 확보할 필요가 있음에 따라 관상감(이조초기), 안태사(安胎使, 중기)주관으로 전국적으로 명당을 찾고 태실조성을 담당하였다. 대체로 하삼도(下三道; 충청 전라 경상)지역이 많고 동산의 정상이 많았으며 이런 동산을 태봉(胎峯)이라 이름하였다. 태실지로부터 300보 내지 100보 이내를 불가침지역으로 보호하였다. 태실주인이 왕위에 오르면 비석을 추가하는 가봉(加封)을 하였다.

* 일제 때인 1929년 총독부기관인 이왕직이 전국 실태를 조사한 바 도굴당하거나 명당자리라는 이유로 암장을 당하고 제대로 관리된 곳이 없었다. 이에 전국 각지의 태실을 한 곳으로 모아 관리한다는 명분으로 왕실태실 54곳에서 태항아리와 태지석을 발굴하여 서삼릉에 집단태실을 조성하고 이후 후궁 왕녀들의 분묘 45기도 옮긴 후 태실지와 분묘지를 일반인

에게 매각하였다. 여러 곳의 태실 중 성주 세종왕자들 19기 집단태실지가 가장 호화롭고 명당터에 자리하고 있는데도 강제 이전하지 않고 그대로 보존된 것을 보면 태실 집단 이전이 일제가 조선의 정기를 끊기 위한 술책이라고 비난하는 것은 피해망상증일 수 있다.

＊이 곳 태실도 일제때(1929년) 태 항아리를 발굴하여 서삼릉으로 이동하고 비석과 석물을 방치한 탓으로 일부가 없어졌다

3. 세종태실

은사리 산27에 1418년 건립하였다. 정유재란 때 훼손되고 1734년 비석을 다시 건립하였다. 원래 큰 태봉산 정상에 있었는데 이전시에 항아리만 옮기고 나머지는 방치하는 바람에 석물이 흩어져 있는 것을 산자락으로 모아 두고 안내판을 세워두었다. 산 정상에는 정묘 3기가 있는데 반대편 국도에서 올라가는 희미한 임도가 있다. 명당급은 아니고 겨우 동네길 지급이다.

4. 단종태실

＊세종실록(25년1월11일)에 단종 태를 성주 선석산 이장경묘를 이장시키고 안치하였다. 문종실록(1년3월6일)에 가야산 법림산(성주 법전리산 11-1?)으로 옮기고 수호인을 임명하였다. 세조실록(4년7월8일)에 단종태실을 철거하였다고 적혀 있다.

＊이후 단종태실은 실전하였음에도(정확히는 소멸되었다)영조때 전국 태실조사 보고시에 이 곳 태실을 단종의 태실로 잘 못 보고하는 바람에 단종태실로 알고 정조실록(정조8년; 1784년)에 세종태실 인근 소곡산(所谷山)에 있다고 기록하였다. 아마도 "세종이 단종을 사랑하여 가까운 곳에 태실을 마련했다"라는 헛소문이 현지에 있었기 때문에 영조때의 실태조사보고

시에 잘못 보고한 것으로 추정한다. 그 뒤 일제의 발굴 이봉(移封)시 인성대군(仁城大君, 1461~1463, 예종의 장남으로 3세에 요절)의 태지석(胎志石)이 발굴되어 학계에서 인성대군의 태실지로 이론이 없다.

＊일반인에게 천하명당으로 알려져 있으나 풍수인들 다수는 평범하다는 의견이다. 이 곳은 들판 가운데로 나와 앉은 곳인데 풍수는 바람을 제일 무서워하므로 피한다. 독산에 장사하지 않는다는 말이 있고 정상에 묘를 쓸때에는 움푹 꺼져서 바람을 피할 수 있는 천교혈이라야 장사할 수 있는 것이다. 뿐만아니라 이 곳은 툭 튀어 오른 돌(突)형이므로 하수사가 있어야 되는데 그런 사(砂)가 없다.

전국에 있는 소위 태봉이라는 곳은 대부분이 이 곳과 같이 혈이 맺히지 않는 곳이다. 와겸유돌이라는 사상(四象)은 인자수지(서선술 著, 1564년)에 나오는 말인데 임란 이전에는 우리나라에 전파되지 않았던 것이다. 일반론으로 임란이전까지 풍수를 대표하는 왕실지관들의 안목에 의문이 있다. 결론을 말하자면, 태봉은 세종왕자태실 외에는 볼품이 없다.

＊이곳에는 일제 전후에 대대로 사천지역 유력자이었던 최연국(崔演國, 1886~1951)의 묘가 1951년 조성되었는데 태실 석물이 그 묘의 비석 아래 치장석이 되어 있다. 그는 일제 때 앞장 서서 창씨개명을 하고(朝日昇; 아사히노루보) 1933년 조선 총독부 지문기관인 중추원 참의를 역임하였다. 1996년 건립된 묘비문에 민족교육자요 아들 국회의원, 조카 국회의원 겸 문공부차관, 사위 검사로 기록하였다. 그러나 반민특위가 조사를 하던 중 해산되어 무사하였고 민족문제연구소가 친일파로 공인하고 있다. 비문을 좋게 새긴다고 친일 행적이 감추어지지 않고 오히려 공분을 사는 것이다.

＊인성대군이 3세에 요절하여 묻혔고 최연국은 조용히 친일 행적을 감출 수 있었는데 괜히 이 곳에 묻혀서 두고 두고 손가락질을 받고 있으니 이 곳은 흉지에 다름없다.(2024.4.)

5. 관련 사진

*태실지도-- 이 국세에는 동산을 사격으로 하여 금계포란과 금반형이 결혈되었다.

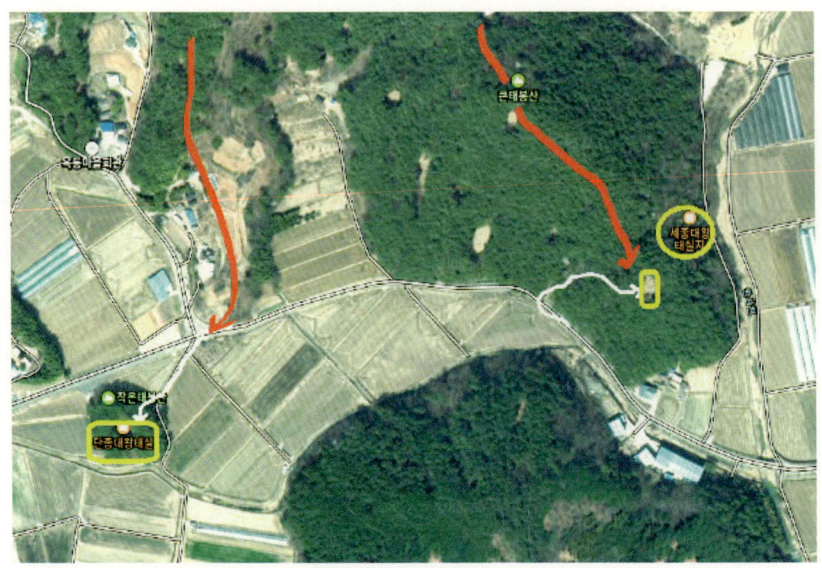

사진출처 : 카카오맵 스카이뷰(https://map.kakao.com)

*세종태실지-- 산 정상에 정씨 묘 3기

* 세종태실 석물

* 단종태실 석물

경남 산청군 신안면 3혈
(무결록지)

1. 신안리 178, 도천서원 충성공 문익점 묘

명당이라고 평가하는 사람이 많으나 산이 늙어서 기운이 없고 사태가 난 곳이 많다. 평범하다.

2. 신안리 71 명동제(저수지) 위쪽에 노옹조어형의 양택 명당이 있다. 상당히 좋은 곳이고 잉어터라는 전설이 있다. 최근 2층 집을 크게 지어 혈을 상하게 하였고 진혈에서 조금 벗어났다.

3. 신안면 중촌리 백마산 정상

어느 비결에 백마산 정상에 음택 명당이 있다고 전해온다. 백마산은 삼면이 절벽이고 옛날 산성이 있으며 우물터도 있고 공원화되어 있다. 정상에 묘 2기가 있는데 군데군데 웅덩이가 파여 있어 大凶地이다. 빨리 이장하고 정화하는 것이 좋겠다.(2019.4.)

경남 양산 영축산 통도사
(천하대혈, 부처님 손바닥)

1. 영취산과 통도사

*영축산(또는 영취산, 1081m)는 인도의 영취산과 모양이 비슷하다고 붙인 이름이다. 신불산등 부근에 있는 1,000m 이상의 산군과 합쳐 영남 알프스라 한다. 인도의 영축산은 부처님이 10대 제자를 거느리고 법화경

을 설법하시던 산인데 이 곳 영축산도 영축봉이 부처님이 되어 동에서 서로 여러 개의 산봉을 일열로 세우고 설법하는 형상이다.

* 통도사는 646년 자장율사가 당나라에서 진신사리 대장경을 가져와 금강계단에 봉안하고 창건하였다. 2018.6. 유네스코 세계문화유산으로 등재되었다.

2. 풍수상 어떤 모양인가?

* 초심자일 때에는 풍수라는 사람의 말은 철떡같이 믿게 되는데 다수가 자궁혈이라 하였다. 2020년경 통도사에 간 기회에 찬찬히 살펴보니 부처님이 손바닥으로 스님들을 감싸 안고 있었다. 스님들에게 이보다 더 좋은 곳이 어디에 있겠는가?

* 전체 대국-- 영축산(부처님 긴팔이 손을 뻗어 통도사를 받쳐준다)

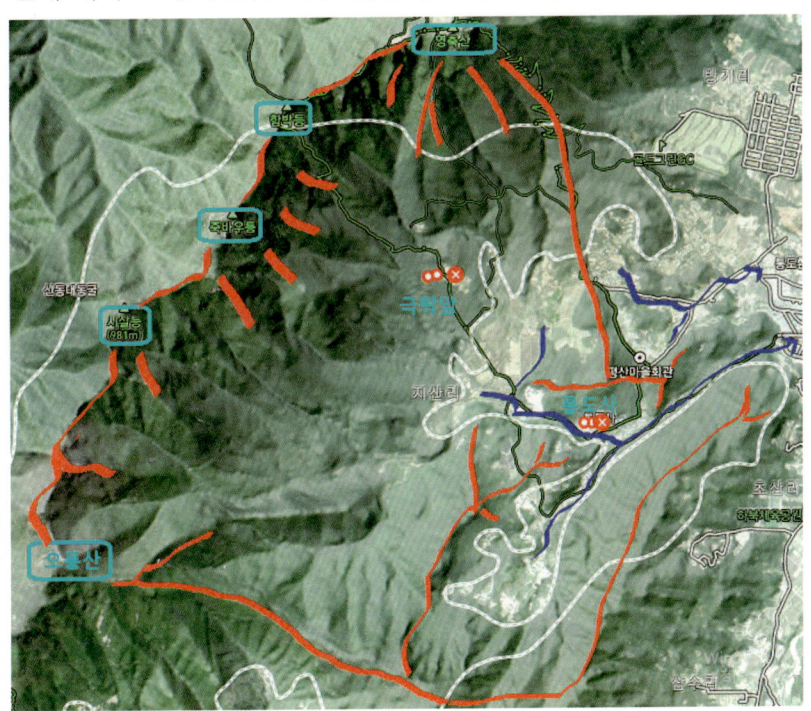

사진출처 : 카카오맵 스카이뷰(https://map.kakao.com)

* 중국

* 극락암-- 경봉 큰스님께서 1953~1982년까지 조실을 맡았던 극락암. 불자들 사이에 모르는 사람이 없을 정도로 유명하다.

* 영취산의 전체국을 보면 최고봉에서 한 줄기 긴 팔이 내려와 두 손바닥으로 감싼 듯한 곳에 통도사가 세워졌다. 그런 연유가 있기에 통도사는 불자에게는 천하명당이다. 절터는 기운 강해야 기도발을 받으므로 탈살은 중요치 않다. 영축산 암벽병풍 밑에 있는 극락암은 연잎이고 들어가 보면 극락세계에 온 듯 느껴진다.(2020.6)

경남 울산시 웅촌면 석천리 302 석천이씨 고택
(이후락 고향)

  인근에 이후락 前 중앙정보부장 생가(석천리 304)가 있다. 백호 쪽에 잉어산이라 불리는 동산이 있고 물길이 아름답다. 이 곳은 문화재인데 관리자로 파견된 공무원이 아이가 없어서 애태우던 중 이 곳에 수 년 간 상근하였더니 46세에 아들을 얻었다면서 명당의 덕이라고 고마워하였다. 이후락생가는 평범하였으나 이웃 명당 터의 넘치는 기운을 받은 것 같다. 안희제 선생님의 생가(경남 의령군 부림면 입산리 168)도 평범한데 옆에 있는 종가댁이 명당이므로 인근에서 덕 보게 된 것과 비슷하다.(2019.9)

경남 울주군 롯데家의 명혈들
(五代에 七陰 一陽)

1. 신격호 계보(系譜)와 명혈(名穴)

 * 영산신씨(靈山辛氏)의 시조 신경(辛鏡)은 고려 인종 때(1138년) 중국에서 귀화하여 문과에 급제하고 경남 창녕군 영산에 정착하였고 9세손 때 영월신씨가 분파하였다. 영산신씨의 인구는 2020년 현재 10만명이다. 13세손 辛乙和가 삼동면 조일리 지랑마을로 이주하여 언양 입향조가 되었다. 다만 15세손 신석환이 1498년(연산군 때) 삼동면 하잠리로 이주하였는데 이 분을 언양파 입향조로 보기도 한다. 그 뒤 18세손 때 삼형제가 지랑, 하잠(신전이 입향), 방기리로 나누어 정착함에 따라 각기 그 지방의 입향조가 되고 그 마을은 400년 역사를 지닌 집성촌이 되었다.

 * 하잠파에서 신혁번(시조의 22세손, 신회장 5대조)이 둔기리로 이주하

여 작동과 둔기리 일원의 신씨들 입향조가 되었다. 롯데그룹의 창업자 신격호(辛格浩,초당공파 27세손)는 둔기리 입향조 신혁번의 5세손이다. 둔기리 입향조로부터 신격호까지 5대에 걸쳐 음택명당 7개 양택명당 1개를 차지하였다. 인촌 김성수 집이 고창일원에 명당을 많이 쓰고 잘 관리하는 것으로 유명한데 이에 버금간다.

＊롯데 음택에 대하여 몇 분이 간산기를 발표하였는데 미진한 감이 있어서 총정리를 한다. 다만 자료가 부족한데다가 묘비를 해득하기 어려운 탓으로 각 지역의 입향조에 대하여 代數계산에 오류가 있을 수 있다.

2. 언양 입향조(신격호 14대 선조) 묘와 둔기리 입향조(5대 선조) 묘

＊언양입향조 신을화(시조로부터 13세손)이하 3대묘-- 울주군 삼동면 153-1, 河回하는 곳에 떠있는 蓮花浮水 대명당(증조부 묘 항목에서 지도로 표시함)

＊둔기리 입향조 신혁번(1807~1861) - 신회장 5대조(현재 8세 후손이 다수)-- 둔기리 산85-1, 신혁번 묘는 장군대좌 大명당이고(말발굽으로 보이기도 한다) 단상 아래에 봉소(鳳巢,봉집)局이 새로이 결혈되었는데 부인 파평尹씨 묘가 있다. 신혁번 묘는 자좌라고 쓰여 있는데 계좌가 좋을 듯 보이고 부인묘는 인좌로 정혈이다. 나는 윤씨 묘와 신혁번 묘만을 살피고 부근에 있는 다른 묘들은 거들떠보지 않았는데 저명한 閔某선생은 윤씨 묘는 왜 그 자리에 썼는지 모르겠다고 혹평했다.

＊신혁번 묘 중국-- 신혁번 묘와 신격호 묘는 둔기리 산82-1에서 서로 갈라선 다른 가지이다.

사진출처 : 카카오맵 스카이뷰(https://map.kakao.com)

3. 四代祖 묘(怪穴)

작동리 산155에 4대 조부와 조모 쌍분이 있는데 조모 묘가 동라형(銅鑼形, 동으로 만든 징, 징소리는 멀리까지 퍼진다)의 명혈이다. 이 묘에 관하여 다음과 같은 일화가 있다. 조모는 허기진 스님을 모셔와서 제사용 쌀로 죽을 쑤어주고 돌보아주었다. 스님은 그 보답으로 재물복이 있는 동라혈과 권력이 있는 전성 깃대봉을 점지해 주었다. 당초에 형이 동라형을 신후지로 예정하였는데 동생(신회장 4대조)이 먼저 죽자 형은 동생을 위하여 마을 가까이에 있는 동라형을 양보하였다. 그 탓인지 알 수 없으나 동생집 계열은 신격호 형제들이 거부가 되었고(官界로 진출한 사람은 신회장 4촌형 신병호가 사무관을 지냈을 뿐이라 한다) 형집은 울산시장과 경찰고위직을 배출하였지만 거부(巨富)는 없다고 한다. 신안이 아니면 찾기 어려운 괴혈이다. 후손들은 소점한 지관이 성지라고 알고 있으나 성지는 광해군 패거리로 치부되어 인조반정(1623년) 이후에는 종적이 묘연한 인물이므로 연대(年代)가 맞지 않는다.

＊동라 지도-- 울주군 작동리 산155

사진출처 : 카카오맵 스카이뷰(https://map.kakao.com)

＊동라 전경

4. 증조부

＊증조부 신녕기 묘는 둔기리 산313-3(富興嶝)에 있는데 也字명당이다. 후장이 없으나 든든한 바위절벽이 뒤를 받쳐주고 있다.

* 언양 입향조의 하잠 연화부수형과 증조부 야자형

사진출처 : 카카오맵 스카이뷰(https://map.kakao.com)

5. 증조모 경주김씨 묘(也字묘의 부인)

언양 반천리 산116. 유지앵서(柳枝鶯棲) 명혈이다. 3대 조부의 첫 부인(婦人) 동래정씨는 일찍 죽고 후처로 경주김씨가 계승하였다. 상석에 신격호등 5형제와 사촌형 신병호가 증손자라고 새겨져 있다(신회장의 형제자매는 5男5女). 혈장이 빵떡처럼 동그랗고 후덕하게 생겼다. 묘는 와(窩)로 된 곳에 있는데 언듯 보기에는 묘 위의 반듯한 곳이 정혈이고 와로 된 곳은 혈구처럼 보인다. 관룡자로 측정하니 正反의 기운이 맹열하였다. 한걸음 백호 쪽으로 옮긴 곳이 정혈인 듯 보인다. 거부지지이다.

6. 조부 신석곤(1872~1944)

둔기리 산261. 당처만 보면 상제봉조처럼 보이지만 혈처로 오는 용체(龍體)가 꿈틀거리면서 직진하여 오다가 90도로 방향전환을 하였으니 飛龍上天격이다. 명혈이다.

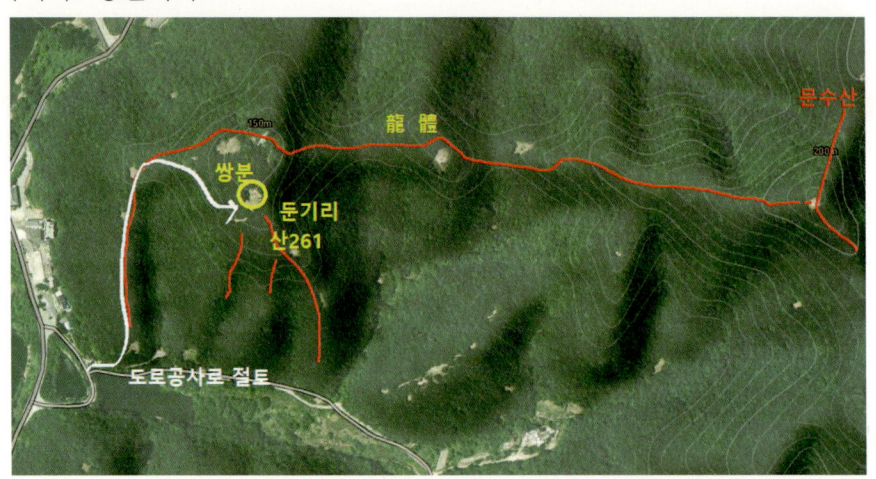

사진출처 : 카카오맵 스카이뷰(https://map.kakao.com)

7. 亡父 신진수 (1902~1973) -- 울주군 구수리 산114

목단개화형으로 명당이라는 견해가 있으나 반대설이 많다. 물이 쏘아 오고 앞가림이 낮아 도로에서 훤히 보인다. 태화강 양변에 늘어선 산줄기가 좋다는 사람이 있으나 혈처 무릎 아래 낮게 늘어서 있으니 영향력이 없다. 발아래에 있는 안산은 안산이 아니다. 위기에 적과 맞서 보호해주지 못할 것이다.

사진출처 : 카카오맵 스카이뷰(https://map.kakao.com)

8. 신격호(1921~2020)-- 둔기리 산46-1. 두사충의 비금탁목 결록지로 대혈이다. 반대 견해도 만만찮다. 정상을 좋다고 하는 분도 있으나 정상은 진양강씨 쌍분이 있는데 칠월칠석에 머리 벗겨진 까치머리같이 부석부석 하다.(신격호 묘 간산기 참조)

9. 생가지-- 울주군 둔기리590-1

대암호 조성(1969)으로 아래에 있던 마을이 현재 위치로 이전하였다. 옮기기 전에도 명당이었다고 추측되고 현재 위치도 좋은 곳이다. 옛날에 혜공노인과 율리 방면에서 문수산으로 올라가는데 노인이 갑자기 산 너머 반대편에 가보자고 하였다. 작동을 거쳐 둔기리 롯데별장에 이르자 노인이 도무당 선무당이라 좋아했다. 무슨 뜻인가 물어니 도인이 춤추는 형상이라 했다. 그 곳에서는 문수산이 보이지 아니한 탓으로 몰랐는데 그뒤 문수사로 올라가서 본즉, 문수산이 도인이고 별장 쪽은 도인의 춤추는 손이고 별장은 다섯 손가락 중 가운데 손가락임을 알 수 있었다. 그러나 문수산이 워낙 통통하므로 도인은 아니고 보살이나 옥녀로 보는 편이 정확하겠다. 옥녀무수형(玉女舞手形)의 대명당이다.

＊옥녀무수 지도

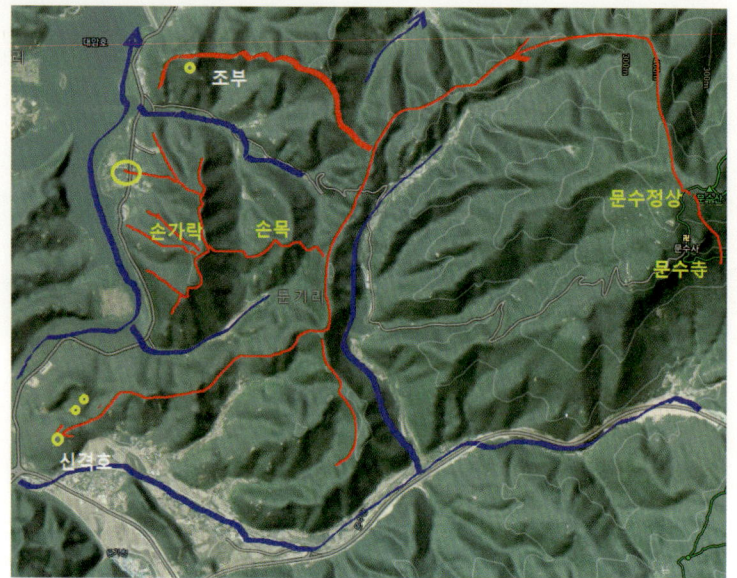

사진출처 : 카카오맵 스카이뷰(https://map.kakao.com)

10. 인력으로 이룰 수 없다

둔기리 입향조로부터 신격호까지 5대에 음택명당 7개 양택명당 1개를 용사하였으니 대단하다. 동라와 야자형은 물형 명칭이 전해오는 곳이고 나머지는 내가 작명하였다. 동라혈은 신안이 아니면 찾을 수 없고 유지앵서는 신안이 아니면 재혈할 수 없다. 명당 혜택을 많이 받았으니 많이 베풀어야 오래 갈 것이다. 롯데회장과 동생 농심회장은 사이가 나빠서 만나도 서로 외면할 정도라고 하였다. 롯데회장은 신후지에 관심이 없어서 뭇 풍수들이 명당을 소개하려고 접근하여도 반응이 없었다. 반대로 농심회장은 이름있는 풍수를 동원하여 신후지를 물색하고 假墓(둔기리 산101-1)를 두 개나 조성하고도 나중에는 밀양 임고리에 묻혔는데 평범하다는 견해가 다수이다. 관심 없던 사람은 명당가고 애쓰던 사람은 뜻을 이루지 못했다.(2023.1.)

경남 울주군 롯데 신격호 회장 묘
(두사충 결록의 비금탁목이다, 墓 쓴 과정이 妙하다)

1. 설화에 있는 곳을 찾다

2017년말경 아는 사람으로부터 "언양 작동에 비금탁목이라는 대혈이 있다는 이야기가 傳해 온다. 유력자가 신후지로 삼을려는데 못 찾고 있다"는 말을 듣고 찾아 나섰다. 등산가는 산이 거기에 있으니 올라가는 것이고 풍수애호가는 명당이 거기 있다고 하니 찾아 나서는 것이다. 작동은 정족산의 울산쪽 행룡으로 상작마을(上鵲, 상작마을회관 일원)과 下작마을(下鵲, 신당있는 일원) 그리고 큰 작동(작동마을회관 일원)이 있으니 찾아야 할 범위는 그리 넓지 않다. 上下鵲마을은 문수천 주변에 있고 행정구역은 울산시 울주군 삼동면 둔기리에 속하며 큰 작동마을은 삼동면 작동리에 속한다.

첫 번째는 큰 작동 뒷산을 탐사하여 吉地급의 작소(鵲巢, 까치집)를 찾고 두 번째는 상작마을 뒷산에 올라 중등중급의 작소를 찾았다.

남은 건 하작 마을 뒷산인데 밑에서 보면 봉우리가 밋밋하여 혈이 있을지 의문이었으나 앞산과 대립된 구조가 좋아 희망을 갖고 올라갔다.

정상은 평평한데 묘 두기가 있으나 기운이 없고 땅이 푸석거렸다. 맥로를 찾으니 기운은 정상으로 흐르지 않고 옆으로 돌아 낮은 도두를 만들고 그 밑에 약간 경사진 넓은 혈판(축좌미향)을 만들었더라. 지금은 묘역을 정리하여 알기 쉬우나 당시는 잔솔이 촘촘하여 알기 어려웠고 잘 보지 않으면 도두가 혈처같이 보이는 곳이다. 감평을 받으려고 의산을 동행하였는데 혈처를 그냥 지나치더라. 의산은 기감이 좋아서 혈처 부근에 가면 놓치는 일이 없는데 이상하여 왜 지나쳤느냐고 물으니 기운이 뭉친 곳은 소식이 오는데 이 곳은 기운이 잠자고 있는 것 같다 하였다. 언제 잠을 깨겠느냐고 물으니 백 년을 지나야 깰 것 같다 하였다.

정상은 밋밋하지만 접시를 엎은 듯하고(覆茶形) 혈처의 저 아래 냇가에는 까치부리처럼 뾰족하고 그 바로 앞에 직립한 높은 안산이 있다. 물은 세 갈래가 모여 대암호로 들어간다. 속발 거부지지로 장유할 것이다. 뒤에 두사충의 비금(飛禽, 날으는 새)탁목결록을 찾았고 결록에 있는 마을 신당도 찾았다. 비금탁목임을 확신하고 결록을 맞추어 보지 않았다. 우리는 부근을 지날 때면 아무도 모르는 비금탁목을 우리만 알고 있다고 생각하며 흐뭇해 하였다. 문수산 정상에서 한 가지가 북쪽으로 나간 다음, 서남쪽으로 180도로 회룡고조하면서 가늘고 예쁘게(嫩枝) 십리를 내려와서 맺은 문수산 말락지 대혈이다.

2. 삼생의 공덕이 있어야 묻힐 수 있는 곳

금년 초봄(2020.2) 지인의 안내로 신회장(1921.11~2020.1 향년98세)님 묘(첫 부인 묘는 대암호 별장)를 구경하려 갔는데 발길이 점점 우리의 비밀장소로 향하고 있어 설마하였으나 결국 비결지에 도착하기에 대경실색하였다. 재혈을 보니 백호쪽으로 몇 걸음 옮기고 입수에 흙을 한 바가지 붙고 중기로 다졌는데 지관 나름의 뜻이 있겠지만 우리와 조금 차이는 있으나 혈장이 넓어 괜찮겠더라. 필자는 옥룡자 상용 문구대로 탄식을 금하지 못하고 내려와서 의산에게 백년 잠 잔다더니 어찌되었느냐고 핀잔주었다. 사실 고인은 현대나 삼성그룹 창업자 보다 세평(世評)은 한 단계 밑이다. 이런 대혈을 차지하기엔 부족하지 않을까? 곰곰이 생각하니 금생 뿐만아니라 전생까지 합친 삼생의 공덕이 있을 것이라 이해하였다. 고인의 실명과 결록을 밝히지 않고 삼생의 공덕이 있어야 묻힐 자리라는 제목으로 간산기를 쓰고 이 혈은 조만간 세상에 알려질 것이라고 끝맺었는데 사태는 뜻밖으로 전개되었다.

3. 참새들이 봉황의 뜻을 어찌 알리오

고인은 워낙 유명한 분이라 묘소를 숨길래야 숨길 수 없다. 얼마 안되어 경남지역 풍수가 지금 자리는 허혈이고 도두 뒤 정상쪽이 진혈처라는 간산기를 올리자 지역에서는 별 볼일 없는 자리라는 소문이 굳어져 갔고 많은 회원을 거느린 동방풍수유람 카페지기 SON 모씨는 진일보하여(?) 천하 대명당을 근처에 두고 흉지중의 흉지에 갔다는 간산기를 올리고 롯데의 앞날을 태산같이 걱정하더라. 풍수들의 간산기 독자가 이미 천명에 이르니 조만간 이 곳은 흉지로 소문이 굳어질 전망이다. 내가 세상에 곧 알려질 것이라는 뜻은 명당으로 소문 난다는 것인데 거꾸로 가고 있다. 전라도 어느 마을 어귀에 명당 묘가 있었는데 마을 사람들이 흉지로 잘못 알고서 지나다니면서 노상 흉지라고 손가락질 하자 결국 흉지가 되고 말았다고 한다. 민심은 천심이라 할까.

지금의 자칭 개안자들이 杜思忠神眼을 우습게 보고 있다. 그들이 이곳의 국세와 물형을 알고 진혈이 다른 곳에 있다고 한다면 검토해 볼 여지가 있겠으나 문수산 北쪽 한 가지가 내려온 줄 알지도 못한 채 즉흥적으로 흉지라 한다. 필자라도 나서서 흉지로 소문이 굳어지는 것을 막아야겠다.

* SONKWCC의 혹평

근처에 중국 후진타오의 부모 묘소의 파워를 훨씬 능가하고, 쩡궈판, 모택동 祖父와 장개석 부친 묘소와 대등한 역량의 천하대지를 놓쳐버렸다.
롯데의 장래는 어떻게 될 것인가. 대흉에 정확히 걸렸다.

* 거성의 혹평

모신 후부터 강한 흉기가 들어와 사건 사고로 인명피해가 연속 발생할 수 있으며 그로 인한 사회적 지탄으로 국민의 불신을 받고 사업부진과 경영손실로 이어질 것이다.

4. 비금탁목의 결록

우리는 결록지라 확신하고 현장과 결록을 맞추어 보지 않았으나 이번에 검토한 즉 여러 가지 신기한 부분이 있었다. 飛禽啄木이란 까치(비금은 鳥獸를 말하는데 여기서 조수는 작동마을에 있으니 까치이다)가 나무를 쪼는 형상이다. 두사충의 결록은 아래와 같다.(용혈도는 없다)

> 언양(울산)·彦陽(蔚山)　5혈
>
> ※ 본래는 彦陽郡. 1914년 蔚山郡에 병합. 1997년 蔚山廣域市로 통합. 〈資料: 홈페이지 울산 광역시 연혁〉
>
> ☆ 동남쪽 이십리(二十里) 쯤의 작동(鵲洞)에 비금탁목형(飛禽啄木形)이 초충안(草虫案)으로 되어있구나. 이 자리는 진래갑작(震來甲作)으로 안산(案山)이 높고 주산(主山)은 짧고, 청룡과 백호가 다같이 길고, 주산에는 마을 신당(神堂)이 있고, 수구(水口)에는 문필봉(文筆峰)이 빼어나고, 북쪽에는 마을이, 인방(寅方)에는 절(寺)이, 혈 아래에는 대로(大路)가 있고, 청룡에는 대로와 소계(小溪)와 연소석(硯巢石)이 있으니, 이 자리를 찾아쓰게 되면 당대에 현인(賢人)이 나고 문무과(文武科)가 끊어지지 않으리라.

5, 결록을 현장에 대비

①결록은 언양 東南 20리 작동이라 하는데 고인의 묘소는 언양읍사무소로부터 동남 약 20리 下작동마을이다.

②寅方에 절(寺刹)이 있다는데 문수사가 있다. 문수사는 문수산 정상 남쪽 아래에 있는데 1300년전 신라 원성왕 때 연희국사가 창건하였다. 조선 말기까지 조그마한 암자이었는데 신회장 부친께서 중창불사를 하여 지금의 큰 절이 되었다. 입시 기도에 효험이 있다고 하여 입시철에는 많은 사람이 찾는다

③북쪽에 마을이 있다 하는데 댐에 수몰된 둔기마을이 있고(지금의 둔기마을은 수몰 후 상부로 옮긴 곳이나 기운도 따라 이동한 것 같다) 고인의 출생지이다. 두사충이 오백년 뒤 둔기마을 출생으로서 문수사와 인연 있는 사람이 차지할 것이라 예견하였을까. 장소를 특정하려면 굳이 둔기마을과 문수사를 동원할 필요가 없으니 여운이 남는 대목이다.

④主山 앞에는 하작마을의 神을 모시는 마을神堂이 지금도 있다.

⑤진(震, 갑묘을)래 갑작이라 하는데 甲卯來는 맞고 혈처가 갑작은 아니다. 축좌미향인데 甲作이라 하여 진혈처를 숨겼다. 甲作은 정상 부근인데 기운은 없으나 흉지는 아니다. 이 묘를 쓸 때 이장하면서 많은 보상을 받았을 터이니 그 곳은 후손에게 재물을 주는 음덕이 있은 것이다.

⑥결록과 같이 혈처 아래 국도가 있다.

⑦안산(草虫案)이 직립하여 높다. 이 묘소 보다 낮으면 균형이 맞지 않는다.

⑧청백이 길다 하였으나 청룡은 짧고 백호는 水백호와 外백호가 길게 주산을 감싸고 있다.

⑨물형은 까치가 벌레를 잡기 위하여 나무를 쪼는 형상이다.

이상은 결록과 일치하는 점이다.

다른 점은 연소석은 모르겠고, 발복을 현인 문무과이라 하지만 혈처가 풍후하고 세 갈래 대천이 혈전에 모여 대암호로 들어가고 까치입이 안산에 근접하니 거부속발지가 아니겠는가.

6. 墓 쓴 과정이 妙하다

간산기를 쓰기 위하여 몇 사람과 동행하고 여러 가지를 조사하였다. 현지 신회장의 친척말에 의하면 대암호 조성(1970년) 후 많은 주민이 이주하고 토지가 매물로 나오자 신회장님이 많이 사들였고(이곳 묘지 일원은 1975년 매수) 사촌형님이 토지를 관리하면서 풍수 10여 인을 동원하여 명당을 찾아 다녔다. 신회장님의 신후지로 지금의 묘지 수십M 아래에 가묘를 만들고 진입 임도를 개설하였고(그때 만든 도로를 지금 사용하고 있다.) 10여 년전에 사촌형이 돌아가셨다.(그 분도 가묘를 만들었는데 돌아가시자 이곳으로 오지 못하고 경기도에 묻혔다고 한다) 현지인들은 신회장님을 가묘에 모시는 줄 알았는데 위쪽에 모셨더라. 그 다음은 고인의 장남 신동주가 관여하였다. 아래는 2020.2.28. 인사이드코리아 기사이다.

…신동주 부회장은 2018년경부터 아버지인 신격호 명예회장의 묏자리를 알아보러 다녔다. 날로 쇠약해지는 아버지의 건강상태를 고려했을 때, 좋은 자리를 미리 알아봐 놓는 것이 자식된 도리라고 여겼다.…선산이 넓어서 혼자서 보기엔 무리였다. 신 부회장은 그해 5월부터 풍수지리를 보는 지관 2~3명과 함께 터를 살폈다. "지관들마다 의견이 다르긴 했으나, 조그만 언덕에 좋은 경치가 있고 또 수맥이 흐르지 않는 곳 등 공통적인 의견과 전반적으로 고려해야 할 것들을 따져서 아버지의 묏자리를 결정했다."라고 신 부회장은 말했다.… "장남으로서 도리를 다하기 위해 노력했다. 최근들어 매장식 장례가 각종 규제로 막히면서 허가받는 과정에서 힘

들었다. 막내삼촌인 신준호 푸르밀 회장과 지인들의 도움으로 2년 여에 걸쳐 좋은 자리에 매장할 수 있는 허가를 받을 수 있었다."…그런데 신격호 명예회장이 별세한 지난 1월 19일, 해당 자리에 매장 허가가 돌연 취소됐다는 연락이 왔다. 하는 수 없이 미리 마련된 자리 바로 옆쪽으로 묏자리를 옮겼고, 묘지의 크기도 당초 준비했었던 크기보다 줄어들었다. 자식으로서 도리를 다하려고 했으나 현실적 여건으로 어려움을 겪은 신 부회장은 마음이 불편했다고 토로했다.…신 부회장은 "허가가 갑자기 취소되면서 몇 년 간 열심히 준비했던 곳이 아닌 다른 곳으로 급하게 자리를 옮기게 됐다. 속상하고 마음이 좋지 않았다."라고 말했다.

고인이 여기에 묻히기 까지는 우여곡절이 있었고 허가가 취소되면서 옆자리로 옮긴 것이 진혈에 안장하는 결정적 역할을 했던 것이다. 진혈로 찾아 가는 과정이 참으로 묘하다. 이 자리의 주인이 정해져 있은 것처럼 착각하게 한다.

* 문수산

* 전체 지도-- 하잠 연화부수는 入언양 辛씨 중시조 묘, 둔기리는 선인 舞手(생가는 춤추는 문수산의 가운데 손가락이다, 금구음수로 보는 분도 있다) 양택이다. 이 혈과 더불어 전국구 명당으로 쳐주고 싶다.

사진출처 : 카카오맵 스카이뷰(https://map.kakao.com)

* 마을 신당

* 안산과 좌향-- 안산에는 두 개의 봉우리가 있는데 좌향은 축좌로서 허약한 곳이 된다. 이 점을 들어 혈처가 아니라는 주장도 있다(뒤에 검토하니 고축사이더라). 약점을 알고 근신한다면 경주 최부자 집처럼 오랫동안 복 받으리라. 부자 삼대가 없다는 말이 있듯이 재물이란 원래 위험한 것이다.

사진출처 : 카카오맵 로드뷰(https://map.kakao.com)

* 혈처 원경

사진출처 : 카카오맵 로드뷰(https://map.kakao.com)

* 까치 주둥이-- 바위

사진출처 : 카카오맵 로드뷰(https://map.kakao.com)

*신회장님 묘

6. 인심을 얻어야

현재 묘소 입구에 철망을 치고 출입을 막고 있다. 고인은 글로벌기업 창업자이니 철망을 쳐도 세상의 이목으로부터 숨을 수 없다. 낮 시간에는 개방하고 겸허히 내방객을 맞이하여 인심을 얻어야 된다. 이병철회장님 생가는 안내인을 두고 개방하여 좋은 평을 받고 있다. 지금의 묘는 나지막한 봉분, 적당한 크기의 상석과 와비(臥碑)가 운치있고 아름답다.(울산대학교의 디자인이다) 혈처가 까치 눈이라 짐작되는 터이라 석물치장은 조심해야 될 것이다. 함부로 치장하였다가 世人의 입방아에 올라지는 것을 극히 경계해야 하고 작은 주차장을 마련하고 신당을 잘 간수하면 좋겠다. 묘지를 잘 관리한 뒤(墓地善菅後) 積德 善行이다. 내려오면서 까치(飛禽)를 칭송하고 고인의 명복을 빌었다.(2020.6.)

경남 울주군 신격호 묘의 안산(案山)은 흉한가?
(고축, 일자문성, 토성)

1. 비금(飛禽)탁목(啄木)

신회장님 묘는 두사충의 비금탁목형 결혈처(무학전도서 250p)이다. 거기다가 주산인 문수산은 정족산에서 북으로 달려와서 태화강변에 멈춘 山인데 비할 바 없이 풍후하다. 혈처는 문수산 뒷 머리에서 한 가닥 댕기머리가 180도로 회룡 고조하였고 안산은 정족산에서 직룡으로 혈전에 마주와서는 뾰족하게 쏘지 않고 면을 열고 꼿꼿이 섰다. 혈처 앞에 두 곳의 합수처가 있고 물은 대암호로 들어간다.

2. 옛 先哲의 결록은 허망한 유언비어인가?

두사충, 일이승, 성거사, 라학천 등 옛 고수들의 명당결록은 전해오는 과정에서 일부 훼손되거나 위작이 섞여 있지만 대부분 믿을 수 있고 내용상으로도 전국적 대혈을 90% 이상 망라하고 있다. 결록지를 찾을 실력이 없는 풍수일수록 결록을 우습게 평가하는 경향이 있다. 신회장 묘는 까치가 나무쪼는 형세로 상등초급 대혈인데 간산한 풍수들은 주산에서부터 혈처까지의 래룡도 살피지 않고 물의 흐름 등 국세를 따져보지 아니한 채 대수롭지 않다고 본다. 심지어 현재의 위치는 롯데그룹이 대형 사고를 쳐서 망할 우려가 있다고 한다. 두사충이 울고 갈 처지가 되었다. 현재의 위치보다 위로 올렸어야 된다는 주장도 있으나 위쪽은 낮은 만두로 되어있어서 속기 쉽다. 만두는 氣탱크이고 풍수속담에도 도두(到頭, 腦頭)일절(一節)은 버려야 된다는 말이 있다.

3. 안산이 흉한가?

저명한 J풍수는 평하기를, "안산이 높아서 시야가 가린다. 심하게 골이 져서 여근곡과 같고 좌우가 서로 다투는 형상이다. 깊은 곳을 정면으로 바라본다. 그런 탓으로 형제간에 갈등이 심하고 안산이 가까워서 흉한 효과가 빠르게 닥쳐올 것이다. 롯데가 위기 중 위기이다"라고 한다.

사실 혈처에서 보면 좌향을 어떻게 놓아야 될지 고민하게 된다. 결록에 진래갑작이라 하였을 뿐 좌향을 적어놓지 않았다. 안산의 형세상 안산의 낮고 들어간 곳을 보는 것이 맞으나 허약한 곳을 정안(正案, 정면을 안으로 삼는 것)으로 하였다는 비판을 받기 십상이었다. 결록지가 맞다면 안산이 흉할 까닭이 없을 것이라 생각하고 연구한 끝에 무식한 소치로 고축사(誥軸砂)를 알지 못한 것을 깨달았다.

4. 고축(誥軸), 전고(展誥), 일자문성(一字文星), 토성(土星)

* 책을 보면 "토성의 양쪽 角이 높이 일어난 모습인데 폭이 좁은 것을 고축이라 하고 길고 넓은 것을 전고(또는 展軸)라 한다. 모두 귀한 사격으로서 上格은 장관과 大貴, 下格은 小貴와 富의 발복이 있다"라고 설명한다. 못 생겨도 재물은 있다는 말이다. 위의 용어들은 길한 사격으로 거론되는데 주로 조안산(朝案山)이 된다. 그리고 고축을 일자문성의 일종이라든지, 토성과 일자문성이 같다든지 하는 견해가 있다. 위의 단어는 중국에서 만들어진 것이므로 어휘를 추론하여 나의 견해를 제시한다.

* 誥란 알리는 것을 말하고 軸이란 두루마기를 말하는 것인 바 여기서 고축이란 임금이 敎旨(공무원 임명장, 과거합격증 등)를 적어서 내려주는 두루마기를 말한다. 중국 드라마를 보면 내시가 교지를 적은 두루마기를 펼쳐들고 엎드린 신하 앞에서 읽는 모습을 종종 보게된다. 이때 교지를 적은 두루마기가 고축인데 양쪽에 서류를 감는 기둥이 있다. 기둥이 없으면

고축이 아니다.

*일자문성은 정상(頂上)이 일자로 되어 있는 문성(木星)을 말한다. 정상이 길게 일자로 되어 있으면 토성과 구별하기 어려우나 산중턱 이하 부분을 볼 때 산비탈이 풍성하게 발달되어 있고 목성의 상층부를 잘라낸 듯 보이면 일자문성이다. 上部가 일자로 되어 있어도 산비탈이 빈약하고 그냥 지나가는 듯 보이면 토성이다. 요컨대 文星의 상부가 一字 형태인 것이 일자문성이다.

거문성(巨文星, 본질은 토성이므로 巨文土星이라고도 한다)은 형기론에서 문성(木星)처럼 본체가 예쁘고 단정하지만 本性은 토성으로서 정상에 와(窩)로 결혈되거나(天穴이다) 또는 丁字 맥을 내려 결혈한다. 巨門星(巨門土星)은 이기에서 방위에 따라 오성으로 나눈 것인데 형기상의 巨文星과 혼용되고 있다.

5. 실제 모습
 *고축과 전축-- 도선국사 풍수비법에서 인용

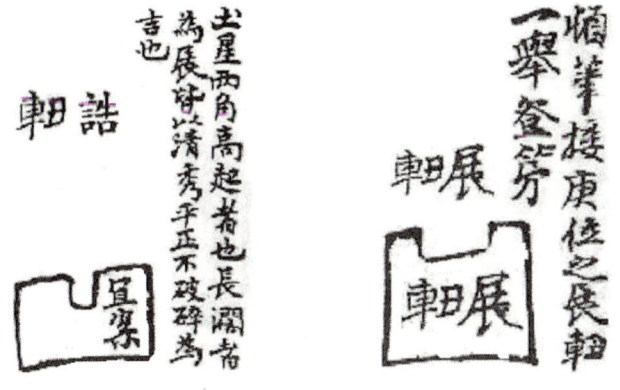

*일자문성-- 김종철의 명당답사기에서 인용(감사합니다). 양 끝에 뿔이 있는 것은 본체가 목성이라는 징표일 뿐이다.

＊교지액자

＊고축 사진(1)-- 양쪽에 두루마리 기둥이 있어야 된다. 아래 사진은 고령신 씨 시조 묘 입구이다.

*고축 사진(2)-- 이 곳 안산을 옆에서 본 것.

*일자문성인데 토성이라 주장-- 목성의 상부를 자른 모습이므로 높다

*토성인데 일자문성이라 주장

＊거문토성(巨文土星)-- 정자(丁字)맥을 내려 결혈한 모습(김두규 풍수학 사전에서 인용). 고축은 사격이 되고 主山은 될 수 없다.

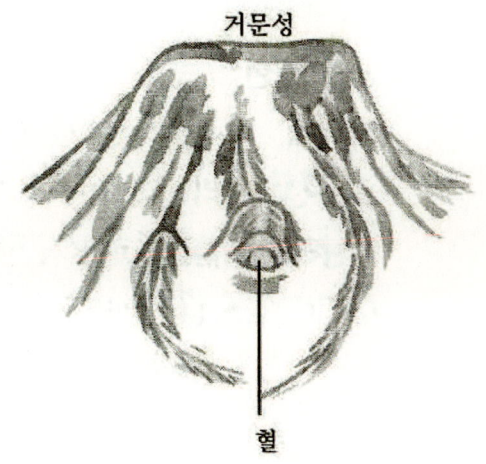

6. 신회장 묘의 안산 모습

＊대국-- 주산래룡, 안산래룡, 합수처

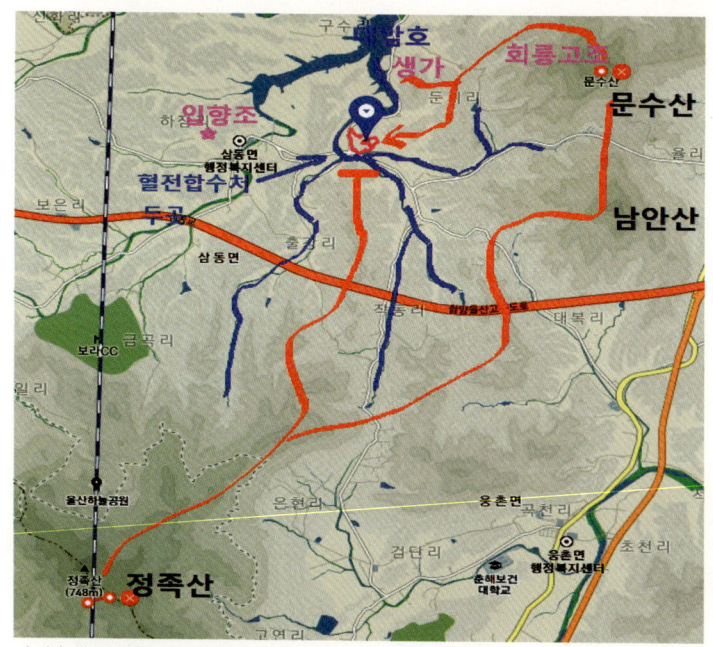

사진출처 : 카카오맵 스카이뷰(https://map.kakao.com)

* 중국(中局) 지도-- 진래갑작, 축좌, 고축

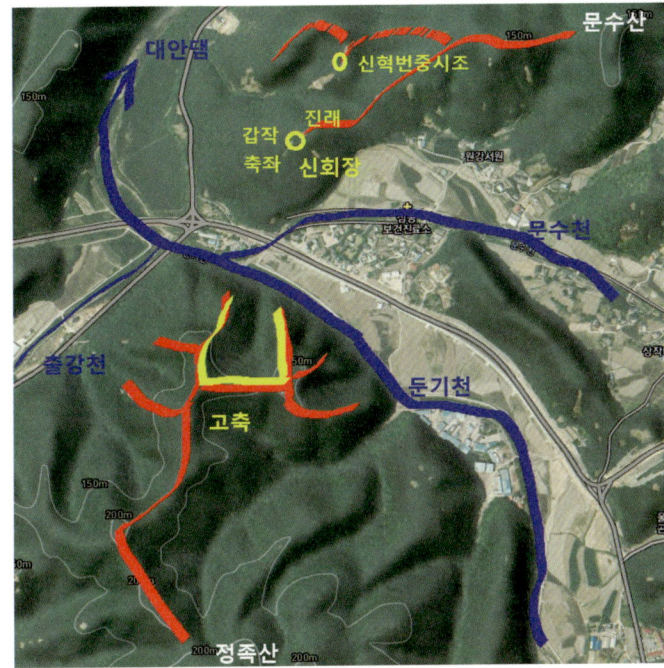

사진출처 :
카카오맵 스카이뷰
(https://map.kakao.com)

* 신회장 묘의 안산-- 고축사로 볼 수 있다.

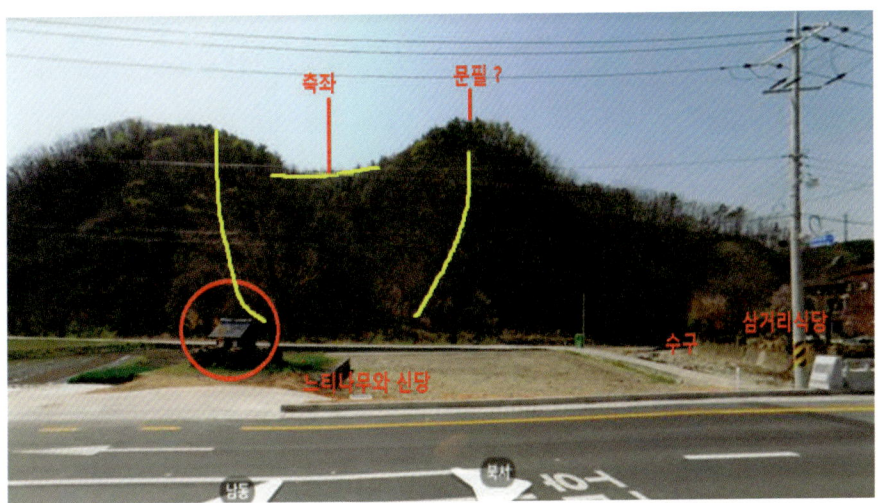

사진출처 : 카카오맵 로드뷰(https://map.kakao.com)

*안산 사진-- 민중원 풍수카페에서 인용, 감사합니다.

7. 형제 싸움으로 위기인가?

*안산이 꼿꼿이 섰지만 혈처도 높아서 갑갑하지 않고 오히려 시원하게 보인다

*태종 이방원은 정몽주를 제거하고 2차의 형제난을 일으켜 무자비하게 형제들과 정적을 죽이고 조선 창건을 완성하였다. 삼성 이건희도 형을 배제하고 가업을 이어받았고, 정몽구도 아버지에 대하여 왕자의 난(亂)을 일으키고 현대자동차사업을 차지하여 세계적 기업으로 성장시켰다.

*롯데는 재계 5위 그룹인데 2015년 형제간에 지배권 다툼이 발생하여 신격호회장은 2선으로 밀려났다가 2020.1 사망하였다. 롯데는 2017년 사드사태로 중국에서 막대한 손해를 입었으나 신동빈이 형 신동주와 싸움에서 승리하고 뉴-롯데를 표방하면서 화학계열에 집중투자하고 있다. 한국에 사업기반을 두고 있으니 현지 실정에 어두운 신동주보다 신동빈이 승계한 것이 잘된 일이다. 재계의 경쟁은 냉혹하기 짝이 없는 전쟁이다. 형제의 싸움에서 이기는 자(者)가 사업을 승계하는 것을 나무랄 수

가 없다. 형에게 밀리는 약골이라면 국제무대에서 버티지 못할 것이고 호텔업과 제과업에 안주한다면 재계 5위를 지킬 수도 없을 것이다. 다른 원인이 있으면 모르되 이 곳 묘 때문에 롯데가 망하는 일은 없으리라 본다. (2022.12)

경남 의령군 비학등공과 비학하전
(이운룡 장군 묘와 진양강씨 묘)

1. 같은 학체(鶴体)라도 물형에 따라 다르다

의령군 오천리 산30-1에는 이운룡 장군 묘가 있고 인근 소상리 산18에는 진양강씨 박사공파 집장지가 있다. 두 묘지는 학체이지만 장군 묘는 하늘을 날아 오르는 학이고 강씨 묘는 날던 학이 밭으로 내려 앉는 형이다. 래룡은 장군 묘가 좋으나 안산은 강씨 묘가 좋다. 세속발복에서 장군묘는 만인의 향화를 받지만 절손(손자대에 절손, 서자는 있은 듯하다)되었음에 대하여, 강씨묘는 권세 부귀 자손번성을 누린 중등상급 대혈이다.

2. 이운룡 장군 묘(비학등공)

*이운룡(1562~1610)장군은 임란 때 옥포해전(1592.5.7.)에서 선봉장이 되어 큰 공을 세웠고(적선 50여 척을 격파한 임란 최초의 대승이다) 여러 해전에서 용맹을 떨쳐 적장도 장군에게 존경을 표하였다 한다. 이조판서 이원익이 이순신 장군에게 후임으로 누가 적임자인가 물으니 이운룡장군이라 즉답하였다고 한다. 사후에 이조판서로 추서되어 청도 금호서원과 의령 기강서원에 제향되었다. 장군은 경북 청도 출신이고 처음엔 청도 법귀산 선영에 묻혔는데 1634년 평택 현감으로 있던 아들이 외가(손씨)가

있는 이 곳(의령군 기강 웅산)으로 천장하였다. 적손자가 없는 상태에서 이장하였다고 추측되는데 그렇다면 절손된 것은 이 묘 때문은 아니다.

 *국세-- 학이 안산에서 오는 작은 짐승에 놀라서 하늘로 솟구치는 형상이다. 호암산에서 왕봉산을 거쳐 오는 래룡(來龍)과 개장은 좋다. 그러나 수구쪽이 넓고 안산이 청청하여 세속적인 발복은 없겠다. 물이 너무 맑으면 물고기가 살 수 없다.

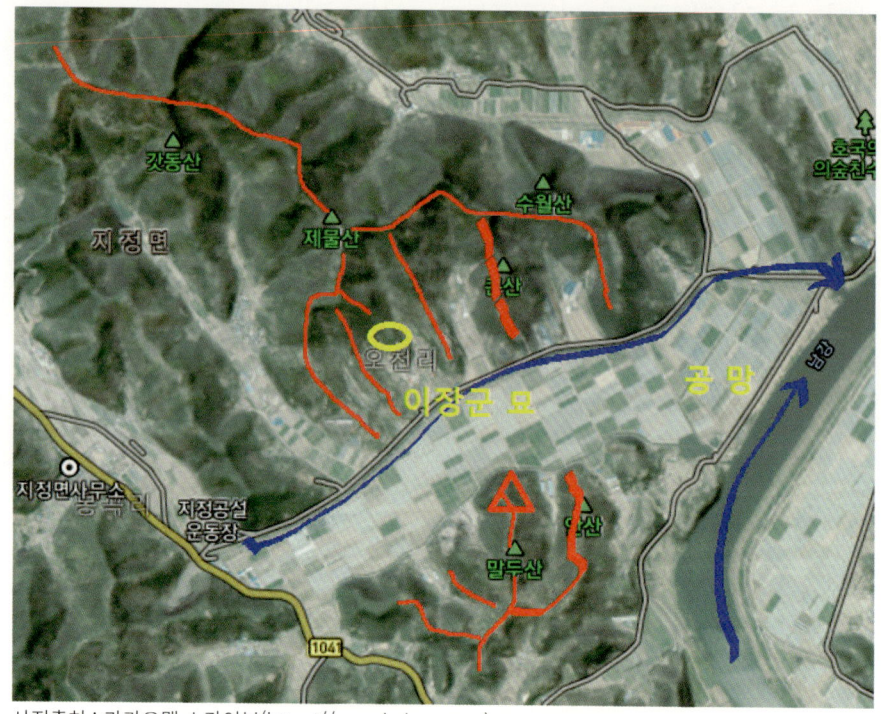

사진출처 : 카카오맵 스카이뷰(https://map.kakao.com)

＊이장군 묘

3. 진양강씨 박사공파 집묘지

하늘을 날던 학이 먹거리가 많은 밭에 내려 앉는 형국이다. 부귀겸전 중등상급. 조선 100대 명당.

＊국세

사진출처 :
카카오맵 스카이뷰
(https://map.kakao.com)

＊청풍군수파 비석-- 박사공파 문중에서 청풍군수파 소문중이 제일 번영하다.

＊집장지 현황-- 십여 기가 있는데 비석을 보지 않고 청풍군수 묘를 찾아야 합격이다.(2021.3.)

경남 의령군 유곡면 삼성 이병철 회장 조모 묘

유곡면 마무리 산57에 있는 이병철 회장님의 할머니 묘는 명혈로 유명하다. 차로 임도를 타고 가서 정상 못미처 농장옆에 정차하고 10분쯤 옆으로 내려간다. 복호형인데 입에 크다란 호암 바위가 있고 오른쪽 앞발이 바위로 이루어져 강력하다. 넓은 들판의 물이 모여서 묘의 오른쪽 계곡으로 흘러간다. 고향에 있던 다른 묘는 용인으로 이장하였으나 여기 묘 2기는 그대로 두었다. 어떤 풍수인지 참으로 잘한 일이다.(2021.5.)

경남 진주시 지수면 LG 구인회 조부모(犬乳形)

청담리 산36에 있다. 대표적인 개젖형이다. 개는 새끼를 많이 낳고 젖이 많아서 다산다부(多産多富)한 좋은 물형이다. 개가 누워서 새끼 젖 물리는 형상이고 긴 꼬리가 청룡 역할을 하고 남강이 암공(暗供 보이지 않는 곳에서 공여)한다. 통실한 강아지가 몇 마리 보인다. 혈맥은 내 청룡 쪽에서 비스듬히 대각선으로 내리오는데 백호 쪽 2기가 진혈이다. 갈마음수로 보는 분도 있으나 주산인 방어산이 날카로운 바위 투성이고 당처가 말머리 형상이 아니며 앞에 강이 없어서 마실 물이 없다. 상등초급 대혈이다.(2018.12.)

* 犬乳 중국

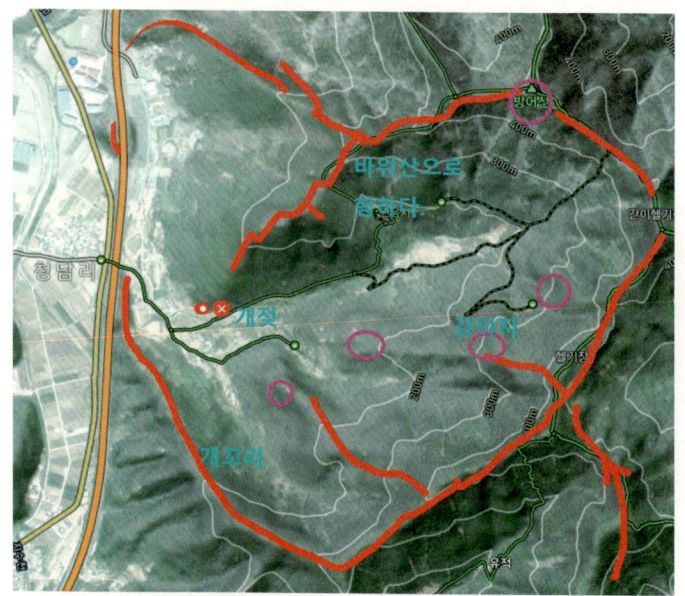

사진출처 : 카카오맵 스카이뷰(https://map.kakao.com)

경남 진해시 주천자 묘
(경남 진해 웅천, 해남 마봉리 외)

1. 주천자 묘에 관한 설화

　*주천자(朱天子)는 명(明)을 건국한 주원장(朱元璋 1328~1398, 고려말부터 이조 태조 시대)을 말한다. 어릴 때 숙식을 해결하기 위하여 승려 노릇을 하다가 원나라 말기 홍건적난을 계기로 오나라를 근거지로 하여 군벌로 성장한 다음 원(元)을 몰아내고 명(1368~1644)을 건국하였다. 세계적으로 자수성가한 인물로 꼽힌다. 명을 건국한 뒤 왕권을 강화하기 위하여 공신 5만 명을 숙청한 잔인함을 보였으나 이성계의 조선에 대하여 평

화적 태도를 취하였다. 임란 때는 지원군을 보내어 왜적을 물리친 공덕으로 청(淸)에 의하여 명(明)이 망할 때까지 조선인들은 명을 섬겼다. 김상현과 같은 주자학자는 백성이 죽더라도 명을 섬겨야 된다고 주장하였다.

 * 어떤 연구에 의하면 우리나라에 주천자 묘와 관련된 설화가 있는 지역은 30여 곳 된다고 한다. 설화는 대략 2~3종류가 있는 바, ① 주천자가 조선 땅에 묻어달라고 유언함에 따라 조선의 명당을 찾아 묻었다는 설화(장성 고성산, 춘천 우두산, 제천 금수산등 내륙지방) ② 중국상인이 부모시신을 모시고 와서 어린 주원장에게 물 밑에 있는 부처석상의 왼쪽 귀에 걸어달라고 부탁하면서 주원장에게는 부모 시신을 오른쪽 귀에 걸어라고 지시하였는데 주원장이 상인 말을 듣지 않고 자기 부친 시신을 왼쪽에 건 다음 중국상인을 따라 중국에 건너가 명을 건국하였다는 설화(진해 웅천, 해남 혜원저수지등 해변지역) ③주원장은 전남 해남한씨 집 머슴이었는데 그 집 딸과 눈이 맞아 중국으로 도망쳐 명을 건국하였다는 설이다.

2. 설화를 검토

설화가 일부라도 사실일 가능성이 있는가, 음택명당이 있는가를 검토한다.

 * 주원장의 묘는 종리현(現 안후이성 추저우시 평양현)에 큰 규모로 만들어져 있고 명 효릉이라 하며 명대 왕릉의 표준규격으로 후대 왕릉건설에 모델이 되었다. 그러므로 유언설은 허구이다. 다만 주원장은 자기의 선조는 조선인이고 선조 묘가 조선에 있다고 말한 사실이 있다고 한다.(명나라 공적 지리서인 大明一統志) 주원장의 출신이 불명하고 비천한 탓으로 나온 말일지도 모르겠다.

 * 내륙의 설화 지역은 고산으로 탈살과 장풍이 안 되어 대혈은 없다. 진

해 웅천의 바다 속 석상은 있는지 여부를 알 수 없고 해남 혜원저수지 한 가운데에 작은 섬이 있는데 물이 빠지면 밑둥이 들어나 유골을 묻을 마땅한 장소가 없다는 사실이 확인된다. 다만 저수지 주변에 중등중급의 좋은 혈처는 있더라.

  * 진해 웅천은 해중(海中)음택을 찾지 못하지만 음미해 볼 점이 있다. 그리고 한씨집 머슴이었다는 설화는 중국에서 어릴 때 탁발승이었던 행적으로 보아 허구이다. 주원장은 후궁이 많아서 26남 16여를 두었고 조강지처는 마씨부인으로 현명한 황후로 칭송받는다. 해남 머슴이었다는 설화는 황당한 이야기이다.

3. 진해 웅천

  * 주원장과 같은 주(朱)씨가 집성촌(신안주씨 웅천파)을 이루었고 그 지역의 유력자이었다. 중국 주자의 증손 주잠(주희)이 몽골의 억압을 피하여 1224년 능주(現 화순)로 망명하여 신안주씨의 시조가 되었다. 신안주씨대종회의 공식기록에는 없지만 주희의 8세손 주초일(1268), 9세손 주오사(1298), 10세손 주원장(1328~1398)이라는 주장이 있다.

  * 주원장은 진해 웅천 백일리(現 창원 진해구 북부동)에서 태어나 중국으로 건너가 천자가 되었다는 설화가 있다. 백일리는 천자봉 아래에 있는 오랜 마을인데 만약 주원장이 태어났다면 천자봉의 기운을 받는 양택명당에서 태어났을 것이다.

  한국 기독교의 선구자이요 일제의 모진 고문에도 신사참배 거부운동을 주도하다가 1944.4. 평양 감옥에서 순절한 주기철 목사와 제헌국회의원 주기용(신안주씨 30세손)도 백일리 출신이다. 주목사님 생가 부근으로 추측되는 곳에 생기가 왕성하였다. 이 마을에 명성황후가 머물면서 천자봉에 올라 순종의 장수를 기도하였다는 말이 있으나 기록에 없는 말이다.(2024.2.)

* 백일리 지도

사진출처 : 카카오맵 스카이뷰(https://map.kakao.com)

* 명 효릉

경남 창녕군 대지면 석리 326 성씨저택

북한 김정일의 두 번째 부인 성혜림의 출생지 고향이다. 1850년 성규호가 입향하고 양파재배로 만석꾼을 지냈고 손자 성재경이 1950년대에 양파를 전국에 보급했다. 왕령산에서 버드나무는 낮게 15리를 흘러 왔고 나무가지에 앵무새가 집을 지었다. 물은 만궁이고 강 건너 얕은 여러 산은 앵무새 모이이다. 저 멀리 화왕산이 독수리 산으로 버티고 있으니 앵무새가 방만할 수가 없다. 성혜림 부모 형제가 이북에서 숙청당한 것도 험산의 영향일 듯. 조용헌 선생이 오공(지네)혈이라고 평한 신문기사를 보았으나 지네는 잔발이 많고 주둥이가 둥글기 때문에 이 곳과 부합하지 않는다. 지금도 기운이 왕성한 유지앵서형의 대지이다.(2018.12.)

경남 창녕군 벽진이씨 이장곤과 이승언 묘
 (어느 묘가 발복처인가?)

1. 간산에서 눈여겨 볼 점

* 이장곤(李長坤 1474~1519)은 드라마에 등장해도 좋을 일화를 가진 인물이고 그의 아버지 이승언(李承彦)은 벽진이씨 창녕파(대종회는 이장곤의 조부 이신지의 참판공파, 이장곤을 시조로 하는 소지파인 정도공파로 분류한다)의 실질적인 파조라 할 수 있다.

* 간산 포인트는 ①이장곤의 묘는 장익호 유산록에서 말하는 태백산하 상제봉조와 같은 곳인가 ②이장곤의 묘 위에 있는 2기의 네모꼴 석축 고총은 누구의 무덤인가 ③창녕파의 발복지는 어느 묘인가?

2. 벽진이씨(碧珍李氏)와 창녕계(系)

＊시조는 고려 개국공신 벽진백 이총언(李悤言; 858~938)이고 인구는 11만(2015년). 고려조에서 명문거족이었는데 이태조와 세조의 등극에 반항한 탓으로 몰락했다. 벽진이씨 발상지는 성주 벽진면 수촌리 경수당이고 벽진장군 묘는 외기리 959에 있으며, 종택은 월곡리 명곡마을에 있다. 벽진은 성주의 옛 지명이고 성주를 본관으로 하는 이씨는 6개(六李)가 있다.

＊고려 인종(1109~1146) 때 7세손 이방화가 성주 초전 월곡1리 명곡마을에 입향하였는데 풍수가 자손들이 크게 현달하면 떠나라고 했다. 8대 후 16세손 이희경의 아들 5형제가 고관이 되고 숙질과 함께 8판서가 되면서 쇠퇴 기미를 보이자 풍수 말대로 뿔뿔이 흩어졌다. 넷째 이신지(李愼之)는 1500년경 창녕으로 이주하였고 그 후손들이 창녕에 집성촌을 이루고 살았다. 명곡마을은 문화유씨들이 들어와 다수의 만석꾼들이 살았고 벽진이씨들도 2백 년 뒤 다시 들어와서 재건하였다.(경북 성주 명곡마을 간산기 참조)

＊창녕계는 이승언계가 주류인데 이장곤의 가계는 아래와 같다.
 증조부; 이신지(5형제 중 4남)
 조부; 이호겸
 부; 이승언
 본인; 이장곤(5형제중 4남)-- 前부인 청주경씨, 後부인 중화양씨.
 자; 이덕남(양씨 소생?)-- 손자; 이충서-- 증손; 2명

3. 이장곤 묘(창녕군 대합면 대동리 산6, 금호재)

＊금호(琴湖) 이장곤은 기골이 장대하고 문무를 겸한 인물이다. 연산군 갑자사화 때(1504년) 이극균의 추종세력으로 몰려 거제도로 귀향갔는데 연산군은 이극균 등을 처형하고 귀양간 이장곤이 반역할까 두려워서 이장곤

을 서울로 압송하라는 명령내렸다. 그 소식을 들은 이장곤은 거제도를 탈출하여 함흥으로 도피하던 중 우물가에서 처녀를 만나 물을 청하자 처녀가 바가지에 물을 떠고 버들잎을 띄워서 주었다. 이장곤이 그 연유를 묻자 급하게 물을 마시면 탈이 날 수 있어서 그랬다고 답하였다. 그 처녀는 양씨로 부모가 천민이었으나 이장곤은 처녀가 현명하다는 것을 알고 백정 양씨집에 데릴사위로 얹혀 살았다. 이장곤은 잠이나 자고 일을 하지 않아 장인 장모로부터 천대를 받았으나 양씨부인은 정성으로 공양했다.

중종반정(1506년) 후 선생은 양씨부인을 데리고 귀경했다. 임금은 도피생활 실정을 듣고는 양씨부인의 공을 인정하고 후부인으로 신분을 격상시키고 부모들도 면천시켜 주었다. 선생은 무공을 세우며 승승장구하여 병조판서를 역임하였는데 사화 때 희생자를 줄이려고 애쓴 탓으로 믿보여 파직을 당하고 낙향하여 유유자적하다가 46세로 졸(卒)했다. 홍명희의 임꺽정 소설에 이장곤을 모델로 한 이교리와 백정딸 양씨 이야기가 등장하고 양씨와 임꺽정이 외척으로 묘사되면서 선생의 일화는 가지를 쳐서 확대되었다.

* 묘소배치-- 이장곤 묘비에 양위(兩位)라고 새겼는데 부인은 청주경씨이다. 양씨 묘비가 근자에 세워진 것을 보면 임금이 후부인으로 격상시켜준 것을 문중에서 무시한 것은 아닐까?

* 묘소 뒤에 있는 사각형 고총 2기-- 고려말 내지 이조 초기 형태의 고총인데 관리가 소홀하여 봉분 주위에 잡목이 무성할 때가 있다. 이씨 문중은 무명의 선조 묘라고 함에 대하여 창녕조씨 김천(참의공)파 문중은 파시조 조심(曺深, 조경수의 3남)의 조모 벽진이씨(조부는 曺遇禧 ?~1350)의 묘라고 주장한다.

앞서 기재한 바와 같이 이신지가 창녕에 이주한 시기는 1450~1500년으로 추정하므로 고총이 이씨의 선조일 가능성은 희박하다. 조씨 문중은 희미한 증거라도 있을 터이니 조씨부부 묘라고 보아야 옳을 것 같고 그러한 연유가 있으로 이장곤 묘가 이 곳에 들어 왔을 것이다.

창녕군(昌寧郡) 대합면(大合面) 태백산 군신봉조형(君臣奉朝形)

* 유산록의 산도(낙동강의 위치)를 보면 태백산 아래 상제봉조는 이장곤 묘로 볼 수도 있다. 그러나 고총 아래에는 안산이 사룡(死龍)이므로 금호 선생 묘는 초등급이다. 천심십도에

맞추어 보면 고총 위에 있을 것 같으나 그곳 역시 당판이 허술하여 소혈이다.(제2권, 창녕 태백산 상제봉조 간산기 참조)

4. 이승언 묘(창녕 부곡리 130, 부곡재)
 * 이신지가 창녕으로 이주한 이후의 선조들 묘는 확인하지 못했으나 이 묘는 중등상급에 가까운 대혈이다. 화왕산 백옥산을 거쳐온 간룡이다. 입수 뒤에 속기가 뚜렷하고 청백이 앞으로 길게 내려가면서 작은 봉우리를 여러 개 달았다. 재물이 있고 자손이 많을 자리 같다.(2024.6.)

 * 이승언 쌍분

경남 함양군 이은리 고령박씨 박선 묘
(산 속에 있는 작은 새집)

 * 고령박씨는 신라 경명왕 둘째 아들 언성을 시조로 한다. 인구 4만3천, 박선(1639인조~1696숙종)은 여산군수, 청백리로서 파시조이다. 어사 박문수와 박정희 대통령은 고령박씨이다.

사진출처 : 카카오맵 스카이뷰(https://map.kakao.com)

*묘는 함양 이은리 170-1에 있다. 산중에 있는 작은 새집(鳥巢)같다. 국이 좁아 대혈은 맺힐 곳이 아니다. 재실도 있고 올라가는 길과 묘소를 잘 단장하였다.

경남 함양군 거창신씨 신인도 묘
(별명당, 조선 100대 명당)

1. 거창 신씨의 성장기 발복처

*시조 신수(愼修)는 송나라에서 1075년경 고려에 귀화하였다. 왕비 2, 상신 2, 문과 35, 무과 9명을 배출하였고 인구는 2015년 5만1천 명이다.

*시조부터 7세손까지는 개경에서 살았다. 7세손 신집평은 대장군으로 몽고와 항전하다가 1258년 순국하고 8세손 신성(愼成)은 親원나라파를 피하여 개경에서 거창으로 피난 와서 정착함에 따라 거창입향조가 되고(8세손까지 다른 방계가 있는지 불명) 13세손 신이충(愼以衷)까지 독자로 이

어오다가 신이충이 3子(14세손)를 낳아 3파(참판공 신기, 서령공 신언, 양간공 신전 그 중 참판공系가 번성)를 형성하였고 그들이 10子(15세손)를 낳아 10개 소종파를 형성하였다. 반남박씨 박소의 경우와 흡사하다. 거창신씨는 12세 신인도와 13세 판리주현사 신이충이 官界에 진출하여 명문가의 초석을 쌓고 14세손과 15세손에서 폭발적 성장세를 보였는데 그 발복처를 검토해본다.

 ① 입향조부터13세조까지 묘소-- 거창읍 동변리 819-1(집장지)에 11세손 신사경부터 13세손까지 20여 기가 내리닫이로 쓰여있다.

 ② 12세손 신인도(愼仁道)는 공민왕12년(1361년) 홍건적난 때 안성현령으로 있으면서 거짓 항복하고 술을 잔뜩 먹여놓고 급습하여 대승하고 수원부사 한성부윤을 역임했다.-- 경남 함양군 안의면 초동리 산1, 벌명당, 조선 백대명혈.

 ③ 13세손 판리주현사 신이충-- 동변리 집장지

 ④ 14세손 황해도 관찰사 신전-- 남양주 오산읍 양지리 산65. 명당?.

 ⑤ 15세손 신승선(여의정), 16세손 신수근(좌의정)은 연산군 때 세력가이었다가 인조반정으로 몰락하였다.(그들의 묘는 양주 등지에 있다)

 ⑥ 거창 황산리 612-1 신씨 집성촌-- 양택명당으로 조선말 부흥의 기초가 되었다.(별도 간산기)

 2. 간산(신인도 묘)

 *잘룩한 봉요(蜂腰, 벌허리)에서 솟구처 올라 단단한 당판을 만들었다. 당판은 돌체(突体)를 만들었으므로 뭉친 기운이 서서히 빠져나가는 하수사(下鬚砂, 수염같은 사격)가 두 갈래 있다. 고인 물은 썩는 것과 같이 生氣도 선진대사가 이루어지지 않으면 凶氣로 변한다. 獨山에 장사지내지 말라는 속담이 있는데 독산은 청백이 없다는 뜻도 있지만 돌체로 생긴 동산

에 하수사가 없어서 생기가 없는 산이다. 신인도 묘는 벌의 머리에 맺힌 것이다. 중상급의 대혈로서 백대명혈에 올려도 손색이 없다.

＊중국 지도

사진출처 : 카카오맵 스카이뷰(https://map.kakao.com)

＊신인도 묘-- 정확하게 점혈하였다. 아래의 전순에는 17세손 신희문의 묘가 있으나 혈이 아니다.

* 신인도 묘 후방-- 비봉포란(황산마을 입향조 신권의 묘)으로 보는 견해도 있으나 생기가 없다.

3. 거창읍 동변리 819-1 집장지

시조로부터 7세조까지는 묘소를 실전하고 단소를 설치하였고 입향조 8세손 신성부터 10세손까지도 불명이다. 11세손부터 20여 기가 있는데 11세손 묘 아래에 초등혈이 맺히고 13세 신이충 묘는 다수가 명혈로 보고 있으나 앞바람이 치므로 봉분 꼬리로 올라가야 된다. 초등혈이다.

4. 발복처

12세 내지 16세가 현달하였는데 8세~10세 묘를 보지 못하였으나 12세 묘가 중등상급명당이다. 거창신씨들은 이인좌亂(戊申亂)때 반군편과 관군편으로 갈라졌으나 반군 편에 가담한 사람이 많아서 세력이 약화 되었다가 구한 말 황산마을에서 부활되었다.(2023.9.)

경남 합천군 쌍책면 건태리 탁계 전치원 묘
(영남 三大 의병장)

*탁계 전치원(1527~1596)은 전인(전두환 대통령의 선조인 전경원의 동생)의 아들이다. 명필로 남명선생의 묘갈을 썼고 임란 때 66세로 의병장이 되어 수차 승전한 공훈을 세워 영남 3대 의병장으로 불린다. 문무를 겸한 인물이다.

전치원의 묘소는 건태리 산51, 제실은 건태리 374, 종택은 하신리356에 있다.

*전치원 묘는 중등중급이고 전제(전두환의 선조) 묘는 중등초급이다.(2023.10.)

*약도

사진출처 : 카카오맵 스카이뷰(https://map.kakao.com)

* 전치원 묘-- 벼슬에 나아가지 않았고 증 이조판서이다.

* 안산-- 황강 건너 안산이 일품이다.

경남 합천군 반남박씨 박소 묘
(인물이 나려면 三代가 필요하다)

1. 반남박씨 문강공(文康公) 야천(冶川) 박소(朴紹)의 가계
 * 반남박씨는 고려 반남호장 박응주를 시조로 하고 인구16만명(2015년)이다. 조선조 문과급제215, 상신7, 대제학2, 왕비2명을 배출했다.

11세손 박소의 후손은 조선조에서 문과급제127, 상신6, 대제학2, 왕비 2명등을 배출하여 대종중의 인물 대부분이 박소의 후손이다.

*문강공 박소의 계대(系代)를 보면, 판전교신사 박상충(朴尙衷)은 3子를 두었는데 2남 박은(朴訔, 1370~1422)은 태종과 의기투합하여 두 차례의 왕자난에 공을 세우고 좌의정 겸 판리조서를 역임하고 반남군, 금천부원군에 봉해졌다. 박은이 반남면에 세거하였고 반남군에 봉해진 연유로 반남을 본관으로 삼았다. 박은의 6세손(시조의11世孫, 代로 계산하면 10대손) 박소(1493~1534, 부친은 이조정랑 兆年, 어머니는 파평윤씨)는 중종 때 사간으로 재직 중 김안로에게 탄핵당하여 경남 합천에 있는 외가 윤씨 집으로 피난하였다. 박소에게는 5남2녀가 있었는데 문과급제 2명, 사마시3명이 합격하고 손자 17명과 함께 모두 출세를 하였다. 사람들이 아들 5명과 손자 17명을 5応 17東이라 불렀다.(김환수 다음스토리 참조) 대종중은 잡다한 소종중 가운데 13세 기준 총 27개 소종중을 공인해주는데 그 중 박소의 후손이 14개 소종중을 결성한 것이다. 즉, 박소의 차남과 다섯째가 각기 1개씩, 장남 박응천의 6子가 1개씩, 셋째 남일공의 두 아들이 1개씩, 넷째 졸헌공의 네 명 아들이 1개씩 총합계 14개의 小宗派를 차지하고 있다. 박소의 후손들이 폭발적 성장을 하게 되는 시발점은 박소의 5子인데 어머니 홍씨가 孟母라는 평을 들을 정도로 훌륭히였다고 한다.

*12세 장자 박응천(1516~1581, 사재감정)---13세 박동헌 등 6형제가 각기 소종중 시조

12세 차남 박응순(반성부원공)-- 소종중 시조, 딸이 선조비 의인왕후, 묘는 남양주 일패동 산35-13

12세 3남 박응남(남일공)-- 대사헌, 13세 2명의 아들이 각기 소종중 시조, 묘는 의왕시 학의동 산87(여러 후손들 묘와 함께 있다)

12세 4남 박응복(졸헌공)-- 대사헌, 13세 4명의 아들이 각기 소종중 시조, 박동량, 박세채 등 배출

12세 5남 박응인(도정공)-- 소종중 시조

2. 박소 묘의 소점과 부인 홍씨의 자식교육

박소는 합천으로 피난 와서 4년 뒤 쭈하였는데 부인 홍씨는 남편의 친구 李光이 소점한 곳(박동량의 기재잡기 참조)에 남편을 묻고 어린 자식들 5명(19세 내지 2세)을 데리고 한양으로 올라가 친정 아버지 홍사부의 도움으로 자식들을 좋은 선생에게 가르침을 받게하여 두 명은 장원급제하고 세명은 사마시에 합격하였다. 홍씨부인은 40세에 과부가 되었으나 자식들을 잘 기른 덕에 진수성찬을 받으시고 85세에 쭈하여 남양주시 일패동 자좌오향 언덕에 묻혔다가 남편 곁으로 이장되었다.

박소의 묘지에 관하여 친구 이광의 소점설 외에도 "윤씨들은 야천의 아이들이 어려서 운구를 할 수 없음에 불쌍히 여겨 우거하던 집뒤 해좌 언덕에 장사지냈다(합천 화양동 병사기 참조) 또는 화양리 괘산에 외조부 윤자선과 나란히 묻혔다는 설"이 있다. 재사를 건축하면서 작성한 丙舍記(병사는 묘지관리인용 건물을 말한다)의 내용이 정확할 것이다. 화양재가 1793년(정조17년) 건립된 것으로 보아 2백 년 가까이 무연고 묘처럼 방치된 것이 아닐까? 박소 묘 위에 있는 묘는 고령박씨이다

3. 답사

* 반남박씨 대종중 묘역은 인천 서구 대곡동 산151-1에 있고 그 밖에 소종중 묘역이 각지에 있다. 이곳 경남 합천군 묘산면 화양리 산53에는 위로부터 11세 문강공 박소, 12세 감정공 박응천, 13세 활당공 박동현 즉 박소의 종손 3대가 묻혀 있는 것이다. 박소의 5子(応字 항열이다)가 발복

의 시발점인데 다수는 이 곳을 발복처라고 한다. 손자 17명(東字 항열이다)이하 후손의 발복에 대한 검토는 생략한다.

*박소 묘역-- 박소 묘는 원래 단독으로 조성되었고 부인 홍씨와 장남 박응천은 남양주 일패동에 있었는데 홍릉(명성왕후 묘) 조성으로 1900년 이곳으로 옮겨 부인 묘는 합장하고 박응천 묘는 박소 묘 아래에 이장하였다. 1989년 박응천의 부인 묘(김씨와 신씨가 있다)를 박응천 옆에 쌍분으로 이장하였다. 맨 아래 박응천의 장남 동현(김씨의 소생) 묘인데 아마도 이장해온 것이라 추측된다.

사진출처 : 카카오맵 스카이뷰(https://map.kakao.com)

*박소 묘 앞에서 위로-- 곡장 뒤의 묘는 박소와 무관한 고령박씨

＊박소 묘-- 뒤에서 앞으로 본 모습

＊박응천 쌍분-- 넓고 급하게 내려오다가 와(窩)로 자리잡았다. 변화가 있는 곳으로 생기가 감지되었다. 그러나 1900년경 4백년 지난 묘를 이장해 온 것이므로 유골이 있었는지 모르겠다.

＊박소 묘는 많은 사람들이 조선백대 명혈로 칭찬하지만 생기가 없다는 부정적 견해도 적지 않다. 혈을 맺기 전에 잘룩하게 묶어주는 속기 결인이

있거나 혈장에 선익이 있다든지 두뇌가 확실하다든지 하는 등으로 변화가 있어야 생기가 가득차게 된다. 이곳은 청룡이 없다시피 하였고 오른쪽 당판을 석축으로 높이 쌓아 조화롭지 않다. 박소 묘는 결혈지가 아니고 박응천 묘가 중등중급 혈이며 맨아래 박동현 묘는 차혈이다

4. 인물이 나려면 3대가 필요하다

* 재물은 벼락부자가 가능하지만 인물을 배출하려면 시간이 필요하다. 예부터 인물은 3대의 노력이 필요하다고 했다. 첫 代는 부모나 조부모를 좋은 곳에 안장하고 혼처를 타도(他道)사람으로 구하여 좋은 유전자를 가진 2세를 만들고 1, 2대는 자식을 뒷바라지 할 재산을 모으고 2대도 멀리 떨어진 곳에서 처를 구하여 우수한 자질을 가진 3세을 낳아서 좋은 교육을 시켜야 인물이 된다는 것이다.

* 박소 후손의 발복은 걸출한 다섯 아들의 출현이 시발점이 되었는데 그 전 단계로 다섯 재목을 출산하게 하는 발복처는 어디인가? 박소의 부모부터 소급하여 5~6대까지 추적해 보아야 된다. 박모 풍수는 이곳은 기운이 없는 곳이라 단정하고 박소 선조의 집장지인 인천 대곡동 반남박씨 묘역을 답사한 끝에 박소의 모친 유씨 묘가 명혈로서 발복처라고 주장한다. 지도로 검토해보니 집장지는 연화도수(경사가 급한 경우) 또는 연화부수(경사가 완만한 경우)형으로 명혈이 맺힐 가능이 높다. 선조 중 고위직에 오른 박은의 묘가 어떤지 궁금하다.

5. 결론을 말하자면, 박소 묘는 혈이 맺히지 아니한 곳이다. 그러나 묘소에 올라가서 보면 풍광이 아름답고 무게가 있다. 10만명의 후손이 향불을 끊이지 않고 올리는 만년향화지지(萬年香火之地)로 손색이 없다.(2023.9)

제 2 장

대통령 생가와 선영

역대 대통령의 선영과 양택에 관한 소감

* 역대 대통령 중 선영이 명당인 분은 박대통령뿐이다. 다른 분들은 음택 명당은 없고 출생지와 유년성장지가 명당이더라.
* 전두환, 노태우, 김영삼 대통령은 출생지와 성장지가 같은 곳인데 명당이고, 김대중 대통령은 출생지와 유년지가 모두 좋고, 이명박 대통령은 일본에서 태어나 명당인 고향마을에서 유년기와 성장기를 보냈고, 노무현 대통령은 형편없는 곳에서 태어나 명당인 봉화마을에서 유년기와 성장기를 보냈다. 문재인 대통령이 태어난 거제도 마을은 다들 평범하다고 하고 다른 음양택은 알 수 없다.
* 울산 이씨 종택이 명당인데 이후락씨 집은 조금 떨어진 평범한 곳이고, 백산 안희제도 종택이 명당이고 출생지는 조금 떨어진 평범한 곳이다. 천기는 찰라지간에 내려 받는다는 말이 실감난다. 꼭 출생지가 명당이 아니라도 유년지가 좋다든지 또는 어떤 기회에 천기를 받는 것이 아닌가 생각된다.(2022.4.)

구미시 박대통령 조모 묘와 생가
(풍수들이 가장 많이 간산기를 쓴 곳)

1. 집장지와 생가

* 조모 묘를 비롯한 조부, 부모, 큰형 박동희 부부의 묘는 구미시 상모동 산24-2에 모여 있고 생가는 상모동171에 있다.
* 집장지-- 조모 묘는 경좌갑향, 조부는 신좌인향이다. 조모 묘는 원래 유좌인데, 2002년 조부를 이장해 오면서 아래로 내려서 쌍분을 만들고 인

장석을 안으로 삼았다.

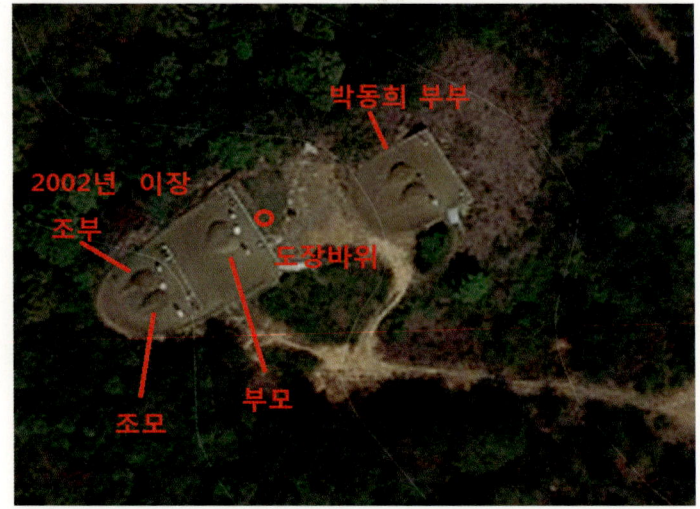

사진출처 : 카카오맵 스카이뷰(https://map.kakao.com)

* 생가-- 배를 주려보지 아니한 자는 배고픈 자의 슬픔을 알지 못한다.

구미시 상모동 박정희 생가 1960년대 모습(사진/ 노컷뉴스)

2. 조모 묘와 生家에 대한 各견해

* 후손이 잘 되면 명당이고 불행하면 흉지라는 일반인의 생각에 따라 발복만 두고 본다면 조모의 다른 후손들이 부귀번성하는 것으로 보아서 조

모묘가 대명당이고 여진(餘震)이 계속되고 있다.(조부묘 파묘지 간산에서 설명하였다)

*풍수적으로 보면 어떤가?

인터넷 다음에서 박정희 조모 묘를 검색해보면 블로그 140건, 카페 254건, 카카오스토리 5건, 합계 약 400건이 뜬다. 그러나 실제 읽어보면 앞쪽에 실린 글 약 3~40개 정도가 의미 있고 나머지는 직접 간산기는 아니다. 그래도 박대통령 조모 묘와 생가는 풍수인들이 제일 많이 찾는 간산지 중 하나임에 틀림없다. 간산자의 말이 제 각각이어서 과연 풍수란 사람마다 생각이 다르다는 말을 실감하게 한다.

대체로 ①조모 묘가 명당이라는 견해 ②생가가 명당이라는 견해 ③조모 묘가 主된 발복처이고 생가는 보조적(補助的)이라는 견해 ④생가가 주이고 조모 묘는 보조라는 견해 ⑤ 조부와 부모 묘까지 명당이라는 견해로 나누이지만, 조모 묘 單獨說과 生家 단독설은 소수이고 兩者 합작설 그 중에서도 생가 주도설이 조금 우세하다. 박대통령이 잘 나가던 1970년대 초만 하여도 조모설이 우세하다가 흉사가 있자 조모 묘는 흉한 점이 있다고 평가절하되었다.

*2대 대통령의 발복은 낙동강 건너편에 있는 조산(朝山)인 천생산의 2단 토성에 있다는 점은 대체로 의견이 일치한다. 주된 쟁점은 금오산의 간룡이 생가로 갔는가 조모 묘로 갔는가, 조모 묘 전순(前脣)에 있는 도장바위와 주변바위를 흉사(凶沙)로 보느냐, 조산(朝山)과 혈처 사이에 낙동강이 흐르는 넓은 들판이 흉이 되지 않는가, 조산이 멀어서 영향력이 있겠는가, 생가 뒤에서 개울이 쏘면서 내려와도 생가가 명당인가 하는 점이다.

*박대통령의 흉사(凶事)에 관하여 조모설은 전순에 있는 2m 높이의 도장바위(印岩, 御寶라고도 한다)가 쪼개지고 험하게 생겼기 때문에 본인의 운이 약할 때 흉사를 당한다고 설명한다.

대통령 생가와 선영 · 587

또 박근혜의 대통령 당선에 관하여 선거 전에는 朝山인 천생산이 2개의 관모로 보이기 때문에 당선(2013.2.)을 예측하는 분이 많았고 2014.4. 세월호 침몰사건으로 여론이 악화되자 백호 등에 설치된 고압철탑 때문에 흉사가 있을 것이라 예측하는 분이 있었다. 시류에 따라 풍수들의 말도 오락가락하였고 후손들도 2016.10. 촛불집회로 박근혜가 위기에 처하자 전순바위를 흙으로 묻었다.

3. 금오산 간룡은 어디로 가는가?

생가 쪽 행룡이 금오산 중출맥이고 조모 묘는 생가의 백호라는 견해가 다수 있다. 만약 그렇다면 조모 묘는 허혈이거나 아니면 주혈을 호송하는 맥에서 생긴 차혈(次穴)이 될 것이고 그렇지 않고 조모 또한 간룡맥이라면 生家山이 조모 묘의 청룡인가 또는 각자 독립된 혈인가를 따져야 된다.

생가설의 대표적 논거는 생가가 금오산 중출맥이 다한 곳(龍盡處)이고 조모 묘는 주룡을 호송하는 백호라는 것이다. 그런데 중출맥(中出脈)이란 룡이 개장(開帳 장막을 펼치다)하여 좌우로 펼쳤을 때 중앙으로 내려온 용맥을 말하고 양쪽 옆에 좌출맥 우출맥이 생긴다. 중출맥이 그 산의 기운을 제일 많이 이어받고 그 다음이 좌출맥 우출맥 순서이다. 그러나 이것은 일반적인 이야기이고 경우에 따라서 중출맥이 시원찮고 좌우 출맥이 기운을 많이 받아가기도 한다. 마치 자식들이 재산을 분재받아 출가할 때 보통은 장남이 많이 받지만 막내가 재산을 많이 타갖고 나오는 경우가 있는 것과 같다.

금오산의 정상(頂上) 개장에서 중출맥은 짧고 혈이 생길 맥이 아니고 우출맥인 효자봉에 주맥이 온다. 효자봉은 개장을 하지 않고 2개로 나누어 한 개는 구미시청 쪽으로 가는 산줄기(左行龍)가 되고 다른 줄기는 낙동강변의 오태동으로 가는 산줄기(右行龍)로 나뉘었다(分枝). 오태동으로 행룡하는 줄기에서 생가로 가는 줄기가 생겨났고 조모 묘는 그 용이 조금 더 내려오다가 산등에서 횡맥으로 내려와서 혈을 맺었다. 다시 말하면 생가의 산줄기가 효자봉에서 중심맥으로 나선 것이 아니다. 같은 우행룡에서 생긴 두 개의 산줄기는 어느 쪽이 주가 되는가? 필자는 생가 부근의 작국이 좋지 않기 때문에 소혈이라고 생각하였고 기를 측정해 보아도 왕성하지 않았다. 오히려 생가 쪽이 조모 묘의 청룡 역할을 한다.

* 금오산 원경-- 험한 기세가 앞에 펼쳐진 낙동강 들판을 압도한다.

* 금오산의 2단 개장과 행룡-- 금오산 정상개장(開帳)과 효자봉 분지(分枝)의 두 모습을 비교해 보면 다른 점을 알 수 있다.

4. 조모 묘에 대한 各견해

＊名堂說-- 혈전에 도장바위가 어보사로 있고 조산인 천생산이 두 개의 관모로 생겨서 대통령 2명을 배출한다. 단독 명당설은 적고 생가보조설이 다수이다.

＊잠자는 호랑이(宿虎)形이고 숨쉬는 코에 혈이 맺혔다. 생가의 사랑채가 보조적 명당이다.(대한현공풍수. 2015년)

＊주혈은 조모 묘이고 생가는 보조(박대통령이 사랑채에서 출생). 부모 묘 또한 명당이다. 물형은 비오탁시(飛烏琢屍)인데 전순바위들이 까마귀가 동물 시체를 먹고 남긴 뼈이다.(민○○. 원광대디지털. 2010.11.)

＊조모와 조부 묘 명당설

두 개의 용맥이 들어와 조모와 조부 묘를 결혈했다(최○훈. 2015.10, 박○태. 2012.11.)

＊허혈설-- 생가를 진혈로 본다.

＊주산은 보이지 않고 조안산은 멀고 주변산이 낮아 혈을 보호해 주지 못한다. 어보사가 깊이 박혀있지 않고 깨어져서 자손이 살상당한다.(동○○. 2013.1.)

＊기맥이 횡룡 입수하여 조모 묘와 조부 묘에 그치지(龍盡) 않고 도장바위의 받침을 받아서 방향을 틀고 계속 아래로 내려간다.(결혈치 않고 소멸?) 생가가 명당이다.(○암 블로그, 2018.2.)

5. 생가에 대한 各 견해

생가 단독명당설과 조모 묘 보조설이 있다.

＊생가는 正龍(중출맥)의 기운을 받고 오행을 갖춘 대길지. 백호 즉 여자가 강세.(○○풍수 2012.11, 옥산 2018.8.) 집 뒤 개울이 집을 찌르는 듯 생긴 것이 흠이다. 조모 묘는 구미시를 감싸는 외벽호로서 소혈이다.(정경

연 2010.2.)

6. 조모 묘에 관한 판단

* 멀리서 본 묘역-- 2016년 처음 탐방하였을 때 길을 잘못 들어 효자봉 산등에 올랐다가 산등을 따라 내려오면서 묘를 찾았다. 조모 묘 백호 등을 지나면서 보니 산 속에 뚜렷한 乳突로 결혈된 묘역이 보여서 한눈에 명당임을 알 수 있었다. 입수가 없고 희미한 자리가 결코 아니다.(어떤 간산기에서 사진 인용, 감사합니다)

* 도장바위와 전순바위들-- 보기 흉하다는 이유로 2007년 3분의 1을 흙으로 덮었다. 2016년 가을 전순바위를 파내고 흙으로 덮고 도장바위는 뿌리를 흙으로 보완했다.(없어진 전순바위 사진을 인용함. 귀중한 자료이다)

* 위에서 본 광경

* 밑에서 위로 본 광경

* 박동희 묘에서 본 조부모 묘의 전순바위

옛 사진을 보면 조모산소의 순전에는 많은 바위가 붙어 있으나 지금은 옥쇄바위 등 일부만 남고 대부분 제거되었는데 순전을 덮고 있던 바위들은 장손 동희의 묘소에서 보면 살기가 되나 조모산소가 있던 본래의 혈처에서 보자면 땅속의 지기가 지상으로 표출된 왕성한 혈증인 것이다.

* 흙으로 전순바위를 덮은 모습

＊조모 묘에서 본 생가-- 조모 묘의 청룡이다.

＊조모 묘에서 본 백호와 천생산

* 조모 묘의 청룡

사진출처 : 카카오맵 스카이뷰(https://map.kakao.com)

* 도장바위와 전순바위는 나쁜가?

조모 묘는 백호가 낮고 외청룡은 좋다. 조산(朝山)은 좋지만 혈처와 사이에 낙동강과 넓은 들판이 있어서 평야바람을 막아줄 장치가 필요한데 도장바위와 험악한 전순바위가 그 역할을 하였다. 도장바위는 혈처에서 보이나 전순바위는 보이지 않는다. 이런 험악한 바위는 외부바람을 막아줄 뿐만 아니라 혈장에 있는 순한 기운도 새어나가지 못하게 한다.

그런데 2007년 반풍수 코치로 전순 일부를 흙으로 덮고 다시 2016년 박근혜가 세월호 사고로 궁지에 몰리자 전순바위를 파내고 흙으로 완전히 덮었다. 앞으로 후학들은 원형을 몰라서 혈처를 이해하기 어려울 것이다.

* 어떤 물형으로 볼 것인가?

전순바위를 까마귀가 시체를 파먹고 남긴 뼈라고 말하는 것은 부당하다. 까마귀가 정신없이 시체를 뜯어먹고 있는 중이어야 기운이 집중되는 것이고 다 먹고 난 다음엔 산만하여 기운이 흩어진다. 또 호랑이가 잠을 잔다는 숙호형도 기운이 집중될 리 없다.(운정도인 이정암의 한국 최고의 명당이란 책에 적혀 있는 물형이다) 잠자는 호랑이 코에 기운이 집중된다는 것은 웃기는 말이다. 천마시풍형에서 말코에 혈이 생기는 이유는 말이 달리면서 가뿐 숨을 내쉬기 때문이고 복호형이 좋은 이유는 호랑이가 먹이를 노리는 상황이므로 기운이 응집되기 때문이다.

이곳 물형은 금오산 장군이 투구(도장바위)를 앞에 놓고 장수들(전순바위)의 호위를 받으며 전장(낙동강 들판)에 출전할 채비를 하는 장군대좌형이고 천생산은 우군(友軍) 진지이다. 청룡 줄기들도 모두 들판으로 나아가는 형세이다. 그런데 애석하게 호위병을 없앴으니 어찌하랴. 금오탁시나 숙호형이라면 낙동강 들판과 천생산은 무엇하려고 그 곳에 있는가? 도선국사도 풍수는 이치에 맞아야 된다고 강조하였다.

* 전체 국세는 전쟁터

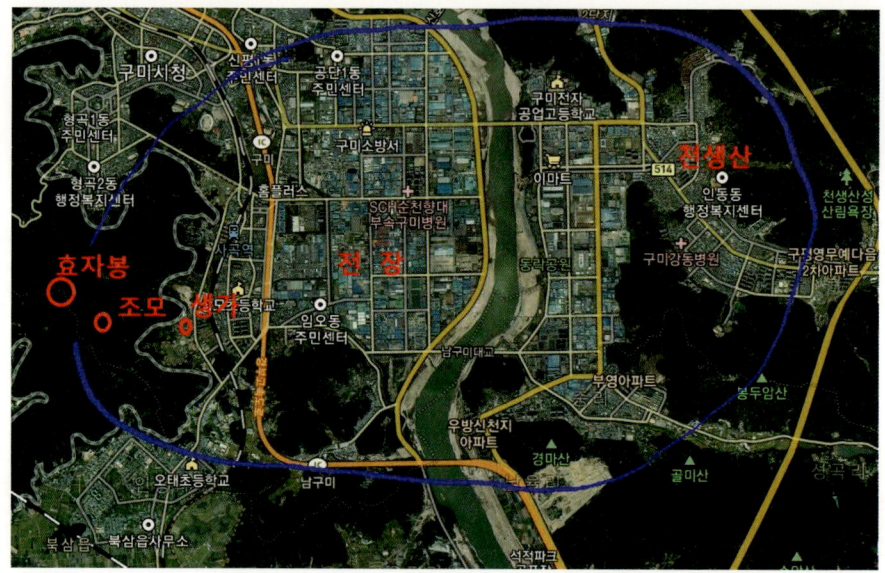

사진출처 : 카카오맵 스카이뷰(https://map.kakao.com)

*조부 묘의 무너진 봉분-- 어떤 이는 기맥이 두 줄로 내려와서 조부와 조모 묘에 결혈되었다 한다. 그러나 조부 묘는 봉분이 가라앉고 축대도 내려앉았다.

*무너진 축대

7. 생가에 관한 판단

박대통령은 태어나서 20년 간 사랑채에서 생활하였으니 생가발복이라 하여도 논리 모순은 없으나 박근혜는 1952.2. 육군정보학교 교장이던 박대통령과 육영수 사이에 대구에서 태어났고, 구미 생가는 출생과 성장에 아무런 관련이 없다. 생가는 큰형 박동희(1895~1967)가 계속해서 살았고 그의 아들 박재홍은 4선 국회의원이다.(박동희가 흉지라는 곳에 묻힌 지 53년 되었으나 조모 묘의 발복으로 번성했다) 생가는 박근혜와 전연 무관한 만큼 대통령이 된 것을 설명하기 어려울 것이다. 박대통령은 18년 간 집권했는데 박근혜는 고작 3년 집권(실은 2년)하고 감옥에 갔다. 현재 상황이라면 여자가 강세일 전망은 없다. 생가는 인좌신향인데 물이 쏘면 서 내려오고, 안은 좁고 입구는 넓다. 2명의 대통령을 점치는 천생산이 보이지 않는다. 생가는 보조력이 없을 정도의 소혈이다.

　*생가 입구-- 양택은 입구가 좁고 안쪽이 넓어야 된다는 전착후관이 천년 동안 변함 없는 원칙인데 이 곳은 반대이다.

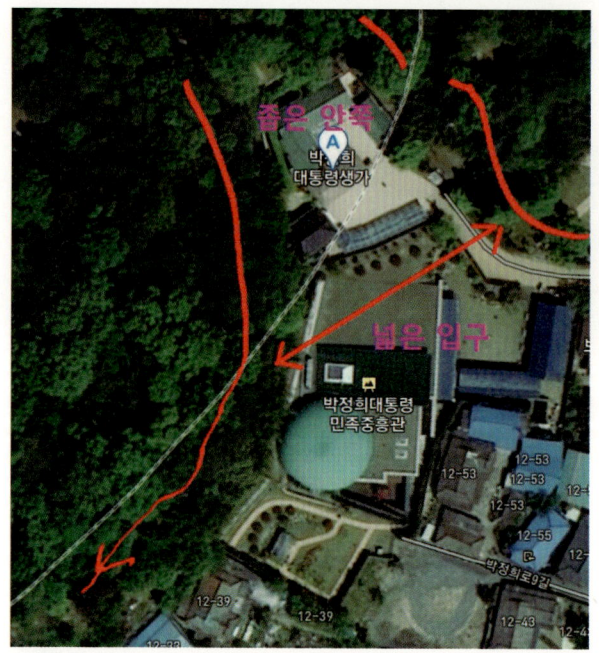

사진출처 : 카카오맵 스카이뷰(https://map.kakao.com)

8. 私見

　*조모 묘는 大명당, 이장한 조부 묘와 그 이하 묘들은 평범, 생가는 미미한 소혈이다.

＊국가 운행을 연극이라 한다면 임금이나 대통령은 소품에 지나지 않는다. 한신이나 오자서는 연극에서 퇴장할 장면인데 연연해 하다가 죽임을 당했고 장량과 손자는 역할이 끝나자 스스로 숨어버려 신선이 되었다. 개인의 운이 국운을 이길 수 없다. 좌향이나 전순바위가 모든 것을 좌우(左右)하는 것이 아니라는 말이다. 자만하지 말고 민심을 존중하였으면 불행하지 않았을 것이다. 마음가짐이 문제이다. 명당에 쓰면 복받을 마음가짐은 따라오는 것이라 말하는 분도 있겠으나 스스로 돕지 않는 자는 하늘도 돕지 않는다.(2020.10.)

머무른 적이 없는 양택에서도 발복을 받는가?
(박근혜 대통령의 경우)

1. 음양택의 발복원리

＊음양택에서 길흉화복의 영향을 받는 원리에 대하여 여러 주장이 있으나 대체로 양택은 주택거주자가 대지에 응집된 생기(名堂의 경우) 또는 흉기(凶地의 경우)를 받는 결과라는 것이고 음택은 유골이 묘지에서 분출되는 기운을 받아 동기감응(또는 혼령작용)을 하기 때문이라 한다.

＊운명을 결정할 정도의 발복을 받으려면 당해 양택에서 출생하는 것이 제일 좋고 그렇지 않더라도 어린 시절(幼兒期) 또는 성장(成長期)에 거주해야 된다. 사주팔자는 일생을 결정하는 요소로서 70% 정도의 영향력이 있으므로 장래 환경에 따라 변동가능성이 있다. 그러나 이것은 보통인의 경우이고 대통령과 같은 大人의 경우는 거의 100% 즉, 불변확정적인 운명(흔히 天運이라 한다)을 타고 난다고 보아야 한다. 다만 좋은 사주를 타고 난 사람이 양택발복의 조력을 받으면 좋은 운명을 공고히 다져지는 효과

가 있을 것이다.

　* 부모가 양택의 발복을 받아 크게 성취하고 그의 자식이 부모의 후광으로 부귀를 누리는 경우가 많으나 이는 양택발복이라 할 수 없고 보통 타고난 복이라 말한다.

　* 박근혜 대통령이 아버지인 박정희 생가지의 발복을 받았는가 하는 점을 살펴보기로 한다.

2. 어떤 시기에 어느 정도의 기간 동안 거주해야 양택발복을 받을 수 있는가?
　* 발복은 장기간에 걸쳐 대지기운을 받지 않아도 순간적으로 큰 영향력을 받는 경우도 있는 것 같고 반드시 명당에서 출생하지 않아도 유년기 또는 성장기를 지냈으면 되고 큰 기운을 받고나면 이주하여도 大人의 운명은 변하지 않는다.

　노무현 대통령은 출생지는 형편없으나 유아기와 성장기는 좋은 터에서 자랐고 이명박 대통령은 해방 전 일본 오사카에서 태어나 해방 후 귀국하여 조부집에서 살다가 6·25한국전쟁 때 폭격을 당하고 인근으로 이사하여 고등학교까지 살았는데 조부집과 이사한 곳이 모두 명당이다. 김대중 대통령도 출생지에서 성장지로 옮겨 살았는데 두 곳 모두 명당이다. 전두환 노태우 김영삼은 출생지에서 성장하였는데 모두 명당이다.

　보성 이용훈 대법원장, 백산 안희제와 중앙정보부장 이후락은 집성촌에 살았는데 종가집이 명당이고 그 분들의 자택은 종가집 인근에 있을 뿐 명당이 아닌데도 발복을 받았다. 종가 부근에 거주한 덕으로 불현듯 생기를 받은 것이 아닌가 생각된다. 그러나 이런 경우는 매우 예외적인 사례이고 어느 정도 당해 양택에 거주해야 양택발복을 기대할 수 있을 것이다.

3. 박정희 대통령의 음택과 생가지

* 조모 묘를 비롯한 조부, 부모, 큰형 박동희 부부의 묘는 구미시 상모동 산24-2에 모여 있고 생가는 상모동 171에 있다.

* 박정희 대통령의 발복처에 관하여 조모 묘가 명당이라는 견해가 다수설이고 생가지에 대하여는 찬반이 비슷하나 명당설이 조금 우세하다. 생가에 관하여 견해가 나누이나 필자는 택지선정의 기본요건인 전착후관(前窄後寬, 입구는 좁고 안은 넓은 모양)에 반하므로 명당은 아니고 동네길지급이라 본다.(흉지라는 견해도 있다) 박정희 생가지 명당설은 박근혜도 그 발복으로 대통령이 되었다고 하는데, 과연 박근혜 대통령이 생가지의 발복을 받았는가를 검토해 본다.

* 전착 후관의 모습

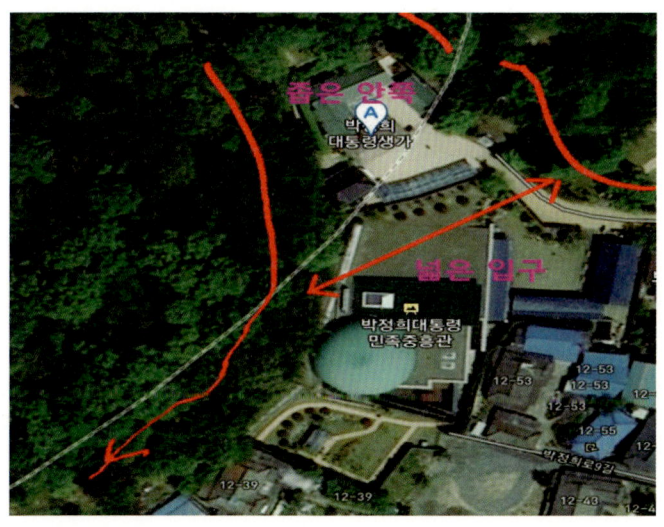

4. 박정희 대통령의 가계

* 박대통령의 아버지는 칠곡 약목동에 살다가 생활고로 1914년 처가가 있는 구미 상모동 처가 땅에 초가를 짓고 이주하여 처가 농토를 소작하였다.

가계를 보면, 조부 박영규(1914 卒, 2002년 조모묘 옆으로 이장), 조모 성산 이씨(1915 卒), 박정희(1917~1979), 박근혜(1952生, 2013 대통령 취임~2017.3. 탄핵)이다.

  *박대통령은 태어나서 20년 간 사랑채에서 생활하였으니 생가발복이라 하여도 논리 모순은 없으나 박근혜는 1952.2. 육군정보학교 교장이던 박대통령과 육영수 사이에 대구에서 태어났고 구미 생가는 출생과 성장에 아무런 관련이 없다.

  생가는 박정희 부친이 사망하자 장남 박동희가 물려받아 살았는데 그 분은 강직하여 당국이 그 집 진입로를 포장을 해주려고 하자 동네길을 모두 포장한 뒤 자기집 도로를 포장하게 하였다. 평생 선비처럼 살고 동생에게 누를 끼치지 않았다. 박정희는 만주군관학교를 다닌 이래 군대생활로 외지를 전전하였고 생가지에 머무를 시간이 없었다. 생가 또한 초라하여 박대통령 가족이 숙박할 형편이 못 되었다. 결론을 말하자면 박근혜는 생가지에 하룻밤도 머무른 적이 없다.

  5. 하루도 머물지 않은 주택이라도 양택발복이 있는가?

  양택발복의 원리가 양택의 생기를 받는데에 연유한다면 생기를 받을 수 있도록 어느 기간 동안 거주해야 된다. 박근혜는 생가지에서 하룻밤도 머무른 적이 없으니 생가지 발복은 아니다. 그렇다면 박근혜의 발복처는 어디인가? 음양택의 발복처 없이 대통령이 되었는가? 박근혜는 탄핵을 당하였으나 여전히 적지 않는 사람들로부터 사랑을 받고 있으니 큰 인물로 보아야 한다. 이런 인물이 배출되려면 음양택의 도움이 필요할 것인데 양택발복이 아니라면 음택 그 중에서 조모 묘에 눈을 돌려야 할 것이고 이런 추론을 확장해보면 박정희도 음택발복으로 볼 수 있다.(2022.7.)

경북 구미 박정희 대통령 조부 묘 파묘지
(금오탁시인가?)

1. 박정희 대통령의 가계

    조부. 박영규/ 1840~1914.

    조모. 성산 이씨/ 1915년 卒.

    부. 성빈/ 1870~1938, 1914년 약목면에서 상모동 171로 이사

    모. 수원 백씨/ 1949년 卒

    박대통령/ 1917~1979, 1961년 5·16, 1979년 10·26
            (18년 집권) (1974년 육영수 여사 피살)

    박근혜/ 1952년 生, 2013년 대통령 취임 ~2017.3 탄핵
            (2014. 4.16. 세월호 참사, 2016.10. 제1차 촛불집회)

2. 발복과 관련된 음양택

 *조부 박영규는 1914년 경북 칠곡군 약목면 무림리1110-1에 초장하였다가 2002년 조모 묘옆(청룡쪽)으로 이장하였다. 조모 이씨는 1915.4 박대통령 어머니 백씨들 소유인 상모동 산24-2에 모셨다.

 *박대통령은 조부모 안장 후 2~3년 뒤에 태어났는데 발복처를 두고, 조부 묘說, 조모묘說, 生家說, 조모묘와 생가 합동說이 있고 부모묘도 명당(박대통령21세와 32세때 父母가 사망하였으니 탄생후 보조적 발복처)으로 보는 분도 있다.

 *조부 초장지가 명당이라면 파묘로 인하여 일대 변고가 있어야 되는데 이장(2002년) 전에 박대통령이 시해당하였고 이장한 뒤에 2013년 박근혜가 대통령이 되었으므로(비록 2017.3. 탄핵을 당하였지만) 일단 조부의 초장지는 발복 관련이 없다고 보아야 된다.

＊박대통령 가계를 보면, 근혜여사는 감옥에 있으나(2022.3. 사면) 村老들로부터 향수어린 많은 지지를 받아 외롭지 않고 외동 아들 박지만은 한때 방황하였으나 가정을 이루고 포항제철 덕으로 사업에 성공하였다. 그러므로 박대통령 가계가 몰락했다고 볼 것은 아니다.

＊한편 박대통령 형과 누나 후손(조모 후손)들에 대하여 어떤 풍수가 자세히 조사하였는데 누구 덕택이든 간에 모두 부귀 번성한다. 고종 후손들이 絶家에 가까울 정도로 몰락한 것과 대조된다. 박대통령 방계가 융성한 것은 생가 발복이라 할 수 없고 조모 묘 발복이라 하겠다.

요컨대 발복을 기준으로 본다면, 조모 묘는 아직 여진(餘震)이 계속되고 있고 다른 곳은 발복과 무관하다.

3. 조부 묘의 초장지(경북 칠곡 무림리1110-1)

＊형기상 금오산 기운을 받은 금오탁시(金烏啄屍. 까마귀가 시체를 쪼아먹는 형국) 명당이라는 견해가 있고, 장택상이 초빙한 중국풍수가 금오탁시 명당이라 감평했다고 한다.

＊어떤 분은 주산 금오산과 연결된 선석산이 비룡산을 세운 뒤 횡룡결작, 와혈, 앞쪽 시체산을 案으로 한 계좌원이다. 破墓前 子坐이어서 정사생이 흉사를 당하였다고 주장한다.

그러나 좌향이 틀릴 경우 처음부터 발복이 없다든지 감복되는 경우는 있겠으나 이 경우처럼 16년 간 천하를 호령하는 큰 발복을 받았다가 총맞아 대패를 한다는 것은 믿기 어렵다. 그리고 행룡도 금오산 래맥이 아니다. 박대통령 어머님은 45세에 박대통령을 임신하고 챙피해서 낙태하려고 간장을 마시고 언덕에서 뛰어내리기도 하였다고 한다. 역경을 이기고 태어나 보릿고개를 없애고 산업화한 공로와 베트남의 공산통일로 불안했던 국가를 안정시킨 공로, 반면에 유신독재의 폐해를 생각하면 개인의 운명이 아닌 우리나라 국운과 맞닿아 있었다고 보아야 할 것이다. 음양택이야 연극에서 하나의 소품에 지나지 않는다. 자좌로 쓰지 않고 계좌로 썼다면 유신도 없고 10·26도 일어나지 않았을 것이라 장담할 수 있는가?

＊행룡을 보면 백마산에서 김천 남면 부상리 산114 무명고지(540m)로 행룡하고 거기서 한 가지는 금오산으로 가고 다른 한 가지는 영암산, 선석산, 비룡산, 파묘지로 진행한다. 다시 말하면 이곳은 금오산이 주산이 될 수 없다. 물형도 시체를 쪼는 주둥이가 없다.

＊백마산에서 금오산과 영암산

사진출처 : 카카오맵 스카이뷰(https://map.kakao.com)

*파묘지 당처-- 1110의1은 파묘지로 비어 있고 1110의2에는 두 쌍이 잘 관리되고 있다.

사진출처 : 카카오맵 스카이뷰(https://map.kakao.com)

4. 장택상이 조부 묘를 이장하라고 압박하였는가?

*해방 후 경찰총장 국무총리를 역임한 장택상(1893~1969)은 박대통령 생가와 2km 거리의 구미시 오태동 46에 만석꾼의 셋째 아들로 태어났고 박대통령 아버지는 그 집 소작인이었다.

이 묘에 관하여 다음과 같은 일화가 있다. 장택상의 선대는 만석군으로 명당찾아 오태동으로 이사왔으나 독립군에게 자금을 지원하기로 약속하였다가 약속을 어긴 탓으로 독립군에 의하여 총살당하였다. 그럼에도 장택상은 독립운동을 하였고 해방 후 경찰청장 국무총리 국회부의장을 역임하였다.(여기까지는 사실이다) 손석우의 소설 '터'를 보면 장택상은 금오산에서 큰 인물 난다는 전설을 듣고 금오산 아래 큰 인물될 가능성 있는 자를 알아보니 체구가 왜소한 박정희밖에 없어서 안심하였는데, 중국풍수에게 금오산 명당을 찾게 하였더니 박대통령 조부 묘소가 금오탁시 명당이란 판정을 하였다. 이에 1950년경 박대통령에게 이장할 것을 요구하였으나 몇 십 년 된 묘라고 거절당하였다. 그 뒤 경부고속도로가 오태동 마을로 지나가도록 설계되자 장택상은 묘지를 분할하여 박대통령에게 헌상하고 도로 노선을 현재와 같이 오태동 자택을 피하여 둘러가도록 변경시켰다.

＊그러나 위의 이야기는 소설인데 사실인 것처럼 와전되었다. 우선 장택상이 1950년경 이장을 요구하자 박대통령이 책상을 치면서 몇 십 년 된 묘를 파라고 하느냐고 따졌다는데 박대통령은 1949년 여순반란 사건에 연루되어 퇴역 당하였다가 겨우 사면되어 1950년 소령으로 복귀하고 1952년 대구에서 육군정보처장, 1953년 장군으로 승진하였다. 이에 비하여 장택상은 해방 후 이승만을 지지하여 경찰청장, 1950년 국회부의장, 1952년 국무총리를 역임하였으니 박대통령이 책상을 치고 큰소리 칠 형편이 아니었다. 파묘지의 소유관계를 보면, 1110의1은 1968.7. 박동희, 1981.8. 박재홍, 1993.6. 김상도, 1997.7. 최석택에게로 전전되었고 1110의2는 1974.11. 김동우, 1997.11. 김봉규에게 이전되었다.

요약하면, 위 땅은 분할 전인 1931년에 장준식(장택상과 무슨 관계인지 모르겠다)이 이미 처분하여 1950년경에는 김용출에게 전전되었는데 장택상이 무슨 권한으로 파묘를 요구하였겠는가? 분할된 1110-1은 김용출 소유이던 것을 박대통령의 형 박동희가 1968년 취득하였다가 이장(2002년)하기 9년 선인 1993년(1979.10. 10·26 발생) 박재홍(박동희의 장남 4선 국회의원)이 김상도에게 매도하였다. 즉 1110의1, 2는 장택상과 관계없고 파묘 9년 전에 매도되었다. 고속도로(1968년착공, 1970.7. 완공) 도 현재의 노선이 마을을 피해가는 합리적 노선이고 이상할 것 없다.

장택상의 집은 사랑채와 주차장이 좋고 오태동은 전체적으로 좋은 동네이고 뒷산에 야은 길재(1353~1419)의 묘가 있는데 산을 절개하여 고속도로를 내겠는가?

5. 간산 결과

  1110-2에는 홍릉참봉 묘가 쓰여 있는데(이장으로 해 온 묘?) 잘 관리되고 있고 그 인접1110-1에는 파묘 흔적이 있었다.

 * 이 곳은 반월형으로 약목고등학교 강당 쪽이 명당이다 백호 쪽 멀리 있는 필봉이 준수하였다.(2020.10.)

 * 장택상 집과 고속도로

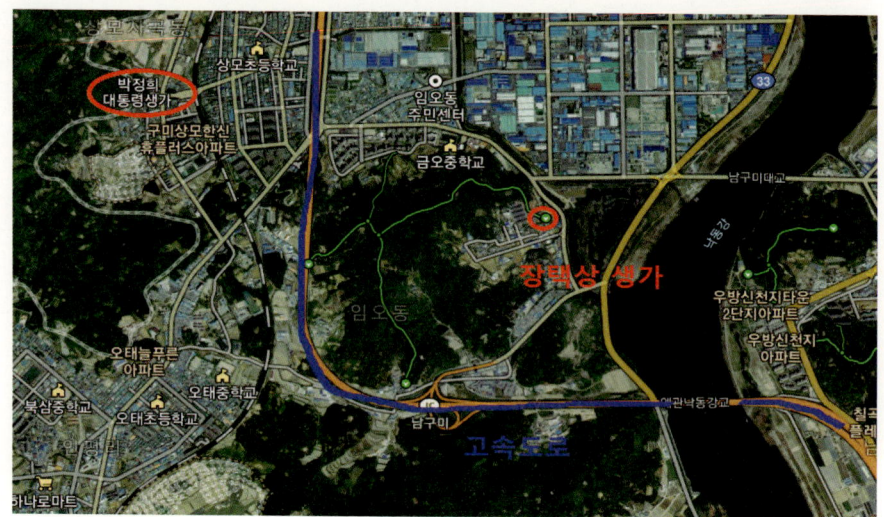

사진출처 : 카카오맵 스카이뷰(https://map.kakao.com)

경남 합천군 전두환 대통령 생가
(땅은 죄가 없다)

1. 유산록

  유산록 후편 114p. 동네 뒤 산상에 양택 1기가 있고 그 아래 재결하여 양택을 만들었다. 황강 건너 청룡이 구봉연주격(九峰連珠格)이다. 왕후장상지, 자파 을진파.-- 전두환 생가터에 해당한다.

　＊율곡면 내천리 260 全대통령 생가-- 임좌. 지금도 생기 있다.

2. 행룡(飛龍出雲)

　＊황매산 중봉(합천군 가회면), 만남의광장, 허굴산, 철마산, 금곡산, 점안산, 무월봉, 대암산(율곡면 본천리), 단봉산, 용덕산을 거쳐 내천리에서 행룡을 다하였다. 중간에 물길을 둘러서 지나 온 행룡은 추적하기 힘들어서 착오가 있을지 모르겠으나 황매산으로부터 80리 길인데 오로지 이곳에 힘을 모두 실어다 주었다. 수태극 산태극이요 비룡은 구름을 몰고 와서 이 곳에 얼굴을 내밀었다 飛龍出雲격이다. 청룡절벽과 백호단석이 확실하여 무적이겠으나 험난하겠다. 어떤 이는 답사기에서 광주사건을 염두에 둔 듯 폄하하였으나 땅은 죄가 없다. 어느 한 뼘의 땅이라도 소중한 우리의 강산이 아닌 곳이 없다. 전대통령의 조부와 부모 묘도 명당이다.(『조선백대명당 간산기』참조) (2018. 초)

　＊황매산에서 혈처까지-- 황매산에서 혈처까지 사이에 명혈이 없고 오로지 혈처만 만들었다.

사진출처 : 카카오맵 스카이뷰(https://map.kakao.com)

경남 합천군 전인·전영수·전상우의 묘
(전두환 대통령과 관련된 선조 묘)

1. 전두환의 내력

　*완산전씨(完山全氏) 전두환(1931~2021)은 제11대, 12대 대통령을 역임했다(1980~1988). 완산군 23세손이라 한다. 완산전씨는 전섭이 도시조이고 30세손 전집은 고려 공민왕 때 홍건적을 물리친 공으로 완산백에 봉해지면서 완산전씨의 시조가 되었다. 완산은 전주의 옛 지명이므로 보통 전주전씨라고 하는데 일부는 완산전씨를 고집한다. 전주전씨 2만 5천 명, 완산전씨 1천 7백 명(2015년). 이조 때 문과 급제 1명 무과 32명으로 武人집안이다.

* 전대통령 일족이 합천에 세거하게 된 연유에 관하여, 원래 전주에 살았는데 조부 전영수가 전봉준(천안전씨)의 동학란(1894년)에 가담한 죄로 합천으로 피신한 것이라는 이야기도 있으나 사실이 아니다. 즉, 시조의 증손(4세손) 전하민(全夏民)이 1452년 경주에서 합천 쌍책 하신리로 이주했고 전대통령 일족이 1527년 하신리에서 율곡 내천리 전대통령 생가마을로 이주했다. 그 뒤 임란 때 전치원 등이 의병활동을 함으로써 가계가 뚜렷해진다. 전대통령 일족이 합천 초계 내천리와 쌍백 하신리 일원에 세거한지 적어도 5백 년은 된다.

* 재령군수 전영수(全永綏)는 전경원과 전인(全裀)을 낳았는데 전경원이 전대통령의 직계선조이다. 즉, 전경원-전제(全霽, 1558~1597, 전대통령 13대조)-(전대통령의 증조부 전석주 때 내천리로 이주하였다는 설이 있다)-조부 전영수(全永洙, 1867~1963)-3남 중 장남 父 전상우(1893~1967, 일제때 합천 가야면장)-6남 5녀 중 4남 전두환으로 이어진다. 전제는 임란 때 곽재우 진영에서 공을 세워 1558년 영산현감이 되었다가 정유재란 때 권율 휘하에서 종군 중 초계전투에서 진격명령에 불복한 죄로 동료 2명과 함께 처형되었는데 뒤에 권율이 무리한 전투로 패퇴하고 부하를 처형한 죄로 면직당하였으니 명예회복을 한 셈이다. 전제는 6남 3녀를 두어 전대통령의 계열의 중시조라 할 수 있다. 다만 전대통령 때 전제에 대한 의병업적을 과대포장하여 창녕에 충혼탑을 세우는 바람에 눈총을 받고 있다.

전영수 묘 아래에 있는 청계서원은 1564년 유학자 이희안을 모시기 위하여 탁계 전치원(임란 의병장, 전두환 대통령의 방계 선조)이 건립한 것인데 1702년(숙종 28년) 전치원과 이대기를 추가로 모셨다. 전경원(전두환 14대조)계열의 중시조는 전제이고 전인(전두환의 방계 선조)계열의 중시조는 전치원이라 할 수 있다. 전대통령에 대하여 욕하는 사람이 많으나 땅에 죄가 있는 것은 아니므로 풍수적 입장에 집중하여 간산한다.

＊전대통령의 생가는 황룡이 구름에서 나오는 모양(黃龍出雲形)으로 상등 초급 명당인데 별도 간산기를 쓴 바 있다. 다수는 부모 전상우와 조부 전영수묘를 명당이라 한다. 또 조부 전영수의 묘 옆에 있는 전인(전대통령의 4백 년전 방계 선조)의 묘에 대하여 게의 눈(蟹目形)으로 조선 1백대 명당이라는 주장이 있다. 증조부 전석주 묘는 전대통령이 겨우 찾았다고 하는데 소재 파악이 안되어 간산하지 못했다.

사진출처 : 카카오맵 스카이뷰(https://map.kakao.com)

3. 전인과 전영수 묘

1) 지형

* 묘의 약도

사진출처 : 카카오맵 스카이뷰(https://map.kakao.com)

* 묘가 있는 곳의 지형이 괴이하게 생겼다. 다수는 아래 도면과 같이 천지를 사이에 두고 산줄기가 나누어졌다고 이해한다.

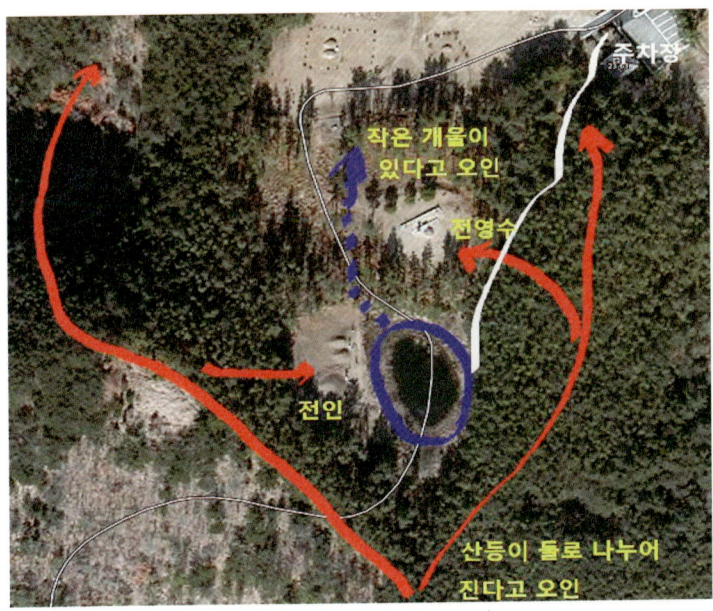

사진출처 : 카카오맵 스카이뷰(https://map.kakao.com)

＊오인된 용맥행도-- 지방신문에 게재된 용맥도이다. 산줄기가 두 개로 나누어지면서 그 사이에 천지(못재)가 생겼다고 본다. 전인 묘 쪽으로 開面한 것으로 오인하였다.(노란색 표시는 필자가 표시한 것)

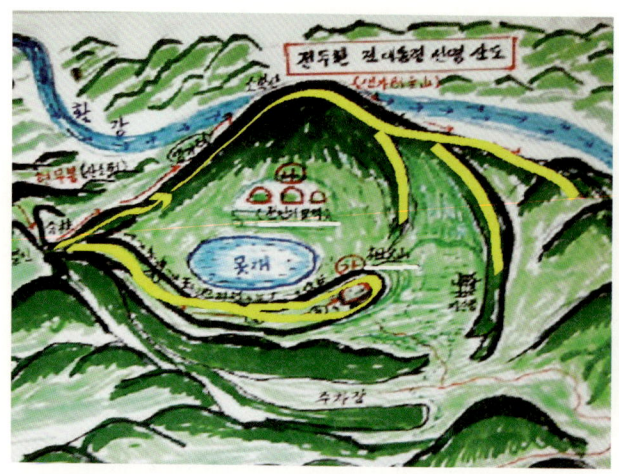

＊진실된 지형-- 산이 가지를 나누게 되면 가지의 경계사이에 개울이나 강이 생긴다. 그러므로 가지가 나누어졌느냐의 여부는 개울이 있느냐의 여부에 달려있다. 이 곳은 백록담처럼 천지(못내)가 분지에 있고 개울이 생긴 곳이 없다. 다만 홍수시 물이 넘쳐 흐르는 곳은 있으나 지표 위를 흐를 뿐 산줄기가 끊긴 곳이 없다.

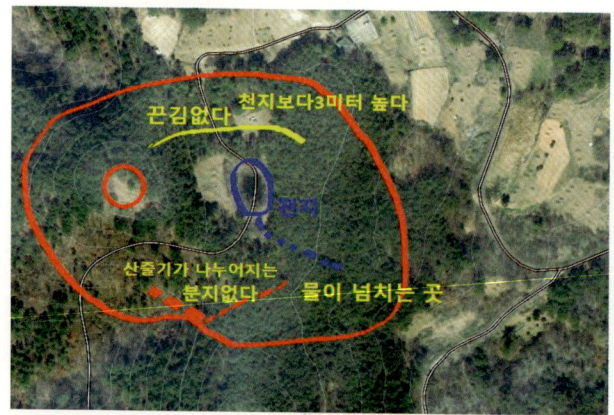

사진출처 : 카카오맵 스카이뷰(https://map.kakao.com)

＊천지(못재)가 생긴 원인에 대하여 분화구說, 함몰說(싱크홀, 지하수가 흙을 쓸고가서 동공이 생김)이 있다. 인근에 있는 초계면 평야가 유성이 떨어져 생긴 최대의 분지인데 이 곳도 작은 별똥이 비스듬히 생긴 산의 경사면에 떨어져 생겼다고 보아야 된다.

2) 전인(全絪) 묘

＊묘역 둘레에 동그랗게 머리 크기의 돌이 쌓여있다. 이에 속아서 백대 명당이라는 사람이 있다. 그러나 이 묘는 거짓 혈이다. 돌은 사람이 갖다 놓은 것이 많다. 돌모양이 삐죽삐죽 날카로워서 살기가 있다. 전순이 빈약하다. 입수래룡이 없고 생기도 없다.

＊전인 묘-- 옆에 있는 쌍묘는 전인의 손자 묘이다. 전인의 아버지는 영수(永綏) 조부는 수문(秀文) 증조는 승덕(承德)이다.

3) 松坡 전영수(全永洙) 묘

＊입수래룡-- 천지 일원은 유성이 떨어져서 생긴 분지이고 전영수 묘는 분지 테두리에 있다. 묘역에 생기가 가득한 기혈(奇穴)이다. 전대통령 막내삼촌이 소점하여 평장으로 용사하였다가 전대통령이 장군이 되고 난 뒤

봉분을 만들었다는 이야기가 있다.

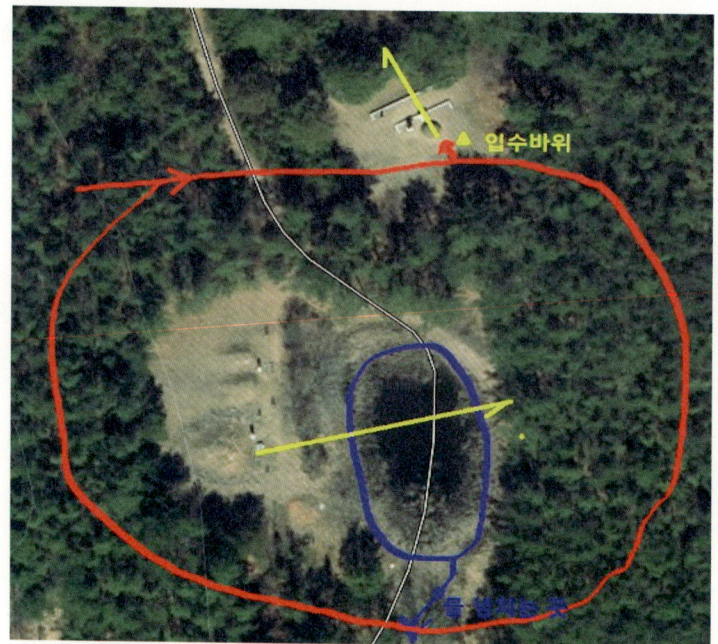

사진출처 : 카카오맵 스카이뷰(https://map.kakao.com)

* 전영수 묘(丙坐)-- 입수래룡은 분지의 테두리이다.

4) 전상우 묘(합천군 율곡면 기리 산80)

* 중국

사진출처 : 카카오맵 스카이뷰(https://map.kakao.com)

* 전상우 부부 묘-- 중등상급 대혈로 조선 100대 명당에 넣어도 되겠다.(2023.10.)

대구 동구 신용동 847 노태우 대통령 생가

 * 용진마을은 교화노씨 집성촌이다. 용안에 잡은 명당이라고 한다.(아롱은산형?) 집 뒤에 예쁜 현무봉이 있다. 국은 좁으나 기운은 알차다.

  * 현무봉

 * 생가 사진

 * 장독대-- 어머니가 생수를 떠놓고 매일 기원했다고 한다.

* 선영은 백호등에 있는데 양택의 백호에 지나지 않는다.(2020.10.)

경남 거제시 김영삼 대통령 생가
(명당에는 무언가 특별한 것이 있다)

1. 대금산(大金山 438m) 아래 大명당이다

김대통령(1927.12~2015.11 제14대 대통령 1993~1998)의 생가는 거제 장목면 외포리1383-3에 있다. 대계(大鷄)마을 중앙에 있고 모두들 명당이라 한다.

자세히 보면 두 개의 문제가 있다. 첫째, 명당에는 다른 곳에서 볼 수 없는 특별한 장점이 있는 법이고 단순히 기운이 맺혀 있는데 그친다면 그 마을 길지급으로 그런 곳은 많이 있다. 몇 사람의 간산기와 유투브가 있으나 고개를 끄덕일 만한 설명이 없다. 또 마을 이름에 착안하여 대계포란이라 이름 붙인 분도 있으나 품을 계란이 없으니 닭이 헛고생하는 꼴이 된다. 둘째, 발복에 관하여 부모 묘의 백호가 바다로 열려 있어서 재물이 모이지 않을 형세이므로 외환위기를 맞이했다는 분이 두 분 있었는데 대단히 잘못 보았다. 개인의 운세로 옆으로 가는 국가의 운세를 돌려 세울 수 없다. 고종이 발버둥쳐 보았자 망해 가는 이씨 조선을 부흥시킬 수 있었겠는가? 어떤 이는 생가와 고조부묘가 명당이라 결론 지었으나 나는 생가를 보고 나니 다른 곳은 더 볼 필요가 없었다.

2. 국세와 물형

경남 고성 천황산에서 벽방산 계룡산을 거쳐 거제 동쪽에 대금산을 세웠다. 대금산에서 계축.임자.경신(강망산).병오.신술로 행룡하여 대계마을을 만들었고 생가는 언덕 위에 야물딱지게 앉았다. 일종의 횡맥혈이라 볼 수 있다. 옛날에 혜공 노인이 신술행룡은 금기라고 하기에 왜 그렇느냐고 물으니 힘이 거세어 역적이 난다고 대답하더라. 요즘은 힘이 있어야 한강을 건널 수 있다고 반박하면서 웃었다.

* 전체 국세-- 생가가 중심에 있다.

사진출처 : 카카오맵 스카이뷰(https://map.kakao.com)

* 2009년 생가 모습

* 주택 앞 백호에 청마 머리-- 머리를 쑥 내밀었다.

사진출처 : 카카오맵 로드뷰(https://map.kakao.com)

* 말잔등-- 엉덩이 부분이 案이다. 보통 자오향을 잡기 쉬운데 축좌미향이다.

* 김대통령은 巨山이란 호를 쓰고 無門大道란 글귀를 좋아했다.

거인이 큰 길을 나서려고 하니 청마가 빨리 가자고 머리를 내밀고 있는 물형이다.

3. 가족사

김대통령의 조부가 이곳으로 이사와서 생가터를 잡았다 한다. 자좌를 쓰기 쉬운 곳인데 축좌를 썼다. 명당터를 애써 잡은 것도 아닌 만큼 천운이 맞은 것이다. 김대통령은 이집에서 13세까지 살았고 임시정부 시절 부모의 독촉으로 거제로 와서 당일 오전에 세 명의 아가씨와 선을 보고 세 번째 본 손명숙 여사와 결혼했다. 부친 김홍조 씨는 멸치 어장으로 수입이 많았으나 멸치포를 김대통령 후원자들에게 모두 선물할 정도로 지원하였다. 생가도 2000.8. 거제시에 기증하여 관광지로 활용하도록 하였다. 모친은 1960.9. 멸치판매대금을 노리고 침입한 무장공비에 의하여 살해당하였다.

4. 개인이 국운을 이길 수 없다

부모 묘 앞쪽 백호가 바다를 가리지 못한 것은 흠일 수 있으나 그로 인하여 외환위기가 초래되었다는 것은 소꼬리가 소 몸체를 흔들었다는 격이다. 김대통령은 금융실명제 軍私組織척결 歷史 바로세우기를 한 업적이 있으나 말년에 외환위기로 IMF구제금융을 받아 경제가 망가져서 정치적으로 치사상을 입었다. 그러나 당시 세계경제는 1980년대부터 시작된 호황이 90년대 후반에 끝날 즈음이고 이를 노린 국제금융 투기꾼들의 작전으로 흑자도산이 초래되었는데 집권층 몇 사람이 막아낼 수 있겠는가? 동남아 국가가 줄도산하였는데 그 국가 지도자들이 모두 바보이거나 개인 운세가 나쁜 탓이라 할 수 있는가?

1997년 여름 말레이시아, 인도네시아, 태국, 필리핀, 홍콩 등 동남아 국가들의 연쇄적 외환위기를 맞자 한국은 방만한 외채와 동남아 국가에 빌려준 대출금을 회수하지 못한 탓으로 97.12.~98.1. 사이에 3,000여 개 기업이 도산하고 실업율이 폭등하는 경제위기를 맞았다. 97년말 국제통화기금으로부터 우선 20억 달러를 차용하고 국제통화기금의 관리를 받았다.

2001.8. 차용금 195억 달러를 조기상환하였으나 그 대가는 막심하여 지금도 그 여파가 남아 있다. 기금측의 요구대로 구조조정을 하는 과정에서 알짜기업도 도산시켜 미·일·영이 헐값으로 매수하였다가 되팔아서 막대한 이득을 취하였다. 미국등의 금융투기세력은 이미 90년대에 스웨덴 아르헨 멕시코에서 써먹던 작전인데 달라값을 낮추어 득보고 값을 높혀 돈버는 수법이다. 그때 경험으로 지금은 외환보유고가 3,000억 달러를 넘고 있지만 그것이 좋은 것만은 아니다. 쓸데없이 많은 달러를 쥐고 있으면 그만큼 재원이 사장되는 것이다. 외환위기를 김대통령 부모 묘의 백호와 연관시키는 것은 지나치다.(2020.10.)

전남 신안군 하의면 김대중 대통령 생가
(후광리 121)

1. 교통이 불편

몇번을 벼르던 끝에 하의도에 갔는데 한 대 밖에 없는 택시도 일요일엔 휴무이었다. 부두에서 생가라는 곳까지는 약 4km 거리이었다. 걸어 가던 중 김대통령의 집안되는 사람이 트럭을 태워 주면서 여러 가지 이야기를 들려주었다. 이 곳은 김대통령이 출생한 곳은 아니고 갓난아기 때 생모와 함께 이주하여 목포초등학교에 입학할 때까지 살았던 곳이고(그러므로 정확히 말하면 유년기 거주지이다. 이하 생가지라 하고 태어난 곳을 탄생지라 한다), 그 뒤는 목포에 살았다고 하더라. 지금은 마을에서 멀리 떨어진 외딴 집이지만 당시는 일대가 염전으로 사람들이 붐볐다고 한다.

2. 봉소형

부모 묘는 적모 묘만 있고 생모와 부친 묘는 경기도로 이장하였다. 파묘지는 생가에서 보이는데 평범하였고 생가는 봉소(鳳巢)형으로 백호 쪽에서 봉들이 빙 둘러 생가로 들어오는 형상이다. 아직도 기운이 있으나 중등급이고 대혈은 아니다.

탄생지는 면사무소에서 남동쪽 십리 남짓 되는 곳인데 걸어 가는 중 하의도와 하태도를 연결하는 교량공사 기술자의 승용차를 편승하고는 그 분의 호의로 하의도 일주구경(사자바위등)을 잘하였다. 탄생지 일원은 바위들이 강하게 조응하고 있어서 強氣를 예감할 수 있었다.

3. 음양택의 영향력은?

국운에 연결된 사람에 대하여 음양택이나 개인적 운수는 영향력이 적다.
국운이 기울어 가는데 고종의 묘를 명당에 쓴들 자식들이 잘 될 리 없다. 근.현대 대통령의 음택은 대혈은 적고 양택은 대체로 좋다. 김대중 대통령의 경우 타고난 재질과 노력, 천운과 시대적 사회적 환경이 잘 어우러져 위인이 되었고 부모 묘 이장은 정신적 지지가 되었는지 몰라도 발복과는 무관하리라 생각한다. 노무현 대통령의 양택은 대명당이라 보이지 않으나 서거 후 추종자들의 성지가 되어 역대 대통령생가 중 제일 붐비는 곳이다.(2017.11.)

* 하의도 일원

사진출처 : 카카오맵 스카이뷰(https://map.kakao.com)

* 생가

사진출처 : 카카오맵 스카이뷰(https://map.kakao.com)

경남 김해시 노무현 대통령 생가
(땅이 사람덕을 본 곳)

1. 출생지와 생가지

　노무현 대통령(1946.9.~2009.5. 제16대 대통령 2003.2.~2008.2.)의 생가는 김해시 진영읍 봉화산 아래 봉하마을(본산리 30)에 있다. 원래 생림면 下사촌리마을 회관 서쪽에 태어나 세 살 때 이 곳으로 이사하여 13년 간 자랐다고 하니 엄밀히 말하면 성장지이다. 김대중 대통령의 경우 출생지는 강한 곳이나 노대통령의 출생지는 보잘 것 없다. 문재인 대통령은 출생지와 성장지가 평범하다고 알려져 있다.

2. 사자 바위와 부엉이 바위

　예전 어느날 초저녁에 진영 국도를 지나면서 보니 엄청 큰 주먹바위가 하늘을 내지르는 듯한 광경이 보였다. 며칠 후 찾아가니 노대통령 생가마을이었고 사자바위 아래쪽에 크다란 부엉이 바위가 있었다. 생가터는 산자락이 뾰족하게 나온 끝이고 기운이 강하여 웬만한 사람에게는 맞지 않을 곳이었다. 퇴임 무렵 뒤쪽에 산을 넓게 깎고 사저를 조성하였다. 사자바위의 기세로 세상을 호령하였으나 퇴임 후 1년 남짓한 뒤 부엉이바위에서 뛰어내려 생을 마감했다.

3. 땅이 사람의 덕을 보다

　노대통령은 양반사회의 보이지 않는 맥이라 할 수 있는 권위주의를 타파한 공로가 있다. 또 어리숙한 면도 있어 인간미를 느낄 수 있었기 때문에 서거일에는 추모자들이 3만 명 가량 모여 든다. 주변 일대가 공원으로 잘 단장되었다. 예전과는 딴판이다. 흔히 땅 덕택으로 사람이 출세하고 빛났다고 말하는데 이 곳은 반대로 사람 덕으로 땅이 光났다고 해야 된다. 어 떤이는 부모와 조부묘가 명당이라고 하나 극히 평범하다. 더 이상의 음택 을 찾을 필요가 없다.(2019년.봄)

4. 사진
* 사자바위와 묘역

* 사자바위와 생가

* 부엉이 바위

* 추모글 새긴 바닥 돌-- 묘역은 아담하게 잘 꾸며져 있으나 이름을 새긴 돌을 길(광장)에 깔아놓은 것은 보기 싫다. 유엔묘지처럼 동판을 세웠으면….

경북 포항시 이명박 대통령 생가지
(오봉귀소. 애매한 대혈보다 확실한 소혈)

1. 유생지와 성장지

* 이명박 대통령은 1941년 일본 오사카(탄생지)에서 태어나 해방후 귀국하여 포항시 흥해읍 덕성리 538(덕실마을, 유년기 성장지 즉 유생지)에서 자라다가 6·25한국전쟁 이후 인근 덕성리563(소년기 성장지인데 다음 지도에는 생가지로 표시되어 있다)에서 고등학교까지 자란 뒤 가족이 서울로 이사하였다. 증조부등 집장지는 산고개 하나 넘어 포항시 신광면 만석리 산27에 있다.

* 李대통령 생가에 대하여 풍수답사기는 찾아보기 어려우나 유생지는 오봉귀소형의 명혈이고 성장지는 구유(소 여물통)형의 명혈이다. 明堂이라는 용어는 혈 앞의 공간을 말하기도 하고 명혈을 말하기도 하는데 구별하기위하여 名堂이라 부르는 사람도 있으나 나는 명혈(名穴)이라 한다.

이렇게 지척지간에 2개의 명혈이 존재하는 경우는 드문데 각기 혈의 모양이 뚜렷하고 특징이 잘 나타나 있으므로 물형론자들의 실력을 가늠해 볼 수 있는 좋은 시험장이다.

2. 중첩적 발복을 받는가?

어떤 인물의 발복지에 관하여 생가지나 특정 음택이 발복지가 분명함에도 풍수들은 그 것으로 부족하다고 느꼈는지 또 다른 발복지가 있는지 꼭 챙겨 보더라. 예컨대 노무현 대통령은 유년성장지가 발복처인데 어떤 풍수는 생가지 외에 부친 묘(다수는 평범하다고 평한다) 또는 몇 대조 묘가 명혈이라고 한다. 박정희 대통령은 조모 묘가 발복처인데 생가도 공동적 발복처라고 주장한다. 여러 명혈이 힘을 합쳐 한사람의 큰 인물을 만들어

내는가? 발화점이 되는 다른 혈이 있을 수 있으나 주된 혈은 한 개라고 생각한다. 닭이 여러 마리가 모여본들 학(鶴) 한마리를 만들지 못한다. 큰강이 흐르는데 개울물이 들어가본들 흐름을 바꿀 수 없듯이 다른 음양택은 영향을 미칠 수 없다. 인촌 김성수 집안은 여러 곳의 명혈에 조상들을 흩어 쓰기로 유명한데 큰 인물 하나를 바람이 아니라 대대로 인물들이 나기를 바랐기 때문이다. 불행했던 대통령에게 다른 좋은 음택이 있었다면 불행을 피할 수 있었을 것이라고 말할 수 없다. 그러므로 발복처 하나만 찾으면 다른 혈은 더 볼 것 없다.

3. 이명박 대통령은?

* 1941.12.19.生, 일본 오사카에서 4남3녀중 다섯째, 2002 서울시장, 제17대(2008.2.~2012.2.)대통령. 독실한 기독교인인 어머니 영향으로 기독교인.

* 해방후 귀국하면서 선박사고로 무일푼이 되어 아버지는 목장인부, 어머니는 과일행상을 하였다. 단칸방에서 술지게미로 끼니를 때웠다. 초등3년때 6·25를 겪으며 미군 폭격으로 누나와 막내동생을 잃었다. 가정이 어려워서 낮에는 채소장사를 하며 포항동지상고 야간부에 입학하여 3년 내내 장학금을 받았다. 형 이상득을 공부시키기 위하여 가족이 서울로 이사하자(이상득이 대원군 노릇을 하는 바람에 많은 손해를 보았다) 막노동을 하며 고려대 경영학과에 입학하여 학생회장을 역임하였다. 폐결핵으로 군복무면제 받고 현대건설에 입사하여 37세에 사장이 되어 샐러리맨의 신화로 전설이 되었다.

* 대통령으로 원전 수출, 세계금융위기 극복, 세계경제권과 FTA체결등의 업적을 남겼다. 원전건설과 4대강사업은 논란 중이고 광우병 촛불사태는 10년이 지난 지금까지 광우병이 발생하지 않은 점으로 보아 선거에서

패배한 진보세력이 과학적 근거 없이 분풀이한 것이다.

 * 재직시 삼성그룹으로부터 다스사건의 변호사비 150억 원을 대납받은 죄로 2020.10.29. 징역17년, 벌금 130억 원의 형을 확정받았다. 형을 선고할 때는 나이와 건강등 수감능력을 고려하는 법인데(죄는 미워도 사람은 미워하지 않는다) 판결은 살아서는 교도소 담장을 넘어 나오지 말라는 말이니 사형선고와 다름없다(우리나라는 1997.12. 사형판결을 집행한 이후로 집행하지 않아 실질적인 사형폐지국이다.) 이로써 고인이 된 전두환 노태우도 구속이 되었었고, 이명박 박근혜 등 생존하는 전직 대통령도 교도소에 복역하였다. 이를 두고 청와대가 흉지라는 이유로 이전해야 된다는 풍수인이 많다.

4. 생각은 자유이지만 표현은 자유가 아니다

 인터넷을 검색해보면 생가에 대하여 풍수적 해설은 드물고 부정적 관람기가 많다. 그 중에는 천지창조 이래 최대의 사기꾼, 국민을 노예로 만든 독재자 등 저주에 찬 저질 글이 섞여 있다. 어릴 때부터 병약한 몸으로 행상을 하면서도 좌절하지 않는 모습이 참으로 장하다. 인생살이에 빛과 그림자가 없을 수 없으니 담담히 평가하고 타산지석(他山之石)으로 삼으면 충분하고 저주할 일은 아니다. 다행히 풍수카페는 수준이 높아 그런 저질 글이 없으니 흐뭇하다.

5. 오봉귀소(유생지)

 * 유년기 성장지인 덕성리 538은 다른 사람에게 팔려서 기념관은 옆으로 옮겨 지었다. 이대통령 몇대 선조가 터를 잡은 곳이고 원래 기와집이 있었는데 6·25 때 소실되자 초가집을 지었다. 현재는 다른 사람이 초가를 헐고 양옥으로 지었고 초가는 기념관에 재현시켰다. 윗대 선조는 재력이

있어서 동네 애들이 공부할 서당을 지었고 현재 마을 위쪽에 기와집이 남아 있다.

* 유생지는 사방에 둥글둥글한 봉황들이 날아오고 있으나 아쉽게도 청룡쪽에 외침을 막아줄 높은 산이 없고 밋밋하게 내려가서 외부 바람을 인도하는 꼴이 되었다. 백호도 끝자락이 헤프다. 이런 지형 탓인지 몰라도 기와집이 노출되어 폭격을 당하였다. 6·25한국전쟁 때 시골 기와집은 북괴가 수용하여 사무실로 사용하는 경우가 많아서 폭격당하는 일이 잦았다. 세상은 일득일실(一得一失)이라 하나를 얻으면 하나를 잃는다. 이대통령은 이런 아픔을 극복하고 우뚝 선 셈이다.

* 생가지 전체 지도

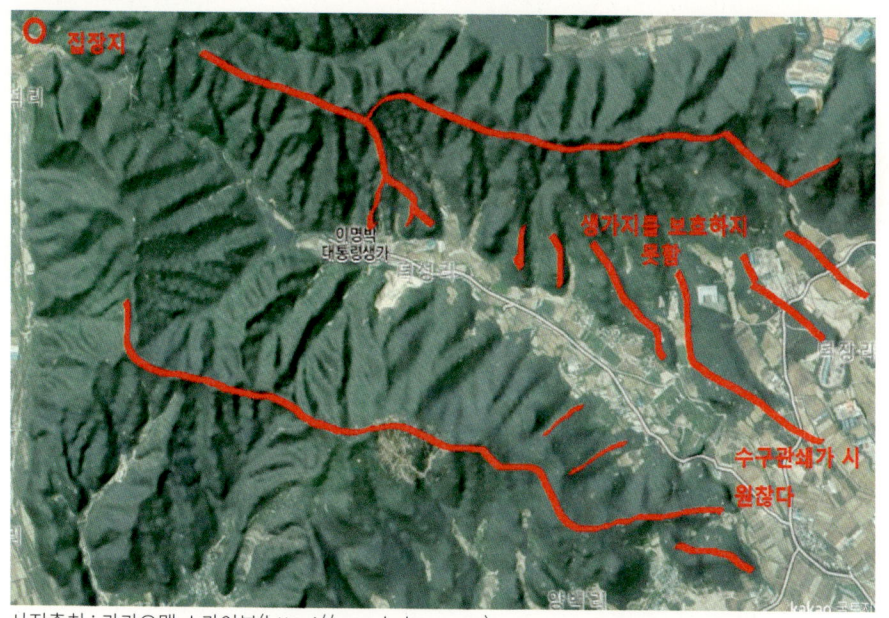

사진출처 : 카카오맵 스카이뷰(https://map.kakao.com)

* 유생지(오봉귀소)

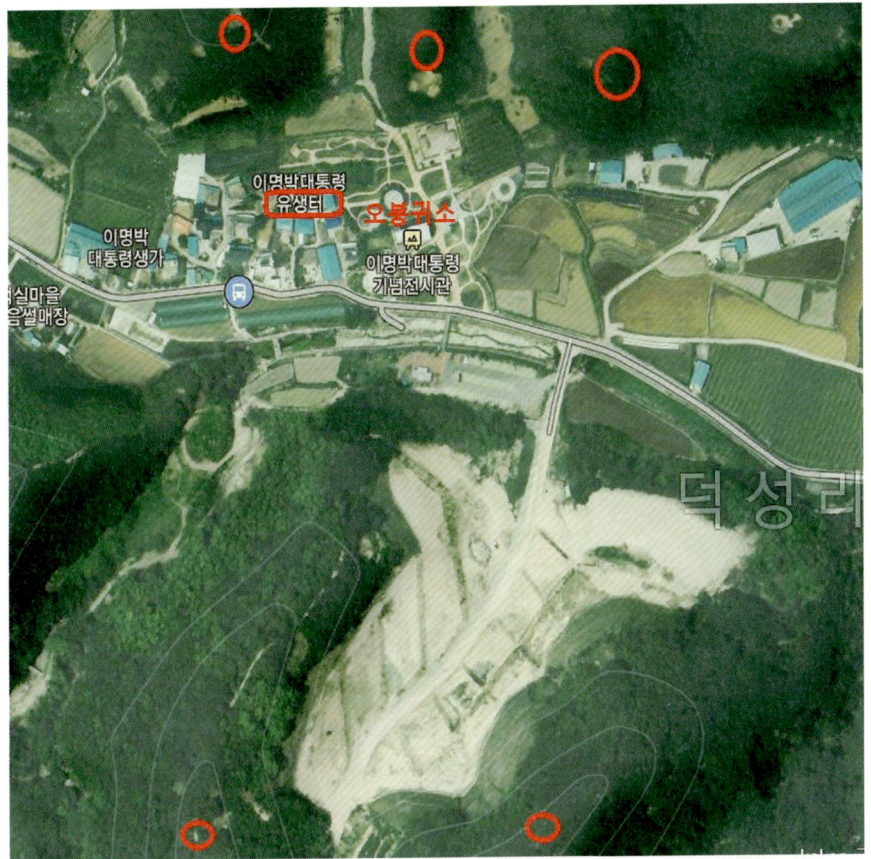

사진출처 : 카카오맵 스카이뷰(https://map.kakao.com)

6. 구유형(소년 성장지)

본가가 폭격당한 뒤 인근 538로 옮겨 살았는데 그 터는 지금도 훈훈하다. 집 앞 개울을 건너서 보면 뒤쪽 왼손 편에 크다란 황소가 목을 길게 느리우고 밥통(구유)에서 여물을 먹으려는 형상이다. 안산이 가까워서 속발거부지지이다.

* 소년 성장지(구수형)

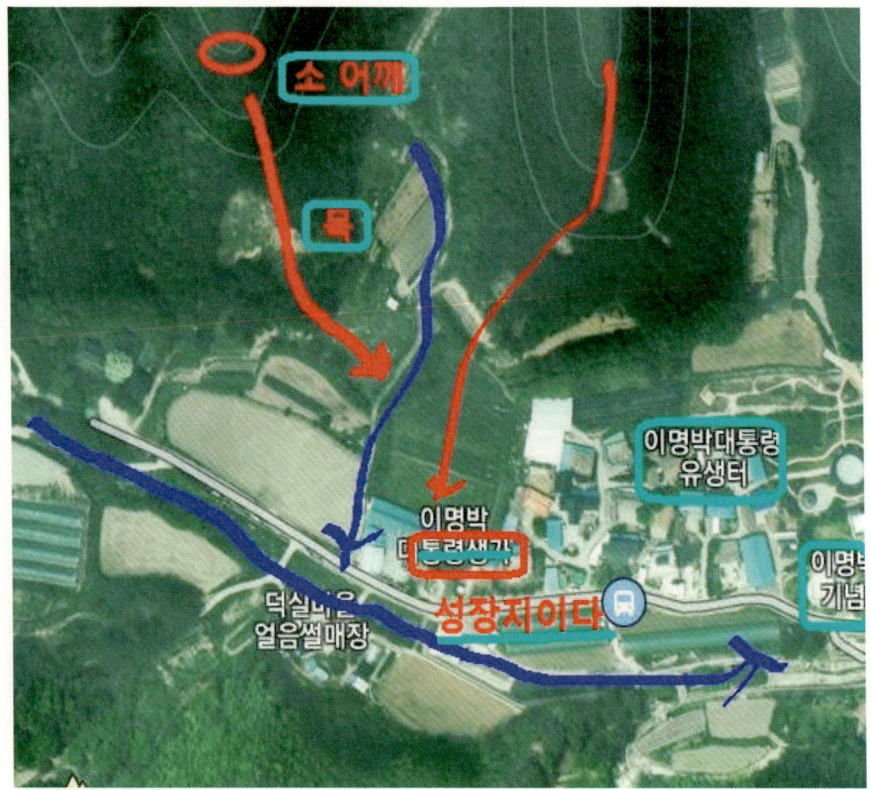

사진출처 : 카카오맵 스카이뷰(https://map.kakao.com)

* 성장지 뒷산

7. 애매한 대혈보다 확실한 소혈이 낫다

　선산은 포항시 북구 신광면 만석리 산27에 있는데 帝字맥이라 떠드는 풍수도 있으나 겨우 길지급이라는게 중론이다. 불행후 부흥한 양택의 발복인데 또 무엇을 찾으려는가. 이대통령의 양택은 전국구적 갑지는 아니고 경북지역 갑지에 해당하지만 불행한 환경에 좌절하지 않는 유전자와 합쳐서 성공한 경우이다. 대통령 취임 후 여정은 본인의 하기 나름이다. 옛부터 대혈을 찾아 헤매지 말고 작더라도 확실한 혈을 쓰라는 말이 있다. 유골은 하나밖에 없는데 여기도 써보고 저기도 써보고 할 수는 없다.(2020.12.)

국립 현충원 대통령 묘에 관한 풍수논쟁
(풍수들이 웃긴다)

1. 동작동 국립 현충원은?

　＊지창룡(1922~1999) 국풍이 32세 때인 1953년 이승만 대통령의 지시에 따라 입지선정을 하고 1955년 국군묘지로 43만 평을 조성하여 7만 명 가량의 순직 군인을 모셨다. 1965년 국립묘지로 승격되어 순국선열과 애국지사를 비롯하여 국가유공자, 경찰, 예비군으로 대상을 확대하고 2006년 현충원으로 개명하였다. 16만 3천 영령을 모셨고 제1 충혼당(납골당)이 만장되어 제2 충혼당을 건립 중이고 다른 몇 곳에 현충원이 있으나 만장으로 연천에 현충원을 추가 건설 중이다.

　＊매년 현충일에는 대통령 주관으로 추념식이 열리고 작고한 대통령의 기일에도 개별 추모식이 거행된다. 정치인들은 새해初와 출정식을 할 때 찾아와서 분향한다.

* 이 곳에는 이승만, 박정희, 김영삼, 김대중 대통령의 묘가 있고 대전 현충원에 8기의 국가원수 묘역을 조성하였는데 최규하 대통령이 1기를 차지하고 있다. 전두환, 노태우, 이명박, 박근혜 전직 대통령은 대전 현충원에 갈 순번이나 모두 징역형을 받아 자격상실이다. 노태우 대통령은 고향마을에 가묘를 만들어 놓았으나 2021.10. 사망하자 파주 동화공원묘지로 갔다.(최근 고향마을로 이장하였다) 전두환 대통령(한 달 뒤 死)도 전방으로 갈 예정이다.

2. 현충원 위치와 대통령 묘의 위치

* 현충원의 위치

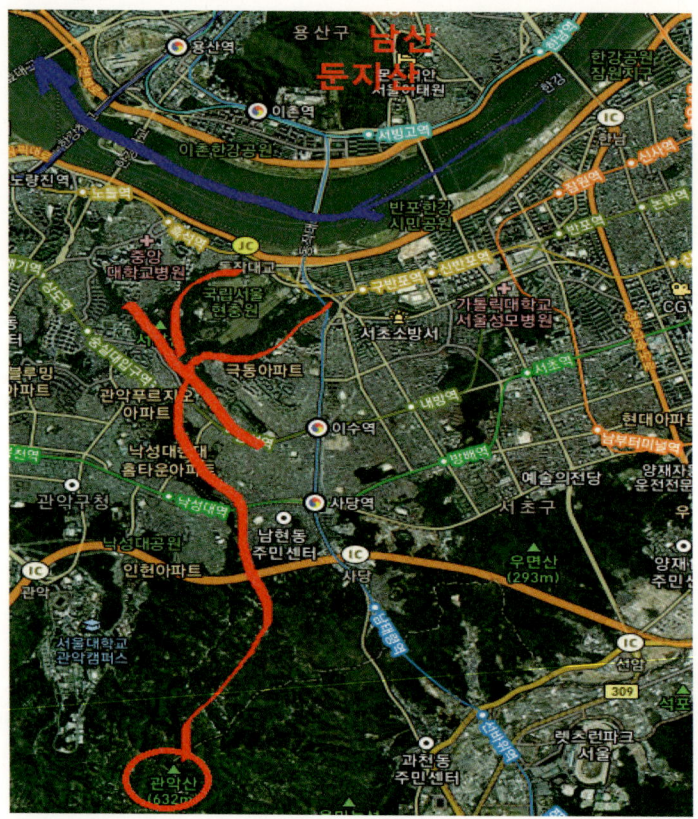

사진출처 : 카카오맵 스카이뷰(https://map.kakao.com)

* 묘의 위치-- 관악산 행룡인데 입수로부터 박정희, 김대중, 김영삼, 이승만의 순으로 4명의 전직 대통령이 안장되어 있다.

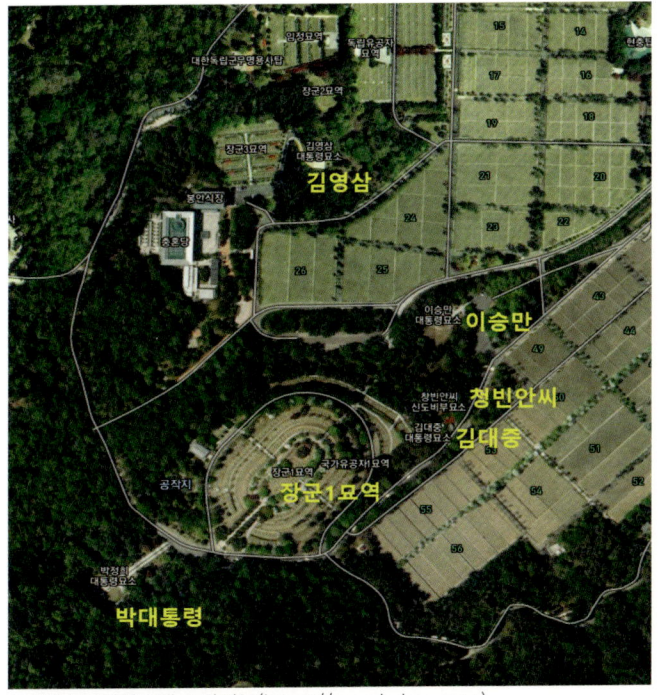

사진출처 : 카카오맵 스카이뷰(https://map.kakao.com)

3. 묘에 관한 감평

* 국세에 관하여, 공작이 날개를 길게 펼친 형국(공작장익형, 지창룡 한국지리총람 p263, 전용원, 황종태), 봉황포란 형국(김기덕)이라는 견해가 있는가 하면 한강물이 반궁수이므로 좋지 아니한 국세라는 반론이 있다 (박민찬, 지종학). 한강수가 반궁수가 되어 좋지 못하지만 청룡 백호가 한강물에 밀려서 움추려 드는 것이 아니라 치받아 길게 뻗어서 흉하지는 않다고 본다. 만약 두 날개가 여의도 방향으로 밀려서 내려갔다면 흉할 수 있다.

* 뒤에서 본 전경-- 한강에 밀리지 않는다.

* 이전부터 있던 창빈 안씨 묘(선조의 할머니 묘)는 명당이라는 것이 다수이다.

* 이승만(1875~1965.7.) 대통령 묘-- 영구음수형(지창룡) 화심형의 명당(전용원) 등 호의적 의견이 많다.

이승만대통령, 프란체스카여사의 묘소(합장)

* 박정희(1917.6.~1979.10.)-- 지창룡은 육여사 묘가 공작포란형이라는데 대하여 물이 배신하고 안산인 장군 묘역에 사방으로 묘를 써서 흉지(박민찬), 반궁수이고 용맥 타지 못했다(지종학), 수맥처라는 등 대체로 혹평이다.

＊김대중(1924.1.~2009.8.)-- 원래 규정에 따르면 대전 현충원에 안장해야 되나 유족이 이명박 대통령에게 참배편의 등을 이유로 동작동 현충원에 안장하기를 청원하여 이곳에 묻혔다. 그 전례 덕택으로 김영삼 대통령도 이 곳에 안장되었다. 기운이 약하다는 의견이 있으나(전용원), 물의 배신을 면하여 길지(박민찬)등 대체로 호의적이다.

＊김영삼(1927.12.~2015.11.)-- 황영웅 씨 소점인데 묘역조성에서 알돌 9개가 출토된 것을 두고 말이 많다. 봉황포란형의 혈처가 품은 봉황 알이라는 의견이 있는가 하면 돌이 나오면 길지가 아니라는 견해(김두규), 기운이 밑으로 내려갔다는 견해가 있다. 도로 조성을 하는 곳에 가 보면 황토에서 알돌이 나오는 것을 종종 볼 수 있으니 호들갑 떨 일이 아니다.

4. 현충원에 모시는 것은 무슨 뜻이 있는가?

＊국립현충원은 국가의 입장에서 보면, 우리나라에 헌신한 순국선열과 호국영령을 위하여 조성한 국립묘지이다. 古人의 업적을 기림과 아울러 국가적인 명예와 존경을 부여함으로써 오늘에 살고 있는 우리에게 본보기가 될 것을 기대하는 곳이다.

＊망인과 유족 추모자의 입장에서 보면, 국가가 묘역을 잘 관리하고 거국적인 추모식을 거행하며 정부요인과 추모인들의 분향이 끊이지 않는 영광에 만족하는 것이다. 후손들이 부귀발복의 명당인 까닭에 이곳에 묻히려는 것이 아니다.

＊풍수들이 이런 차원을 망각한 채 유족들이 명당으로 발복 받기를 기대하고 국립묘지에 모시기를 원하는 것처럼 오해하고 혈이 되느니 안 되느니 떠드는 것은 한심하다 못해 웃기는 일이다. 거저 물구덩이 흉지만 피하면 될 일이다.

＊국가가 없어지지 않는 한 분향이 끊어지지 않을 진정한 만년 향화지지

(萬年香火之地)이다.

5. 무엇이 문제인가?

대통령 묘에 관하여 혈처인가의 여부를 감평하는 것은 현충원의 의의를 무시하고 유족들의 뜻에 어긋난다. 좀 더 차원을 높혀 생각해야 된다. 조잡하나마 문제점을 추려본다.

가) 묘역의 배치문제

땅은 좁은데 4명의 대통령 묘역을 여기저기로 흩어 놓아 용지를 허비하고 누구 묘가 좋다는 등 쓸데없는 논쟁을 불러왔다. 이생에서 불화가 있었다 하더라도 죽어서는 서로 가까이 묻혀서 국민의 화합에 도움이 되어야 한다. 물론 지금의 묘역을 당장 조정할 수는 없겠지만.

나) 안장대상자 심사

정권에 따라 안장대상자가 쫓겨나는 경우가 있었다. 공정을 기대할 수 있는 심사기구가 필요하다.

다) 운영규칙을 따라야 된다

대전에 갈 순서인데 동작동에 가겠다고 떼를 써서는 안 된다. 높을수록 모범이 되어야 한다.

라) 평등한 대우가 기본이 되어야 한다

* 장사 등에 관한 법률에 의하면 개인 묘는 1기당 석물을 포함하여 10평, 가족묘역이나 공설묘에는 1기당 3평(합장은 5평, 봉안묘는 1기당 2평방미터)을 초과할 수 없다. 물론 현충원에 묻히는 분은 일반인에 비하여 예우를 할 필요가 있으나 박대통령은 1천 평, 김대통령은 5백 평 이상이고 병사는 1평, 장군은 8평이다. 예우가 지나치면 안 된다.

* 박정희 대통령은 독일에 가서 광부와 간호사로 취업한 우리 동포를 모

아놓고 "조국이 못 살아 여러분이 고생한다"라는 말로 위로하면서 함께 통곡하였다. 그 분은 국민의 기아를 해결한다는 집념은 있었으나 민주주의와는 거리가 멀다. 국가의 목표는 부국강병인데 아이러니하게도 어느 국가이든 독재 시에 강국이 된다. 박대통령은 동명목재 강석진 회장이 공장 뒷산에 동명불원이라는 호화사원을 짓고 부모 묘를 이장하였다는 첩보를 받고 손봐주라는 특명을 내리는 바람에 강회장은 사원을 부산시에 기증하고 처벌은 면하였으나 동명목재는 시름시름 앓다가 망하였다. 그 무렵 부자들이 호화분묘를 만들기 시작하였는데 동명목재를 계기로 몸조심하게 되었다. 그럼에도 박대통령 자신은 천평을 차지하였으니 잘못되었다.

 *양 김대통령은 평생을 민주투사로 지낸 분으로 자타가 공인하는 처지인데 특권과 반칙이 없는 세상을 外面한 것은 유감이 아닐 수 없고 노무현 대통령의 봉하마을 무덤은 작고 품위가 있는데 추모자들이 돌벽돌에 이름을 새겨서 넓은 광장에 깐 것은 눈에 거슬린다. 부산 유엔 묘지가 본받을 만하다.

 *알링턴 국립묘지의 케네디 묘가 아름답다.(사진은 어떤 글에서 재인용)

사병과 장군을 구분하지 않는 미국 알링턴묘지에서 존 F. 케네디 대통령의 딸 캐롤라인이 부친의 평묘애 헌화하고 있다. 미국은 계급 순이 아닌 사망일자 순으로 배치한다.(사진제공-최재영)

마) 친일파 파묘법에 관하여

최근에 친일파를 현충원에 받아 주지말고 이미 매장된 묘는 파묘한다는 파묘법이 발의되어 있다. 이와 관련하여 백선엽 장군은 동작동 현충원에 묻히지 못하고 대전 현충원으로 쫓겨갔다. 백장군은 다부동 전투에서 앞장서서 전투를 지휘하여 낙동강 전선을 지키고 최초로 평양에 입성하였다. 육이오의 영웅으로 백선엽, 월남전의 영웅으로 채명신을 꼽는다. 그러나 백장군은 일제시 만주군관학교를 졸업하고 1941년 만주군 간도특설대에 입대하여 복무한 경력 땜에 7백여 명의 친일인명사전에 올려 있다. 간도특설대는 1938년 설립되고 8백여 명 규모인데 조선인은 130여 명이고 중국과 조선인의 항일군을 토벌하는 역할을 하고 1945년 해방이 될 때까지 활동을 하였다. 동작동 현충원에는 친일 인명사전에 등재된 사람이 68명이라 한다. 찬반 양론이 있다. 삼국지를 보면 유비, 손권, 조조 중 중원을 장악하고 세상을 호령한 자는 조조이었는데 조조 부하장수 중 절반이상은 투항한 적군 장수이었고 초한지를 보아도 유방이 항우를 이긴 것은 항우의 부하장수를 회유하여 활용하였기 때문이다. 어떤 젊은 여자 변호사가 방송에 나와서 말하기를, 백장군이 북한군과 전투를 벌인 것은 같은 동족에게 총질한 것이라고 비난하였다. 그 변호사가 여전히 성업 중인 세상이다. 물론 실언이라고 변명하지만 평소 생각이 삐뚤어져 있어서 나온 말이다. 우리는 잠꼬대라도 그런 말은 아니한다. 국회의원 중 군미필자가 일반인보다 비율이 높고 부모찬스로 부자된 의원도 많다. 만약 파묘법 발의자에 그런 의원이 있다면 코미디이다.

바) 아름다운 묘로 채명신(1926.11.~2013.11.) 육군중장 묘가 있다

채장군은 황해도 곡산 출신으로 육사졸업 후 공산당이 암약하는 제주도에 발령받아 죽을 고비를 넘기고 육이오 때는 백골병단 유격대를 맡아 적

군 후방을 교란하였고 베트남전쟁에 주월사령관(1965~1969)을 맡는 등 그 분만큼 많은 전투에 참여한 장군은 없다. 勇·德·智를 갖춘 명장이다. 박정희 장군의 참모를 맡은 인연으로 5·16에 가담하였으나 1972.6. 유신에 반대한 탓으로 중장으로 예편당하여 곧바로 스페인대사로 임명되고 1981년 브라질 대사로 퇴직하였다. 전쟁영웅으로 국민의 열렬한 지지를 받을까 두려워 외국에 추방한 셈이다. 장군은 종종 파월 전사자 묘역에 들러 통곡하였다 한다. 파월 전사자 묘역에 병사와 함께 묻어 달라고 유언하여 1평 땅에 묻혔으나 헌화가 끊일 날이 없다. 백선엽 장군도 채장군을 본받았으면 문제가 없었을 텐데 아쉽다.

* 동작동은 만장이고 대전도 可用토지가 소진될 지경이므로 새로운 현충원을 추가 건립한다고 한다. 앞으로 운용될 현충원을 위하여 운영규칙, 토목설계, 장법(화장 평장 납골 수목장) 등을 제시하는 학술논문이 필요하다.

5. 문제의식과 목적의식

풍수인 중에 박사학위를 내세우는 사람이 많은데 현존하는 제도에 관한 논문이라면 무엇이 문제인지를 파악하려는 문제의식과 이를 해결하려는 목적의식이 없어서는 무식한 풍수와 다를 바 없다. 오늘날 동작동 대통령 묘에 대하여 명혈 여부를 감평하는 것은 지창룡 국풍의 32세 때 지적수준 또는 의식 수준이다. 조용원 씨의 유튜브 감평에 모박사를 비롯한 댓글이 38개 달렸는데 하나도 볼 만한 글이 없었다. 풍수는 십년 공부를 해야 겨우 눈이 열린다는 어려운 공부인데 지국풍이 불과 32세 때 국풍으로 이름을 떨쳤으니 신동이라 할 수 있다. 그러나 지금 70년 전의 신동을 따라가려고 애쓰는 것은 웃음거리임을 알아야 된다.(2021.1.)

동작동 국립현충원은 망우리 공동묘지와 다르다

동작동 국립현충원에 대하여 모든 간산기가 한결같이 작고한 대통령 묘소가 혈지인가 아닌가를 감평하고 있다. 풍수고수라는 분은 물론이고 박사라는 분도 국가가 호국영령을 추모하고 본보기를 삼자는 취지에서 조성한 萬年香火之地라는 사실을 잊은 채 망우리 공동묘지에서 甲男乙女의 묘지를 감평하는 듯 쓰고 있다. 이런 경망된 간산은 일반국민에게 풍수의 품격을 떨어뜨리는 일이다. 문제의식을 갖고 간산하라는 취지에서 "대통령묘에 관한 풍수 논쟁(풍수들이 웃긴다)"이라는 글을 대풍련 카페에 게재한 일이 있다. 너무 심한 표현이라는 사람도 있었으나 몇 달이 안되어 공동묘지에 있는 개인 묘를 감평하듯 한 간산기가 다시 등장하였다. 너무 문제의식 없이 접근한 것이다. 현충원 대통령 묘라 하더라도 공동묘지에 있는 개인 묘와 다를 바 없이 발복여부 위주로 논하는 것이 옳다는 말인가? 유족들도 왕후장상의 명당자리라 생각하고 용사하였다는 말인가? 동작동 현충원의 대통령 묘역이 만장되어 대전 현충원에 후보지 8개를 마련하였다고 하는데 어찌하여 동작동에 대통령 묘역을 추가 확장하자는 주장이 등장하는지?(2021.11.)

後記와 追記

　* 강산(江山)을 다녀보면 자연은 숨을 쉬고 우리에게 무언가를 말하는 듯 느껴진다. 자연을 사랑하고 존경해야 하는 이유이다. 풍수 측면에서 묘지의 남발과 무연묘의 방치 그리고 불실한 이장을 문제로 지적할 수 있다. 원래 부모 유골을 평안한 곳에 모시면 혼령이 편안하고 그 부수적 효과로서 후손이 복을 받는다는 생각에서 명당을 찾았다. 그런데 지금은 부모를 명당에 모셔서 자신이 명당음덕을 받겠다는 생각이 앞서고 효심은 뒷전이다. 명당이 있다고 소문난 산에는 무수히 묘를 쓰고 발복이 없으면 그냥 내버린다. 당(唐)의 일행선사가 우리나라 산야를 더럽혀 인물나는 것을 막으려고 하나의 산에는 수많은 명혈이 맺혀 있다는 잡(雜)오행설을 전파하였다는 말이 실감난다. 요즈음은 高지대 묘를 아래로 이장하여 집장지로 조성하는 풍토가 유행인데 인부들에게 작업을 위임하는 바람에 대충 유골만 수습하고 석물을 방치하기도 하고 아예 옛 묘는 그대로 방치하고 위패만 모시는 사례도 있다. 발복의 원리가 동기감응이든 혼령감응이든 선조의 유골을 흉물로 방치한다면 복은커녕 화를 입을 것이다.

* 인터넷 지도가 발전함에 따라 도상(圖上) 간산기가 등장하였으나 현장 답사를 하지 아니한 간산기는 사이비(似而非) 간산기로 보아야 된다. 우리는 하루에 6~7개의 명당과 명혈을 답사하는 강행군을 하면서 현장을 전부 답사하였다.

* 그러나 아직 찾아보지 못한 곳 또는 名墓와 양택 등 수많은 감상거리가 남아있다.

* 간산에서는 무언가 과제를 찾고 묵은 틀에서 벗어나려는 노력이 중요하다. 그렇게 하려면 풍수관이라는 기본에 관한 끈을 놓치지 말아야 될 것이다. 예컨대 가치관이 없으면 남연군 묘가 2대 천자지지의 대명당이라는 얼빠진 간산을 하게 되는 것이다.

* 내 나름으로 현대적 간산기를 쓴다고 자부하였으나 부족함이 많을 줄 안다. 뛰어난 풍수인들이 많이 배출되어 풍수지리가 소멸되는 것을 막고 참신한 간산기가 발표되었으면 좋겠다.(2024.6)

저자 하남촌장은 변호사,
보조자 의산은 고등학교 교사.

제3권
조선 100대 명당 간산기

초판 1쇄 발행 2024년 8월 20일

저　자/ 하남촌장
보조자/ 의산
　　　　010-7565-3949(주문)
　　　　ardo03@hanmail.net

펴낸이/ 남기수
펴낸곳/ 도깨비
　　　　출판등록. 제 1989-3호(1989년 5월 8일)
　　　　부산시 북구 양달로 9번길 21(벽산강변타운 103-1302)
　　　　전화. 051-747-0621

ISBN 978-89-88104-79-8　93180

* 책값은 뒤표지에 있습니다.
* 잘못 만들어진 책은 구입처에서 교환해 드립니다.